中国律宗通史续篇

Continuation of the Comprehensive History of the Vinaya School in China

王建光　著

宗教文化出版社

图书在版编目（CIP）数据

中国律宗通史续篇 / 王建光著 . -- 北京 : 宗教文化出版社 , 2025.5

ISBN 978-7-5188-1514-2

Ⅰ . ①中… Ⅱ . ①王… Ⅲ . ①律宗—佛教史—中国 Ⅳ . ① B946.7

中国国家版本馆 CIP 数据核字 (2024) 第 007157 号

中国律宗通史续篇

王建光　著

出版发行：宗教文化出版社

地　　址：北京市西城区后海北沿 44 号　（100009）

电　　话：64095215（发行部）　64095265（编辑部）

责任编辑：王志宏

版式设计：武俊东

印　　刷：河北信瑞彩印刷有限公司

版本记录：787 毫米 ×1092 毫米　16 开　29.5 印张　450 千字

2025 年 5 月第 1 版　2025 年 5 月第 1 次印刷

书　　号：ISBN　978-7-5188-1514-2

定　　价：88.00 元

戒幢佛学论丛编委会

序　言

佛教自两汉之际传入中国的中原地区，历经两千余载，与中华文化产生了深度的融合，形成了具有丰富特色的汉传佛教思想体系和宗派存在形态。其中，作为专注于戒律传承与实践的宗派，律宗对佛教中国化的思想和方向等都产生了深远的影响。

佛教重视持戒修行和以戒为师。虽然在中国经历了复杂深刻的本土化改造过程，但作为佛教思想建设根本和修行实践基石的戒律及其戒律学研究，在此过程中不仅没有被削弱，反而得到完整传承和不断加强。在中国戒律学史的发展过程中，诞生了众多的以弘扬戒律为己任的律师，出现了篇幅浩瀚的戒律学著作，并形成了中国化的戒律精神、实践形态和学术品质。持守戒律、传承戒律和研究戒律，也成为中国佛教的优良传统之一。因此，对内容丰富的中国律宗思想及其发展史、对中国佛教律学人物及其影响等加以深入研究，不仅具有重要的学术意义，也有着积极的实践意义。

王建光教授的新作《中国律宗通史续篇》，是其对十余年前出版的《中国律宗通史》的学术延续及观点的进一步深化。《中国律宗通史续篇》主要考察了自鸦片战争至20世纪40年代末中国佛教戒律学思想和实践建设受到的挑战，展示了近现代时期中国佛教戒律学的发展、重建及其时代化变革。

王建光教授多年来一直从事中国佛教思想史尤其是律宗思想史的研究，目前担任戒幢佛学研究所的研究生导师，承担研究所戒律学方向的研究生培养任务。作为《中国律宗通史》的续篇，本书不仅承接了之前的研究成果，而且更由之在戒律学的史料挖掘、理论阐述、体系建构和时代展望等方面，作了进一步的探索与拓展。本书梳理了近现代佛教戒律学和律宗的发展脉络，对其生存和发展的社会环境及其内在逻辑进行了深入剖析，对律学和律宗在这段历史时期的宗派传承、思想建设、学术研究和丛林活动等，进行了具有深度的考察。

更为重要的是，本书并不仅仅是在讲述一段历史，而是通过对历史的研究，通过对近现代佛教戒律学和律宗发展的规律探讨，要从中寻找出中国佛教戒律学的当代发展和学术建设路径，为中国传统佛教的时代化、世界化发展提出自己的建设意见，以进一步推动佛教中国化在当代的深入发展，提高中国佛教及其文化的世界影响力，增强戒律学研究的学术话语权。在此意义上，以学术研究关注现实、服务现代，对当代佛教戒律学的发展提出具有一定参考意义的解决方案，也是本书的一大特色。

在此，我衷心祝贺《中国律宗通史续篇》的出版，愿本书能为推动当代佛教戒律学研究的深入发展、促进佛教文化的传承创新，起到积极的作用。同时，也期待本书能够为广大的修行者、佛教研究者以及对中国传统文化感兴趣的读者提供一定的启发或帮助，以共同推动佛教学术文化的当代传承与发展。我也期待有更多的佛弟子能够秉持以戒为师的原则，继承中国佛教的优良传统，精进修行、自利利他，为积极引导佛教与社会主义社会相适应，引领更多的人走向心灵的觉醒与解脱之路，贡献自己的力量。

普　仁

2024 年 9 月

自 序

《中国律宗通史续篇》一书，主要研究从鸦片战争以降至20世纪40年代末的佛教戒律学的思想发展史，以及发生在这一特定历史阶段的以宗派传承、思想建设和丛林活动等为主要代表内容的中国近现代佛教戒律学的理论与实践。①

所谓中国近现代佛教戒律学，是指在中国近现代社会发展变革以及外来文化和宗教的强力影响与解构过程之中，中国佛教思想家、戒律学者、丛林寺院活动家和部分社会知识分子，为适应社会发展和文化环境的变化，在继承佛教传统戒律精神的基础上，用新的学术方法、基于国际化的佛教视野，在共和民主的社会文化环境中，通过对中国佛教戒律的研习、继承、弘传及其修持体会的凝练与升华，而形成的以关于近现代中国佛教戒律学的思想与内涵、建设与持守、变化与特色等内容为主体的知识性体系。中国近现代佛教戒律学既是对传统佛教戒律学——尤其是明末清初以来戒律建设成就的继承，也是其思想发展的重要逻辑阶段；它既产生于中国近现代佛教发展的历史进程之中，同时也服务于中国近现代佛教的发展，并对中国近现代佛教的社会形象建构有着重要的影响。简言之，中国近现代佛教戒律学，即是通过对佛教戒律及近现代各种僧制、规约的研究，以及将之应用于僧众持守和丛林建设之中而形成的一种具有近现代学术特色的戒律学思想体系、知识形态和实践成果。

中国近现代佛教戒律学反映了中国近现代佛教戒律的基本特质及其在僧团和丛林中的作用。中国近现代佛教戒律学时间跨度虽然不长，但

① 对个别人物或事件的论述，其时间范围可能会延至20世纪中期或之后。

是由于其历史变革剧烈、社会背景复杂，所以其研究内容也就极为丰富。言其大要者，中国近现代佛教戒律学主要包括三个方面：一是中国近现代佛教戒律学的基本内容和主要特色，二是中国近现代佛教戒律学的思想建设和丛林实践，三是中国近现代佛教戒律学相关主要人物的思想、活动、价值及其影响。

中国近现代佛教戒律学的研究成果，主要体现在对佛教戒律的精神继承与创新、对戒律内容的持守与研习、对戒律研习成果的主体建构及实践应用等方面。中国近现代佛教戒律学一方面反映了中国近现代社会和文化的变迁，另一方面也受到这种复杂变迁的多重影响。它既反映了社会意识的复杂内涵，又反映了近现代佛教的戒律持守与改革成就；既有着对传统戒律学研究史的继承，也学习借鉴了现代学术方法；既反映了佛教思想家们的理论建构，也吸收了广大僧众、居士对戒律进行学研弘持的时代性体悟。

中国近现代佛教戒律学的变革、建设与复兴，有着丰富的社会影响和学术价值。本书以对律学历史人物、事件和思想的阐释为切入点，重点考察中国近现代佛教戒律学在社会变革及在西方政治观念与宗教思想的影响下，传统戒律学精神及其形态的改变与调适、戒律学思想的演变及其特色形成、戒律学学术方法的革新与体系建构等。同时，本书还考察近现代佛教戒律学在近现代佛教僧团建设中的作用及其对社会文化产生的复杂影响，研究近现代戒律学在中国佛教戒律思想史中的地位、对中国佛教近现代繁荣的影响以及在近现代中国佛教学术对外交流中的作用等。

为了写作中的行文叙述方便，有三点在此加以说明：

第一，关于“戒律”和“律学”概念的使用。在佛教思想体系中，“戒”与“律”有着不同的内涵，但后世社会中不论是“戒律”并行，还是“戒”“律”分称，人们往往并不刻意地对其加以区分。因此，如果不是在上下文中作特别差异化比较，为了行文方便或表达整齐的需要，本书还是大致在同一意义上使用“戒”“律”和“戒律”三个概念，并因之也在同一意义上使用“戒学”“律学”或“戒律学”三个名词，以及“持戒”与“弘律”“讲戒”与“讲律”之类的概念。虽然“戒律学”包括“戒学”和“律学”两个内涵并不完全相同的组成部分，但当人们将其与“律宗”相对而言时，“戒律学”又经常被简称为“律学”。这种表述不论是在历史文献之中还是在近现代佛教学术中都十分常见，如弘一法师即有一篇名为《律学要略》的著名演讲。为了表述简洁，本书行文中有时也将“戒律学”简称为“律学”。

第二，关于“律学”研究的基本内容。虽然戒律和律宗思想是中国律学的主要内容，虽然戒律学也主要是建立在研究“戒”和“律”以及与之相关的律论注疏基础之上的，但举凡政府的相关法规、佛教团体的制度与章程、寺院公约、菩萨戒、忏仪、清规、僧团规范等，因为都是与僧众的日常行为、举止规范密切相关，它们也与律宗学人的研习相关，并在不同程度上进入近现代中国戒律学思想体系之中，所以本研究也会根据需要对此加以考察，并责无旁贷地将之纳入到本研究的叙述之中。

第三，关于对一些引文标点进行的改动。由于时代特色和语言习惯的关系，民国时期的一些文章的标点使用与今天的规范和习惯用法有着一定的差异，所以本书在写作引用时，往往会根据具体情况而对其标点进行必要的改动，以使其符合现代《标点符号用法》及读者阅读习惯。同时，对一些异体字也予以直接替换，而不作特别说明。

2023年10月

目　录

标宗显德篇第一

戒律学研究及其意义

所谓“标宗显德”者，语本唐代道宣律师的《四分律删繁补阙行事钞》卷上之一的篇章之名。在该文中，“标宗”即是确立戒律之宗，“显德”即是通过广征博引，以显戒法之功德。宋代律师元照说：“显德者，广引教相，赞述戒功，令知本受，专勤守护。”这即是“标出正宗，显彰胜德”。①今于此借用“标宗显德”一词，以言研究中国近现代佛教戒律学之基本内容和主要意义。

第一节　戒律与戒律学

中国佛教戒律学是通过对佛教戒律进行译、研、弘、持、传而形成的关于佛教戒律的理论化和体系化的思维成果。虽然戒定慧三学和经律论三藏一直是佛教思想体系的基本概念，在印度佛教中也有不少关于戒律的疏论，但是真正的律学和律宗，却是在中国文化传统中、在佛教中国化的进程中，才得以形成、发扬光大的，并在此基础上形成了历史悠久的中国佛教戒律学。②

---

① 〔宋〕元照：《资持记》卷上－下，《大正藏》第40册，第179页上、180页下。按：本书多次引用的文献已在书后详细列出，为使注释简洁，其后的脚注一般不再标明出版事项等信息。

② 本书仅以传统汉传佛教为研究对象。本书所言的“戒律”“律学”等相关概念，如不作特殊说明，均仅就传统的汉传佛教戒律而言。

一、戒律及其汉译

“标宗”者，即明言研究中国近现代佛教戒律学的内容。

通常所说的戒律，是“戒”与“律”的并称。戒，或从梵语、巴利语音译为“尸罗”，其意指行为、习惯、性格、道德、虔敬等，指能够起到防非止恶作用的一种规则。律，梵语音译为“优婆罗叉”，或音译为毗尼、毗奈耶、鼻奈耶等，意为调伏、灭、离行、善治等。因为依之能够制伏、灭除非法之行，故而得名。在戒与律的区别上，持戒的力量主要来自内心自觉，而律则有着依赖外在力量以使之得到实现之意。“戒律”并称是中国汉译佛教的产物。据学者考证，在原始佛教的梵巴语文献中，是不存在“戒律”一词的。尽管如此，我们在日常生活中往往都是在“准则”“法律”“规则”“标准”“纪律”或“禁忌”的意义上理解或使用“戒”“律”或“戒律”三个概念。在本质上，对这种总称为“戒律”的领受、持守与尊重，是佛教徒的资格形成及其基本标志之一。

在部派佛教阶段，不同的部派有着不同的广律。如大众部的《摩诃僧祇律》、萨婆多部的《十诵律》、昙无德部的《四分律》和弥沙塞部的《五分律》等。在不同的广律中，其比丘和比丘尼的戒条数量也是有区别的。如：《十诵律》中，比丘戒有257条，比丘尼戒有354条；《摩诃僧祇律》中，比丘戒有218条，比丘尼戒有290条；《四分律》中，比丘戒有250条，比丘尼戒有348条；《五分律》中，比丘戒259条，比丘尼戒377条；《根本说一切有部律》中，比丘戒250条，比丘尼戒354条；饮光部（音译为迦叶遗部）的《解脱戒经》有比丘戒246条，没列比丘尼戒。[①] 南传佛教铜鍱部的广律有戒条227条。这些都是我们通常所说的小乘律。另外还有以菩萨戒为代表的大乘律。大小二乘戒律文本以及对他们的疏解，一起构成了我们通常所说的律部文献。

从戒律文本的存在形式上说，戒律条文当然集中于律藏之内——可以简称为“律戒”，但其他经论中也有许多与戒律有关的内容，包含一定数

---

① 圣严：《戒律学纲要》，宗教文化出版社，2006年，第193–194、195–196页。或有对其戒条数的不同说法，这是因为在计算时对戒条的分合会有不同，或仅约数而言。如太虚在《佛法僧义广论》中说，《四分律》比丘尼戒有350条。

量的戒条。其中，以“经”的名称存在的有：《菩萨善戒经》说受菩萨戒作法、三聚净戒、菩萨轻重戒等，《梵网经》下卷说十重四十八轻戒，其他如《璎珞经》《地持经》《优婆塞戒经》《大般若经》等经也都有具体的菩萨戒戒相、授受和持守等内容，《阿含经》中有一些篇章说五戒，《舍利弗问经》中说戒律传持之事。这一类可以简称为“经戒”。而《瑜伽师地论》《大智度论》《毗尼母论》《明了论》等“论”中也对大小乘戒律精神进行阐发，对戒相进行陈述，可以简称这一类为“论戒”。因此，律部文献既包括诸部广律、戒本，也包括一些经论。①《开元释教录》中录大乘律25部、小乘律54部，《乾隆大藏经》收大乘律25部、小乘律59部。

律藏的内容十分丰富，在佛教史中的地位也十分重要。尤其是几部广律，反映了佛教早期的发展历史和重大事件。虽然不同律藏中的戒条数量有所不同，对事件的记载或表述也有一定的差异，但其基本内容和精神却是一致的。

根据佛教传统，戒律乃佛陀亲口所宣。佛陀开教说法、弘扬律乘，以济生化民为最终目的。佛陀临涅槃之时，谆谆告诫阿难，佛教的生命正是建立在戒律之上，戒律存则佛法存：“汝等比丘，于我灭后，当尊重珍敬波罗提木叉，如暗遇明，贫人得宝，当知此则是汝太师。若我住世，无异此也。”②

事实上，无论是戒还是律，它不仅有着规范上的意义，更有着更深层的宗教学功能。佛教强调依戒而行，这即是说：“佛生调伏家，弟子众调伏，调伏除众过，敬礼法中尊，佛说三藏教，毗奈耶为首。”③佛乘之用，以戒律为基，故经中多有言“毗尼住则佛法住”之语，以及“由戒生定、因定发慧”或“戒为无上菩提本”之类的说法。佛陀曾反复告诫后学，波罗提木叉是汝等大师。这些思想在诸经论中都会不断出现并被反复强调。

---

① 通常说的“律藏”，有狭义和广义之分。狭义的律藏，主要指诸部广律，这也是最初结集时所成的形态，是三藏的基本构成。中国佛教的律藏，也把单出的戒本和羯磨本等、晚出的独立律论和后世的注疏等，统称为律藏。今天我们说的律藏往往是对历代藏经中的大小乘戒律类文献、清规、注疏、戒律学著作等内容的总称。

② 〔陈〕真谛译：《遗教经论》，《大正藏》第26册，第283页下。

③ 〔唐〕义净译：《根本说一切有部毗奈耶》卷一，《大正藏》第23册，第627页上。

当然，在强调严持戒律的同时，佛教的戒律持守思想中也蕴含着一定的灵活性原则。如佛陀曾告诉众比丘："虽是我所制，而于余方不以为清净者，皆不应用。虽非我所制，而于余方必应行者，皆不得不行。"①

佛法分为戒、定、慧三学，其经典又分为经、律、论三藏。尽管如此，各种经典的内容并不是可以截然区分的，可以说是经中有戒、律中有法、戒中有慧。佛教的戒律精神由佛陀开创，并在后世中得到应用和展开。其精神主要有：（1）"戒为无上菩提本"，以之说明戒是三学之首的地位和属性。（2）"以戒为师"，以之说明持戒的原则性和重要性。（3）随时毗尼和随方毗尼，以此说明佛教不仅重视持守戒律，更重视戒律持守的灵活性；既强调遵于律法、严净毗尼，又允许僧众因时因地之不同而对戒律有所变通。（4）"小小戒可舍"，既要求持戒的严谨，又强调在持戒中更要重视对戒律基本精神的整体把握，而不是拘泥于细枝末节。（5）"摄心为戒"，重视持戒者个人内心向善的力量和警竦，而不是依赖于对其肉体的惩罚。②这种思想贯穿佛陀说法的始终，在其入灭前的《涅槃经》和《遗教经》中，他给后世弟子也反复强调了这种思想。

从戒律文本的数量上说，在不同时期翻译到中国的、收入历代藏经中的佛教戒律性文献有90多种，共600多卷。另有中国撰述500多卷。此外，藏外律学文献、敦煌遗书、黑水城出土文献、应县木塔的辽代文献等有近百卷。当然，其中有许多是重复的，或者只是刻本或入藏版本的不同。

从戒律文本的范围上说，佛教戒律的规范和思想不仅存在于大小乘律及律论之中，一些经论中也存在着丰富的戒律思想。而且，中国历代僧人和律师所创制的僧制僧仪、清规公约等内容，也对规范中国佛教发展、实现以戒为师的目标起到重要作用。事实上，诠释佛教戒律思想和原则的，不仅仅只有戒律性文献，其他众多的经典、祖师大德的生平行状及其人格魅力、言语行为、住持管理活动等，也都对其后世佛教发展和僧团建设起到榜样的作用。这些既是对佛教戒律精神进行宗教实践的重要活动形态，也都影响到中国佛教的发展和戒律学建设。

---

① 〔刘宋〕佛陀什、竺道生译：《五分律》卷二十二，《大正藏》第22册，第153页上。

② 王建光：《中国律宗通史》，凤凰出版社，第33页。

在汉译佛典中，虽然很早即有与戒律精神有关的原始佛教文献被译出，但严格意义上的被译为汉语的最早戒律学文献，一般认为是曹魏时由昙柯迦罗译出的《僧祇戒心》，它是从《僧祇律》中摘译而成的。虽然其后又慢慢地从广律中译出一些小本的篇章，但是中国佛教戒律学文献的正式翻译是从东晋时代开始的。这些律典的主要代表即是通常所说的“四律五论”。

按照其翻译到中国的先后顺序，“四律”分别是：由鸠摩罗什、昙摩流支等人始译于姚秦弘始七年（405）的《十诵律》六十一卷；由佛陀耶舍、竺佛念译于姚秦弘始十二年至十四年（410–412）的《四分律》六十卷；由佛陀跋陀罗、法显等译于东晋义熙十四年（418）的《摩诃僧祇律》四十卷；由佛陀什、竺道生译于南朝刘宋景平元年至二年（423–424）的《五分律》三十卷。“五论”分别是：秦代失译者的《毗尼母经》（又作《毗尼母论》或《毗尼母》）八卷；失译者（文附秦录）的《萨婆多毗尼毗婆沙》九卷；由僧伽跋陀罗、沙门僧猗（又作僧祎）译于南齐永明七年（489，有说为永明六年）的《善见律毗婆沙》（通常简称为《善见》或《善见论》）十八卷；僧伽跋摩译于刘宋元嘉十二年（435）的《萨婆多部毗尼摩得勒伽》（通常简称为《摩得勒伽》）十卷；真谛译于南朝陈光大二年（568）的《律二十二明了论》（通常简称为《明了论》）。①

综上所述，在中国佛教传统之中，通常所谓的“戒律”主要包括如下几种，它们也是中国律宗和律学的主要研究内容。

一者是律藏经典，此以“四律五论”为主要的代表。这些经典均可见于历代藏经之中，另外还有一些各部与律有关的佛说、戒经、大乘菩萨戒律以及毗昙等。这些即是最主要和原初的“律藏”。此外，唐代义净三藏翻译的有部律，也是重要的戒律学文献。

二者是一些对律学理论、思想和戒法的义理进行说明、论述的其他经论性文献。如《阿含经》中言制戒因缘、对波罗提木叉的强调，《法华经》《华严经》《涅槃经》《瑜伽师地论》等对大乘戒律精神和戒体的论述，

---

①　依《大集经》，有五种律藏，它们是《四分律》《十诵律》《僧祇律》《五分律》和迦叶遗部律（中国仅有戒本，称为《解脱戒经》）。婆粗富罗部律中国未传，所以往往把《僧祇律》列入五部之中，古律师多谓《僧祇本律》即婆粗富罗者，实属误解。

《成实论》《大毗婆沙论》《大智度论》《出杂阿毗昙心论》等论中对威仪、轨范及其戒律形而上学内涵的阐述，许多文献中对关于色、心、体、性、识、种等抽象理论的探索等。

三者是中国僧人和律师的律学类著述。它们包括钞记、撰述、戒疏、律疏、清规、正范、成范、宝训、坛法、威仪、忏仪、科释、集要、笺记、顺朱、讲记等辑录或撰集等，[①] 这些经典并没有全部收于历代藏经之中。今天可见于《大正藏》第四十册“律疏部”、第四十五册及第四十八册的“诸宗部”中。另外，在《卍续藏》的第 60 册至 71 册的“大小乘释律部”中还可见以怀素、智首、法砺、允堪、元照、弘赞、读体、德基等为代表的中国律师撰述，其中除去个别文章与《大正藏》重复外，大都是《大正藏》所不具者。在《卍续藏》的第 105、106、107 册的“戒律宗著述部”中还可见元、明、清几代诸律师有关传戒仪轨的撰述。在《卍续藏》第 110 册、第 111 册也收入多种禅门规式。同样，还有如智顗、澄观、袾宏、智旭等僧人的其他类著述中，也都融入或有着对律学思想及行为观念的阐述性篇章或文字。

二、戒律研习及律学的产生

随着对戒律文献的广泛传讲和深入研究，在此基础上也即出现了戒律学活动。

所谓戒律学活动，即是僧团及社会中出现的与戒律内容和精神阐释有关的一切活动。这包括对戒律经典的翻译、注疏、传讲，寺院的传戒、讲戒、羯磨，个人的行持、诵戒、研习，根据戒律精神的建章、立制等。从活动的主体上说，戒律学活动可以是一人或多人进行的，也可以是寺院、佛教组织甚至社会主办的。虽然在不同的时代和地区，戒律学活动的内涵与表现形式可能有所差异，但在本质上，所谓的戒律学活动都是围绕戒律进行的。因此，按照这个定义，向大众讲《金刚经》这件事即不属于戒律学活动。虽然讲者的威仪也有着戒律的内涵，体现着戒律精神，但这个活动本身不是围绕戒律为中心而进行。

正是在众多的戒律学活动中，出现了以专门研究、传习戒律为己任的

---

① 顺朱：即“述朱”，即将先圣的言教以红色记于书中，以便依之而行。

僧人——后世称之为“律师”，与之相应也出现了一些戒律学研究文献。仅在梁、唐、宋三种《高僧传》中，所记的律师即有近百人，他们撰写了大量的律学研究文献，对于原始戒律思想和内容的研究、普及与传承都起到了重要作用。虽然其中逸失众多，但存至今天仍然有着几百卷的规模。

戒律学是随着对戒律的研习解持而形成的，因此中国佛教戒律学的历史是与中国佛教史同步的。正是在中国佛教戒律的优秀思维成果和律师传承队伍基础之上，形成了具有中国区域文化特色和佛教思想内涵的律学与律宗。

广义的“律学”一词，有时也用来指称“戒律”，但我们常常在狭义上使用这一词汇，即作为一种关于戒律的研究及其知识形态。

中国传统佛教戒律学，萌芽于汉魏，发展于两晋南北朝，繁荣于隋唐两世，并在此基础上形成了中国特色的戒律宗派。这些律学研习成果，丰富了中国佛教戒律学的内涵，体现了中国佛教文化的特色。所谓中国佛教戒律学，即是以中国僧众为主体和载体的文化力量，在对印度戒律实用化、中国化和大乘化的基本精神指导下，在对印度佛教精神和戒律学理论研习及实践中形成的、关于戒律理论的知识体系构建和义学理论探讨的思想成果。中国佛教戒律学的本质，是指在一定的历史时期和一定的文化背景中，律师和义学僧人在对佛教戒律翻译、研习和持弘过程中，以对佛教戒律本土化、实用化为目的，在指导思想上自觉或不自觉地依佛教大义而从民俗学、宗教学或比较宗教学的角度，对佛教律藏进行简择取舍的理论化、系统化的思维成果。①

习律成学，研律成宗。律学为研律之学，律宗也因研律而成宗，最终于唐代形成律宗三家，并绵延于后世。律宗是中国戒律学的成熟形态之一，是中国佛教戒律学的核心组成部分。

所谓律宗，即是中国佛教僧众在经过对佛教戒律精神和律藏文本长期研究的基础上而形成的关于戒律学的思想和实践成果，它包括思想性的律学理论建设和以《四分律》为中心而凝聚起来的律师队伍与传承这两个方面的涵义。律宗及其思想在规范、指导中国佛教发展中起到重要作用。唐

---

① 王建光：《中国律宗通史》，第4-6页。

代律宗分为三家，从时间先后上说，即是由法砺首开的相部宗（因法砺居相州而得名。相州，唐时辖域为今河南安阳、河北成安一带）、道宣开创的南山宗（因道宣居于终南山而得名）和怀素创立的东塔宗（因怀素居于长安崇福寺东塔而得名）。只是由于相部宗和东塔宗于北宋初年以后即不见于显著性活动，故后世往往以南山宗指代律宗，言律宗者也往往即指南山宗。“唐终南山道宣律师所立律宗，是依《法华经》《涅槃经》之义而释通小乘律，立圆宗戒体，正属出家人所学，亦明在家五戒、八戒义。”① 随着律宗的成立，律学即以之为载体而得以发展和丰富，律宗也以律学研习为基础而得以获得其在中国佛教史中的地位和影响，其理论成果、精神主旨被贯彻到中国佛教的历史发展之中。作为中国佛教八宗之一，律宗也丰富了中国佛教的文化内涵，持续影响了中国佛教思想和组织建设及其实践。

广律翻译多种，但中国律宗所依之建立者乃《四分律》。《四分律》又常称为《四分律藏》或《昙无德律》。《四分律》的内容主要是佛陀在苏罗婆等国游历和在舍卫国祇树给孤独园安居时，针对比丘的言行威仪而阐发的具体要求，本为印度上座部系统法藏部所传的戒律。在佛陀入灭后百年顷，有法正尊者（又称法护，或音译昙无德，意为法藏）采用上座部律藏中之契同己见者，采集成文，随说所止，四度结集，分之为“四夹”，故被称为《四分律》。另一种说法是说其结集时分四次诵出，故名之。

《四分律》的梵本乃由西域来华的罽宾国三藏法师佛驮耶舍（义为觉明、觉称或觉名）诵出。《出三藏记集》卷三说，姚秦弘始十二年（410），司隶校尉姚爽请佛陀耶舍于长安中寺集名德沙门五百人，出《四分律》四十卷，至十四年（412）方讫。② 本书卷十四《佛陀耶舍传》又说，是佛陀耶舍和凉州沙门竺佛念一起译为秦言，道含执笔。至十五年（413）解坐。③ 隋《历代三宝记》卷八也如是说。《开元释教录》卷四说是弘始十年戊申（408）译《四分律》六十卷和《长阿含》等经，至十五年癸丑方讫。凉州沙门竺佛念译为秦言，道含笔受。④ 本文另一处又说是慧辩传译，并言《四分律》

---

① 弘一：《佛法宗派大纲》，《弘一大师全集》第 7 册，第 374 页。

② 〔梁〕僧祐：《出三藏记集》卷三，《大正藏》第 5 册，第 20 页中。

③ 〔梁〕僧祐：《出三藏记集》卷十四，《大正藏》第 55 册，第 102 页下。

④ 〔唐〕智升：《开元释教录》卷四，《大正藏》第 55 册，第 517 页上。

有四十五卷、四十卷、四十四卷，“今亦有七十卷”之说。①《宋高僧传》卷十一《昙一传》，言《四分律》为佛陀耶舍与鸠摩罗什共译。②在宋本《大藏经》中，《四分律》为六十一卷。今本《四分律》作六十卷，题为“佛陀耶舍共竺佛念等译”。《四分律》内容分为四部分：初分，即为前二十一卷，内容为比丘戒，包括比丘二五〇条戒律条目。第二分共十六卷，从第二二卷至第三七卷，包括比丘尼三四八条戒律条目及受戒、说戒、安居、自恣（上）等四犍度，共十五卷。第三分共十二卷，从三八卷至四九卷，包括自恣（下）、皮革、衣、药、迦絺那衣、拘睒弥、瞻波③、呵责、人、覆藏、遮、破僧、灭诤、比丘尼、法等十五犍度，共十四卷。第四分共十一卷，从第五十卷至第六十卷，包括房舍犍度、杂犍度及五百集法、七百集法、调部毗尼、毗尼增一。

中国佛教有着重视戒律持守和律学研习的优良传统。其中，除了僧人和律师的努力之外，历史上不少帝王都在佛教戒律建设中起到过重要作用。如南朝时梁武帝对素食的提倡和强力推行、陈宣帝严令“五夏学律”之事都是如此。不过，也有人认为，陈宣帝的这种政策是不大合律的。因为在《摩诃僧祇律》中，是要求比丘在受戒之后五年当中，只有做到“善知法，善知毗尼”后，才能准许离舍其依止师；《善见律》中也说，比丘只知经、律，不知阿毗昙，称为下根，如果不善持律藏，但知修多罗、阿毗昙，不得度沙弥。④但是陈宣帝却是要求僧众五夏以前专精戒律，五夏以后方听放参禅。不过，陈宣帝的这种提倡确实有助于中国佛教的戒律建设，所以唐代道宣律师在其《高僧传》中，对陈宣帝之举是流露出赞赏之意的。⑤

《楞伽经》中有“自觉圣智为宗，为他说法为教”之思想。在历史上，佛教法门通常又被分为宗门、教门、律门和行门四种。宗门后来往往成为

---

① 〔唐〕智升：《开元释教录》卷四，《大正藏》第5册，第516页中。

② 〔宋〕赞宁：《宋高僧传》卷十一《昙一传》，《大正藏》第50册，第798页中。

③ 《十诵律》称“拘睒弥”为“俱舍弥法”。拘睒弥国，为中印度一国家，该国比丘如有斗诤，赐予此法制之。瞻波，中印度一国名，佛曾在瞻波演说羯磨法。

④ 仁俊：《重法・重律・与法律并重》，《律宗思想论集》，第107页。

⑤ 〔唐〕道宣：《续高僧传》卷二十一《昙瑗传》中记，昙瑗“常徒讲众二百余人。宣帝下诏国内，初受戒者，夏未满五，皆参律肆。”《大正藏》第50册，第609页上。

禅宗的代名词，教门者即天台宗、华严宗等，律门者即是戒律宗，行门即如净土者。但事实上，四者之间很难进行截然和绝对的分开。戒律一宗虽重行持，但也重视对其戒律理论的阐发，重视对戒律持守精神的弘扬，所以律者虽重持守，其也摄于教门，也有思想创新与知识建构。正如印光法师所道："宗之解悟为目，教之修持为足，非目则无由见道，非足则不能到家，是宗教之相需而不相悖，相合而不相离也。"①

戒律学是以对戒律的研习、传承、持守及对其精神、思想的阐发和制度创制等为研究对象，律宗也正是在此基础上形成的。但是，戒律学建设并不仅仅只属于律宗僧人，其他宗僧人的讲经、传戒及其宗派建设，诸如居士的修行实证、大众对菩萨戒授受与研习等，也都是戒律学活动的重要内容。因此，作为一种思想体系，戒律既有着它的内在本质，同时也有着它的外在形态。戒律作为一种行为规范，既有着群体性的特征，依赖一定群体的持守与建设，也体现在个体的日常行为之中。在根本上，戒律的宗旨是为了规范僧众的行为，以使之能够达到外在行为和内在之善的统一。

戒律弘传的主体是律师，律师也是传承戒律的主导性力量。所谓律师，即是与经师、论师、法师、禅师等相应的一类僧人。《宝云经》中言菩萨以十法得名为律师："善解毗尼所起因缘、善解毗尼甚深之处、善解毗尼微细之事、善解毗尼此事得彼事不得、善解毗尼性重戒、善解毗尼制重戒、善解毗尼制起因缘、善解声闻毗尼、善解辟支佛毗尼、善解菩萨毗尼。"②《大般涅槃经》中说："善学戒律，不近破戒，见有所行随顺戒律，心生欢喜；如是能知佛法所作、善能解说，是名律师。"③简言之，律师即是熟知三藏三学、精通戒体戒相、识达戒律精神，能够荷载佛命、传承律学、建规立矩的一种具有鲜明特色的僧人群体。

律学传承，可远追其历史至原始佛教时期。至于中国，研律者也是师徒相承，脉络分明，这在唐宋两世尤为明显。依律家之惯说，佛陀的弟子中，优婆离尊者为持戒第一。在佛灭后不久的第一次结集中，优婆离分八十次诵出《根本毗尼》。佛灭后百年，有昙无德尊者，由《根本毗尼》采集而

---

① 印光：《宗教不宜混滥论》，《印光法师文钞》（下），第 1389 页。

② 〔梁〕曼陀罗仙译：《宝云经》卷五，《大正藏》第 16 册，第 233 页下。

③ 〔北凉〕昙无谶译：《大般涅槃经》卷三，《大正藏》第 12 册，第 384 页下。

成《四分律》，昙无德部及昙无德部律也即由之而成。因此，昙无德被中国传统律家赞为《四分律》的“初祖”。到了中国，《四分律》的传承有着自己的特色：

> 魏晋间，有昙摩迦罗尊者，立羯磨授受之源，著戒律振兴之轨，天下始知有戒焉。九传而后，律学危于一线，沙门莫解《四分》。唐高宗朝，有道宣律祖出，烧戒定香，行般若行，感天人送馔，开南山宗派。祖住终南山，因地为名，天下始知有南山一脉焉。迨十三传，律仪中废，戒法失传。①

但是，由于律宗不是强调以心传印，所以其传法继宗有着自己的特色。宋代之时，元照律师回溯历史，排定律家宗派祖序，进一步明确了中国律宗的传承线索。到了明末清初的三昧寂光时期，又创演律家派偈，以利于家风传承，保证律门有序。②清代出现的《南山宗统》，记西天祖师 6 人，曰“律源”；记东土祖师 21 人，曰“宗本”。显然，律家者这种明祖推尊之举，虽然也有着列祖排序的禅家风范，但与禅宗家者所言的法脉传承往往是师徒之间直接相传又有所不同。

加强戒律持守既是佛陀之教的基本精神，也是中国佛教的优良传统。佛教兴盛与否，受到内外两种因素的影响：从内而言，在于僧团组织和个人的戒律持守状况与思想建设水平，并以之为基础而获得社会大众和精英文化支持与认同的能力；从外而言，有赖于国主的庇护及社会力量的支持，及其在社会法律、道德和传统之中的调适能力。这也正是近现代佛教高僧和佛教思想家们致力于佛教戒律建设，以促进佛教适应社会发展和完成时代转型的重要原因。

第二节　近现代佛教戒律学的成立

佛法生存，戒律为本，律禁不彰，佛法难兴。如若彰显律要，繁荣律学，

---

① 辅仁：《律门祖庭汇志·自序》，《律门祖庭汇志》，第 45 页。

② 震华：《清代律宗略论》，《民国佛教文献集成·补编》第 69 卷，第 152 页。

必须要加强戒律学之研究。古印如此，华夏也如此，古代如此，清末民国之时也是如此。

历史车轮进入1840年代，时代有变，社会有变，但戒律为佛法之本却没有变。同时，由于中华民族此时命运多舛，社会动荡，文化凋零，佛教的丛林建设愈发问题重重，作为僧团存在基础的戒律持守也就日趋松懈。尤其在中国南方的一些地区，经过太平天国影响的丛林寺院，也失去了往日的光彩与影响。

晚清以降至于民国，中国传统佛教在中西交流、中日交流和古今交替中受到冲击，也于此中得到复兴与发展，并展示出新的形态，充实了新的内涵，伸展开自我发展的内在张力。更为重要的是，此时的佛教被赋予新的历史重任，这即是要“中国人用中国法之自救”。[①]这大概可以分四个方面：其一者，要能够救国图强，实现民族复兴；其二者，要能够对抗西教和西方文化，对抗日本佛教，以图自身得到发展；其三者，要能够适应资本主义、工业化和现代性；其四者，也有人要以之对抗君主立宪，实现民主共和，或服务于这种社会意识形态等。撰写《中国佛教近代史》的东初法师曾经说过，中国近代佛教的特质有两点：一者，由于近现代中国社会的变局和文化原因，佛教对于民国时期的五族共和有着积极的作用，所以“其于国民政府统治下未被否决者”；二者，近代中国佛教发展面临着内外文化竞争的压力，外部者为西方文化，内部者有破除迷信、庙产兴学等压力，但佛教却走了出去，赢得欧美各国学术界的普遍拥护，因此“咸认导致世界永远和平之主力，唯有佛教”。[②]

适应时代的变化，也是戒律思想观念和行为方式发生变化的重要原因和动力之一。于是，沉重的压力使得中国近现代百余年间的佛教有了特殊的社会形态，也有了全新的思想内容。同时，新佛教建设的伟大历史使命也对戒律学的发展提出了新的要求：戒律学必须要充实新的内容，必须要重建全新的主体形象，必须要能够服务现代僧团和现代社会。历史已经证明，在这个名僧辈出、思想多样、影响深远的时代，中国近现代百余年的佛教

① 太虚：《中国人用中国法之自救》，《太虚大师全书》第33卷，第462页。

② 东初：《中国佛教近代史》（上），第4–5页。

戒律学建设，既是可圈可点的，也是值得反思和检讨的。

拙作《中国律宗通史》曾提出了中国传统律学能够成立需要的几个基本条件。① 一者，需要有具体的、个性化的研究内容。这主要是以诸部广律和律论、大乘菩萨戒，以及其他（如义净）的律学译本为代表。正是在庞大的佛教思想理论体系中，律宗确定了自己的研究对象，才形成了自己的主体角色。二者，需要有自己的个性鲜明的研究主体即律师队伍。众多律师的持律实践、思想研习以及对前代律师著作的不断传承，促进了戒律学的繁荣和律宗理论的深化。三者，需要有内容丰富的理论化成果。从刘宋时江陵释慧猷的《十诵义疏》八卷开始，中国佛教各类律学著述便大量出现，这不仅是佛教戒律中国化的推动力，更是中国佛教的重要理论思维和实践成果之一。四者，需要有自己的明确目标。这就是以中国化的戒律服务中国化的佛教，在不违“佛制”的前提下，做到戒律的本土化和实用化。这正是中国律学形成的动力，也是中国律学的任务和目的。同时，一些创新性的律学实践也得以建立在扎实的、具有高度创造性的律学理论基础之上。

中国传统戒律学并不仅仅是一门关于戒律文献字义疏证或文本考证的学问——虽然对戒律学的研究需要这种学问和功夫；相反，学律研律是为了更好地持律，理论研习是为了更好地指导修行和服务佛教发展。以戒律学的思想研究来指导修行，正是中国佛教戒律学的根本目的。尤其是律部经典中没有说明或涉及的那些中国化佛教的生活元素与现象，更需要以中国化的戒律思想给予说明和指导。因此，传统戒律学才形成了学以致用的研习传统。

清末民国时期，中国近现代佛教戒律学之所以能够成立，且又有别于历史上的戒律学形态，也正是因为有着自己的存在基础、发展动力和根本目标。

一者，戒律学研究内容有了新的内涵。

这种研究内容即是探讨如何接续律学的传承、推进戒律的现代化建设、

---

① 王建光：《中国律宗通史》，第 4–6 页。事实上，其他佛教宗派的成立也符合这几个条件，此处仅以之作为一种视角加以考察。

促进戒律与现代社会的适应问题。在中国近现代社会阶段，戒律学的具体研究内容，不仅包括有传统的如历代藏经中的戒律学文献、历代南山律宗的经典、历代清规僧制等，而且又有了新的内容。这主要有九个方面：国家新的法律法规，新的禅林规约和寺院管理章程制度等，藏外和敦煌律学文献、新出土文献等，境外引入的那些在历史上曾经失传的文献，藏传佛教和南传佛教的某些戒律学文献，域外宗教的律法内涵及中外宗教戒律精神的比较研究，传统戒律的持守与现代性适应、现代社会转型与建设中的戒律精神调适问题，新时代的世法与传统戒律的对接问题，戒律应对现代性和国际性的学术批判等。这一切研究内容的增加，都丰富了中国近现代戒律学的研究内涵，当然也增加了中国近现代戒律学的研究难度。

二者，戒律学研究的队伍主体相对稳定鲜明。

严格说来，在清末民国时期，与禅宗、天台、净土、华严、法相唯识、密宗等宗派人物相比，戒律学的研究队伍与律师人数并不庞大，较突出者甚至可以用寥若晨星来形容，他们是震华、道阶、弘一、慈舟、妙因、净严等为数不多的人。不过，虽然专业律师不多，但其他宗派或义学僧人如虚云、太虚、印光、倓虚、圆瑛、巨赞等法师，以其对以戒为师的弘扬、对律学的研习、对戒律的传承和应用指导，尤其是对菩萨戒、藏传佛教戒律文献的研究等，也都在不同程度上对本阶段的戒律学研究和思想建设作出了重要贡献。因此，虽然一些高僧长老们并没有刻意地要去“建设”所谓的“戒律学”，但其言、行、学、修，已经丰富了近现代戒律学的理论，促进了戒律学的发展，并由之而推动了中国佛教的发展进程。同时，虽然这一阶段的“律师”不多，但由于戒律是各宗各门的基础，所以戒律学的研究与复兴事实上也成为各宗各门僧众甚至居士的共同事业，他们都成为中国近现代佛教戒律学研究的主体和律学发展的重要载体。在某种程度上，他们也是中国近现代戒律学复兴的重要推动力量。当然，还有其他众多不知名的持律僧人的修行实践，也都在一定程度上促进了戒律学的繁荣和戒律思想理论的深化。

三者，戒律学复兴有着较为稳定的寺院和社会力量支持。

虽然每一位僧人都有可能从事戒律的弘传与研习，但律师却是戒律学传承的基本力量。由于律寺是律师最为集中的地方，因此具有一定数量和规模的律寺，对于稳定律师队伍、提供律学研习条件以及开展戒律学实践等，都具有重要的意义。

寺院或称为伽蓝，是指僧伽所居住的建筑或建筑群。在此类建筑中，造有佛像，建有僧寮，设有殿堂，有的还筑有戒坛，建有佛塔，僧人能于之从事讲诵、修行等佛事活动。一般认为，我国最早的寺院为东汉明帝永平年间（58–75）所建造的白马寺。依 1921 年 5 月修正并公布的《修正管理寺庙条例》分类，民国时的寺庙主要包括如下几种：十方选贤丛林寺院、传法丛林寺院、剃度丛林寺院、十方传贤寺院庵观、传法派寺院庵观、剃度派寺院庵观、习惯上现由僧道住守之神庙（例如未经归并或改设之从前习惯上奉祀各庙）其他关于宗教各寺庙。①

虽然在中国佛教发展史上，律学和律宗的历史十分悠久，但是直接以律而名的寺院并不多。那么，如何区分律寺与其他讲寺、禅寺呢？民国时期震华法师曾作如下说明：一是看其山门之标额，可以简单辨别；二是看其大殿中所供的本尊：禅寺、讲寺等供三世佛，或三方佛，或单供释迦佛，或单供弥陀佛。至于律寺，其有着自己的特点：第一，供奉不同。律寺所供，则是取《梵网经》一会之意，中奉卢舍那佛，旁列诸天。清代新兴律门，大都如此。不过，泉州的开元寺供五智如来，这是唐代密宗的遗制，全国罕见。第二，律寺远法古式，都会建石为坛，专事弘律。如南京古林寺、宝华山隆昌寺、仪征隆觉寺、扬州石塔寺、泰州光孝寺、兴化般若寺、宿迁极乐寺和北京潭柘寺，皆有戒坛。第三，律寺法事仪式与禅林有别。如钟板敲击，唱诵韵节，皆自成家风。第四，称道有别。祖堂列位，教称法师，宗称禅师，律称大和尚。人名之上，又加谥四字，以略说生平。如称三昧寂光为“两都宏戒、三昧光公大和尚”，称见月读体为“中兴止作、见月体公大和尚”。②

---

① 《管理寺庙条例》，《民国佛教期刊文献集成》第 6 卷，第 87 页；第 150 卷，第 465 页等处。

② 震华：《清代律宗略论》，《民国佛教文献集成·补编》第 69 卷，第 152 页。

当然，这是见于清代律门一般情形。在唐代之前，寺院都属于律寺，随着禅宗的兴起及其别院而居之后，律寺即具有了特殊的意义。作为寺院的一种，狭义上的律寺通常被理解成是专门弘律的寺院，是以律师为主体的僧团学修行居之所。律宗以研律习律为务，律宗寺院也以传戒授法为特色。不过，在传统中，不仅律宗寺院传戒，其他寺院也都是定期传戒的。

清代以后，中国南北存在着一些著名的律寺，如南京的古林寺、宝华山的隆昌寺、北京的潭柘寺和法源寺、杭州的大昭庆寺等，都是律师较为集中的地方。另外，近代以来，闽浙地区的一些寺院和社会贤达、团体组织、出版社等也都为弘一、慈舟等法师的讲律传律提供了相对稳定的支持。这都为近代戒律学的发展提供了较为稳定的保障。

四者，戒律学研究的理论成果十分丰富。

在本阶段，戒律学的研究内容更为广泛，思想更为深入。其主要者有：弘一法师对传统律学著作的整理与传播，太虚法师以《整理僧伽制度》为代表的系列文章和讲演，印顺法师的律学典籍和历史研究，藏传佛教中戒律学著作的汉语翻译与思想研究，《梵网经》等经典的不断传讲等。除去后文涉及的一些著作外，此时还有一些戒律学著作，都是这一阶段的重要戒律学成就。如：慈舟法师（1877–1958）的《毗尼作持要录》，法尊法师（1902–1980）的《比丘学处》，妙因（号二埋，约 1910–1990）的《教诫新学比丘行护律仪集解》二卷及《随机羯磨浅释》《新删定四分僧戒本浅释》《律学》等；广化法师（1924–1996）的《四分律比丘戒本讲义》（上下卷），圣严法师（1930– ）的《菩萨戒指要》《佛教制度与生活》《戒律学纲要》等。①

由《中华律藏》收文可见，在《近现代高僧学者讲律》篇名中，共收有 363 篇（部）。其中既有专门的戒律学单篇文章和讲演，也有一些专门的戒律学著作（如圣严的《戒律学纲要》）；既有高僧著作中关于戒律部分的篇章（如印顺的相关著作之篇章），也有对戒律学专著的选摘。这一些共有 17 卷的篇幅，占其总卷数 60 卷的 28.3%。另外，还有百余种清规

① 传印：《律学在我国汉地的弘传概要》，《中华律藏》第 59 册，第 555 页。

及与清规有关的近现代高僧的著作或文章，共4卷的篇幅。此两种合计，共占总卷数的35%。其量之大，可见一斑。

五者，戒律学的研究原则重视研以致用、用以适时。

佛教中国化的重要内容之一即是其戒律精神的中国化，以使之能够快速而有效地适应中国文化传统、价值观念。像印度佛教中被要求严格执行的不捉持金银、托钵乞食等制度，由于与中国文化传统不合，所以在中国并没有得到严格采用。后世出现的禅林清规虽然经常被认为其中许多内容和精神不合佛制，但却是佛教戒律中国化过程中用以规范中国丛林僧团最具实用价值的章程。在中国近现代阶段，时代与过去不同，问题产生的背景也与过去有所区别。戒律学在着眼于解决现实问题、研究解决问题的方法以服务佛教发展等方面，也面临着时代的挑战。这就要求戒律学研究既要能研以致用，又要能用以适时，因此其思想建设更强调实用性和时代性。

在新的历史阶段，戒律学的研究有着服务中国近现代佛教发展的明确目的，注重突出随方和随时毗尼的原则。研究者不仅通过研习持弘等方式进行戒律精神的中国化、实用化和时代化阐释，更为重视探讨戒律适应新时代的原则和加强戒律指导大众生活的方法，尤其重视在坚持优秀佛教传统、不违“佛制”的同时，使戒律学成果更能方便指导处于新社会结构中的僧众修行。这不仅是近现代戒律学发展的动力，也正是其任务和目的。新形成的各本僧制、章程、禅门规约等都是这种思想的产物。它们的出现不仅是传统戒律学研习传统的继续，也是近现代戒律学时代化的成熟标志。

戒律学研究是中国佛教的传统研究领域，并随着社会发展变革而表现出其常研常新的性质。虽然从戒律学内容而言，不同时期有其历史、思想、形态、作用和影响之别，但戒律学的研究仍然都是围绕着律学人物、活动、著作和影响而进行，并以之为中心而加以展开。中国传统律学两千年，虽然在不同的阶段有着不同的特色，有着不同的重点，但大都是围绕着这一中心而进行的——或在其研究传承中表现着这一特点。所以，以具有时代特征的戒律学精神来指导近现代中国佛教的僧团建设、寺院生活和修行实践发展，即成为这种新戒律学能够研以致用的重要表现。

戒律学与其他宗派重要的区别即是其鲜明的通用性、实践性和时代性，这也是戒律学能够成立的思想基础。所谓通用性，即是指戒律学研究要能够渗透到所有的宗派之中，任何宗派的思想建设与实践都必须与其建立深层的、全面的、内洽的关系。戒律学的实践性，是指对戒律的研习主要是致力于指导僧人合法修行、维护僧团和合，因此抽象的结论与思想创新并不是其主要目的。戒律学的时代性，是指戒律学的思想建设必须要能够解决因社会发展而造成的新问题，必须能够回应时代变迁的挑战，而不是对一个观点或命题进行反复地考辨。在此一点上，戒律学又是发展的、长青的，是面向时代和未来的。研究僧人的戒律持守如何适应时代变化，也是戒律学长青的重要动力。

近代佛教复兴得益于杨仁山居士的首发推动。其后，沉寂既久的华严学、唯识学等勃然兴起，禅、台、净、密等也相继而挺立。不过，虽然在此过程之中律学和律宗亦得以发展，研习不断，但与其他各宗大师辈出、叱咤社会之状况相比，戒律学者并没有出现那么多赫赫有名的僧界闻人，其势也暗暗，其力也弱弱，其声也闷闷。同时，由于戒律学研究的特殊性，居士以及社会力量的参与度也明显不足，偶有个别者也不过是在菩萨戒上略作撰述。比如，有社会人士可以参与创建法相大学或华严大学，但很难有社会人士参与创建戒律学校。而且，由于戒律学的根本意义在于持守，其思想性阐释不如其他宗派那样有着更为自由和广阔的探讨空间，所以为数不多的律学者如弘一法师等人，也大都是在律学著作的整理、律学的讲演与持律的提倡等方面加以努力，这就更限制了戒律一宗的弘扬。很多高僧学者的皇皇巨著对戒律一门也大都仅是旁及或略说，戒律学研究的专著相对较少。

第三节　研究近现代戒律学的意义

显德者，即借之以指中国近现代佛教戒律学之意义。

随着历史的发展，存在于中国近现代社会阶段的戒律学及其学术研究也表现出自己的特色，对中国佛教生存发展的作用也有了新的表现形态。回顾这段历史，研究中国近现代佛教戒律学的复兴与发展，对于目前处在向后工业化时代过渡的中国当代佛教而言，也有着重要的可资借鉴的方法论意义。

概而言之，其德有五：

一者，对中国近现代佛教戒律学发展进行摭逸搜沉，厘清其发展脉络和思想演变，能够丰富中国佛教史和思想史的研究，填补这一领域存在的空白。二者，反思中国近现代佛教戒律学在面临西方思潮挑战时的应变与调适，能够为当代中外文化交流提供可资借鉴的历史参照。三者，深化中国近现代佛教戒律学的研究，也可为当代中国佛教文化的对外交流增加新的对话平台，拓展新的对话领域。四者，研究中国近现代佛教戒律学的思想创新，不仅能够继承和发扬中华优秀传统文化，增强中国传统文化的软实力，同时也能扩大中国优秀佛教文化在海外地区的影响力，引领并开辟新的学术研究方向。五者，研究中国近现代佛教戒律学的发展历史，对于目前处在向后工业化时代过渡的中国佛教（包括海外华人社区中的中国佛教）来说，也能提供新的学术力量的支持。

值得重视的是，在当代国际性宗教对话中，中国的佛教研究面临着学术文化的多重压力，中国传统佛教研究及传统研究模式也都因之面临着诸多新的挑战。在越来越具有国际性的学术文化语境中，中国传统佛教研究必须要强化中国佛教发展的现代性力量，加强其成果表达的国际性影响，以在多元的文化语境中彰显当代中国佛教研究成果的角色和地位。

如果说在 19 世纪末 20 世纪初的文化交流中，作为弱势的中国佛教学术研究与西方强势学术不能在同一个平台上进行对话，那么今天虽然西方学术界仍然有着强大的思想力量，但是中国文化却能够以一种更加自信的心态参与中外学术交流，能够在角色平等状态下进行对话。因此，开展中国近现代佛教戒律学的研究，必须要重视在国际交流中进行有效的自我表达和深度的思想展示。只有如此，才能做到在一定领域内引领学术发展的方向，以进一步提高中国佛教学术在国际文化交流中的整体影响力。

青铜时代篇第二

明末清初的戒律学

中国佛教戒律学，萌芽于汉魏，发展于东晋南北朝，繁荣于隋唐至北宋一段时间，其思想之光曾辉映中国及整个东北亚地区。但是，南宋以后，由于社会文化土壤的变化，佛教戒律学和律宗的发展都陷入低潮，辉煌近千年的律学传统也随之暗淡下去。或者说，从南宋至于明朝万历年代（1573–1619）的几百年间，戒律学的队伍传承能做到不绝如缕已实属不易，至于思想研习和理论建树等，都基本乏善可陈。但是，山的尽头必定是路。到了万历中后期，中国佛教戒律学终于迎来了一次历史复兴的机遇。明神宗时期，南京古林寺的古心如馨律师高扬弘律大旗，名震京师。如馨之后，一时出现了南京的古林寺、宝华山的隆昌寺、杭州的昭庆寺、北京的法源寺和潭柘寺以及五台山的永明禅寺等为代表的戒律学中心。律学研习之盛，一时蔚为壮观。

如果说唐代是律宗的黄金时代，北宋是律宗的白银时代，那么明代万历到清代中期的这个历史阶段，可谓是律宗的青铜时代。这也是中国近现代佛教戒律学复兴的思想之根和学术之源。

第一节　明末清初的戒律学复兴

南宋以后，由于特殊的社会历史原因，中国社会不时出现激烈的社会动荡，佛教的生存环境受到极大破坏。这主要表现在：一者，由于战争的持续破坏，寺院中的藏书大量佚失焚毁——这在北方寺院中尤为明显，唐宋诸家的律学撰述都已散失殆尽，迨于明末清初之时，丛林中只在传授道宣的一部《随机羯磨》而已，[①] 僧人的律学研习得不到古德著作的持续滋养。二者，由于僧人也往往失其居所，这就造成律师群体的社会功能进一步弱化，律师队伍传承艰难。三者，戒律学失去了唐宋时的学术创造力和社会影响力，僧团对戒律的学术热情也有所下降，重要的专门性著作难以出现。当然，这些因素都是互为因果的。

清初，在《梵网经》类文献之外，见于《乾隆大藏经》中的南山宗祖师道宣的著作只有《昙无德部四分律删补随机羯磨》四卷、《续高僧传》三十一卷、《广弘明集》三十卷、《集古今佛道论衡实录》四卷、《大唐内典录》十卷、《集神州塔寺三宝感通录》三卷等。其中，除去第一种为律学著作，其他都是佛教史类或论衡类著作。另外与《四分律》相关的著作，也只有怀素律师的《四分僧羯磨》和《尼羯磨》五卷、《四分戒本》二卷、《四分比丘尼戒本》一卷等为数不多的几种。由于《乾隆大藏经》以明代北藏为底本，并对篇目有所增减，由之也可看到明代前后的戒律学基本文献状况。其后出现的、被收入《乾隆大藏经》的宝华山律师读体撰写的《毗尼止持会释》、德基撰写的《毗尼关要》等著作，也主要是在这些文献基础上形成的。

明代万历年代之后，随着佛教的慢慢复兴，在宗派建设过程中，他宗僧人也都对恢复戒律传统、强化戒律持守、开展如法传戒、加强律学建设等极为重视，并有着篇幅不一的戒律学著作传世，其主要有：净土宗僧人云栖袾宏（1535–1615）的《戒疏发隐》《具戒便蒙》及辑录的《沙弥律仪毗尼日用合参》二卷；临济宗僧人三峰法藏（1573–1635）的《弘戒法仪》三卷、《传授三坛弘戒法仪》一卷；曹洞宗僧人鼓山元贤（1578–1657）的《四分戒本约义》四卷、《律学发轫》三卷；学涉多宗的蕅益智旭（1599–1655）的《梵网经合注》七卷、《毗尼事义集要》十七卷、《沙弥尼律仪要略》一卷、《沙弥十戒威仪录要》一卷、《在家律要广集》三卷、《律要后集》一卷等。这种禅律结合、律净结合的现象，虽然并不是真正的律学研究和思想建设，但他们在某种程度上也为清代佛教戒律学的传承和复兴凝聚了队伍，奠定

---

① 国家图书馆藏有善本《四分律删繁补阙行事钞》一册三卷，为南宋理宗景定元年（1260）明庆寺僧闻恩刻印流通。

一定的思想和学术基础。正是得益于这些僧人的努力，一时间，南到闽粤、北到京师，久已沉寂的戒律学慢慢进入一个中兴的青铜时代。

明末清初时期的弘赞，可谓是这一阶段南方戒律学的代表人物。[①]

鼎湖山的曹洞宗僧人弘赞（1611–1685），广东新会人，俗姓朱，号在犙，生活在明末清初。弘赞二十二岁时出家，出家后曾遍访名师，初参杭州妙行寺雪关和尚，后又学于横山光明寺，入室于云门、径山、天童等处，三十三岁返回岭南。顺治十五年（1658），弘赞在鼎湖山的住持栖和尚圆寂后，被推为寺主。康熙三年（1664），有居士舍地为弘赞建宝象林，弘赞其后即住于宝象寺和瑞塔禅寺。弘赞受具后，曾阅大藏和律本数年，但因自认为不得其宗趣，遂遍参诸方，以求明哲。但是，在发现当时佛门之内"无一习学毗尼者"时，他又因忧虑法不久住而不能自安。三十四岁那年，弘赞兴起往天竺求请梵僧数人再传戒法之念，并于1644年春天抵达福建海滨，欲乘船南行天竺那烂陀寺，但最后没有成行。[②]弘赞虽属曹洞宗禅僧，但因念律学如缕不兴，乃一生致力于戒律的弘传、穷研，所以有的僧家也将其视为律师。

弘赞博学多闻，力攻内学外典，著述甚多。他一生中注释经律、撰述著文共百余卷。根据《鼎湖山志》卷三和《卍续藏》等，弘赞的主要戒律学著作有：《四分戒本如释》十二卷、《四分律名义标释》四十卷、《沙弥律仪要略增注》两卷、《梵网经菩萨戒略疏》八卷（附《半月诵菩萨戒仪式注》）、《归戒要集》两卷，以及《比丘受戒录》《比丘尼受戒录》《八关斋法》《沙弥学戒仪轨颂注》等各一卷。[③]另外，弘赞还编有《礼舍利塔仪式》《礼佛仪式》等。由此可见，弘赞是这一时期撰写戒律学著作最多的僧人之一。

弘赞之后继主鼎湖山第三代者传源（1621–1686），字湛慈，因其曾隐居于石门山，后即以石门为号。传源二十三岁从云顶受具戒，并随师学律

---

① 参见王建光《中国律宗通史》第十四章。

② 〔清〕弘赞：《比丘受戒录·序》，《卍续藏》第107册，第175页上–下。

③ 参见《鼎湖山志》卷三《第二代在犙和尚传》和《鼎湖山志第二代住持在犙禅师塔志》，第291–296页。

阅教十三年，三十六岁时入杭州报国寺，并副讲《楞严经》。三十八岁时（1658），南返入鼎湖辅弼弘赞，任庆云寺监院六年。1663 年去职归隐，后复出建梅砰精舍。1686 年继席庆云寺，“主持禅律”。在传源的主持下，庆云寺仍然遵守云顶和尚的宗旨，禅净律三教并重。① 通过弘赞的弘扬和努力，在弘赞的主持下，鼎湖山在南国有着很大的影响，“岭海之间，以得鼎湖戒为重”。②

但是，不难看出，虽然明末清初之时出现了一系列的戒律学著作，但它们也都没有接续上唐宋古德的思想传统和律宗法脉，其著作也大都是一些丛林寺院的行事规范或者对戒律精神的普及性教育。严格而言，这只是对戒律的强调、普及、传播与规范建设，还谈不上是律宗或律学。其主要原因是：一者，这些作者不属于严格的律宗法脉，或者说是没有接续上律宗传统。二者，这些著作都是基础性、普及性和教育性的，大都重在对名词、概念、人物、戒相缘起的释义，著作缺少思想性和创新性。三者，这些作者中也缺少对南山律学文献和思想的接续与发展。

值得指出的是，在中国佛教史上，有一些寺院曾经产生过重要的戒律学影响，它们或者出现了重要的律学人物，或者有过重要律师的长期驻锡，或者产生了重要的戒律学著作，或者发生过重要的戒律学创新活动。这些寺院也往往会被视为律宗的“祖庭”。③ 从明代中后期以降，中国有不少这样的丛林寺院在戒律学建设方面有着突出影响和贡献，并因之成为清末民国时期十分显著的律学寺院，不仅使自己名扬天下，承续了律宗的法脉传承，客观上也对中国近现代的律宗发展起到传承与推动的重要作用。④

在明末及清初的一段时间，在南方有古林寺首倡律学，继有宝华山律师后来居上，它们随后成为华东地区律学的主要代表。在北方，弘传南山

---

① 参见《鼎湖山志》卷三《石门和尚年谱》和《湛慈和尚传》，第 306–312 页。

② 《鼎湖山志》卷三《第二代在犙和尚传》，第 291 页。

③ 王建光：《祖庭的内涵及其功能——以律宗祖庭为例》，《法音》，2016 年第 12 期。

④ 中国近现代时期有许多丛林寺院对戒律学复兴、繁荣与发展都有过重要贡献，这些丛林寺院也都有着丰厚的文化遗产。本处仅选择几处寺院从戒律学建设的角度加以回顾，以点代面，未必正确和准确，遗漏者也更多。至于拓展本领域，对其他相关寺院的戒律学活动进行逐一考察，对其内容进行详细研究与写作，当俟来日。

律学的寺院主要有北京法源寺、潭柘寺、云居寺、广济寺、广慧寺等，此律学传承大都与南京古林寺律学或宝华山律学有着一定的关系。① 另外，在五台山等地区，也有一些律学活动的记载。当然，这种律学的复兴也只是呈点状分布的，如康熙二十年（1681）时蜀渝僧人德玉还有着“蜀无律师律体律学，其来久矣”之感叹。②

第二节　古林律学再振法幢

万历年间的律宗复兴，开辟了宋代律宗鼎盛之后的又一个新时代。这个美好的时代是从南京古林寺的如馨律师开始的。

古林寺是一座历史悠久的江南名刹，其遗址在今天南京城西的凤凰山（古称马鞍山）。本寺最早由南朝梁时宝志和尚（418–514）所建，初名观音庵，宋淳熙年间（1174–1189）始改称古林庵，历来是金陵名刹。奠定古林寺的律学地位的是明代中后期的古心如馨律师。

如馨（1541–1615），俗姓杨，字古心，江苏溧水人，后世多称为古心如馨。万历十年（1582，一说嘉靖年间），如馨投摄山栖霞寺素安（又作素庵）出家。出家后，如馨即“慨念戒律荒芜，力作中流砥柱”，后读《华严经》的《诸菩萨住处品》，便立誓从文殊菩萨受戒。如馨随赴五台山，夙夜虔诚恳求，感文殊摩顶授衣，顿时悟得五篇三聚心地法门，大小乘律有如从胸中流出。③ 明神宗万历年间（或说 1584 年），如馨入住南京定淮门内吉祥里创刹古林寺，任本寺住持，随弘律传戒，宗风浩荡。因为如馨于之而中兴南山律宗，使本寺成为明末南山宗律学的重要寺院，故而古林寺被奉为“中兴戒律第一祖庭”，如馨也被后人称为优波离再世。由于古林寺律学被后世称为“古林派”，如馨也因之而被视为古林派之祖。

如馨曾于江南一带的栖霞寺、甘露寺、灵隐寺、天宁寺、昭庆寺等地举行戒会，后学众多。万历四十一年（1613），明神宗诏其至五台山传戒三年，

---

① 倓虚：《影尘回忆录》，第 45 页。

② 〔清〕德玉：《佛说梵网经顺朱·叙》，《卍续藏》第 61 册，第 229 页上。

③ 辅仁：《律门祖庭汇志·自序》，《律门祖庭汇志》，第 45 页。

赐紫衣锡杖等，并敕建圣光永明寺，举龙华大会，授千佛大戒。神宗并以司礼内臣张然代为从如馨受菩萨戒，并为之授“万寿戒坛”匾额。由于如馨从文殊受戒之时，“五峰放光，结成云盖”，后神宗谥其“慧云律师”之号。如馨在五台山讲律，一期后南归，留其后学澄芳远清律师继其讲席，使该地法戒大兴。如馨圆寂后，明神宗下诏让京师愍忠寺画其遗像供奉内廷。明神宗赞他为“瞻其貌，知其人，入三昧，绝六尘，昔波离，今古心”。①如馨的主要著作有《经律戒相布萨轨仪》一卷。

如馨之后，古林寺律学仍然绵延不绝。清乾隆二十四年（1759），古林寺获赐额“古林律寺”。其后，每岁春冬两季，依律传戒，使其成为南山律宗的重镇。

按《律门祖庭汇志》之宗统，终南山道宣律师为律门第一祖，至如馨则为第十三世。如馨之后，又有十余法嗣，各布一方，随使本寺律学兴于江南地区。《南山宗统》卷三列如馨后学十一位：莲宗性相、大会永海、中堂性正、汉月法藏、三昧寂光、澄芳远清、茂林性祇、金刚性福、蕴空性馨、大圆性昙和隐微性理。当然，这些师传的后裔，也有是相互参访、交汇发展的。

1. 莲宗性相律师，江宁人，俗姓高，从本邑栖霞寺素庵法师出家，从如馨律师圆戒。②后住天隆寺，寺在今天南京城南安德门外，原距城二里许，旧称极乐寺。

2. 大会永海律师，润州人，于本地平等寺出家，圆戒于如馨律师后，以弘律为务，太后迎住北京悯忠寺，被赐紫衣。著有《五百问戒经释》。③其后学有洞然□耀。④

3. 中堂性正律师，命住金陵吉祥寺。本寺后毁于洪杨之事。

4. 汉月法藏律师（1573–1635），明代临济宗僧人，命住常熟三峰寺、邓尉山圣恩寺、钟山灵谷寺、武林灵隐寺、宁波天童寺。因曾住苏州三峰

---

① 《清凉山志》卷三《如馨律师传》《远清律师传》，第 147–148 页。《宝华山志》卷八《古心律师》，第 287 页。书玉：《佛说梵网经菩萨戒初津》卷七，《卍续藏》第 95 册，第 181 页上。

② 〔清〕源谅：《律宗灯谱》卷二，《大藏经补编》第 22 册，第 712–713 页。

③ 〔清〕源谅：《律宗灯谱》卷二，《大藏经补编》第 22 册，第 713 页。

④ 震华：《清代律宗略论》，《民国佛教文献集成·补编》第 69 卷，第 152 页。

清凉禅寺，世称三峰藏公。法藏在明末江南的佛教界有着重要影响。

5. 三昧寂光律师，命住庐山东林寺、扬州石塔寺、宝华山隆昌寺。

6. 澄芳性清律师，或作承芳，新安人，一名远清。历游讲寺，习贤首教宗。适如馨于杭州灵隐寺说戒而得以圆戒。后返五台山，精研律部，善达开遮。鉴于戒坛久不开启，远清乃通过内宦奏请皇帝开坛，随即奉旨南来请如馨赴五台山大开皇坛，希说戒三年，敕建圣光永明禅寺，并赐衣钵、锡杖、斋钱若干。后因故，如馨一期南返，留远清住五台山永明寺。① 性清有弟子性寿大圆律师，后住黄山慈光寺，其弟子有海学。②

7. 茂林性祇律师，俗姓沈，湖州长兴（今浙江长兴）人，十七岁投本乡弥陀古院而出家。曾从莲池大师学净土法门，从天台闻谷老人学禅观，后于南京灵谷寺如馨圆具，受具之后专攻律检。茂林律师弘律三十余年，“吴越两地学者莫不闻风趋座”，禀戒归依者“不可称数”。其著作有《四分遮略》和《佛说目连五百问经略解》二卷，后者现存。③ 茂林性祇律师住持苏州报国寺，并开创今天苏州戒幢律学的先河。

8. 金刚性福律师，俗姓赵，蜀人，于本郡出家后，遍参知识，从如馨律师受具，精严戒行，平素间持《秽迹金刚咒》，世称“金刚和尚”。万历年间传戒于楚荆扬淮等地，后住广陵福田院。④

9. 蕴空性馨律师，命住三义寺。

10. 大圆性昙律师，命住云凤山香水寺，曾受请于古林主持戒法两期。

11. 隐微性理律师，曾任古林寺主。吴人，俗姓王，性璞之兄。万历四十三年（1615），如馨应香余寺说戒之请而至姑苏，后携兄弟两人返回古林寺。在古林寺，性理与性璞兄弟二人终日“瞑息对坐，各有会心”，如馨命性理代讲般若，颇开觉悟。性理弘律二十余年，如馨后以紫衣、法物、著述付之，崇祯十年（1637）示寂。⑤

---

① 〔明〕法藏：《弘戒法仪》卷下，《卍续藏》第106册，第1040页。源谅：《律宗灯谱》卷二，《大藏经补编》第22册，第687页下—688页上。

② 〔清〕源谅：《律宗灯谱》，《大藏经补编》第22册，第726页。

③ 〔清〕源谅：《律宗灯谱》，《大藏经补编》第22册，第716页。

④ 〔清〕源谅：《律宗灯谱》卷二，《大藏经补编》第22册，第716–717页。

⑤ 〔清〕源谅：《律宗灯谱》卷二，《大藏经补编》第22册，第718页。

印含性璞律师，曾任古林寺主。性璞，字印含，与隐微性理为同母兄弟，两人一同研心经咒，参访名宿，互为探讨。性理示寂后，性璞辞之再四而继主之。性璞主席古林寺十年，恪守祖训，大弘律学。如馨曾赞其“吾道岂在璞乎”。崇祯三年（1630），蒙召赐紫。清顺治初，应召赴京。顺治三年（1646）十一月示寂，寿七十八，腊四十四。①《律宗灯谱》卷二将性璞列为如馨下三世，言其在性理之后主持古林寺三年，示寂于崇祯十三年（1640）闰正月。②

性璞之后，古林寺则有海华律师主席。海华（1608–1679），字藏林，俗姓邓，宿人，幼从里南大圣寺心融出家。出家后，海华参学多处，于夏邑从隆野学法，于彭城从云崖学老庄。海华主张：“学无内外，内外在人。欲大其心志，妙其有无，此二学可表里而不可偏尚。吾道大成，如海纳百川，同一盐味，众莫能易。”崇祯十年（1637）冬，海华于古林寺从印含请具戒，后至天童密云学参“父母未生前”语。印含示寂后，海华回古林寺，被赞为“戒行严密，学德俱深”。顺治九年（1652）春继席古林。康熙十八年（1679）入灭，寿七十二，腊四十九，塔于古林寺后。③海华之后，古林寺有寂鼎、普播、本修等人先后相继。

上述诸人，大都学开一方、名震一时。他们忠于师说，弘戒扬律，随使古林律学广布大江南北、运河两岸。因此，如馨开创的古林律学，实为明清之后江南律学之源，不仅在江南一带广为传布，其法系也北传至五台、北京等地的寺院。据《一梦漫言》所言，宝华山的重要律师之一的见月读体，从云南来内地时，当初即是想在南京古林寺受戒，但是因故离去，才有后来从三昧寂光受具戒之事。

正因为如馨对明末律学之中兴有着如此巨大的贡献，所以宝华山文海福聚律师辑《南山宗统》十卷以及北京潭柘寺的恒实源谅律师辑《律宗灯谱》八卷本时，皆推慧云为中兴律祖。

清咸丰三年（1853），洪秀全的太平天国军队占领南京，古林寺遭到

---

① 《新续高僧传》卷三十《性璞传（附性理）》，第 237 页下 –238 页上。

② 〔清〕源谅：《律宗灯谱》卷二《性璞传》，第 726 页下。

③ 《新续高僧传》卷三十《海华传》，第 249 页上 – 下。

毁灭。一直到光绪末年，才有辅仁和尚重振古林律寺的法席。在辅仁住持下，古林寺于清末民初再次得到中兴，传戒不绝，[1] 使古林寺成为当时南京的重要寺院之一。

第三节　千华律学高扬宗风

三昧寂光分灯于宝华山隆昌寺后，即仿照东晋时慧远于东林寺立莲社之举，于宝华山结“千华大社”，大振宗风，随使古林律学分为古林派和宝华派。迨至见月读体和文海福聚之时，其地律学势起，声名远播。后世，称宝华山律宗为“千华派”，与之相应，古林律寺律学则称为“古林派”。

三昧寂光律师所传的宝华山律学系统，人物众多，思想繁荣，声势浩大，分灯南北，影响深远。[2]

一、隆昌寺成为重要的律宗道场

隆昌寺位于今天江苏省句容县境内的宝华山，在一些戒律学著作中，往往直接简称为“华山”，或以地名寺，以山名学。隆昌寺是明季以来中国重要的律宗寺院，并以弘扬律学、传戒不辍而扬名于海内外丛林寺院。

虽然宝华山律学崛起于明季清初，但本寺的历史却很悠久，相传南朝梁时宝志和尚首先于此处建立道场，只是其后世道混乱，寺事渐废。明万历三十三年（1605），有妙峰禅师于山上建铜殿，取名“护国圣化隆昌寺”，佛事随兴。雍正十二年（1734），寺毁于火，后又即刻重建。

因为本寺的律学之彰，隆昌寺于清初受到几位皇帝的高度重视，享有极高的尊荣。康熙四十二年（1703），隆昌寺得康熙亲书赐名“慧居寺”，寺也因之而扬名于世。其后第七代律主文海福聚也自称为“慧居寺沙门”。康熙四十六年（1707），康熙皇帝曾亲至宝华山，为铜殿和戒坛赐匾“莲

---

① 据《律门祖庭汇志》所记，该法系师承演派是：“智慧清净，道德圆明，真如性海，寂照普通，心源广续，本觉昌隆，能仁圣果，常演宽宏，惟传法印，证悟会融，坚持戒定，永纪祖宗。”辅仁：《宗派》，《律门祖庭汇志》，第 55 页。

② 参见王建光：《中国律宗通史》，凤凰出版社，2008。

界云香”“精持梵戒”，并赐《心经》、法帖和御扇等物。雍正十一年（1733），雍正皇帝曾下诏要宝华山福聚律师赴京传戒。乾隆十六年（1751）三月，乾隆皇帝也亲至宝华山，分别为寺中大雄宝殿、铜殿和戒坛赐“光明法界”“宝网常新”和“精进正觉”匾额，并赐物褒奖。其后于乾隆二十二年（1757）三月、二十七年（1762）三月、三十年（1765）三月、四十五年（1780）三月和四十九年（1784）闰三月，乾隆又曾五次亲临宝华山，赐额、赐物、赐诗、赐经书等。在此后的几十年间，还不断有许多赏赐。①

明末清初的一段时间，宝华山律学的重要人物、事迹和文献被收在《宝华山志》中。山志最早由宝华山律师定庵德基撰于康熙二十九年（1690），乾隆年间又由刘名芳重新整理、补充，共十五卷。内容不仅有序、赋、诗、赞以及僧传、塔铭、碑记等，还收有南朝梁武帝、唐代李白、明太祖和明代焦竑等名士的题撰，以及明神宗敕建护国圣化隆昌寺的谕旨。除此之外，本志还前置“卷首”，记载了清初三帝与宝华山的事迹、史料及相关诗文。

二、宝华山戒律学的发展

宝华山因三昧寂光而名扬海内。其后，在多代僧众的努力下，清初之时，宝华山事实已是华东地区甚至是影响全国的律学名刹，人才辈出，师传严整，成为汉传佛教著名的律宗道场，也是明清以来中国南山律宗的代表，其戒律学思想与实践对中国近代佛教的发展也有着重要的影响。今人印顺法师曾说：“论传戒，宝华山第一。”②

（一）千华律学的初兴

三昧寂光是宝华山律学的开创者。

寂光（1580–1645），广陵人，俗姓钱，字三昧，后世多称为“三昧寂光”，他自称为“广陵传戒后学沙门”。寂光二十一岁时出家，曾从雪浪洪恩学贤首教观，又从古林寺古心如馨受具足戒，曾为副座弘律。寂光曾闭关九子峰，隐司空山，结庐衡岳，后移锡南京。崇祯十一年（1638）秋，

① 参见《宝华山志》卷首《御制》，第 3–22 页。

② 印顺：《华雨集》（四），《戒律学纲要》，第 583 页。

寂光于南京长干寺说戒，“都人皈依投体者以万数”。[①]崇祯十二年（1639），寂光应请入宝华山，并为监院。[②]崇祯十六年（1643），寂光应诏修建南京大报恩殿。崇祯十七年（1644）三月，寂光奉诏于南都忏荐大行皇帝。寂光一生，道行几万里，法说四十年，既专宏律法、临坛演戒百有余所，有鼎重律门之功，又成远公再来之势，因此被称为“南山律虎”或“千华律虎”。清顺治二年（1645），寂光示寂，刚巧的是，也正在这一年，宜洁书玉降生。寂光著有《梵网直解》《十六观经忏法》。[③]

《梵网直解》，全称为《佛说梵网经直解》，四卷，入清藏时开为十卷。所谓“直解”，即是“粉饰文章，不添只字，直就本文，掀翻佛意”。书成之后，丛林广为流布，“楚沔刻《略疏》，维扬刻《直解》”，后经香雪戒润加以编辑。[④]崇祯十七年（1644）冬，出家不久的晦山戒显又于会稽戒坛重加删润，由之永为定本，并于顺治二年（1645）秋仲刻成。[⑤]书的体例仍然是传统的逐句销文的模式，每卷末附“直解事义”，对名相概念另行解释，但今《卍续藏》是将“事义”分为四卷另行。清藏本《梵网直解》卷首有清初福聚奏请华山律学入藏的《进大宝华山三代律师著述奏章》以及雍正、乾隆两代皇帝的回复，从中可见华山律学入藏的缘起和经过等事。清藏本卷末有戒润的《〈梵网经直解〉跋并颂》，作于崇祯十三年（1640）二月。《梵网直解》对此后丛林的《梵网经》研习传承有着重要影响。如其后蜀渝之地的圣可德玉因读《梵网直解》而作《佛说梵网经顺朱》，“顺朱虽就正文，顺朱填墨，亦从《直解》中截出，间或别出己意。”[⑥]晦山戒显说，《梵网直解》唯备自观，若大智者，应阅云栖大师《梵网菩萨戒

---

① 〔明〕范景文：《〈梵网经直解〉弁言》，《卍续藏》第61册，第1页上。

② 弘一：《见月律师年谱》，《弘一大师全集》第10册，第414–415页。

③ 《新续高僧传》卷二十八，《大藏经补编》第27册，第233页下–234页上；《律宗灯谱》卷二和《宝华山志》卷七、卷十三等处。

④ 〔清〕戒润：《〈梵网经直解〉跋并颂》，《卍续藏》第61册，第228页上。

⑤ 〔清〕戒显：《〈梵网〉直解》（附跋），《卍续藏》第61册，第206页下。本跋不见于《乾隆大藏经》。

⑥ 〔清〕德玉：《〈佛说梵网经〉顺朱叙》，《卍续藏》第61册，第229页上。

经义疏发隐》。①

寂光从其师如馨所嘱，于宝华山爰启戒坛，专弘律法，被视为南山律学的重要继承者。寂光最有名的事业是重振宝华山隆昌寺，并将其建成律宗道场，形成后世所说的律宗“千华派”，寂光也因此被后世视为律宗千华派之初祖，并由之上追唐代道宣为高祖，如馨为太祖。晚明弘光元年（清顺治二年，1645），寂光开戒坛于金陵，并受赐紫衣等，被敬为“国师”，后谥号“净智律师”。东南半壁，“憧憧受毗尼法者，到处蜂攒蚁聚，化被之盛，兆乎是矣”。②

寂光徒众甚多，《律宗灯谱》卷二和《南山宗统》卷四均记其门下弟子有十八位。主要有无学能幻、见月读体、晦山戒显、香雪戒润等律师光耀其学，他们均为清代著名的律师。

无学，讳能幻，新安人，幼习儒业，后弃而游历讲肆禅门，于南岳大明律院受戒于寂光律师，是寂光律师的大弟子。无学综习毗尼，博通性相，于楚湘之间化导四众。③

晦山戒显（1610–1672），字愿云，也自称“愿云戒显”，太仓王氏子，明崇祯甲申（1644）国难，作诗文告庙，弃世学而出家，入宝华山从三昧寂光受具，遍参天童等处，后入灵隐参具德弘礼和尚。康熙五年（1666）冬，晦山戒显继席灵隐。④一说是康熙六年（1667），具德弘礼迁双径后，受命继主灵隐寺。⑤其自述是甲申冬，初参具德禅师。⑥具德弘礼即三峰法藏弟子，三峰法藏示寂前，付具德禅师衣拂及源流法偈，勉其收“铁骨徒”，并遗其偈曰：“住山养得机缘熟，多觅真真铁骨禅。莫负老僧珍重付，痛

① 〔清〕戒显：《〈梵网〉直解》（附跋），《卍续藏》第61册，第206页下。

② 〔清〕大珍：《毗尼关要·序》，《卍续藏》第63册，第615页下。

③ 〔清〕源谅：《律宗灯谱》卷二，《大藏经补编》第22册，第725页。

④ 〔清〕纪荫：《宗统编年》卷三十二，《卍续藏》第147册，第499页上。《武林灵隐寺志》卷三下《晦山戒显禅师》言：“康熙丁未，具老人迁双径，命师继席灵隐。”康熙丁未即康熙六年（1667）。《武林寺志》卷四《晦山和尚进院上堂法语》：“师在黄梅，四祖径山老和尚命继席灵隐，以丁未四月十二日进院。”

⑤ 《武林灵隐寺志》卷三下《晦山戒显禅师》，第58页。

⑥ 〔清〕戒显：《本师具德和尚行状》，《武林灵隐寺志》卷七，第169页。

除魔外作真传。”[①] 戒显著有《禅门锻炼说》十三篇及语录、诗文若干卷，[②] 另有为华山律学著作所作的序跋几篇，但篇幅均不大。

戒润，字香雪，俗姓陈，夷陵人，生卒不详，寿五十七，腊二十余。“戊辰岁求戒”（疑崇祯元年，1628 年），戒润从寂光律师具戒，自称“律弟子”，历诸楚沔、维扬等地讲寺。[③] 戒润“精通经律，致功净土，尤善文词，挥毫成韵，见重时贤”。曾卓锡毗陵天宁律院，江南受法弟子众多。[④] 戒润初在宝华山担任羯磨师，但后来由于他认为读体改动古法不合寂光遗法，因而离开宝华山住常州天宁寺，继续弘扬律宗。戒润曾编辑寂光的《梵网直解》，修订云栖袾宏辑录的《沙弥律仪毗尼日用合参》，并著《楞严经贯珠》十卷，有弟子博徵、超幻、元仪、元瑞、元娄。[⑤]

（二）千华律学的繁荣

1. 见月读体光大千华律学

寂光律师最著名的后学当为见月读体。读体主持宝华山道场后，筑戒坛、光师说，立正范、出二持，行羯磨、定安居，兴绝举废、继古扬新，使宝华律学得以繁荣。

读体（1601–1679），俗姓许，祖籍江苏省句容，因祖上从军于滇黔地区，以功受封世袭指挥而世而居于此地，读体也因之生于云南楚雄。明季崇祯元年（1628），读体二十七岁时，始信道教并修真三年，后有老僧送他一部《华严经》，当他读到《世主妙严品》，突然有所领悟，决心入佛。崇祯五年（1632）从宝洪山亮如剃度，因为亮如法师说“自性理体，读教方成”，因此为其取法名读体，世称见月读体。[⑥] 读体在《一梦漫言》中说：“余名读体，体者，身也。乃法身理体，读教以明所诠之理。理明则诠忘，

---

① 〔清〕戒显：《本师具德老和尚行状》，《武林灵隐寺志》卷七，第 491 页。

② 《武林灵隐寺志》卷三下《晦山戒显禅师》，第 205–206 页。

③ 〔清〕戒润：《〈梵网经直解〉跋并颂》，《卍续藏》第 61 册，第 227 页下。

④ 《新续高僧传》卷二十九《戒润传》，《大藏经补编》第 27 册，第 240 页下。

⑤ 〔清〕源谅：《律宗灯谱》卷三，《大藏经补编》第 22 册，第 729–730 页。

⑥ 〔清〕书玉：《〈毗尼日用切要〉香乳记》卷上，第 166 页下。

犹因标指见月，见月则指泯。今余改号见月。”①

崇祯六年（1633），读体出云南、经贵州，至湖南宝庆五台庵，后入江西礼庐山，又至黄梅破头、潜山等道场，并礼三昧寂光律师重修的诸祖庭。崇祯七年（1634）冬，三十三岁时到南京，止于南京报恩寺，并学《楞严咒》。后又因得闻三昧在五台山传戒，乃北上参礼。崇祯九年（1636），读体离开五台南返至镇江住甘露寺，第二年四月于镇江海潮庵从三昧受具足戒，后任西堂，并开始阅律。②不过，读体也曾说是“乙亥春，纳戒润州”，③此处乙亥年，即崇祯八年（1635）。从此以后，读体即随侍三昧律师传戒诸方，并开始深研律藏，为各方所推重。读体深得寂光的信任，被赞为：“老人三十年戒幢，若非见月几被摧残矣。”④南明弘光元年（清顺治二年，1645），读体继席宝华。寂光示寂前，以紫衣、戒本付读体，命总持三学。此后，读体“焚膏继晷，穷律部之奥微；率众躬行，阐羯磨之洪范。是制必遵，于非即革”。⑤读体被后世称为“南山再世”，⑥近代印光老人曾评价他们师徒在律学贡献时曾比喻为“律宗则慧云中兴，实为优波；见月继踵，原是迦叶”。⑦

民国时震华曾说，律门古代律仪如何，未有专书记载，不得而知。但读体于清顺治二年（1645）嗣席宝华山之后，“痛念法门秋晚，古制日湮”，即提倡恢复律门古仪，“随自立《规约》十则，与众遵行。两度静修般舟三昧，不坐、不卧、不依倚，昼夜壁立者九十日。四方缁素，翕然从风，日食至三万余指。南北礼请开戒者无虚月。”⑧不过，读体之举也引起了争议，结果是当家者达照辞职，香雪戒润他去，诸同戒皆散，旧执事等十

① 〔清〕读体：《一梦漫言》，第33页。

② 〔清〕读体：《一梦漫言》卷下，第86页。

③ 〔清〕读体：《毗尼作持续释·序》，《卍续藏》第65册，第4页上。

④ 《宝华山志》卷五《读体传》，第177–181页。

⑤ 〔清〕读体：《毗尼作持续释·序》，《卍续藏》第65册，第4页上。

⑥ 〔清〕书玉：《羯磨仪式·缘起》，《卍续藏》第107册，第259页上。

⑦ 印光：《与佛学报馆书》，《印光法师文抄》卷一，第17页。

⑧ 《宝华山志》卷五《读体传》，第180页。

去八九，惟百余同志愿共发奋。① 顺治三年（1646）四月，读体首倡安居。其《一梦漫言》对此也有记录：四月十六日前安居，有僧比丘一百六十多，沙弥八人，严格遵守律制。时充西堂的晦山戒显律师作诗道："安居岁事久沉埋，我佛严规付冷灰，白首僧流无一腊，宝华律社喜重开。"自此以后，本寺各代住持均承续相继，黑白布萨等仪，一一具备，并有《千华岁事》一书，与禅林清规等无有异。其他分派寺院，也效而行之。读体因虑戒坛为木制，恐难垂久，乃造石戒坛，极其工丽。② 康熙十八年（1679）正月二十二日，读体示寂于宝华山。③ 御史李模为其撰《见月大师塔铭》，名士方咸享、尤侗各撰有《见月和尚传》，它们都被收于乾隆年间刘名芳所撰的《宝华山志》中。

读体乃弘律沙门，不仅善讲《梵网经》，"析义敷文，四座称善"，④ 而且也善著述，其主要著作有《毗尼止持会集》十六卷、《毗尼作持续释》十五卷、《传戒正范》四卷、《毗尼日用切要》一卷、《沙弥尼律仪要略》一卷、《毗尼日用切要》一卷，以及重纂《千手千眼大悲心咒行法》一卷（北宋时天台宗僧人知礼始集）等。

《毗尼止持会集》是读体的重要著作之一，清藏本为二十卷。其目的是"专为初学"。在形式上，主要借鉴"南山律祖集大成之式"；在思想上，如道宣的《行事钞》一样，"虽以昙无德部为宗，然于他部互有发明者，悉采用之"。他强调说，此《会集》之所以不依《摩诃僧祇》，主要原因有三：一者是因为上古诸师皆判本律为略本，文少义阙；二者不合二百五十戒数；三者是因为道宣律师宗《昙无德四分律》故。在格式上，《会集》于每戒之下，咸依藏录，一无私增。每戒之下约有八科：制戒缘起、依律释文、结罪重轻、兼制余众、应机随开、会采诸部、经论引证、附事便考。⑤

---

① 弘一：《见月律师年谱》，《弘一大师全集》第 10 册，第 415 页上。

② 《新续高僧传》卷二十九《德基传》，第 240 下 –241 页上。《宝华山志》卷五《读体律师》，第 180 页。《武林大昭庆律寺志》卷八，第 289 页。

③ 此处依陈垣《释氏疑年录》，第 410 页。《定庵和尚塔铭》中说有"庚申春，体公将圆寂……"之句，"庚申"为康熙十九年（1680）。参见《宝华山志》卷七《定庵和尚塔铭》，第 305 页。

④ 《新续高僧传》卷二十九《读体传》，第 239 页下。

⑤ 〔清〕读体：《毗尼止持会集·凡例》，《卍续藏》第 61 册，第 650 页上。

其一般结构是每戒引文之下有“缘起”“释义”“结罪”“随开”“会采”“附考”等。值得指出的是，卷一解释《四分律》，是“依贤首宗，略开七门：一教起因缘、二藏乘所摄、三教义通局、四辩定宗趣、五教所被机、六总释题目、七别解戒相”。[①]这也从一个方面反映了华山律学的思想特点。

《毗尼作持续释》乃是读体对道宣《昙无德部四分律删补随机羯磨》的续释——不是“续”《昙无德部四分律删补随机羯磨》，而是对此《随机羯磨》的进一步解释，清藏本作二十卷，直接题为《昙无德部四分律删补随机羯磨》。据其自述，读体纳戒后，每以“作持”扣请寂光，寂光告诉他，《昙无德部删补随机羯磨》“事法兼备，诚为典型”。但因为久湮，羯磨藏本虽有纲目，但事法不全，文古义隐，致使初学罔措。寂光示寂后，读体遵师命，开始重释道宣的《随机羯磨》，依律广其事法，释其隐微，以使读者对其成坏了然，知止作、明是非，临事称量，应为当为。[②]《毗尼作持续释》格式明了，先引后释，“应准目续法者上标一‘续’字，应依律释义者上标一‘释’字，应显过出非者上标一‘非’字，应附证及便行者上标一‘附’字”。[③]

《传戒正范》或作《三坛传戒正范》，是读体慨当时海内虽然不断开坛放戒，但“考其学处，则懵昧无闻，视其轨仪，则疏慵失准，仓皇七日，便毕三坛。大小乘而不分，僧尼部以无别”，这就造成事后三业荒唐、戒本束归的现象，所以才于两乘布萨律制僧行外，特撰辑《传戒正范》，以使三坛轨则，巨细有条，七众科仪，精详不紊，做到“不违古本，别出新型”。[④]《传戒正范》虽然四卷，但实分为两部分，前三卷为授戒前请戒忏悔仪，第四卷为授戒正范。所谓三坛，即初坛授沙弥戒、二坛授比丘戒、三坛授菩萨戒。但是《传戒正范》也被批为有数则“不贯串”，这即是发菩提心不贯串、忏摩不贯串、问遮难不贯串、白四羯磨不贯串。所谓“不贯串”，即是有失逻辑，不能前后照应。如说本《正范》不预受菩提心戒，先教以

---

① 〔清〕读体：《毗尼止持会集》卷一，《卍续藏》第61册，第653页上。

② 〔清〕读体：《毗尼作持续释·序》，《卍续藏》第65册，第4页上。

③ 〔清〕读体：《毗尼作持续释·凡例》，《卍续藏》第65册，第5页下。

④ 〔清〕戒显：《传戒正范·序》，《卍续藏》第107册，第22页上。

忏摩，至授菩萨戒时，又问是否发菩提心，答曰已发。所以，“授者受者，皆不知菩提心为何物。但含糊问答而已。”“忏摩不贯串”即是说本《传戒正范》乃惟专称本师释迦一佛，与世尊教以发露之法不同，虽亦可以减罪，却是发露不周。“问遮难不贯串”，即是说本《传戒正范》中决定三人一坛是畏烦而求简，不是律中以一人一坛为正，至多不过三人。而对于“衣钵是汝自己有否”，应当答之以“是”，表明是自己有，而非借来，而《传戒正范》是改之以“有”，这即是开借衣钵。“羯磨不贯串”，即是说《传戒正范》中摘去求授人具足羯磨一条，被认为是减损律制。尽管《传戒正范》与传统有所不同，但这其实也是戒律实用化与时代化的一种表现，对于规范传戒过程，使之威仪严整起到重要作用。所以，《传戒正范》一出，“天下奉为司南，名曰律主”。①“后之传戒者，皆准而行之”。②宝华之法，也得以随之广播。《传戒正范》属于阐扬作持，但因为被认为是“部内未尽精微”，且其受戒仪轨又与作持部内容重复，所以虽有奏请，但未能入藏。③

《毗尼日用切要》为读体从《华严经·净行品》、密部和其他经论中采撷偈咒，彚集成卷。后有书玉作《毗尼日用切要香乳记》对其销文。

读体圆寂前两年，曾应弟子之请，自撰《一梦漫言》两卷，追述自己行脚之事及一生参学、弘律和重兴宝华的始末。《一梦漫言》之书，篇幅不大，但却有着重要的戒律学史料价值，民国以来一直受到教内外学者重视。弘一律师还曾为之句读，随处眉批，并作序跋，感叹至极。不过，弘一也指出，读体律师虽然努力弘研律学，撰述众多，但由于失去古德的律学理论滋养，所以其撰述如《传戒正范》等，与南山律意多有不合之处。尽管如此，因为其后中国佛教传戒唯以此书为本，所以对清代之后中国佛教的发展仍然有着重要意义。

2. 见月读体后学南北分灯师说

读体后学繁茂，“戒徒千四百人”，④《南山宗统》卷三记载他的法

---

① 〔清〕觉源：《觉源禅师与本师借庵老和尚论传戒书》，《卍续藏》第107册，第123页上－下。

② 震华：《清代律宗略论》，《民国佛教文献集成·补编》第69卷，第152页。

③ 〔清〕福聚：《进大宝华山三代律师著述奏章》，《卍续藏》第61册，第3页下－第4页上。

④ 《新续高僧传》卷二十九《读体传》，第240页上。

嗣有六十八位，《律宗灯谱》卷四记有四十一位，其最著名者当为定庵德基和宜洁书玉。除此之外，还有湛一性澄（1616–1684）、莲城寂融、成拙性德、慧宗书秀、碧天书净、独愚真贤、静观书祯等。他们都持戒弘律，广布师说，成为清初律学的一方重镇，对于南山律学的传播起到重要作用。

释性澄，字湛一，年近弱冠，从本邑普照寺了尘法师落发，又参学玉林法师等多处，习贤首教观，后登宝华山从学于读体，研律三年，精解二持。清顺治十一年（1654），受请主宿迁极乐院，历岁传戒，随使极乐院成为淮北一大丛林。性澄晚岁行般舟三昧，一生演三十余坛，于康熙二十三年（1684）逝，寿六十九，夏三十二。著有《大悲净土忏法》《瑜伽焰口作观节次仪》若干卷。[①]《律宗灯谱》卷四和《南山宗统》卷六均记性澄后学有桂昌兴祥律师等七位。

寂融，字莲城，俗姓张，宛陵人，年二十从读体受戒，随侍左右，数易寒暑，后至徽州翠微寺，礼心空法师，“师资道合，两相印许”，遂传以毗尼，授以法衣，寂融使本地戒法一时振兴。心空法师（1603–1677）者，名海学，号心空，顺天大兴人，年二十一时于五台受戒，后参学诸方，为荆州惠藩敬信，纳具一齐和尚，后受赐紫衣。心空曾总持慈光院，南明弘光元年（1645）秋，受请而主持翠微寺。[②]

成拙律师，讳性德，滇人，俗姓刘，年二十二出家，后由见月读体指示而于崇祯七年（1634）赴金陵求戒三昧寂光，时寂光已至五台，而未得见。崇祯十二年（1639），三十三岁时于宝华得从寂光圆具。寂光示寂后，成拙于宝华辅佐读体二十载，后南返黄山等地。康熙九年（1670）春，归宝华任羯磨师。康熙十三年（1674）春，主持重修金陵天隆寺，并为住持，每岁春冬传戒。康熙二十年（1681）示寂，寿七十六，腊五十五。[③]

书秀，字慧宗，江南直隶通州人，幼依精舍习止观，后慕读体律学之妙，乃承隶门人，深受器重。读体命主苏州凤凰山狮林寺，并为之题寺额“徵

---

① 《新续高僧传》卷二十九《性澄传》，第 241 页上 – 下。

② 〔清〕汪仁鋐：《翠微心空和尚塔铭》，《翠微寺志》卷上，第 69–70 页。

③ 〔清〕源谅：《律宗灯谱》卷三，第 735–737 页。

心律院”。书秀也曾驻锡枫江慈泰寺、西园戒幢律院等处。[①]书秀被称为是“义解”和“精持”的“知行合一”[②]。康熙三十八年（1699）九月示寂，寿五十六，腊三十五。《律宗灯谱》卷四言其后学有灵跃、淳朴、功虔等三位，皆律门领袖。

书净，字碧天，江阴人，随读体受具，精研律部，兼究经论，后住苏州和善庵，兴寺建坛，持律萧然。康熙四十二年（1703）南巡时，曾当面褒赞，并赐《心经》三册，御书“衍真谛”三字，后以之名为真谛寺。[③]《律宗灯谱》卷四记书净后学有涵虚中律师等十一位。康熙四十四年（1705）示寂，寿六十，腊四十。

独愚，讳真贤，泗州人，精教观和《楞严经》。从学读体后，演教乘于楚域，树戒幢于淮干，传戒仪范，悉尊宝华。独愚弘扬戒法，兼修净土，被誉为淮北南山律学之始。[④]《律宗灯谱》卷四记独愚有后学道生本律师等七位。

德基和书玉是读体众多弟子中最著名的两位。德基在读体入灭之后继主宝华，而书玉则分席于杭州昭庆寺，广布华山律学于钱唐一带。

德基（1634–1700），俗姓林，号定庵，世称定庵德基。德基祖籍福建莆田，因祖上为官于婺（今属安徽黄山一带）而生于此地[⑤]。德基早年即怀出世信念，因游历时路经苏州宝林寺，听竹怀法师讲《楞严经》而求剃度出家，后又于宝华山从读体受具足戒，专研诸部律达十五年，得其要旨，三学会通，表于撰述，委为教授，整饬规约，被认为是“澄照再来”。[⑥]读体入寂前，将其戒本、紫衣等授予德基，德基随被尊称为宝华山千华派第三祖。康熙二十二年（1683），德基应昭庆寺住持及众僧之请而至昭庆寺开戒，期满后回到宝华山。康熙三十九年（1700）冬朔，德基微疾，乃集大众道：“凡

① 《新续高僧传》卷二十九《书秀传》，第 242 页上 – 下。

② 〔清〕源谅：《律宗灯谱》卷三，第 741 页。

③ 《新续高僧传》卷二十九《书净传》，第 242 页下 –243 页上。

④ 〔清〕源谅：《律宗灯谱》卷四，第 741–742 页。

⑤ 《武林大昭庆律寺志》卷八《定庵律师》说“字定庵，徽州人”。第 186、288 页。

⑥ 《宝华山志》卷五《德基传》，第 183–186 页。

我出家，止为生死，不可不真实修行。既知修行，必当严持戒律。若不持戒，而欲超脱生死，如缘木求鱼，舍舟渡海。”①

德基著作有《毗尼关要》十六卷、《羯磨会释》十四卷、《比丘尼戒本会义》十二卷，另撰《宝华山志》十二卷。《毗尼关要》清藏开为二十卷，其中正文十九卷，第二十卷为《毗尼关要事义》。文前由润州大珍撰写的《序》作于康熙三十九年（1700）春仲。《毗尼关要事义》又分为十六卷，《卍续藏》本作十九卷，但每卷篇幅差别很大，篇幅最小的卷次中，其文仅有一二百字。

德基有弟子三十多名，主要者有眼闻通明、檀波性证、抚生学伦、玉文照硕、松柏学徹等，其中著名者为松隐真义。②

通明，字眼闻，俗姓李，滁州人，康熙十九年（1680）于牛首山宏觉寺以忠处落发，从定庵德基禀具戒，住江宁慈应院，被尊称为“律虎”。康熙五十九年（1720）示寂，寿六十，腊三十九。③《律宗灯谱》卷五言通明有后学七人，《南山宗统》卷七记有六位。

性证，字檀波，俗姓熊，南昌人，幼读诗书，因游京师寓居龙华寺读内典而有出家之志，并从德基圆戒。后性证北返京师，于保定行头陀，主席龙华寺，得赐寺名瑞兴。性证“进通坚勇，顶礼达旦，过午不食，冬必露顶，夏必重衣”，每春传戒。康熙六十年（1721）示寂，寿六十三。④《律宗灯谱》卷五和《南山宗统》卷七记性证有后学三十四位。

溥儁，字儁雯，别号借堂，俗姓王，毗陵人，十四出家，礼诵十年，从德基具戒，在苏皖一带寺院弘律。雍正五年（1727）示寂，寿六十一。⑤

学伦，字抚生，别号幻堂。幼学经史，后去官出家，从德基学《四分律》，复参天台，后主持复兴维扬石塔寺，并建白石戒坛，本寺曾是寂光宏戒之

---

① 《新续高僧传》卷二十九《德基传》，第 240 页下 –241 页上。《宝华山志》卷五《读体律师》，第 180 页。《武林大昭庆律寺志》卷八，第 289 页。

② 《新续高僧传》卷二十九《德基传》，第 240 页下 –241 页上。《宝华山志》卷五《读体律师》，第 180 页。《武林大昭庆律寺志》卷八，第 289 页。

③ 《新续高僧传》卷二十九《通明传》，第 244 页下。

④ 《新续高僧传》卷三十《性证传》，第 247 页上。

⑤ 《新续高僧传》卷三十《溥儁传》，第 246 页上 – 下。

所。学伦也曾说戒于泰州海潮寺。雍正六年（1728）示寂，寿七十三。[①]《律宗灯谱》卷五和《南山宗统》卷七记学伦有后学二十八位。

（三）千华律学的稳定发展

德基之后，千华律学进入一个相对稳定的发展时期。

承继德基主持华山律学的为松隐真义。真义（生平不详，世寿四十九岁），字松隐，广陵人，俗姓曹。“真义”即“由律而悟真实了义”之意。真义自幼不屑章句之学，从投子寺礼静生法师出家。因念“佛法不出三学，慧由定生，定从戒始”，乃从宝华山德基受大戒，并被委为序首。后南下吴越，登天台，遍参尊宿，后复归宝华山德基之门，发誓弘扬律学。真义因念京燕为首善之地，随即北上，开戒律，行头陀，名动京师。德基圆寂后，真义南返继主宝华山，为宝华山第四代律主。[②]真义当时声名卓越，上达天听，康熙四十二年（1703），康熙南巡时，特加召见，多有赏赐，并赐御书经典和“慧居寺”寺额。康熙四十六年（1707），至山寺，赐“莲界云香”“精持梵戒”两戒坛额。[③]《律宗灯谱》卷五和《南山宗统》卷七言真义有闳缘常松等后学七位。

宝华山第五代律主为常松律师（1664–1718），字闳缘，俗姓陈，金坛人。[④]常松从九华甘露庵因实法师剃发，登宝华而受具戒，于松隐真义后继主宝华山。曾于康熙五十二年（1713）春寿诞时入京开道场，与康熙之间有着精彩的对白，康熙因之称赞道：“此华山之所以为华山也！”“律法之能范围斯世者，盖在是矣。”康熙赐御馔，授紫衣、玉器。常松曾掌维那，一堂之众，分别为三：“根上者，喻以纯旨，深思自得；中材，导以正途，循序而进；又其次者，曲垂教言，引之渐入。三者不同，成功则一。故化有程式，人无弃材。”[⑤]

---

① 《新续高僧传》卷三十《学伦传》，第246页下–247页上。

② 《宝华山志》卷四《真义传》、卷七《松隐和尚塔铭》，第186、第310–313页。

③ 《新续高僧传》卷二九《真义传》，第243页下–244页上。《宝华山志》卷五《真义律师》，第187页。

④ 〔清〕源谅：《律宗灯谱》卷五《闳缘律师》，第787–789页上。

⑤ 《新续高僧传》卷三十《常松传》，第250页上–下。

第六代律主实珎律师（1676–1722），字珍辉，俗姓陈，凤阳府霍邱人。世寿四十八岁。实珎早岁出家于近邑大悲寺心开法师，学《华严》《涅槃》。二十五岁时，因慕宝华山"戒坛仪范为宇内第一"而南下受戒，得戒后精研诸大律部，广开律学，对宋代允堪律师的《会真记》钻研尤深，该记被认为超出《行事钞》六十家注疏之外。实珎兢兢遵守祖制，晨夕说戒，结夏安居，未尝片刻懈怠。每岁万寿圣诞，大开道场四十九昼夜。示寂前亲付法衣与福聚，嘱其弘扬毗尼上承诸祖，"弗致毗尼减色"。[①]

（四）千华律学传入京师

继明代古林律学北传之后，又一次将千华律学传入北方的是第七代律主文海福聚。因为此前虽也有律师或北上京师，或面见皇帝，但那不过是一般的召见或奏对，没有真正的戒律学行动。

福聚律师（1686–1765），俗姓骆，字文海，号二愚，祖籍浙江义乌，后迁溧水，十四岁即发心出家，于本邑上方寺剃度，苦心修行、潜心讽诵十年，后入宝华山从闵缘常松得受具戒，并精究诸大律部。福聚曾于诸山游学八载而归宝华山，后为上座，主持宝华山三十年，声闻天下，《律宗灯谱》卷八记弟子 83 位。后学中有二十多人主持南北丛林，著名者有理筠性言、天月性实、炳一性慧、德兹性泰、德增性贤、复闻性广等。福聚曾至白下观音院、黄山慈光寺、海陵万寿院等说戒。福聚被推为千华派第七祖，世称为文海福聚。在《宝华山志》卷七中收有和硕显亲王作的《宝华山文海和尚寿塔铭》。福聚著有《南山宗统》十卷以及《瑜伽补注》《施食仪轨》《宝华志余》等。[②]

福聚奉两朝深恩，"苦心刻志，潜修实学，一日二六时中，钟鱼之声不绝。"[③]他对华山律学有两大杰出贡献。一者，雍正十二年（1734）赴京传三坛大戒，入住法源寺，使得自南宋以后一直流行于南方的律学和

---

① 《律宗灯谱》卷六《珍辉律师》，第 823 页上。《新续高僧传》卷三十《实珎传》，第 245 页下 –246 页上。

② 《宝华山志》卷五《释福聚传》、卷七《宝华山文海和尚塔铭》，第 192–207、316–324 页。

③ 《宝华山志》卷五《福聚律师》，第 195 页。

律宗再次传入北方，因此又被称为法源寺第一代律祖。福聚被赐四季紫衣和经典。福聚也因之自称为“钦命传戒赐紫沙门”。福聚后回宝华山，乾隆八年（1743），由其后学天月明实任法源寺方丈。这也是福聚对律宗发展的一大贡献。[①] 其次，是福聚于雍正十二年五月上书奏请“华山律宗五部”——寂光的《梵网直解》、读体的《毗尼止持会集》《毗尼作持续释》和《传戒正范》、德基的《毗尼关要》入藏。除《传戒正范》外，乾隆二年（1737）正月准奏四种入藏。事情缘由经过可见《梵网直解》卷首前序。另外，福聚还著有《南山宗统》，记载了南山律宗世系传承，依元照所立律宗九祖次第“印度的昙无德、昙摩迦罗，以及中国北台法聪、云中道覆、大觉慧光、高齐时的道云、河北道洪、弘福寺智首、南山澄照道宣”之后，又续文纲、满意、大亮、昙一、辩一、道澄、澄楚、允堪至灵芝元照，定为中国律宗十六祖，因此本书有着一定的史料价值。但据后人考证，《南山宗统》所记也有不少纰漏之处。尽管如此，这也是他对本门律学的一大贡献。

（五）千华律学的守成期

从第八代之后直到清末，千华律学进入了守成期——除去特别的年份之外，律主们大都能坚守祖制、传戒不辍。

宝华律宗第八祖为理筠律师。理筠，讳性言，浙省平湖人，俗姓徐（《宝华山志》卷五言先代姓氏未详），投德藏寺雨云和尚出家，雍正九年（1731）登宝华山秉具，习律安居。后与福聚同至京师传戒。乾隆三十年（1765）秋，在福聚圆寂后受请回宝华山主持法席。乾隆三十四年（1769）春示寂，寿六十一，腊四十八，夏三十四。[②]《律宗灯谱》卷八记其后学有浑仪圆先等6位。

释圆先，号浑仪，俗姓范，山东沂州府郯城人，十四岁投海州碧霞宫祝发，乾隆二十九年（1764）圆具戒，为宝华山律宗第九代祖师，“躬行实践，恪守成规”。圆先曾任宝华山主持三十四年，两次恭迎乾隆莅临本山，

---

① 见《宝华山志》卷七《宝华山文海和尚塔铭》，第321页。

② 〔清〕源谅：《律宗灯谱》卷五《理筠律师》，第866–867页。

曾受到宠施优渥。[①]

释明如，号恺机，扬州府东台县人，生平不详，为宝华山第十代律祖。[②]

释定静，号卓如，扬州府东台县人，俗姓丁，十二岁投本地复兴庵出家，为宝华山第十一代律祖。主持宝华山十年后，定静飘然远隐，曾访终南遗踪，又隐于归元寺。后由法嗣朗鉴迎回衣钵。[③]

释慧皓，号朗鉴，俗姓韩，江苏东台县（时为扬州府）人，少年从本邑北极殿一粒和尚出家，后投宝华山定静受大戒，继主法席，为第十二代律祖，道光二十六年（1846）九月示寂，世寿五十五。[④]

释昌苍（1798–1848），号体乾，江苏海州人，俗姓陈，十二岁从本州法起寺钜东祝发。后入宝华山，继主二十年，整顿规模，重光布萨，为宝华山第十三代律祖。道光二十六年（1846）开戒，受戒者达一千二百余人。当时，南北戒期，未有如此之盛。[⑤]道光二十八年示寂，世寿五十。

释海然（？ –1860），号敏通，江苏盐城人，俗姓季，九岁出家于本邑三元宫继信和尚，二十岁至宝华山受大戒，又赴峨眉山、清凉山等处参访名宿。道光十八年（1838）返回本乡广利院，是年冬天即开堂传戒，道光二十五年（1845）退院。道光二十八年（1848）始主持宝华山法席，为宝华山第十四代律祖。道光三十年（1850），释海然将宝华山律宗法衣传于圣性印宗，咸丰十年（1860）退位返回广利院常住，当年七月示寂。后由印宗迎回衣钵，建塔供养。[⑥]

太平天国之后直到清末的几十年间，虽然本寺也能够持续传戒，但于思想、义理建设则处于持续的低谷期。

吴中南禅沙门守一空成重编的《宗教律诸宗演派》列有宝华山律师从“如”字起，演派的五十六字：“如寂读德真常实，福性圆明定慧昌，海印发光融戒月，优昙现瑞续天香，支岐万派律源远，果结千华宗本长，法

① 《宝华山志》卷五《性言律师》，第 197 页。

② 《宝华山志》卷五《明如律师》，第 197–198 页。

③ 《宝华山志》卷五《定静律宗》，第 198 页。

④ 《宝华山志》卷五《慧皓律师》，第 198–199 页。

⑤ 《宝华山志》卷五《昌苍律师》，第 199–200 页。

⑥ 《宝华山志》卷五《海然律师》，第 200–201 页。

绍南山宏正脉，灯传心地永联芳。”《宗教律诸宗演派》还列出了三昧寂光律师另演一派的二十字：“寂戒元常定，信理妙恒融，从闻修福慧，绍隆佛祖心。”另有未知何人续演的二十字：“大智德勇健，观照万法通，本性周沙界，应现临济宗。”湖北麻城如是山支浮戒岳律师于前派“心”字下续演二十字：“禅灯照本觉，灵源自永昌，法云迷大地，智日亘光扬。”⑦

（六）千华律学增以密宗修法

清末民国时，在东部地区也有依《菩提宗道菩萨戒集颂》授菩萨戒者。《菩提宗道菩萨戒集颂》为宗喀巴大师著，能海法师集。20世纪50年代初，上海的金刚道场法主清定上师依《菩提宗道菩萨戒集颂》为在家弟子传授菩萨戒。据1950年4月出版的《觉有情》月刊第11卷第4期报道，清定上师于农历正月初十始至二月十九日观音圣诞日，宣讲《菩提宗道菩萨戒集颂》。十六日上午，为在家二众弟子一百一十人授“优婆塞优波夷菩萨三聚净戒”。授戒自晨七时半开始传戒，至十一时半完成，历时四小时。本次传戒法会，清定上师任说戒和尚，惟心为羯磨阿阇黎，惟慈为教授阿阇黎，钰霞、常超、常惺、月空、传静、松严为引礼阿阇黎。由于钰霞时任宝华山隆昌寺开堂师，月空和松严曾任隆昌寺执事，所以此次传戒悉宗隆昌寺的成规。同时，在本次活动中，钰霞代表隆昌寺众僧请清定主持隆昌寺。

1950年，由于隆昌寺住持积劳成疾，经留寺耆宿六十余人之公决，决定请上海金刚道场的清定接任住持。清定提出了接任住持的二原则和三条件，其原则之一是，“律宗道场之芳规尽量保持，不足之处，益以除障、降魔、臻福、增智之密宗修法，以期戒幢再建，佛日重辉”。⑧如此，则在宝华山律学传统继续发展、“尽量保持”的同时，本寺在当时又增加了密宗元素。或者说，此时的华山律学及其传戒规式，有了密法的影响。

---

⑦ 〔清〕守一：《宗教律诸宗演派》，第538页下。

⑧ 倪正和：《清定上师弘戒兴律三番瑞应记》，《民国佛教期刊文献集成·补编》第63卷，第140–141页。

三、千华律学的地位与影响

诞生于宝华山的千华律学思想有着自己的特点。第一，重视思想融合会通。律师们虽然以南山律学为主旨，但是以见月读体为代表的宝华山律家们对相部宗、东塔宗甚至贤首、密部等他宗思想也能吸收融汇，并强调禅律一致、大乘小乘一致。第二，重视律仪规范建设。这主要表现在重视毗尼日用、重视沙弥律仪、重整授戒羯磨仪式等方面。第三，重视《梵网经》和梵网菩萨戒。千华律学的几种重要梵网戒著作都对后世产生一定的影响。第四，重视戒律学的实践功能。戒律学研习弘传重在学以致用，以用促学。这一点尤其是本寺特色，并形成了自己的律学传统。第五，重视传戒不辍。宝华山每年传戒两次，春期自三月一日起至四月八日止，凡受戒者必须于三月一日前入戒堂。①

经过多代律主的努力，千华律学在当时中国的佛教学术谱系中也获得了一定的、独立的地位。清代纪荫曾这样评价道，自明万历四十三年（1615）至清康熙二十八年（1689）的七十五年间，

> 天童、磬山廓龙池、禹门之绪，而临济之道以兴；云门、博山振清凉、寿昌之业，而洞上之宗聿起。三峰力阐纲宗。善继述者，有灵岩之广大精微，宏觉丕承帝眷；相唱和者，有福严、古南之卓立潇洒。云栖之净业普摄三根，宝华之《戒范》广弘三聚。皋亭、天溪、曲水、莲居之间，台教之轮传持绚烂；秣陵、金阊、普德、中峰之际，相宗之席讲贯缤纷。②

宝华山律学发展迅速，恒实源谅作于乾隆三十年的《〈律宗灯谱〉缘起》说："本朝百余年来，天下之戒法，受自千华者十居八九。"③其后，本寺的传戒活动更是影响至海内外，直到近代都是如此。以是故，当时才

① 巨赞：《洋和尚照空》，《巨赞文集》（上），第455页。

② 〔清〕纪荫：《宗统编年》卷三十二，《卍续藏》第147册，第510页上。

③ 〔清〕源谅：《〈律宗灯谱〉缘起》，源谅：《律宗灯谱》，《大藏经补编》第22册，第687页下。

有人说:“如欲振兴正法,必先振兴律制,如欲振兴律制,必先振兴宝华山。”①

对于宝华山的传戒方式和规程，南亭法师（1900–1982）曾这样评价：“宝华山的传戒规矩礼法，是一家的私法，并不能笼罩全国。在大陆上浙江的天童寺、福建的涌泉寺，皆是以十八天传戒。”②印顺法师在评论宝华山的传戒时说：

> 虽不能促成僧伽的清净，但到底维持了出家的形象，功德是值得肯定的！然依三昧光弟子见月律师《一梦漫言》所说：见月提议“安居”，同门都嫌他标新立异。可见这是一个专门传戒的集团，对戒律是没有多少了解的。传戒而不知戒，当然会流于形式。③

当然，这个评价是基于清初状况，并不能完全反映整个近现代时期本寺传戒的实质。

宝华山向于春冬两季传授戒律，历经两百余年，从未中断。即使在太平天国和日寇侵华时期，虽然社会混乱不堪，民不聊生，僧难安居，但本寺也通过避乱迁于异地传戒的方式，使其传统不断。④在兵荒马乱的1939年11月，当时的报纸上仍然刊有《宝华山隆昌律寺春冬两期照常传戒》的消息。⑤当然，由于社会多种原因的影响，这种传戒在有的时候可能也会出现问题。太虚法师在1934年指出:“今各处禅林本非律寺,侈然以传戒闻,果将不免于三涂剧报;辄号称专门律寺之宝华等,皆莫逃无戒传戒之过。”⑥

作为中国著名的律宗道场，宝华山的律学传统是从如馨律师在南京弘律传法开始的。后由其弟子三昧寂光入住宝华山隆昌寺，专扬律学，并形成了每年传戒的传统。一直到近代，宝华山的传戒活动都一直有着很高的社会影响。

---

① 倪正和:《清定上师弘戒兴律三番瑞应记》,《民国佛教期刊文献集成·补编》第63册,第141页。

② 转引自江灿腾：《新视野下的台湾近现代佛教史》，第305页。

③ 印顺：《华雨集》（四），《戒律学纲要》，第583页。

④ 倪正和:《清定上师弘戒兴律三番瑞应记》,《民国佛教期刊文献集成·补编》第63册,第140页。

⑤ 《宝华山隆昌律寺春冬两期照常传戒》，《民国佛教期刊文献集成》第8卷，第128页。

⑥ 太虚：《论传戒》，《太虚大师全书》第19卷，第132页。

第四节　大昭庆寺的律学重振

从唐代开始，钱唐一带即是律宗兴盛之地，到了宋代更是出现了以赞宁、允堪和元照为代表的南山律宗的重要传人，其思想和后学都对本地区南山律学的传承及其思想发展起到重要作用，钱唐地区的律寺也因以他们为代表的众多律师的存在，而有着很大的社会影响。不过，南宋之后至于清初，本地几处曾经兴盛的律宗寺院也都光芒不再，其中唯大昭庆寺却有过短暂的复兴。清代之后，本寺的律学也成为宝华山律学的分支。①

一、昭庆寺的历史

昭庆寺位于今天杭州市的西湖畔，狮子峰屯霞石上。本寺最早是在五代十国时期的石晋天福元年（936），由吴越王钱氏兴建，初名菩提院。宋太祖乾德二年（964）重修，后由南山宗僧人永智律师再兴。《昭庆律寺志》卷三说，钱氏曾于乾德五年（967）对本寺又进行增建，“并名菩提”②。

据《武林大昭庆律寺志》和《西湖新志》之说，北宋真宗天禧（1017–1021）初年，菩提院赐改名为“昭庆”，真宗并题赐寺额为“大昭庆律寺”。③ 这是由于当时南屏附近已经有寺名昭庆，乃吴越王于五代后唐长兴三年（932）时所建，为了使二者进行区别，故对后者加称以“大”字。④ 因此，南屏附近的昭庆寺往往被称为南山昭庆寺或南昭庆，而西子湖边上的大昭庆律寺往往被称为西湖昭庆寺或简称为昭庆寺。尽管如此，

---

① 本节内容见于王建光《大昭庆寺的律师和律学》，《佛教文化研究》，2014 年第 2 辑。

② 《武林大昭庆律寺志》卷一《兴建沿革上》，第 35 页。此增建或是在其火毁后的重建，因为本寺曾“毁于乾德五年”。事见〔明〕张岱：《西湖梦寻》卷一《昭庆寺》，《陶庵梦忆 · 西湖梦寻》（合本），第 6 页。

③ 一说建寺时，为钱武肃王八十大寿，寺僧即结莲社、放生诵经，为王福寿，每月朔，登坛设戒，行香礼佛，以昭王德，故名之为“昭庆”。参见《西湖梦寻》卷一《昭庆寺》，第 6 页。两说之不同，或许是记者把两个昭庆得名之事混为一谈而致。

④ 《武林大昭庆律寺志》卷一《兴建沿革上》，第 24 页。《西湖新志》，见《西湖笔丛》，第 97 页。

在此后的相当一段时间，菩提寺之名仍然广行于世。如苏轼即写有《菩提寺南漪堂杜鹃花》诗。

历史上，本寺命运多舛，兴毁不断。仅从天禧初年本寺毁于火始[①]，由宋至明，昭庆寺即有四毁于兵、五毁于火之说，但又是屡毁屡修。也正是因其频繁毁建，诸家对其所记多有不一致之处。据《西湖新志》和《陶庵梦忆》所言，元代时本寺被毁，至明洪武二十四年（1391）才得以重建戒坛，并修白莲、绿野等寺内净社胜地。经过明代初年诸僧的努力，加上朝廷的重视，至于明正统十一年（1446）间，昭庆寺地位更加昭著，并得以受赐大藏，明英宗并为之作《赐藏经敕谕》，称其为“戒坛律宗大昭庆寺”。[②]此时，昭庆寺开坛说戒，成为当时一盛。其后不久，明成化元年（1465），本寺又遭受火灾，[③]明成化四年（1468），又奉敕再建。嘉靖三十四年（1555），东南倭乱，祸临北关，时都御史李天宠因恐昭庆寺被倭寇所据为巢，五月六日官令焚毁。几年后，倭乱平息，又由总督胡宗宪重兴。[④]隆庆三年（1569）六月，本寺又遭焚毁，万历十七年（1589），由司礼监太监孙隆助造。重建后的昭庆寺悬幢列鼎，绝盛一时，春时有香市，与南海、天竺、山东香客等往来交易，舌敝耳聋。一时间，进香之人“独凑集于昭庆寺，昭庆两廊，故无日不市者。三代八朝之骨董，蛮夷闽貊之珍异，皆集焉”。[⑤]明崇祯十三年（1640），昭庆寺又遭火灾，“烟焰障天，湖水为赤”。其后几年，由于饥荒，民强半饿死，香客断绝，香市随废。[⑥]

清顺治十七年（1660），本寺又一次进行重建。《西湖梦寻》记：“及至清初，踵事增华，戒坛整肃，较之前代，尤更庄严。”[⑦]康熙二十二年（1683），宝华山定庵德基和宜洁书玉两位律师应请而至昭庆寺开戒，随使本寺及戒

---

① 〔明〕张岱：《西湖梦寻》卷一《昭庆寺》，第6页。

② 《武林大昭庆律寺志》卷一《兴建沿革上》，第29页。

③ 《武林大昭庆律寺志》卷一《兴建沿革上》，第28页。

④ 〔明〕田艺蘅：《留青日札》卷二十七《戒坛》，第869页。

⑤ 〔明〕张岱：《陶庵梦忆》卷七《西湖香市》，《陶庵梦忆·西湖梦寻》（合本），第133页。

⑥ 〔明〕张岱：《西湖梦寻》卷一《昭庆寺》，第6页。

⑦ 〔明〕张岱：《西湖梦寻》卷一《昭庆寺》，第6页。

坛又有过一段中兴时光。①

二、清代的昭庆寺律师

“昭庆以律名寺，与教观禅宗法门分轨。”②

宋太平兴国三年（978），永智律师于本寺始立戒坛，北宋仁宗庆历二年（1042）允堪律师于此行道，庆历七年（1047）允堪律师立地涌戒坛。宋仁宗皇祐元年（1049），于之奉旨说戒。所以昭庆寺戒坛，初成于永智，大成于允堪。允堪圆寂于北宋仁宗嘉祐六年（1061），据《武林大昭庆律寺志》卷八，宋神宗元丰年间（1078–1085），元照（1048–1116）继允堪主持大昭庆寺律席，但没说居此多长时间，又说元照晚居灵芝寺三十年。③而据寺志卷八之《净觉大师》所记，该寺在此后不久一段时间即不闻绍开讲席，只是禅净较盛。④净觉大师（？ –1064），即仁岳，号潜夫，北宋时人。弘一法师的《灵芝律师年谱》也未明言此事。这可能反映本寺戒坛此后即趋于沉寂。

此后，本寺戒坛屡毁屡建，悉遵旧制。在其后本寺的多次修建过程中，戒坛也往往得以不断重整或扩建。如明神宗万历二年（1574），曾使戒坛增高一仞、广三寻。万历四十四年（1616），又为戒坛上饰金像，下加石基，四面周匝栏楯精致，立地两层。崇祯时毁，后又重造。虽规制如故，但庄严有加。⑤明代钱唐文人田艺蘅（1524–？）在其《留青日札》中称：“杭州昭庆寺每年三月开戒坛，为天下僧人受戒之所，故名曰万寿戒坛。”⑥

---

① 据《新续高僧传》卷二十九《德基传》（《大藏经补编》第27册，第241页上），德基和书玉去杭州昭庆寺的时间是“癸亥冬”，即康熙二十二年（1683）。书玉在《沙弥律仪要略述义》跋（《卍续藏》第60册，第476页下）中说是“自甲子春住持昭庆以来”之句，甲子即康熙二十三年（1684）。可能只是时间表述不同。

② 《武林大昭庆律寺志》卷六《戒律》，第221页。

③ 《武林大昭庆律寺志》卷六《戒律》，第222–223页；卷八《元照宗师》，第276页。

④ 《武林大昭庆律寺志》卷八《净觉大师》，第304–306页。

⑤ 《武林大昭庆律寺志》卷一《兴建沿革上》，第24页。《武林大昭庆律寺志》卷六《戒坛》，第221–222页。或说为宋太平兴国元年重建，并立戒坛。见〔明〕张岱：《西湖梦寻》卷一《昭庆寺》，第6页。

⑥ 〔明〕田艺蘅：《留青日札》卷二十七《戒坛》，第868页。

由此可见明代大昭庆寺戒坛之盛状。

早在明代万历年代，大昭庆寺即与古林律学结下学缘。时有承芳法师住大昭庆寺，与古心如馨比肩昆弟。当如馨于灵隐寺开戒时，承芳即执弟子礼求戒，如馨并至大昭庆寺为其讲戒，为众僧授菩萨大戒。承芳回五台后，才奏请太后诏如馨至五台传戒。① 此时，本寺甚至出现过“承芳法师说经大殿，三昧和尚开戒本坛，介山法师传宏台教，灵源、叙航二法师述性相宗乘”的律兴法茂之景。此处的介山，又作戒山，明末人，曾于明神宗万历二十八年（1600）入都求开昭庆寺戒坛，并请赐大藏。万历三十四年（1606）得赐大藏、赐金建阁。后归钱唐讲经传法，明熹宗天启三年（1623）住大善寺，次年住真寂寺，当年示寂于此，寿六十三。介山著有《法华抒海》《楞严歇》《楞严截流》《老子笑》《庄子参》若干卷。介山与紫柏真可（1543–1603）相契，真可曾有《圜中寄昭庆介公》诗：“谁能念尔冲寒去，傀儡提携岂有神，长别莫谈身后愿，好从当下剖微尘。”介山也曾陷万历年间“妖书案”中，后得救。② 康熙十九年（1680），曾有千峰和尚主持昭庆法席，也开宗风。③

中国律学史上最重要的事件之一，即是明末清初律学的重振。时有古心如馨高扬律学，并传其学于三昧寂光。三昧寂光至于宝华山弘传律学，并传其学于见月读体，见月读体传定庵德基和宜洁书玉。随着宝华山一系律师的崛起，德基和书玉两位律师后又入昭庆寺讲戒开戒，并由此而重振大昭庆寺的律学。

书玉（1645–1721），俗姓唐，字宜洁，号佛庵，世称宜洁书玉。因籍属江苏武进，又自称为“兰陵律学苾刍”。书玉幼通儒学，早习举业，因闻有僧诵《华严经》之《行愿品》而萌生出家之志。二十二岁依京口嘉山自谦法师剃度，康熙三年（1664）上宝华山求戒，因病未果。直到两年后（1666）的春天，才于宝华山隆昌寺从见月读体受具足戒，兼究律部。其后，书玉立志操持，专究戒律。康熙二十二年（1683），与定庵德基赴大昭庆寺临坛演戒。昭庆寺有戒坛，乃宋代允堪律师所建，三昧寂光也曾于明末

① 《武林大昭庆律寺志》卷八《承芳法师》，第 307–308 页。

② 《武林大昭庆律寺志》卷八《净觉大师》，第 308–313 页。

③ 《武林大昭庆律寺志》卷八《僧伽上》，第 321 页。

来此弘戒。此后，坛久尘封。书玉受德基之嘱，在德基返山后，居此地达三十八年，并于此地春冬两季弘戒。①

清康熙三十九年（1700），昭庆寺戒坛再毁于火。其后，由宜洁书玉律师主持重建：戒坛高二层，方六尺，前后相距三丈九尺，东西相距三丈七尺，周边并饰护戒神六十尊，中奉卢舍那佛，隅列律门宗师四座：澄照法慧（即道宣）、真悟智圆（即允堪）、大智元照。他们被称为“万寿戒坛传戒沙门某师”。这也成为一种制式表述方式。②

在书玉主持下，在宋代曾经有过兴盛的古昭庆寺律学得以重振。康熙二十八年（1689）二月，康熙皇帝亲临大昭庆寺，赐予书玉藏经、匾额、诗与物等，以示对昭庆寺律宗的褒奖。康熙五十二年（1713），书玉受赐大藏。

书玉之后，大昭庆律寺仍然名扬天下。乾隆十六年（1751）三月、二十二年（1757）二月、二十七年（1762）三月和三十年（1765）闰二月，乾隆皇帝曾多次来到昭庆寺。乾隆曾赠五言律诗道：“钱唐西北隅，律寺接通衢，六度守毗苑，千年对圣湖。”③

书玉每年春冬两期弘戒，“道风特盛”④，听众云集，受具足戒者达万余人。《律宗灯谱》卷四记书玉后学有三十九位。有人从读体开始，演书玉在昭庆寺的法脉传承为：

> 读书福德大，持戒定方真，慧发开心地，灵光耀古今，
> 千华同一脉，万善总归因，顿超佛祖位，永远续传灯。⑤

书玉著有《梵网经菩萨戒初津》八卷、《毗尼日用切要香乳记》和《沙弥律仪要略述义》《二部僧授戒仪式》《羯磨仪式》各两卷等，可见于《续藏经》中。另外有《怡山礼佛发愿文略释》（并序跋）一卷、《大忏悔文略解》

---

① 《新续高僧传》卷二九《书玉传》，第 241 页下。

② 《武林大昭庆律寺志》卷六《戒律》，第 223–224 页。

③ 参见《武林大昭庆律寺志》卷一《盛典》，第 186 页，第 15–20 页。

④ 《武林大昭庆律寺志》卷八，第 289 页。

⑤ 〔明〕守一：《宗教律诸宗演派》，《卍续藏》第 150 册，第 538 页下。

二卷，可见于《嘉兴藏》中。书玉于昭庆，被誉为“不负宝华正派”。①

《佛说梵网经菩萨戒初津》是书玉的重要著述。书玉秉戒以后，以此戒经，奉为日课，对其有着深入的理解，终积成八卷之文。《毗尼日用切要香乳记》是书玉对读体《毗尼日用切要》的注解销文，为康熙二十三年（1684）春于昭庆寺应众请演、随文笺释、依文解义而成。康熙三十六年（1697）夏，又复讲一遍，成上下两卷。如其师一样，《香乳记》亦遵贤宗法式。

书玉之后，昭庆寺有德先、大闻和澄如三位律师主席昭庆寺。

德先（1663–1724），名随道，俗姓沈，嘉兴石门人，初投余杭龙泉寺履初和尚出家，从书玉受具戒。康熙六十年（1721）受命书玉而说冬戒一期。德先有弟子怀德律师；②另外，《律宗灯谱》卷五和《南山宗统》卷七均另记为三位。大闻，名明学，曾继书玉主席昭庆寺，灭后与书玉同塔。③《律宗灯谱》卷五和《南山宗统》卷七均记其后学四位。澄如（1654–1737），名福溶，仁和（杭州）人，俗姓薛，从西湖瑞云庵镜传和尚出家，后至昭庆寺书玉受具戒，雍正三年（1725），继主昭庆寺。④《律宗灯谱》卷五和《南山宗统》卷七均记其后学九位。乾隆元年（1736），圆应灵律师（？–1737）代澄如律师于夏期说戒，次年，由化三继之放冬戒，乾隆三年（1738）放春戒。圆应和化三“俱乐习净”。⑤

怀德律师，吴兴归安人，俗姓俞，名果证，年十六时投杭州吉祥寺净明和尚受度。康熙六十年（1721）时，怀德于昭庆寺受具戒于德先律师，并得澄如律师器重而被传衣付偈。所以《律宗灯谱》卷五和《南山宗统》卷七均记其为澄如法嗣。乾隆三年（1738）夏，怀德律师继主昭庆寺，从此广播道风，弘律授戒二十七年，受到当地官绅大众的崇敬。⑥乾隆十六年、二十二年、二十七年和三十年，乾隆皇帝几次到昭庆寺时，都是由怀德迎

---

① 杨雍建：《毗尼日用切要香乳记·序》，《卍续藏》第106册，第138页上。

② 《武林大昭庆律寺志》卷八《僧伽上》，第295页。

③ 《武林大昭庆律寺志》卷八《僧伽上》，第295页。

④ 《武林大昭庆律寺志》卷八《僧伽上》，第295页。

⑤ 《武林大昭庆律寺志》卷八《僧伽上》，第296页。

⑥ 《武林大昭庆律寺志》卷八《僧伽上》，第297页。

接的。[①]

此后一段时间，昭庆寺后因兵火等原因，兴毁不断，其律学传统也就因之又趋于沉寂。

三、近代的昭庆寺

清末咸丰十一年（1861），太平天国军队攻入杭州，本寺又一次化为焦土。事平之后，有丁松生等于之重修戒坛，再复旧观。[②]晚清年间，昭庆寺的一个重要住持即为发朗。光绪四年（1878）或说清光绪二十三年（1897），发朗重建寺院，再筑戒坛，并使之“旧观尽复”，[③]因此被称为律宗中兴。[④]时钱唐学者俞樾作有《昭庆寺重建戒坛记》以志之。

直到民国早期，昭庆寺仍然是杭州地区一座著名的寺院。时居杭州的弘一大师在出家之前也是常常去观瞻的。[⑤]1929 年 6 月 6 日至 10 月 20 日，浙江省曾于杭州举办西湖博览会，前后历时 137 天。昭庆寺万寿戒坛被借用为博览会制作烟花之所。但因人员不慎，发生火灾，使该寺遭受到严重破坏。时浙江省主席南浔人张静江为此而愧疚，并积极募款倡修。昭庆寺的修复活动开始于 1932 年，三年后方才建成。

其后，由于多种原因所致，昭庆寺现已不存。

第五节　法源寺的律学活动

北京法源寺位于北京宣武门外，始建于唐代。贞观十九年（645），唐太宗李世民为哀悼远征辽东的阵亡将士，诏令修建，初名“悯忠寺”。但直到武周万岁通天元年（696）才最终完成。安史之乱时，改称为“顺天寺”，辽代咸雍六年（1070）改称为“大悯忠寺”，明朝正统七年（1442）又改

---

① 《武林大昭庆律寺志》卷首《盛典上》，第 15–19 页。

② 金若水：《西湖楹联辑存》，钱唐诗社，2003 年，第 18 页。

③ 陆鉴三选注：《西湖笔丛》，第 97 页。

④ 中国佛教协会编：《中国佛教》第一辑，东方出版中心，1980 年版，第 131 页。

⑤ 弘一：《我在西湖出家的经过》，《弘一大师全集》第 8 册，第 17 页。

名为“崇福寺”。法源寺自其初创至今，已有近1400年的历史。

从明代以后，法源寺就一直是重要的律宗寺院。明神宗万历（1573-1620）年间，即有永海律师于法源寺弘扬南山律学，其所承学者为南京古林寺一脉。

大会永海，润州丹徒人，《律宗灯谱》卷二和《南山宗统》卷三的本传均言不详世寿、僧腊。《新续高僧传》本传言示寂于崇祯初元，并赞叹其“春秋亦高矣”。但《帝京景物略》卷三《城南内外·悯忠寺》说他于万历四十六年（1618）于寺中开律堂，但“未竟而卒”。[①]永海于本郡平等寺剃度出家，从南京古林寺如馨律师（1541-1615）受具戒。受戒后，永海“专攻律学，惟务本宗，律苑精研”，道俗敬仰。万历初，永海至京师，后被慈圣太后迎至悯忠寺，并赐紫衣，充讲经大德，随使“南北英贤、禀戒皈依者，莫不仰止”。永海的戒律学著作有《五百问戒经释》，盛行于世。[②]另外，他还作有《弘传序讲语》，此为大会对唐代道宣律师所述著作的讲记，[③]另有《四分比丘戒本集解》《因明入正理论会义》《菩提心戒仪略释》等集释讲记多种。[④]大会高扬律学，将南京古林律学传于京师之地。据《帝京景物略》卷三《城南内外·悯忠寺》所记，万历四十六年（1618），大会永海于寺中开律堂，“依式说戒，受者数百人，注《菩萨忏》”。[⑤]永海有后学太空性满（1582-？），万历四十二年（1614）于五台山永明慧云处圆具。后为永海器重，随传心印。[⑥]玉光宽寿（1590-？），明熹宗天

① 〔明〕刘侗、于奕正：《帝京景物略》，崔瞿校注，上海远东出版社，1995年，第183页。“未竟而卒”有本作“未竟公而卒”。如果如馨1584年回到南京，而永海时年二十岁，即从其具戒，那么可知永海生于1565年，按照《帝京景物略》的说法，约五十四岁。若按《新续高僧传》本传言示寂于崇祯初元，即六十四岁左右。

② 〔清〕源谅：《慧云馨祖下二世律师传》，《律宗灯谱》卷二，《大藏经补编》第22册，第712页下-713页上。《新续高僧传》卷二十八《永海传》，第233页下。

③ 王树枏、黄维翰：《法源寺志稿》卷五《名迹篇（下）书画》，第209页。《四分比丘戒本集解》题下记“明古闰法藏庵比丘永海集”。

④ 王树枏、黄维翰：《法源寺志稿》卷五《名迹篇（下）书画》，第216-217页。

⑤ 〔明〕刘侗、于奕正：《帝京景物略》，崔瞿校注，上海远东出版社，1995年，第182-183页。

⑥ 〔清〕源谅：《律宗灯谱》卷二《太空传》，《大藏经补编》第22册，第720页下。

启二年（1622），于悯忠寺从永海圆具，后为广济开法第一代。①

清雍正（1678–1735）十一年（1733）四月，雍正诏谕和硕庄亲王从各省遴选1500人进京受戒，并命宝华山福聚律师进京授戒。同时雍正皇帝还诏谕福聚可将放皇戒之意广为传播，如各省僧人愿意赴京受戒者也可进京。雍正十二年（1734）二月十三日，福聚携徒一百二十人等抵达京城，十五日即得庄亲王引见，面见皇帝。雍正即命将京城悯忠寺改为法源寺，召福聚入住，同月二十日，即命开皇坛传戒。二月二十四日，雍正又谕庄亲王带福聚师徒至圆明园，并赐紫衣四顶和御制诸经典等物以为赏赐。雍正并每班十人次第接见了福聚所携徒众120人及所有1819位纳戒者。②福聚于京城放皇戒一直到四月份，总的具体纳戒人数不得其详，但从雍正皇帝的态度以及短短几天的开坛，即有超过原定计划三百余人受戒来看，人数应该是很可观的。

这次放皇戒，提高了宝华山在中国社会和佛教界的地位，也将自唐末五代以来一直扎根于南方的律宗传统再次传入曾经动乱不止的北方地区，扩大了传统律学在北方佛教中的影响，律宗也因之焕发了生机。

在雍正十二年筑立的法源寺《御制法源寺碑文》（内阁学士兼礼部侍郎励宗万奉敕书）中，表达了雍正对于戒律的重视，也抬高了本寺在僧团中的地位。碑文中说：

> 都城宣武门西南有古刹曰“悯忠”，建自唐贞观中，迄今千有余载，历为秉受戒法者所依止。我世祖章皇帝命建戒坛，圣祖仁皇帝赐御书匾额，曰“觉路津梁”，曰“存诚”。寺有藏经阁，题额“亦宸翰也”。雍正十一年五月，发帑重加修饰，至十二年二月，工竣。梵宇崇闳，禅庐周备，因复赐额“法源寺”。
>
> 朕惟如来演说经律论三藏，而律居其一；又说戒定慧三学，而戒居其先。亦如宗门有衣钵之传焉。威仪三千，细行八万。人以为戒在是即法在，是未知其法之源也；即谓摄心名戒，亦只知

---

① 〔清〕源谅：《律宗灯谱》卷二《太空传》，《大藏经补编》第22册，第721页上。

② 《宝华山志》卷首《御制》，第5–7页。

> 心之说，而源仍未及知也。盖心本无体，何者是心？法亦假名，何者是法？则源不可不达矣。教不云乎？识心达本源，故号为沙门。夫心源本是湛寂，虽尘尘悉入而湛寂者，自若纵（引者按："纵"，碑文作"緫"，寺志原写为"総"，旁改为"纵"）心；心不住而湛寂者，亦自若。故曰无生无灭，如如不动。苟达乎此，虽当万法而不见一法，不见一法而全摄万法。如是持戒，则成无等戒，而达无上觉矣。钜而忠国孝亲、制行立事，细而饮食起居、日用常行，何一不自此源流出？自然真实无伪者乎！统世间、出世间之大源，不可名同，何况于异？宁独沙门释子事哉！我皇考推本皇祖，劝善至意，书"存诚"之颜，揭示万古达源之要。朕仰体渊旨，昭告后学，期共达心性之本源，亦国家导民为善之一助也欤！①

福聚后坚请南回宝华山，由其后学天月名实主持法源寺。因此世称天月名实为法源寺的第一代律祖。

这里有个问题值得进一步思考：雍正何以邀请远在南方宝华山的律师去北京放皇戒，而不是选请本在京师，且以传戒研律为务的法源寺律师呢？如上所述，法源寺的历史也很悠久，从明代神宗年间就是一座以弘传律学为主的寺院，其地位高，影响大，入清后也曾受到康熙等人的赐额。事实上，福聚入都住于该寺时，当时寺主法藏即是同出南山律学的律师。②除去可能有的政治原因之外，也许反映了从明末到清代雍正这一段时间，北京法源寺的律学活动可能有所衰落吧。如《帝京景物略》卷三在记大会永海之后，作者即感慨道："于斯时，寺几可复兴之，而中废；注未竟者（引者按：即指注《菩萨忏》之事），亦不复传。其在今无阁、无塔、无舍利，寺直仅存。"③《帝京景物略》作者刘侗（1593–1636），字同人，号格庵，湖北麻城人，崇祯七年（1634）进士；另一作者于奕正（1597–1636），字司直，宛平（今属北京）人，崇祯初年诸生。由此可见，到了明末之时，本寺已呈颓败之

① 王树枏、黄维翰：《法源寺志稿》，第122–123页。

② 《新续高僧传》卷三十二《福聚传》，《大藏经补编》第27册，第258页上。

③ 〔明〕刘侗、于奕正：《帝京景物略》，崔瞿校注，上海远东出版社，1995年，第183页。

状。雍正也许正是要借助南方正在蓬勃发展的律学力量，强化法源寺的戒律建设，以重彰首善之地的僧团戒律和传戒活动。对此，因笔者地处一隅，目前一直没有搜寻到可靠的文献资料，以佐证或推翻这一想法。

再如，作为一座在戒律学上直接传承南京古林寺和宝华山慧居寺律学法脉的寺院，北京法源寺的代代住持都重视弘律和传戒。但在该寺院所藏的文献之中，律学著作则是少之又少。至清末民国初年，本寺所藏的三藏经典除了几种藏经——如明英宗所颁的《大藏经》一部八千余卷、清高宗所颁两部藏经各七千余卷和清定南王孔有德所刊的藏经五千余卷之外，本寺所藏的戒律学著作也是相当有限。藏经中所收的戒律学著作目录众所周知，此处不再罗列。仅依《法源寺志稿》所记，本寺所藏的分册经书中，属于戒律学著作的主要有《梵网经》五册、《四分比丘尼戒本》二册、《四分比丘戒本》二册、《佛说四分戒本》一本、《菩提心戒仪》三册、《弘传序讲话》一本、《随机羯磨》一本、《教诫新学比丘行护律仪》一本、《略出戒中唐梵法相》一册、《四分比丘戒本集解》四本、《菩提心戒仪略释》一本、《五百问戒》二本、《传戒正范》三本、《沙弥成犯》二卷一本、《沙弥律仪要略》一本、《毗尼日用切要》一本等，共 16 种、30 本（册、卷），分别占其总数的 19% 和 14.8%。[①] 而且这些律学文献都属于小篇幅的。

事实上，明代中期以来，法源寺曾经是一座典型的律宗寺院，其所藏经书应该有着大量的戒律学著作才是合理的。中国佛教的传承历来十分重视经疏讲记，对于一座律宗寺院而言，本更应该有很多的戒律学著作得以保存和流通。更为重要的是，这个寺院还是位于京师，且受到历代帝王重视和赏赐的寺院。但从其藏书可见，其寺院的传戒、说戒和学戒，其所依的仅仅是宝华山律师的几种著作。

《法源寺志稿》的作者是光绪二十一年（1895）进士，《法源寺志稿》当写于清末民初。可见，其对该寺所藏书籍的记述应该都是亲眼所见甚至有的是亲手翻阅，因为他对书籍的品相、缺失及修补情况记述得非常详细，其文字也并不是因因相袭。由本寺当时戒律学的书籍情况，可见当时佛教界的戒律学传承研习状况之一斑。当然，这也有可能是战争等其他因素造成的。

---

① 王树枏、黄维翰：《法源寺志稿》卷五《名迹篇（下）·书画》，第 197–223 页。

第六节　潭柘寺的律师

潭柘寺是北方名刹，历史悠久，地位显赫，甚至有“先有潭柘，后有幽州”之说。本寺位于北京西之太行山麓，始建于晋时，初名嘉福寺，后唐时名为龙泉寺，金熙宗皇统年间（1141–1149），被赐额“大万寿寺”。明宣宗宣德年间（1426–1435），赐名“龙泉寺”。明英宗正统年间（1436–1449），又获赐名“广善戒坛”；天顺元年（1457），敕改回“嘉福寺”之名。[①]直到清代，本寺仍然影响巨大，康熙三十一年时（1692），曾赐御书题额“敕建潭柘山岫云禅寺”。

本寺在历史上属禅院，并有多位赐紫禅师。到了清代虽然被赐题为禅寺，但仍是北方著名的传律寺院。通过一代代律主的努力，遂使本寺成为中国北方的律学重镇。

潭柘寺律学于清康熙年间得到中兴，其时的福德震寰律师，被称为第一代律主。震寰（1634–1699），名照福，震寰为字。顺天大兴人，俗姓孟，七岁祝发，康熙七年（1668）冬于广济寺万中律师处圆具，足不越阈十五年，精研毗尼。康熙二十二年（1683），受广济寺众请，继席万中律师。康熙二十五年（1686）春，奉旨住潭柘寺。是年秋，康熙皇帝至潭柘寺，奏对称旨，深受褒奖，自此学侣云集。康熙三十八年（1699）五月辞世，寿六十六，腊三十二。震寰一生主丛林十七年，八坐道场，专精戒律，被称为“大清钦命中兴震寰律师”。[②]

震寰之后潭柘寺的第二代律师为超越律师。超越（1642–1702），字止安，大兴人，俗姓王，髫年出家，康熙十四年（1675）禀具戒于万寿戒台寺道光和尚。康熙二十五年（1686），震寰住持潭柘寺时，任监寺，总摄内外。康熙三十八年（1699），奉旨继席潭柘寺。康熙四十一年（1702）八月示寂，寿六十一，腊二十七（原文为“一十七”，误）。[③]超越精行戒律，有“北

① 《潭柘山岫云寺志》编者序，第 1 页。

② 《潭柘山岫云寺志》卷一《震寰律师》，第 70–73 页。

③ 《潭柘山岫云寺志》卷一《止安律师》，第 73–75 页。

方律虎”之称。①

继席超越者，乃赐紫沙门德彰律师。德彰（1662–1722），名道林，河间人，少出家，后从广济寺道光和尚圆戒。康熙四十一年（1702），钦命住持潭柘寺。康熙六十一年（1722）十一月示寂，寿六十一，腊三十九。②

第四代律主为洞初律师。洞初（1666–1728），名证林，真定武邑人，俗姓张。早年出家，康熙二十八年（1689），受具于震寰律师。其后遍诣讲席，讨论性相，精研律仪。德彰示寂后，继为寺主。与弟子讲习《梵网经》和《四分律》，洞明开遮持犯，“不为律缚，不犯律仪。圆陀陀，活泼泼，虽律而禅，虽禅而律。宛转偏正，纵横妙叶”。雍正六年（1728）十一月示寂，寿六十三，腊三十八。③

潭柘寺第五代律主为本然律师（1670–1736）。本然，名明寿，直隶顺天房山县人，俗姓杜。幼出家，康熙四十年（1701）从本寺止安律师圆戒，为本山引礼，并研究五篇七聚，被德彰请为首座，受到和硕康亲王的敬重。乾隆元年三月十九日示寂，寿六十七，夏三十五。④

光绪九年（1883），释义菴又辑成中兴第五代律师本然明寿律师以下至第十七代的本寺各代住持之传记。

潭柘寺第六代律主毓安源福律师（1679–1741），直隶真定府新河县人，俗姓王，幼出家，康熙四十二年（1703）四月初八日，从潭柘寺德彰和尚圆具，并于之学律，先后任引礼、西堂等职。乾隆元年（1736）受本然之托而继席本寺。寿六十三，腊三十九。⑤

本寺第七代住持恒实源谅律师（1698–1765），河间人，俗姓侯，六岁出家，康熙六十年（1721）从德彰和尚圆具。后历游禅讲，朝五台、礼文殊。乾隆六年（1741）冬，继毓安源福主潭柘寺，“历令二十四载，春秋戒期，黾勉担荷。”⑥乾隆三十年（1765）四月示寂，寿六十八，腊四十五。⑦源

---

① 《新续高僧传》卷二十九《超越传》，《大藏经补编》第 27 册，第 244 页上 – 下。

② 《潭柘山岫云寺志》卷一《德彰律师》，第 75–76 页。

③ 《潭柘山岫云寺志》卷一《洞初律师》，第 78–79 页。

④ 《潭柘山岫云寺志》卷二《本然律师》，第 77、181–184 页。

⑤ 《潭柘山岫云寺志》卷二《源福律师》，第 185–189 页。

⑥ 〔清〕源谅：《律宗灯谱缘起》，源谅：《律宗灯谱》，《大藏经补编》第 22 册，第 688 页上。

⑦ 《潭柘山岫云寺志》卷二《恒实源谅律师》，第 191–195 页。

谅作有《律宗灯谱》（《律宗灯谱缘起》作于乾隆三十年仲春），对于整理保存清代以前宝华山及南山律宗传统有着重要的意义。

本寺第八代律主静观圆瑞，山东济南历城人，于本邑出家，具戒于洞初律师，依止学律，历三寒暑，雍正时被选入藏经馆三年。于源谅示寂后，奉旨主席潭柘寺。①

本寺第九代律主静海印徹，直隶顺天府蓟州人，于本邑出家，乾隆八年（1743）四月入依恒实源谅律师圆具，并依和尚习律，“遵五夏之制，严净毗尼，威仪不忒。五篇七聚之文烂熟于胸中，八万四千之行实征诸践”。静观圆瑞示寂后，静海印徹被众推为寺主。静海印徹强调要保持本寺自震寰以来形成的“戒律为根本，念佛为指南”的家风。②

第十代律主了然行修（1727–？），直隶顺天府宛平人，早年出家，乾隆十三年（1748）腊月初八从恒实源谅律师具戒，后继静海印徹，开示曾举赵州八十行脚事。卒年不详，寿八十余。③

第十一代律主月朗海亮（1744–？），济南长清县人，双亲逝后出家，乾隆二十八年（1763）入京从恒实源谅律师圆具，专究律仪，又参禅理，弘宗演教，匡扶律门。了然行修示寂后受众举而主持本寺，遵了然行修之命，先传戒法，广度沙弥，“了了公未了之心，愿振律宗千古之徽猷”。④

第十二代律主为永寿广福（1765–1836），直隶河间阜城人，乾隆四十八年（1783）从潭柘寺静海律师禀戒，杂务之后专以念佛为主，念佛化人，二十年如一日。⑤

第十三代律主为西峰印吉（1777–1848），济南济阳县人，俗姓卢，早年从本邑长寿寺弘亮和尚披剃。乾隆六十年（1795）冬，年二十，从潭柘寺静海律师圆戒，读《梵网经》、研毗尼法五载，遵五夏之训。曾外出听讲《法华经》。嘉庆二十一年（1816），被永寿广福召回，料理院务，整理纲纪。西峰印吉后被本师弘亮授记，传贤首、慈恩性相两宗，为三十二世。道光

① 《潭柘山岫云寺志》卷二《静观圆瑞律师》，第197–200页。

② 《潭柘山岫云寺志》卷二《静海印徹律师》，第216–213页。

③ 《潭柘山岫云寺志》卷二《了然行修律师》，第217–219页。

④ 《潭柘山岫云寺志》卷二《月朗海亮律师》，第221–223页。

⑤ 《潭柘山岫云寺志》卷二《永寿广福律师》，第225–231页。

十六年（1836），继永寿广福为本寺律主，率众传戒、安居、讲经、念佛，以励真修。西峰印吉七十三岁示寂，戒腊五十三，法腊二十二。①

第十四代主为寿光源祝律师，生于乾隆五十九年（1794），直隶顺天府顺义县人，髫龄即厌俗务，誓志出家作佛弟子，投本邑关帝庙礼静然法师祝发。嘉庆十九年（1814）冬，依潭柘寺永寿广福和尚禀受具戒。寿光能谨遵五夏之制，严净三业，于三千威仪、八万细行无不洞彻。他曾言：

> 无上菩提道，应以戒为本。本立而道生，不独儒者为然也。今时学人，才知戒品，律仪犹未深谙，便去听教参禅，譬如未升堂，既思入室，岂可得欤？②

寿光律师秉性直谅，戒律精严，由引礼而次递升位至羯磨，辅佐律门，模范后学，从无过失。道光二十八年（1848）正月，住持西峰和尚圆寂，众遂推寿光主潭柘寺。从此之后，寿光律师“虽居高位，犹在学地，每施食以戒梵音高亮，谨遵古式，不减不增。不如法者，辄重惩之”。嗣以事事躬亲，积劳成疾，遂尔撒手西归，世寿五十九岁，时在咸丰二年（1852），荼毗后本山建塔，为第十四代主。③

第十五代主为心纯真常律师，山东济南历城县，李氏子，生于嘉庆二十一年（1816）九月二十九日，父延龄公。母刘氏因无子而持斋奉佛，祷观音大士。一夕，梦一长身漆面僧入室，而生心纯，故因之名曰和尚。在襁褓时，即有相士曰心纯：骨格丰隆，状貌绝俗，他日出家必为英贤佛子。童年时，至本邑东方景礼宽露师剃染，就塾读书，及长又攻梵典，皆以聪敏称。至道光十四年（1834）冬，径赴潭柘从永寿圆具戒。师见其仪表，知为法器，即委以知宾引礼之职，嗣入慈相法主之堂，复入法师为贤首。其于三藏之实相妙理既能心领神会、宗说皆通，诸子百家并能沿流溯源、贯通融

---

① 《潭柘山岫云寺志》卷二《西峰印吉律师》，第 233–238 页。《西峰印吉律师》文中有说西峰印吉于乾隆六十年（1795）冬，年二十，从潭柘寺静海律师圆戒，可知其当出生于 1775 或 1776 年；但文中又说其生于乾隆丁酉（1777）六月初五。略有出入。

② 《潭柘岫云寺第十四代寿光源祝律师》，《潭柘山岫云寺志》卷二《住持》，第 247–248 页。

③ 《潭柘岫云寺第十四代寿光源祝律师》，《潭柘山岫云寺志》卷二《住持》，第 240–241 页。

会，由是士大夫翕然称之，求见者踵相接通。三十六岁时，由教授转羯磨。适值寿公化去，众请即位，遂为一寺领袖，统六和之僧众。心纯性量恢宏，不亲细故，一切事务皆委任执事经理，自惟率众熏修，冬传戒、夏安居。心纯荷大任历十四载，届知命之年，偶患痰疾，自知时至，屏药弗进，越数日遂化，时同治四年（1865）七月，世寿五十岁，建塔本山南塔院。①

第十六代栋昌元魁律师，直隶宣化府人，生于嘉庆二十五年（1820）二月二十七日，幼年依龙王庙法师，祝发于乡馆读书。道光十七年（1837）春，至潭柘寺从西峰和尚受具戒，随结夏安居，足不越阃，细心学习三坛戒法，总其言行，相符三业，精研五篇三聚之文和《梵网经》《四分律》等。西峰和尚鉴于其好学能持，即命其为书记、引礼、知客等，后升教授，转为羯磨师，后并委任其主持宣化城内普化寺。元魁主持期间，寺内清规戒律完全采用潭柘寺之式。此后不久，心纯律师示寂，栋昌即被请回继潭柘寺方丈位。是年冬，栋昌即传戒法于潭柘寺。由于栋昌一身兼管两刹，身心劳倦，仅两年即于同治六年（1867）示寂。②

第十七代主慈云普德律师，道光七年（1827）出生，直隶顺天府大兴县人，俗姓傅，因此前其两位兄长都患疾早逝，父母便许其为僧。慈云从小即不苟言笑，好默坐无语。九岁时礼药王庙奇峰出家，道光二十五年（1845）冬赴潭柘寺从西峰和尚禀受大戒。由于他能栖心禅堂，勤习功课，精研毗尼，严持威仪，后充维那，升引礼、知客，升教授、羯磨，二十年职掌，无不备历。后得崇理老人的衣卷付之，为贤首宗第三十四世。③值得指出的是，释义菴在《慈云普德律师传》中称慈云律师为贤首三十四世，而义菴也自称为“贤宗后学”。④这也标志着，本寺的律学传承在其后与华严思想有所融合的趋势和事实。慈云普德之时，正是同治年间（1862–1874），清王朝已经进入多事之秋，内忧外患，纷至沓来。而处于政治漩涡中心京畿之地的潭柘寺，

① 《潭柘山岫云寺志》卷二《心纯真常律师传》，第 251–254 页。

② 《潭柘山岫云寺志》卷二《栋昌元魁律师传》，第 255–257 页。

③ 《潭柘山岫云寺志》卷二《慈云普德律师传》，第 259–260 页。

④ 《慈云普德传》，《潭柘山岫云寺志》卷二《住持》，第 44 册，第 266 页。

还能坚持做到春秋传戒、九夏安居，[①]已经实属不易。

另外，在北京地区，除去上述法源寺、潭柘寺之外，还有云居寺的戒律学活动也有一定的影响。云居寺位于北京房山石经山，历为北方名刹，寺建于唐代，清初有溟波禅师中兴，重振宗风，嗣法门人圆通禅师又弘演毗尼，每传戒法。清高宗曾依其受戒。自后屡开戒坛，均按宝华山之规制，未尝改动，诚华北地区重要的律寺。民国以后，有乐禅和尚住持本寺，道全德备、戒学精研，曾于民国九年（1920）传戒一次。另于民国二十六年（1937）夏历二月十五日至四月初八日传戒一次，期内讲演《四分律》之仪。[②]

第七节　《兴化佛教通志》中所见的律寺与律师

历史上，在江浙一带及运河两岸地区，戒律学的研习一直十分繁荣。唐代之后，由于北方律师的不断南迁，遂在本地培育了几处著名的律学中心及较稳定的宗派传承队伍。加之宝华山的律学思想辐射和人员交流影响，本地的戒律学研习有着深厚的基础，并形成了本地区的戒律学研习传统及其特色。

值得一提的是，在江苏兴化（今为江苏省泰州市代管县级市），清初至民国初年的一段时间，得益其毗邻宝华山律学的地理之利，专心于律学的寺院即有般若寺、紫阳律院、准提律院等多处，专心于戒律研习的律师即有数十位。[③]其中除去玉文律师、真谛利咸律师在福聚的《南山宗统》有传记外，其他只是仅有其名，而无其事。民国时震华法师在其所作《兴化佛教通志》中，也仅仅是列其名于书中。但无论如何，都由之可见南山

① 《潭柘山岫云寺志》卷二《慈云普德传》，第189–263页。

② 《房山云居寺传戒之短讯》，《微妙声》第五期，1937年4月，《民国佛教期刊文献集成》第84册，第494页。

③ 震华：《兴化佛教通志》卷十，第409页，1944年7月上海佛学书局出版。这里并不是说其他地方没有这样的律寺，只是因为震华法师对此作了很好的整理而得以显示。

律学历史上在此地的繁荣和传承。[1] 现据该书，进行简单罗列如下：

（一）律师与律寺

1. 般若寺

般若寺为律宗传承寺院，在城北门外兴义镇。明清之际，玉文律师壮大本寺律名。

玉文（1591–1665），讳照硕，俗姓沈，祖籍关中西安，因祖上为官而居高邮。《律宗灯谱》卷四和《南山宗统》卷六对玉文所记生平文字差别不大，均言玉文年十五出家，年十九参具德弘礼和尚（1600–1667），次年就宝华山见月读体律师圆具，于山中遍闲律部，《律宗灯谱》卷四并言被授典客、兼引礼。年二十六后，玉文遍游江浙诸处，三十岁时受读体之召而回宝华山，“未几，定祖继主洪规，师随辅弼”。但此两种著作对其生平记事仅以干支表示，并说乙巳秋示寂，寿七十五，腊五十五。考其与具德弘礼和尚、见月读体律师等人的关系，其生卒年当分别为明万历十九年（1591）和清康熙四年（1665）。

玉文采赜持犯，解行相符，声称益著，振绳伦次，实居其首，故被以衣偈付之。《律宗灯谱》和《南山宗统》均将玉文列为千华第三世定庵德基下法嗣。

据震华法师所考，明崇祯四年（1631）春，玉文受请而至般若寺后，岁常传戒，都依宝华成规。玉文住持寺院三十年，其间建大殿、戒坛、方丈室等，无一不具，“开坛说戒，远近向化，实为兴化第一律社”。后以年高退隐，嗣子高风继之。玉文对于律学的弘传有着突出的贡献。在宝华山文海福聚律师所作的《玉文律师传》中，对其人称赞道：“千华分化，代有其人。至论戒律之精粹，道行之纯懿，法缘之广，教之被溥，或未敢妄冀于师。”[2] 玉文有弟子 9 位，玉文圆寂后，其后学建塔以奉其身，兴

---

① 律学是否繁荣或律师是否众多，并不能明持律状况是否严谨。汪曾祺的小说《受戒》，从一个侧面反映了其家乡高邮在民国时期的寺院戒律状况，也反映了当地寺院中的受戒频繁现象。高邮与兴化两地相距不远，民风相近。这大致可以看出当地的佛教状况。

② 震华：《兴化佛教通志》卷六，第 256–257 页。

化周琬撰《硕律师塔铭》。①

咸丰五年(1855),本寺有净月嗣席,并于咸丰八年(1858)秋、十年(1860)春、同治二年(1863)冬,三度宏戒,邑人赠其“毗尼三授”寿额。光绪二十六年(1900)冬,僧智远于此传戒。本寺僧观涛于民国三年(1914)冬、僧永高于九年(1920)冬皆开坛传戒。本寺法脉为:定庵德基(宝华山第三代)——玉文照硕——正元法本②——阴千香坛——大杲阐照——弃凡允振——继芳圆贤——灵山明善——雪幢定学。

雪幢定学以后分为两支,一支是:雪幢定学——宝中慧道——韬安昌能——净月海辉——智远印慧——观涛发安——永瑞光曙和越尘光超——妙灿融顺和隆兴融广;另一支是:性濂慧清——高风昌松——明珠海禅。③

玉文照硕的另一系后住兴化紫云律院。这一系的律宗传承是:玉文照硕——戒光法续——松如空尘——觉海义涌——楚堂性弘和得缘性慧——贯之圆一——序一明传——香岩定达——忠贞慧徵和朗舟慧海——锡山昌川——心潭海静——云峰印崇——智朗发慧——海莲发愿——静悟光藏——观明融肇——允超戒尘。④

2. 罗汉寺

罗汉寺在兴化县东北八十里,建于唐宪宗元和年(806–820)中,明洪武年(1368–1398)中,有僧法彬重修。清乾隆初,僧一苇、天籁相继开堂说法。乾隆七年(1742)、嘉庆九年(1804)、咸丰二年(1852)、光绪三十年(1904)、民国元年(1912),皆曾进行传戒。⑤

(二)兴化地区的传戒活动

清代末年,本地区丛林寺院活动传戒频繁,仅见于震华法师的《兴化佛教通志》的即有26次,⑥它们是:道光二年(1822),兴化定慈寺静参

---

① 震华:《兴化佛教通志》卷六,第285–286页。

② 王国栋:《般若院本律师塔铭》,见震华:《兴化佛教通志》卷六,第286–287页。

③ 震华:《兴化佛教通志》卷一,第29页。

④ 震华:《兴化佛教通志》卷一,第35页。

⑤ 震华:《兴化佛教通志》卷一,第31页。兴化王国栋撰《中兴地藏寺天各律师大和尚塔铭》。震华:《兴化佛教通志》卷六,第287–288页。

⑥ 震华:《兴化佛教通志》卷十,第379页。

禅师传戒；道光二十五年（1845），兴化定慈寺静参禅师传戒；咸丰五年（1855），兴化定慈寺月樵禅师传戒；咸丰八年（1858）春，观音阁济同禅师传戒；咸丰八年（1858）秋，般若寺静月禅师传戒；咸丰十年（1860）春，般若寺静月禅师（律师）传戒；同治二年（1863）春，般若寺静月律师传戒；同治三年（1864）冬，观音阁济同禅师传戒，觉三禅师主席；同治四年（1865），兴化定慈寺恒彰禅师传戒；同治八年（1869）冬，般若寺性濂禅师传戒；同治十三年（1874）冬，定慈寺妙润禅师传戒；光绪九年（1883），安丰观音阁觉道禅师传戒；光绪十年（1884），安丰观音阁觉三禅师传戒；光绪十三年（1887），安丰观音阁觉道禅师传戒；光绪十五年（1889）冬，乾明寺福严禅师传戒；光绪十八年（1892）冬，极乐寺志安禅师传戒；光绪二十年（1894）春，紫云律院海莲律师传戒；光绪二十六年（1900）冬，般若寺智远律师传戒；光绪二十七年（1901）冬，龙珠寺中衍禅师传戒；光绪三十年（1904）春，安丰观音阁觉道禅师传戒；光绪三十年（1904）冬，宝严寺大量禅师传戒；民国元年（1912）冬，罗汉寺真祥和尚传戒；民国二年（1913）冬，安丰观音阁安之和尚传戒；民国三年（1914）冬，般若寺智远和尚传戒；民国九年（1920）冬，般若寺永瑞和尚传戒；民国十一年（1922）秋，极乐寺了中和尚传戒；① 民国十七年（1928）春，兴化木塔寺僧性莲传戒，二十五年（1936）秋再传戒。② 显然，仅从兴化一地的佛教传戒活动，可大致看出当时中国佛教的发展情况之一斑。

另外，江苏丹徒境内的海潮庵，也是明清之际重要的律寺。乾隆三十七年（1772）得赐额并改名会音律寺。其意源于《梵网经》，千百亿释迦各归本原国土，说心地法门金刚光明宝戒，是一切诸佛菩萨本源、一切众生佛性种子。宝华山律门开山者三昧寂光曾于本寺说戒，是为本寺肇兴律学之始。三昧律师曾亲笔“海潮圆音”。③ 清初时，丹阳地区还有西林律院，其住持僧惟一在雍正十二年（1734）时曾得到果亲王的赐“慧日常明”之匾。④

---

① 震华：《兴化佛教通志》卷十，第 385 页。

② 震华：《兴化佛教通志》卷一，第 34 页。

③ 震华：《会音律寺传五戒弘净土序》，《民国佛教文献集成·补编》第 69 卷，第 152 页。

④ 《光绪丹阳县志》卷十一，《中国地方志集成·江苏府县志辑（31）》，江苏古籍出版社，1991 年，第 122 页。

第八节　“青铜时代”的思想余晖

除去以南山律学传人为代表的律师之外，明代中叶以后的戒律学复兴与发展的另一推动力量，即是以临济宗和曹洞宗等僧人为代表的他宗僧人对戒律的弘扬。

这些著名的法师或禅师，对律宗或戒律学建设、对戒律的弘扬都十分重视，并有着丰硕的成果和广泛的社会影响。有的时候，如鼎湖山弘赞、鼓山元贤以及蕅益智旭这些法师或禅师，在戒律学领域的地位或影响甚至都要远远高于一些律师。如蕅益智旭即有关于戒律学的著述或注释十二种计三十八卷的篇幅；在犙弘赞的戒律学著作仅见于《卍续藏》的即有十一种七十二卷之多。其内容均涉及大小乘戒律思想阐发、行持威仪等多方面，从数量及影响上看，这已经远远超越其前后一些律师的著作与作用。

清代嘉庆之后，还有扬州高旻寺悟成禅师，主张宗律并行、下晚不食放参；同期还有镇江焦山海福禅师，亦持过午不食戒。[①] 在南方地区，太平天国以后，除去宝华山和昭庆寺之外，如金山的观心、焦山的大须、天台的敏曦等都弘传戒律。敏曦，天台教四十世法嗣，自称其学禅学戒数十年，“亲历之甘苦，深知之利弊”。他强调持戒的重要性，批评禅林中的“空论唯心，而不知戒律，漫言悟心，而不净毗尼”的错误戒律观：“六祖悟后，犹受戒于智光。况在未悟？况非六祖？要皆炼磨又炼磨，逼拶又逼拶，经数年或数十年，身如槁木，心似死灰，方为真参，方能实悟。此则不戒而戒，不持而持。其光明严净，有较胜于专持戒律百千万倍者也。”[②] 曾列席于敏曦法华讲席的谛闲法师（1858–1932），诵《法华》、行《楞严》，念佛为课，持诵《梵网菩萨戒》。光绪二十九年（1903），谛闲法师曾奉旨传戒。这些僧人都曾名动一时，其人、其学、其事，也都成为中国近现代戒律学思想史上重要的一页。

---

① 震华：《清代律宗略论》，《民国佛教文献集成·补编》第69卷，第152页。

② 敏曦：《补刊〈沙弥律仪合参〉跋》，《卍续藏》第106册，第680页下。

律学背景篇第三

不期而遇的“现代性”[①]

清末以降，中国社会面临着重大的历史危局，传统思想文化和学术方法也因之遭受到异样文明的巨大挑战，面临着具有强大工业内涵和学术力量的“现代性”的解读与解构。作为一种学术方法的现代性，它对中国传统佛教的社会角色、思想特色、发展路径等都形成了强烈的挑战。中国佛教在东北亚和中国周边其他地区长期以来形成的甚至是不证自明的文化优势和道义至上性也受到不同学术文化力量的怀疑与审视。经历过西方思想和学术方法影响的中国佛教也正处在此时现代性学术力量解读的压力之下，正在进行着自己艰难的现代性进程。在历史的不经意间，其思想、教义、修行方式、社会影响和学术方法等都完成了一个转向。这个转向又一次丰富和强化了中国佛学的思想魅力和学术内涵，促进了20世纪中国佛学的形成与发展。

第一节　传统佛教面临新问题

直到19世纪中叶中国传统社会转型之前，中国佛教及其研究传承在东亚和中国周边其他地区的传播都有着一种绝对的学术支配力量。1840年代以后，随着中国社会的变革，与其他文化形态一样，中国佛教的发展遭受着多样性宗教文化和异样学术思想的压力，这些力量包括欧美政治力量和

① 本篇主要内容曾发表于《普陀学刊》（第四辑），上海古籍出版社，2017年5月。此处有所增删。

宗教文化以及与之相应的学术方法，在许多时候这种压力也包括日本佛教和南洋佛教。

一般而言，欧洲的现代性进程早在文艺复兴时期即已开始，这是建立在其宗教改革基础之上的持续几百年的思想文化解放运动，它是以资本主义发展、全球贸易、人本主义张扬、学术自由和科学探索等为主要标志的。虽然这股清新文化思潮的微风早在明末清初之时即已经部分地吹到中国，但却并没有对中国社会文化造成根本的、深入的、持续的和“现代”的影响。

随着工业革命的深入，交通和通信的持续改善，欧洲这股现代性的物质和文化力量终于在清末的历史时期，作为一种不速之客，被突然地送到了中国社会之中，呈现在传统士人的知识视野之中。因此，自清末至民国时期，中国社会发生了天翻地覆的变化，传统社会的政治观念、经济结构、生活方式以及宗教文化都因之经过了多重的洗礼与改造。古老的中国也因之从一个传统的自给自足的农业社会一步步地变成一个半封建、半殖民地的多元社会，在社会大众中那种长期形成的对自己传统文化的自豪感也慢慢有了某种自卑甚至妄自菲薄的心态。知识阶层及其学术活动一方面在此过程中受到了西方学术方法的影响，另一方面也在此基础上完成了对传统文化和学术方式的转型或超越，并促进了对新的学术方法的采用及其新的学术思潮的形成。

清末民国的百余年时间，一方面是西方文化在中国广为传播和发生影响之时，同时也是具有五千多年历史的中国传统文化经过艰难的凤凰涅槃，而不断涌动着陌生的社会思潮、凝聚着现代性力量的历史阶段。正如梁任公（1873–1929）所说：

> 凡文化发展之国，其国民于一时期中，因环境之变迁，与夫心理之感召，不期而思想之进路，同趋于一方向；于是相与呼应汹涌，如潮然：始焉其势甚微，几莫之觉；浸假而涨——涨——涨，而达于满度；过时焉则落，以渐至于衰熄。凡“思”非皆能成“潮”，能成“潮”者，则其“思”必有相当之价值，而又适合于其时代之要求者也。凡“时代”非皆有“思潮”，有思潮之时代，必文

化昂进之时代也。[①]

对于此百年间的知识分子而言，这一异样的社会思潮有着重要的影响。清末民国的佛教复兴和佛学研究，也正是在这一文化背景之上产生和发展的。有学者对晚清之世的佛教文化状况进行了总结，认为此时的佛教有着如下的特点：第一，入世性，即扬弃出世思想，形成“经世佛学”；第二，批判性，即注重审视社会，评价现实；第三，思辨性，即专注于佛教的哲学性；第四，随意性，例如康有为的“去苦求乐”、谭嗣同的“虚空”和“以太”、章太炎的“俱分进化”“五无”和“四惑”、梁启超的“心理分析”等，都可说是“以己意进退佛说”的产物，为社会革命添置了戒刀和禅杖；第五，科学性，如谭嗣同的《仁学》，将“科学、哲学、宗教冶为一炉，而更使适于人生之用”。[②]

对于清代的学术方法，梁任公认为，清代学派之运动，乃是“研究法的运动”，非“主义的运动”，他也正是将之视为学术收获不逮欧洲文艺复兴运动收获之原因。[③] 吕思勉也指出，清代汉学，虽然考证之法甚精，但于主义者则是无有所创辟，“最近新说，则又受诸欧美者也”。[④] 虽然梁、吕二人并不仅仅针对本文所言的历史阶段，也并不是就佛学研究而言，而且他们也是抱着一种不满的态度来评价这种现象的，但事实上，传统的佛学研究可能需要的正是方法的变革。这是因为，明清以来的传统佛学研究，基本上都是在一种较为浅显的文本注疏、经典导读和修行指导的层面上进行的。如隋唐一般具有创造性的佛学研究文本已经不再出现，中国佛学的发展也亟待一种外来学术解构力量的推动以促进其变革。法舫有一篇译于1924年的文章，其中表达了一位日本学者评论当时中国佛教研究方法的观点：

尚未脱训诂的习气；所谓近代的科学方法，尚未承用。所研

① 梁启超：《清代学术概论》，第131页。

② 麻天祥：《晚清佛学与近代社会思潮》，台北文津出版社，1992年，第79-83页。

③ 梁启超：《清代学术概论》，第169页。

④ 吕思勉：《先秦学术概论》，东方出版中心，1996年，第3页。

究者，悉以旧时之天台、华严、俱舍、唯识、因明、律学等为主。关于是等主论，以附加讲义、科段为研究法，或参照东西学者所研究之成绩，以明原曲与译文之相违，然后主张自说。此等景况，相当日本二三十年前之状态。①

虽然此说未必准确，但这种现象的存在却是显而易见的。

中国近代的百余年间，传统文化遭受到了前所未有的西方文化的冲击。这一切都影响到中国社会文化的发展状况，促进了新的文化社会思潮的形成。清代末年，流行的传统经学到此时仿佛戛然而止地画上了句号，②西方的哲学思想、意识形态和价值观念于此时快速传入中国，并深刻地影响到中国传统文人的生活方式，促使他们快速完成从一个传统的士大夫向近代知识分子的社会角色转变。此一阶段的中国佛教的学术研究也因之有着自己的特色和内容。③这表现在很多方面，诸如：中国佛教如何与西方宗教对话？中国佛教如何应对西方学术文化的强力解读？中国佛教的学术研究出路何在？如何认识现代性和全球化力量对中国佛教发展的挑战？

这一历史时期的佛学研究者，有的出访过欧美日和南洋等地，有的生活在欧化程度较深的上海、广州和香港等地，有的与来华的外国学者、传教士等人保持着长期的接触。在力量强大的现代性文化面前，清末民国的佛学研究学者一方面继承了传统的佛学研究方法以及清代的经学和小学方法，另一方面又大都受到欧美学术方法的影响。

学术革命会受到方法变革的重要影响，没有方法的变革即不可能有学术的进步。在此意义上，甚至可以说，当不能取得原创性思想突破的时候，变革方法的意义即显得更为重要了。显然，在西方文化的影响中，传统的佛教学术研究方法的变革即有着越来越重要的意义。

---

①　[日]木村泰贤：《支那佛教事情》，《法舫文集》第1卷，第108页。

②　这并不是说传统学术已经终止，而是说如以俞樾（1821–1907）等为代表的一些经学大师其学术影响已经不可与其前辈同日而语。

③　西方文化对中国文化的影响是广泛的和深入的，此处仅就中国佛教而言。

第二节　文化的交流促进中国佛学角色彰显

清末民国时代，现代性思潮的主要影响及其表现之一，即是中国学术方法的革命性转变。正是这种对传统学术方法的变革，促进了中国社会思潮和学术方向的改变。在此基础上，佛教的研究方法变革及其转型也才得以逐步展开。

一、佛学与哲学

在西方学术的传统谱系之中，哲学一直被视为学科之源。① 每一学科的形成与发展首先都会解决或必须要解决其与"哲学"的关系问题，并以能从哲学的体系中"独立"出来作为学科成立的标志。但是，在中国近两千年的佛教传播与研究历史中，其在中国文化中的首要问题却不是要明确自己在中国学术谱系中的定位问题，更不是要解决其自身与所谓"哲学"的关系问题。相反，佛教本身在社会文化坐标中一直面临的都是与儒道两家在现实世界和信仰领域的"位置安排"问题，要解决的是传统"三教"的"关系"问题，要展示的是佛教护国济世功能的实现问题。

至少自先秦开始，中国传统思想中并没有形成西方意义上的"哲学"概念，或者说这种"哲学"并不占中国学术思潮的主流。清末之前，传统儒家的学术方法一直被经学和考据的方法所主导，这与哲学的方法和宗教学的方法都是不一致的。可以说，清代末期对佛学有所关注的学者如龚自珍、魏源、梁启超等人，都是从被称为（今文或古文）经学的儒学入手的。这种治学思路当然也影响了他们的佛学研究或认识方法。

随着现代意义的"哲学"概念进入汉语之中及西方学术思潮的深入影响，西方哲学思潮及人物也被引入到中国佛学研究领域。于是，传统的儒释道关系也慢慢转换成了"佛学与哲学"的关系，这在很大程度上成为佛学与哲学——或者是与经过西方哲学模式诠释的中国佛学和中国哲学史的关系

① 这一时期中国知识分子关于什么是"哲学"的争论以及对"哲学"概念的使用都是十分复杂的，难以简单进行评价。本书仅在其一般意义上使用"哲学"一词。

问题。随之也就有了“佛教与哲学”（或一般意义上的宗教）关系的研究。而在传统中国佛学研究话语中，这一点基本上既不是明显的、也不是关键的学术问题。

因此，近代佛学研究者的首要问题即是要厘定佛学与哲学的关系，他们也往往因之把佛法与哲学对应起来加以研究。早在近代佛学复兴的肇始者杨文会（1837–1911）那里，佛教与哲学的概念即得到了强调和区分。如他说：

> 如来设教，义有多门，譬如医师，应病与药。但旨趣玄奥，非深心研究不能畅达。何则？出世妙道，与世俗知见，大相悬殊。西洋哲学家数千年来精思妙想，不能入其堂奥。盖因所用之思想，是生灭妄心，与不生不灭常住真心，全不相应。是以三身四智，五眼六通，非哲学家所能企及也。近时讲求心理学者，每以佛法与哲学相提并论，故章末特为拈出，以示区别。①

事实上，虽然历史上也有许多哲学命题和概念进入佛学研究的思想和文本之中，但是把佛法与哲学明确地加以对应，继而加以比较研究，却是清末民国重要的学术方法创新。因为这种源自西方的哲学方法是一种知识之学和智慧之学，它既不同于中国传统的德性之学，也不同于受到社会重视的经世之学。正是沿着这个思路，佛学研究者区分了哲学与佛学、宗教与佛教等概念，并由此而生长出中国近代佛学研究领域的新命题——佛法与哲学的问题，出现了关于佛教与哲学关系的多种说法。这不仅客观上深化了传统佛学的研究内涵，同时也使人们越来越认识到，在咄咄逼人的西方异样文化面前，“三教关系”的优劣先后已经不再成为问题，而如何安排哲学与佛学的关系、如何评价中国传统的佛学研究，却是当时一个十分重要的问题。

为了深化对佛学与哲学的深入研究，佛学研究者们对佛教概念作了更为深入和现代意义的比较。章太炎（1869–1936）在流亡日本时也曾经对佛

---

① 杨仁山：《等不等观杂录》卷一《佛法大旨》，《杨仁山居士文集》，第 260–261 页。

法与宗教及哲学的关系进行了研究，[1] 他甚至更进一步地以“惟心”与“惟物”的哲学概念来解释佛教的“自性”思想，他指出：

> 凡去自性，惟不可分析、绝无变异之物有之；众相给合，即各各有其自性，非于此组合上别有自性。如惟心论者，指识体为自性；惟物论者，指物质为自性。心不可说，且以物论。[2]

有欧阳竟无（1871–1943）居士，主张“佛法非宗教非哲学”的观点，他曾言：

> 宗教、哲学二字原系西洋名词，译过中国来，勉强比附在佛法上面。但彼二者，意义既各殊，范围又极隘，如何能包含得此最广大的佛法？正名定辞，所以宗教、哲学都用不着。佛法就是佛法。[3]

值得指出的是，欧阳居士有着广阔的学术视野，并有着通过拒绝把佛教与哲学相对应加以考察的方法，以图消弭这个问题，摆脱这一认知困惑。但是，这样做并不能从学术上解决这一问题。之所以如此，是因为西方哲学在当时被认为是一种重要的学术方法。同时，明辨佛教是哲学还是宗教，表明的也是一种重要立场、观点和方法论。因此，对这类的回答，也成为这些学者念念不忘的时代心结。

梁任公者，对此问题也多有深究，他试图跳出对佛教属于“哲学”还是“宗教”必须作出“是”与“否”回答的认识框架，开辟了新的认识视角。他作有《论宗教家与哲学家之长短得失》等文，或经从唯物论和佛教心理学的角度来尝试对佛教义理进行研究，或用“西洋哲学家用语”解释五蕴，如他说：

> 色蕴是客观性较强的现象，有实形可指或实象可拟，故属于西洋哲学家所谓物的方面。受等四蕴，都是内界心理活动……即

---

① 章太炎：《论佛法与宗教、哲学以及现实之关系》，《章太炎集·杨度集》，第 5 页。

② 章太炎：《国家论》，《章太炎集·杨度集》，第 95 页。

③ 欧阳竟无：《佛法非宗教非哲学》，《欧阳竟无集》，第 1 页。

西洋哲学家所谓心的方面。①

这不仅显示了传统佛学能够与西方学术进行对话，同时也表达了其学术方法的先进性，没有落入那种要么哲学、要么宗教的认识论窠臼。②

汤用彤（1893–1964）则说：

佛法，亦宗教亦哲学。宗教情绪，深存人心。往往以莫须有之史实为象征，发挥神妙之作用。故如仅凭陈迹之搜讨，而无同情之默应，必不能得其真。哲学精微，悟入实相。③

佛教界人士也对此问题作出了积极的回应。在这一历史时期，太虚则写下了《论哲学》《佛法与哲学》《佛法是否哲学》《西洋中国印度哲学的概观》《最近西洋哲学与佛学》《关于近人辩证法的讨论》《自治哲学》《唯物唯心唯生哲学与佛学》等一系列文章或讲演，对佛法与哲学的关系问题进行了持续深入的研究。

这一阶段不少佛学研究者对有关佛教是哲学还是宗教的争论或论证，并不是一种毫无意义的形而上学游戏。正如钱穆先生所说：“研究文化须有哲学智慧”，“研究文化则是一种哲学。”④这种争论的过程和结果，既反映了西方学术话语在中国学术活动中的影响，也在某种程度上促进了西方的哲学方法在中国佛教学术研究中的应用。

这一时期教内外的学者对佛教进行的或哲学或宗教属性的探索，虽然看起来是一种立场的宣示，但事实上也反映了这些研究者认识论中的深层困惑。处在那个世纪之交的学者们心中往往都有一个逻辑纠结，他们一方面想引入西方的学术观点、套用西方学术话语来解读中国历史和学术，以完成中国学术的“现代化”，另一方面他们又对中华文化有着强烈的、挥之不去的自豪与自信。当然，面对东西方两种不同模式的文化交流，也有

---

① 梁启超：《佛教心理学浅测（从学理上解释“五蕴皆空”义）》，《梁启超集》，第221–222页。

② 当然，这并不意味说，只有存在与西方进行对话的平台才是学术能够成立的条件。

③ 转引自巨赞：《汤著〈佛教史〉关于“〈太平经〉与佛教”的商兑》，《巨赞文集》（上），第253页。

④ 钱穆：《中国历史研究法》，生活·读书·新知三联书店，2001年，第133–134页。

人甚至有着某种内在的自卑或道德的不安，面临着方法的茫然和情感的困惑。也正是在对这种茫然和困惑的解决中，"中国佛学"才在现代诸多学科中明确了自己的位置，"中国佛学"与哲学之间才形成了明确的边界，中国近现代佛学才有了自己的主体形象和内在的时代精神。

二、佛学与宗教学

在中国佛教传统中，一直有着"宗教"之说，但是这种"宗"与"教"并不等于西方学术语境中的"宗教"，中国的佛教研究也不完全等于建立在西方学术语境的宗教（religion）之上的"宗教学"（The Study of Religion）。

19世纪中叶以后，随着西方宗教学的兴起，中国一些研究者也尝试以西方的学术方法把佛教纳入到宗教学的研究领域。其后在日本佛教学者和欧洲宗教学研究者的影响之下，中国的佛教研究也迈入了新的研究领域，在佛教与宗教学的关系中建立了明确的佛学学科位置。

自杨文会始，其佛学研究与学术活动，即受到了西方学术文化的一定影响。因为他曾随曾纪泽出使过英国，拜访过东方文化学者马克斯·缪勒（Max Müller），对西方的社会文化有着一定的了解，所以他也被认为是"第一个到欧洲、了解欧洲的科技文明，并把佛教作为一个世界性宗教放在科学至上的世界中加以考察的中国佛教徒"。[①] 而且，杨文会也与日本佛学界诸家有着深入的交流，经过欧洲学术思想改造过的日本佛学研究方法也对他有着强烈的影响。

事实上，随着对"宗教"内涵的认识深入，不论是否把佛教看作是宗教，用宗教学的方法来研究佛教都被证明是一种有效的和成功的研究方法。这也给中国近代的佛学研究以明确的学术定位，其后如太虚、印顺以及当代许多学者都是沿着这条路走下去的。这不仅有利于佛学研究在后世高等学校和学术团体中的活动与开展，也丰富了中国佛教的研究方式，建构了能够与西方学术进行交流的话语体系，拓展了传统的佛学研究领域。

在这种宗教学的研究路径中，传统的佛教研究者已经自觉地从浩瀚的

---

① [美]霍姆斯·维慈：《中国佛教的复兴》，第9页。

历代大藏文本中抬起目光，投向了遥远而陌生的泰西，投向了异样的文化和宗教，以从中汲取营养。如巨赞（1908–1984）曾对西方宗教的文本加以阅读，注意研究基督教发展的原因，并注重从中发现有资于新佛教建设的方法论营养。他说：

> 尝读《新旧约全书》者，咸知基督教之所以能流行于全世，悉赖其致力社会事业之感化，而教理不足称。①

巨赞通过对马丁·路德的宗教改革进行考察，通过对西方学者桑戴克（Lynn Thorndike）关于基督教改革的历史观点进行研究，提醒法师、学者要注重研究和借鉴欧洲宗教改革的历史，并从中总结出了在新佛教运动建设中必须要注意的问题。② 他在《宗教与民族性》一文中，讨论了清教徒与近代英国社会的发展问题。虽然其研究还有待于进一步深化，但其研究内容、方法和视野等，都已经不同于历史上的三教关系研究模式。

清末以降，随着中国知识分子出国交流的频繁和西方文化影响的深入，诸如马克斯·韦伯、缪勒、克尔凯郭尔（在鲁迅的文章中译为“契开迦尔”）、尼采、柏格森、罗素、威廉·詹姆斯等西方学者及其思想都在不同程度上影响到中国的一些佛学研究者，尤其是这些人所使用的西方学术方法更是受到国人的重视。③ 于是传统的佛学研究便引入了人类学、心理学、历史学、伦理学、考古学、民俗学、文献学、语义学、比较宗教学等研究方法。这些方法虽然在历史上也曾经有僧人或学者使用过，但这都只是一种自发的行为，而不是一种在学科意义上的方法论自觉。在此基础上，出现了一系列的重要著作。如陈垣发表于 1938 年的《汤若望与木陈忞》，因其在东西方文化的广阔背景中比较了天主教与佛教，而被认为是“一篇比较宗教史研究的典范”，“开宗教史比较研究之先河”。④

环境的改变、方法的多样、视野的拓展，这一切都为此时的佛学研究

---

① 巨赞：《如是斋窾录》，吴志云主编：《巨赞文集》（下卷），第 852 页。

② 参见巨赞：《新佛教运动的回顾与前瞻》，吴志云主编：《巨赞文集》（上卷），第 646 页。

③ 日本佛学研究者的方法及其成果，对当时中国佛教学者也有着强烈的影响。其中最为明显的事即是蒋维乔《中国佛教史》一书的体例。

④ 陈智超：《陈垣先生与佛学》，《陈垣集》，第 1 页。

者打开了一片新的天地。他们在诸如佛教因明与形式逻辑、佛教与宗教、佛学与人生、中国佛教与世界佛教、中国宗教与世界宗教、儒释道三教关系发展、佛教与基督教等方面的研究都取得丰硕的成果。甚至西方社会中的工业文明、社会主义、无政府主义、议会等概念和思想，也都进入到佛教研究的视野之中。

正是发现了基督教在欧美工业化国家中的社会作用，此时许多研究者认为，宗教实为社会中的必须者，基督教正是欧洲之所以强大的重要原因之一，故而他们有的人则是想通过证明佛教属于宗教，以得出中国社会要想图强必须加强佛教的结论。如谭嗣同要建立的佛教、太虚要建立的人生佛教或者杨度等人要建立的新佛教等，盖皆要以之与基督宗教相对应，从而证明中华传统文化在现代社会中的可靠性与合理性。或者说，康有为要建立儒教，其思维的形成和目标的确立，也大都受着这一心结的影响。梁启超的《论支那宗教改革》《保教非所以尊孔》等文，对孔教的提倡或反思，也都深论此义。

时有法舫法师说：

> 中国佛教，也像中国的政治和社会一样，在现时代里，不说落伍，可是进步得很慢。但今日的中国，已是向着新生的路上跑了，中华民族，总会在世界舞台上，坐一把现代式的交椅呢！中国佛教，当然是跟着他的国家走，渐渐地也会复兴起来的，因为中国民族的复兴，不论在哪一方面，都需要着佛教。人类世界的文化和大时代危险的挽转，佛教这个宗教，也是最需要的。不是夸大话，中国佛教的振兴，绝对是有利于国民和人类的。基于这种意义之下，断定中国佛教必定复兴。①

因此，关于佛教、哲学和宗教等等争论问题产生的原因，或者说要证明佛教属于或者不属于宗教、属于或不属于哲学的原因，正是在于中国传统学术方式在面对西方哲学、宗教冲击时的一种本能回应或过激反应，及其想在现代西方式学术谱系中自证其义的道德性努力。

---

① 法舫：《一九三六年的中国佛教》，《法舫文集》第5卷，第231–232页。

认为宗教是落后于时代者，则更加关注和强调佛教属于哲学，或者说是要以哲学的方法，去体会佛教中的哲学内涵，并以之与西方哲学相对应，从而挖掘作为中国文化重要部分的佛学之中的合理、合适、合时与合世的形而上学因素。

尽管这一时期的佛学大师们大都对西方文化和哲学有着较为深刻的理解，但是，不论其观点如何，他们之所以能够成为近现代中国佛教复兴的重要力量，正在于他们仍然把佛教作为“佛教”去研究，把中国佛教作为“中国的”佛教去研究，而不是将之视为西方意义上的哲学或宗教；他们是志在改革中国佛教以适应时代发展，而不是为了改造而改革；他们是志在于借鉴西方学术方法以发展佛学，而不是要削足适履地将之建设成为西方式或日本式的佛学。如太虚等人的佛教改革，以及杨文会、汤用彤等人的治学路径都是如此。

三、中国佛学与外国佛学

历史上，中国的佛学研究大都是在处理儒释道三教关系的框架之中展开和发展的，但是到了清末，这种社会文化背景已经变成了中西、中日的文化交涉与学术竞争。这就为清末民国的佛教复兴和佛学研究奠定了复杂的文化基础和清晰的价值坐标，教内外修治佛学的方法也因之发生了变化。

清末民国诸家治学，与历史上的所有时期相比都有着自己的特色。这首先在于他们的心态受到西学、日本等不同学术体系中关于中国学术研究的冲击。不论他们对待西学持什么态度，其内心深处对西学都仍然有着复杂的——有的人甚至有着恐惧的心态。于是向西方学习、引入西方的文化和学术方式，即成为当时一些人的伟大志向或者是不得已的手段。出洋学习或考察，加强对外部世界的深入认识，即是了解西方学术和宗教的重要手段之一。

此一阶段的主要佛教交流活动有：1878 年，杨文会随曾纪泽到伦敦。1905 年，笠云、筏喻、道香去日本；笠云访日间的诗作，辑为《东游记》。1906 年，桂伯华去日本。1915 年，吕澂去日本。1917 年，太虚去日本，其讲演、诗文、游记辑成《东瀛采真录》。1921 年和 1922 年，大勇、显荫等去日本，显荫作《留东随笔》，并将《高野山中学大学之课程表》《东京宗教大学的学科目录》抄寄太虚，“以备采择施行”。大勇有《留学日本之调查》，载《海潮音》第4卷第6期。1922年，持松去日本。1923年（左右）和1925年，纯密去日本。1925年，太虚率团赴日，与南条文雄、村上专精、铃木大拙等交往。1926年，谈玄去日本。1928年，太虚旅欧美，至法、英、比、德、美国，与伯希和、马格尔、罗素等学者有所交流，并有建立“世界佛学苑”的理想——其宗旨为“昌明佛学，陶铸文化，增进人生之福慧，造成世界之安乐”。显而易见，此处的“世界”与曾经佛经中的世界是一个完全不同的概念。太虚并在英、美、德等国设立佛学苑通讯处。1930年，道阶参加仰光世界佛教大会后，作有《缅甸佛教》的长文。1934年，谈玄去日本。1934年，王揖唐去日本，参加空海大师示寂1100年纪念会，作《东游纪略》。1935年，大醒去日本，回国后作《日本佛教考察记》；刘蓬翊去日本，作《日本佛法考察记》。1936年，有三个留学僧团分赴东南亚和日本学习：去暹罗的有悲观、等慈、性教、觉圆四人，学期预备五年；去锡兰的有慧松、法周、维幻、维植、岫庐；去日本的有微隆、天慧、定勋。1939年，太虚率团访问缅、印、锡，与泰戈尔、尼赫鲁、甘地等会晤，参访、观礼、拜谒佛胜古迹，并提出了为“公平正义”而奋斗的态度。

当时的一些佛教学者对僧众的外语教育也极为重视。太虚创办闽南佛学院即开有日文课程，聘请日本东本愿寺厦门别院的神田慧去作教官，① 以促进对海外佛学研究的了解与学习。1925年，太虚在庐山大林寺设“庐山学窘”，选优秀学员学习佛学和英文，为环游欧美布教作准备。大醒即是其一。

正是由于新的佛学研究方法的影响，中国学者在传统的语录体、僧传体、经疏体和学案体等著作之外，对西方的哲学范畴、史学原则和宗教学方法有了更深入的了解，同时也能将之用于其考察和研究之中，以期对中国佛教发展进行全新的认识，以新的历史观认识佛教发展的历史。如蒋维乔编著的《中国佛教史》即是如此。此外，如王恩祥编著的《日本大神徐福》《日本大光照国师隐元》《日本佛教律宗开山祖鉴真》等也都受到这种影响。

国内的《海潮音》等刊物也重视刊载国外学者对中国佛教的研究，发

① 肖平：《近代中国佛教的复兴：与日本佛教界的交往录》，广东人民出版社，2003年，第255页。

表了诸如铃木大拙《支那佛教印象记》等重要文章。这一切都使中国佛学研究者对中国佛学研究的内容、目标和方式等有着更为多角度的了解。同时，这种方法也被用于对诸如藏传佛教、西域佛教以及印度佛教、中印交通的研究及传统佛教文本的注疏与考证等领域。有的学者更是因之要体现自己的文化自觉，想要以此来打破日本学者在世界佛学研究领域独掌的学术话语权和个别研究者颐指气使的现象。①陈垣曾说：“日本史学家寄一本新著作来，无异一炮打在我的书桌上。”“现在中外学者谈汉学，不是说巴黎如何，就是说东京如何。我们应当把汉学中心夺到中国，夺回北京。”②

文化交流都是在被别人解读和对别人进行解读的过程中得以进行和深化的。中国佛教解读西方文化，西方文化也在解读中国、中国佛教及其文化。正是由于中国佛学研究者的努力，才使中国的佛学研究能够活跃在世界的学术舞台上，才使中国佛学能够在和日本佛学的竞争中、在面对欧美学术的强力解析中，其主体性日益得到彰显。在这个过程中，中国佛学的角色得以确立，形成了“中国佛学”的世界学术身份，从而使中国的汉传佛教和藏传佛教的研究都体现了强大的学术力量。

第三节　思想的力量创新佛教解读方式

欧洲近代以来的社会发展，赋予了哲学以丰富的内涵甚至是现实的社会政治功能。这是一种以对本体论的研究为特色，以研究人与自然的关系为入手，以关注理性和知识的功能为特色，以强调对物质世界的生灭、运动、规律等概念的考察和数学表达为学术工具的现代理性力量。崭新的哲学思维为人们对世界的认识打开了一扇扇新的大门。培根、笛卡尔、莱布尼茨、康德、马克思等人的思想，为西方文化开辟了新的空间和发展路径。这一切不仅受到梁启超、胡适等不同政治立场学者的重视，也在不同程度上影响到中国现代佛教学术研究方法。随着西方哲学的引入，思想的力量已经

---

① 如一些日本学者对中国传统经典真伪的考证，即对中国佛学研究产生了很大的影响。最著名者即是关于诸如《大乘起信论》等经论的真伪之辨。

② 陈智超：《陈垣先生与佛学》，《陈垣集》，第2页。

成为中国知识分子的重要学术动力，也使中国传统士人的现代性思维和创造性热情得到进一步激发和解放。

一、思想的回应

随着时代的发展，清末以来的学者视野有了很大的开拓，其学识有了全新的内涵，对西方文化也有着越来越较为深入的理解。

对西方文化较为熟悉的晚清政治人物郭嵩焘（1818–1891）在光绪四年（1878）五月二十日日记里说：

> 中国圣人之教道，足于己而无责于人；即尼山诲人不倦，不过曰“往者不追，来者不拒”而已。佛氏之法，则舍身以度济天下，下及鸟兽，皆所不遗。西洋基督之教，佛氏之遗也。孟子之攻杨墨，以杨墨者，佛氏之先声也。而其言曰，“逃墨则归于杨，逃杨则归于儒”，以杨氏之为己，尤近于儒也。……圣贤不欲以兼爱乱人道之本，其道专于自守。而佛氏之流遗，至西洋而后畅其绪，其教且遍于天下，此又孔、孟之圣所不能测之今日者也。①

郭嵩焘不是严格意义上的学者，但在对欧洲的考察中，能够自然地想到中国文化，不知不觉地把中国文化放在世界文化的大环境中去考察。虽然其得出的结论未必准确，但他却是把中国文化与西方文化平等而不是如传统一般地进行夷夏之分式的评价。

在这个社会文化剧烈变动的时刻，中国佛教思想家通过加强僧团制度改革、提倡佛教理论研究、出洋考察域外佛教、大力举办佛教教育、出版佛教研究刊物、广泛参与大众生活等社会文化活动，培育僧才、宣传思想和塑造社会形象，以迎接这种前所未有的国际性多元力量的挑战。中国佛教也因之在此过程中完成了艰难的转型，迈入新的历史阶段。在教内外研究者的共同努力之下，中国历史上一度变得低迷和暗淡的传统佛教戒律学，

① 转引自钟叔河：《从东方到西方——走向世界丛书叙论集》，岳麓书社，2002 年 8 月，第 216 页。

如华严学、唯识学等宗派和思想一样，也在此阶段得以复兴和伸展，并一度造就了某种程度的繁荣。

当时学者郭湛波也曾经写道：

> 中国社会变动最剧烈，莫过于春秋、战国，而中国思想史上也以春秋、战国思想为最。其次就是近代了。尤其近五十年来，中国思想变动之剧烈，别派之复杂，较之春秋、战国只有增加，而无逊色。同时近五十年中国社会变动之剧，也超过春秋、战国数倍。①

郭湛波的著作初版于1935年11月，他所说的历史过程也正是从清末到民国中期这个阶段。当然，造成这种社会变动和思想振荡的原因是多方面的，但是学术思想发展的内在逻辑和社会政治经济的急剧变化是其中十分重要的因素。社会的变化会影响学术思想的变化，学术思想的变化必然会带来学术方法的革命，并汇合成一种新的社会文化思潮。佛教当然不能例外。如何解读佛教，或者说如何在新时代里重新认识佛教，即是一个十分重要的学术问题。

对于学者而言，其思考和研究的视野已经越过了传统的三藏典籍、子曰诗云、经史子集、夷夏正朔，他们看到了异样的文化，了解到古希腊的悠久，体会到蒸汽机的力量，熟悉了西方的政治体制。如巨赞对但丁的《神曲》、歌德的《浮士德》、密乐顿的《失乐园》、班扬的《天路历程》等都有着一定的了解。② 这些文献都曾经是西方现代思想形成的重要力量之源。

更为重要的是，西方的政治观念、意识形态和社会改造理想对当时的佛学研究者和思想家也有着极大的吸收力。太虚曾言，其思想的形成即受到他的一些无政府主义者或社会主义者朋友的影响，并得以读到托尔斯泰、巴枯宁、蒲鲁东、克鲁泡特金、马克思等人的文章，读到张继等人在巴黎编的《新世纪》，读到章太炎《建立宗教论》《五无论》《俱分进化论》

① 郭湛波：《近五十年中国思想史》，第8页。

② 巨赞：《佛教与中国文学》，《巨赞文集》（上），第818页。

等著作。[1] 太虚受到这些思想的影响应该很深，因为他在不同时期经常会提到。如太虚的政治社会思想，即是主张由君宪而国民革命，而社会主义，而无政府主义——由于无政府主义与佛教为邻近，而可由民主社会主义以渐阶而进。这一切也都反映在太虚佛学思想的形成及佛教改革理想之中。显然，这种思想是崭新的，方法是学术的，视野是全球的，内容是时代的，属性是政治的。我们很难说太虚其后的佛教改革不是这种思想的体现。所以，有学者指出："太虚的重要性主要体现在他的象征意义：为现代问题提供了一种答案，以及中国佛教徒面对西方的一种极端回应方式。"[2]

同太虚一样，当时其他著名的佛学研究者的文章和著作，也都有着西方思想的痕迹，也都曲折地传达着其对西方思想的理解，以及对中国文化和政治改革的设想。1932 年，鉴莹在《海潮音》上发表的长文《佛法的马克思主义观》即是代表。虽然该文对马克思主义及马克思主义宗教观的理解是不正确的，甚至在根本上是错误的，但这确实反映了当时佛教界已经注意到马克思主义这一方法论了。

值得指出的是，此时的佛学研究者大都有着以西学来比附佛教的特色，这与历史上佛教初入汉地时的"格义"方法极为相似，所以有时也是牵强的、感性的和直观的。如章太炎认为，赫尔图门关于神即精神之说，实为"窃取十二缘生之说。盲即无明，动即是行，在一切名色六入之先，是以为世界所由生也"。[3]

章太炎还以西学来解读佛法：

> 近世斯比诺莎所立泛神之说，以为万物皆有本质，本质即神。其发见于外，一为思想，一为面积。凡有思想者，无不具有面积；凡有面积者，无不具有思想。是故世界流转，非神之使为流转，实神之自体流转。离于世界，更无他神；若离于神，亦无世界。此世界中，一事一物，虽有生灭，而本质则不生灭，万物相支，喻如帝网，互相牵掣，动不自由。乃至三千大千世界，一粒飞沙，

---

① 太虚：《太虚自传——二十八年初稿三十四年秋修正》，《太虚大师全书》第 31 卷，第 179 页。

② [美] 霍姆斯 · 维慈：《中国佛教的复兴》，第 42 页。

③ 章太炎：《无神论》，《章太炎集 · 杨度集》，第 32 页。

> 头数悉皆前定，故世必无真自由者。观其为说，以为万物皆空，似不如吠檀多教之离执著。若其不立一神，而以神为寓于万物，发蒙叫旦，如鸡后鸣，瞻顾东方，渐有精色矣。万物相支之说，不立一元，而以万物互为其元，亦近《华严》无尽缘起之义。虽然，神之称号，遮非神而为言；既曰泛神，则神名亦不必立。①

另一方面，章太炎还有着以佛法解读西学的思想特色。如他说：“国家之自性，是假有者，非实有者；国家之作用，是势不得已而设之者，非理所当然而设之者；国家之事业，是最鄙贱者，非最神圣者。”②他要用佛教的观点解读世界政治与历史，把传统的天下观转换成了国家观。③

蒋方震在其《欧洲文艺复兴时代史》自序中曾说：“欧洲近世史之曙光，发自两大潮流。其一，希腊思想复活，则‘文艺复兴’也；其二，原始基督教复活，则‘宗教改革’也。我国今后之新机运，亦当从两途开拓，一为情感的方面，则新文学新美术也；一为理性的方面，则新佛教也。”梁任公对此是“深韪其言”，并进而指出：“中国之有佛教，虽深恶之者终不能遏绝之，其必常为社会思想之重要成分，无可疑也。其益社会耶？害社会耶？则视新佛教徒能否出现而已。”④

太虚曾因其于净梵院赴弥勒院时触景而有所悟：

> 然人境交接，会逢其适，不自禁新气象之环感，新意思之勃生也！夫唯识论亦何新之有？然为欧美人及中国人思想学术之新交易、新倾向上种种需求所推荡催动，崭然濯然发露其精光于现代思潮之顶点；若桃花忽焉红遍堤上，湖山全景因是一新，能不谓之新唯识论乎？⑤

当时的西方思潮之于中国佛学研究者的影响何尝不是如此。

---

① 章太炎：《无神论》，《章太炎集·杨度集》，第 32 页。

② 章太炎：《国家论》，《章太炎集·杨度集》，第 95 页。

③ 章太炎：《人无我论》，《章太炎集·杨度集》，第 65 页。

④ 梁启超：《清代学术概论》，第 220 页。

⑤ 太虚：《新的唯识论——九年三月在杭州作》，《太虚大师全书》第 9 卷，第 139 页。

当然，这种以西学来比附中国佛学概念和思想的原因有很多，概其要者有三：其一，要以之比附来证明佛教、佛学和佛法需要加以昌明之必要；其二，要以之证明佛法皆适应自然之发展，从印度佛教到中国佛教的两千年演变，是符合进化规律的，因而佛学一点也不亚于西方学术；其三，要通过证明佛法是科学的和必要的，以使佛教能够成为一种改造社会的现实力量。这一切都反映了中国佛学研究者在面对西方学术力量时的一种思想的反应。

二、科学的渗入

在清末以后中国的学术和文化生态中，“科学”不仅仅是一种智识的体系，是一种道德的力量，更是一种意识形态。胡适曾对此社会文化现象有所言道：

> 这三十年来，有一个名词在国内几乎做到了无上尊严的地位，无论懂与不懂的人，无论守旧和维新的人，都不敢公然对他表示轻视或戏侮的态度。那个名词就是“科学”。这样几乎全国一致的崇信，究竟有无价值，那是另一个问题。①

对科学的崇拜已经成为一种汹涌的社会潮流，这也就造成了此时佛学研究都要尽量体现或挖掘其中的“科学”特色。这主要有：

第一，教内外的研究者都在其研究中竞相谈及科学与理性、谈及物理学与进化论，并强调佛教的科学性。

随着进化论、细胞学说、原子论、遗传学说等现代西方科学的基本思想和观念先后传入中国，一些学者即喜欢将之与其关于佛教和哲学的思考结合起来，以此体现其思想的时代性、科学性和现代性。如章太炎曾说：“昔人以为神圣不可干者，曰名分。今人以为神圣不可干者，一曰公理，二曰进化，三曰惟物，四曰自然。”② 杨度说：“佛教云者，非迷信的而科学的。”③

① 胡适：《〈科学与人生观〉序》，杨犁编：《胡适文萃》，作家出版社，1991 年，第 704 页。

② 章太炎：《四惑论》，《章太炎集·杨度集》，第 80 页。

③ 杨度：《我佛偈赠美国贝博士》，《章太炎集·杨度集》，第 150 页。

故而，“今日世界为科学之世界，如欲将东洋固有之佛法（按：此处应指中国佛教），介绍于世界学者，普及于世界众生，则非有论理的科学的法门，不能随缘应机，说法度世。”①

第二，此时的研究者将科学的概念引入佛学研究之中，并使之成为一种重要的话语方式，这尤其在太虚等人那里更为明显。

太虚非常重视“现代思潮”的影响，并把大乘渐教与进化论结合起来考察，重视将佛学概念与科学概念进行对比。②他说：

> 科学之可贵，在乎唯征真理实事，不妄立一标格坚握之。以所知自封而拒所未知耳。若不求真是而妄排蔽，则与迷神教者亦复何异？习唯物科学者，若知佛乘唯识宗学，其贵乎理真事实，较唯物科学过无不及，则必不将佛教视同天魔畏途而相戒不游也。乃作此以忠告诸治唯物科学者！③

将佛学与科学关联起来，这在当时尤以通过对唯识学的科学性进行强调为代表，把佛教唯识学与科学思想结合起来也是当时佛教学术的一大特色。杨度说：“解剖心理，最近科学者，莫如法相一宗。”④黄忏华说：“况且唯识家底治学方法，和科学相近；而他底理论，又往往和科学哲学相发明；义蕴底精深，更有时超过科学、哲学很远，足以满足现代人理智底需要。所以要想在现代建立佛教，必须先弘阐唯识。”⑤也有人说研究唯识学就是要“就科学之法释诠空有等意，引导今世科哲诸学”。⑥

第三，佛学研究者重视从佛学理论中引出科学的方法，挖掘其中的科学功能。

---

① 杨度：《新佛教论答梅光羲》，参黄夏年主编《章太炎集·杨度集》，第 218 页。

② 参见太虚：《大乘渐教与进化论——十九年十一月在四川大学中国文学院讲》，《太虚大师全书》第 23 卷，第 338 页。

③ 太虚：《唯物科学与唯识宗学》，《太虚大师全书》第 23 卷，第 275 页。

④ 杨度：《唯识八偈序》，《章太炎集·杨度集》，第 160 页。

⑤ 黄忏华：《法相唯识学概论序》，《太虚大师全书》第 32 卷，第 503 页。

⑥ 唐大圆：《起信论料简之忠告》，张曼涛主编：《大乘起信论与楞严经考辨》，台北大乘文化出版社，1978 年 1 月，第 163 页。

如以救国为例，太虚指出，从佛法角度说，救国必须在“五明”处求，因为这五种科学有着“救世的功能之意义”。[①]具体地说，建设国家、调理社会，都非由力学不可，否则空谈救国，实际上必做不到，充其量不过是“五分钟热心”，根本不可能达到救国的真实功效。[②]太虚认识到，日本法西斯之所以能够用那种奴役他人的邪魔力量来侵略其他国家，重要的原因是他们掌握了科学和技术的力量。“彼日本以小国少数之人民，敢在中国残暴侵犯，虽是他们恶的动机之所发，其所以能养成他的恶势力，也是由于他学成了一种有组织有准备的为恶能力，方能施展出来。”因此，中国的命运也必须依赖于科学和技术的进步，要重视利用科学技术的救国方法和途径。他说：“我们如真正发心救国，亦当从努力为学，去得到充足的学识与能力，方能具备救国的真实能力而负其大任。如致力水利，发达农工，开辟交通，国家内乱消灭，则政治可上轨道，人民之品性道德也自然可以进步。由是而表现强盛的国力，则一切外患亦自然不能侵入，方算真正达到救国之目的。所以，救国非力学不可，非有种种的专门学识与技能，及缜密宏通的思想不可。”[③]

正因为太虚非常重视用当时的科学概念来诠释佛教思想，所以他写下了《唯物科学与唯识宗学》《佛法与科学》《佛学与科学哲学及宗教之异同》等文章。社会人士如吕碧城也有《佛学与科学之异同》《玄学与科学将沟通乎？》《地球运行空中与佛说相同略考》等文章。[④]

第四，用“科学的”方法整理佛学，分其内容何者为吾人需要，何者非吾人急需。需者用之，不需者缓之。

用科学的方法编纂佛教三藏，即是要重新整理佛教思想体系，以使其符合时代的要求。育普的《用科学方法整理佛学》一文指出，今天应该用科学的方法，分析佛学，纵览全藏，分清何近科学，何近哲学，要用科学方法重新进行分门别类地重新编辑成：佛化论理学、佛化天文学、佛化心

---

① 太虚：《对于学生救国之商榷》，《太虚大师全书》第 26 卷，第 333 页。

② 太虚：《对于学生救国之商榷》，《太虚大师全书》第 26 卷，第 336 页。

③ 太虚：《对于学生救国之商榷——二十年十月在河南大学讲》，《太虚大师全书》第 26 卷，第 336 页。

④ 澄彻：《吕碧城居士传略》，《吕碧城集》（下），上海古籍出版社，第 622、638-643 页。

理学、佛化地理学、佛化地质学、佛化卫生学、佛化宗教学、佛化社会学、佛化军事学、佛化政治学、佛化农林学、佛化法律学、佛化图画学、佛化体育学、佛化理化学、佛化音乐学、佛化博物学、佛化人类学、佛化教理学、佛化医药学、佛化历史学、佛化工艺学、佛化辞章学等。分科编辑，如此既可深研，又可普及。显然，这种所谓的科学方法，即是用西方的学术谱系，分门别类地重新建构佛教三藏。且不说此方法是否可行，作者显然是把“西方的”的学术方法，当成了“科学的”学术方法。① 如果说太虚的佛教僧制整理是对中国传统佛教结构体制的重组，那么育普则是对佛教思想体系的重组。

事实上，谈佛法而不谈科学，这在当时的知识界是不可想象的。

三、革命的佛教

随着知识面的拓展，中国佛学研究已经超越了传统的汉传佛教研究领域，把目光投向了欧美和南洋，其例证、语汇和思维方式不仅有着“科学”和“时代”特色，同时也越来越有了“世界”的特点。欧美历史和人文精神也成了比较研究的重要对象。随着西方文化内涵被不断融入中国佛教研究之中，中国佛学研究也有了更加丰富的文本解读和表述方式。

全新的文本解读和范畴革新，推动着新的佛学理论建构，形成了诸多新佛学思想，这也与当时社会上盛行“新学”思想的文化环境相应。此处所谓新学，即是甲午战争之后康有为、谭嗣同等提倡的富国强兵之学。梁任公曾说：“自甲午战事后，益发愤提倡新学。首在浏阳设一学会，集同志讲求磨砺，实为湖南全省新学之起点焉。”② 与佛学有关的“新学”著作，著名的当为《仁学》，其后也有如杨度（1875–1931）于1928年8月所作的《新佛教论答梅光羲》等。③《仁学》乃是谭嗣同通过“闭户养心读收，冥探孔、佛之精奥，会通群哲之心法，衍绎南海之宗旨”而成说。梁任公评价道：

① 育普：《用科学方法整理佛学》，《民国佛教期刊文献集成》第105卷，第322–323页。

② 梁启超：《戊戌六君子传·谭嗣同传》，《饮冰室文集点校》，云南教育出版社，2001年，第116页。

③ 刘晴波主编：《杨度集》，湖南人民出版社，1985年3月。

《仁学》之作，欲将科学、哲学、宗教融为一炉，而更使适于人生之用。……将当时所能有之科学智识，尽量应用；又治佛学之“唯识宗”“华严宗”，用以为思想之基础，而通之以科学；又用今文学家“太平”“大同”之义，以为“世法”之极轨，而通之于佛教。嗣同之书，盖取资于此三部分，而组织之以立己之意见。其驳杂幼稚之论甚多，固无庸讳；其尽脱旧思想之束缚，戛戛独造，则前清一代，未有其比也。①

在当时的学者看来，佛教研究不仅需要东西方思想间的交流吸收，需要解决科学与宗教之间的关系问题，也需要解决传统佛教文本的现代性转换问题，其最重要的转换即是从纯文本研究向现实人生建设的路径转换。虽然各家对“新佛教”的说法不尽相同，但它们都是与社会上“新学”流行相对应的。谭嗣同则是志于将传统佛学文本进行现代转换和功能转换的重要代表。

郭湛波曾把清末民初的五十多年时间分为几个时期，他强调第一个时期的代表人物即是康有为、谭嗣同和梁启超。②郭湛波指出，谭嗣同与另外两位不同。因为康、梁仍然是属于传统的学术领域，他们都是与农业社会相应的；而谭氏则是“另创新的思想系统，是中国初期资本社会的思想家，是资本社会思想的反映，是中国思想史上一大革命”③，是“中国资本社会启蒙的思想家”。④

在本质上，浏阳之学本出于今文经学，其“仁学”思想既杂糅了中国佛教理论，又吸收了《新约》及西方算学、格致和社会学的观点，谭嗣同正是要以之发挥儒家及《礼运》中的大同思想，为其政治主张提供支持。如他说：

凡为仁学者，于佛书当通华严及心宗、相宗之书，于西书当

① 梁启超：《清代学术概论》，第 212 页。

② 郭湛波：《近五十年中国思想史》，第 17、35 页。

③ 郭湛波：《近五十年中国思想史》，第 17 页。

④ 郭湛波：《近五十年中国思想史》，第 28 页。

通《新约》及算学、格致、社会学之书，于中国当通《易》《春秋公羊传》《论语》《礼记》《孟子》《庄子》《墨子》《史记》，及陶渊明、周茂叔、张横渠、王阳明、王船山、黄梨洲之书。

算学即不深，而不可不习几何学，盖论事办事之条段在是矣。格致即不精，而不可不知天文、地舆、全体、心灵四学，盖群学群教之门径在是矣。①

梁启超曾对谭嗣同有着高度的评价，称他是“晚清思想界的彗星”，是当时“未易一二籍”的、为数不多的“真学佛而真能赴以积极精神者”。②在某种程度上，正是这颗彗星，证明了佛学研究的时代价值，推动了佛学研究方法的变革。当然，从思想向度上言之，谭嗣同是致力于从佛学中寻找社会革命的力量，这一点与致力于复兴传统佛学的杨文会是显然不同的。

正是这种带有时代气息的崭新思想对青年时代的太虚有着强烈的影响和启发，太虚曾自称“对于谭嗣同的仁学，尤极为钦佩，由此转变生起了以佛法救世救人救国救民的悲愿心”，并因之有了“凭自所得的佛法，再充实些新知识，便能救世”的思想。③从这一点而言，以《仁学》为代表的思想正是后世人间佛教产生的学术原动力，或者说是人间佛教的思想先驱。

早年，太虚听了华山法师的指点，而对天文、地理、物理、化学和天演论等西方科学知识有了兴趣，对康有为的《大同书》、谭嗣同的《仁学》《章太炎文集》、梁启超的《饮冰室文集》等诸多他以前不曾注意过的思想和书籍有了新的认识。这些学术思想和著作都曾经在当时中国的知识界及社会大众中起到了振聋发聩的作用，它们对年轻的太虚也有着强烈的影响。太虚说：

至世间法则迁流无常。因乎时分而生种种差别，众生之心亦

① 谭嗣同：《仁学界说》（第25、26、27条），《仁学》，辽宁人民出版社，1994年，第8–9页。

② 梁启超：《清代学术概论》，第212页。

③ 太虚：《我的宗教经验——二十九年二月在舍卫国对佛教访问团团员讲》，《太虚大师全书》第22卷，第305页。

因之而有种种之殊异：若不随顺世间巧施言说，以应其时而投其机，则宜于此者或失于彼，合于过去而不合于现在，故佛法有适化时机之必要！夫契应常理者佛法之正体，适化时机者佛法之妙用，综斯二义以为原则，佛法之体用斯备。若应常理而不适化时机，则失佛法之妙用；适化时机而不契应常理，则失佛法之正体。皆非所以明佛法也。①

当时著名学者的著作，大都是在西方思想影响下形成的，也都曲折地传达着其对西方思想的理解，以及对中国文化和政治改革的设想——或者说，都是西方文化的直接或间接反映。太虚革新佛教的精神和人间佛教的建设理念，不仅仍然重视从本土文化中发掘内涵，也重视将之与西方文化进行比较研究。太虚说：

现在讲佛法，应当观察民族心理的特点在何处，世界人类的心理如何。把这两种看清，才能够把人心中所流行的活的佛教显扬出来。现在世界人心注重人生问题，力求人类生活如何能够得到很和平、很优美。所应用的工具乃科学的，所实行的方法乃社会的、有组织的群众生活。换句话说，就是成功科学的、组织化的生活……大乘顿教也有与现代思想不相合的地方。能与现在的中国民族、世界人类最相宜的，以大乘渐教为最。大乘渐教以人类为基础，进一步有一步的实证，就是大乘渐进之法，与科学化、组织化渐得完善之法相近。所以在此时显扬佛法，应当提倡大乘渐教。②

太虚认为，此说不仅超越了传统的顿渐法门之争，也使佛法更能适应社会大众。

随着对西方文化的深入研究，此时的佛学研究者已经从曾经的比附儒家、老庄，变成了比附西方的科学、民主，从言必称《语》《孟》《孝》

---

① 太虚：《佛乘宗要论》，《太虚大师全书》第 1 卷，第 109 页。

② 太虚：《佛陀学纲》，《太虚大师全书》第 1 卷，第 203–204 页。

《礼》，变成言必称柏拉图、卢梭或康德。他们从惯依的《诗》《书》《语》《孟》，变成了径引康德、斯宾诺莎。他们的学术语言中有了物质和意识，有了主体和客体，有了唯物和唯心。在新的文本中，“众生”换成了“人民”，“天下”换成了国家，“世间”换成了“社会”，“转轮王”换成了“总统”。这种比附，大都是基于一种认为欧美文化的先进和欧美社会的繁荣是因其发达的宗教使然之心态。所以他们才会不由自主地把西方的文化模式作为一种学术解析方法的样板。在本质上说，这与汉魏时期产生的比附方法在心理上有着很大的一致性。

但是，在借鉴西方和日本学术方法之时，佛学研究者们也发现了西方学术方法的不足。如在中国佛学研究领域关于《大乘起信论》真伪的争执之起因，不仅是源于日本人的影响，更是来源于日本和欧洲的历史及哲学方法。所以时人唐大圆（1885–1941）则斥王恩洋关于《起信论》的观点是“明斥远西哲学，而暗效倭人诡辩”。①

太虚也曾指出，近来汉地佛教的情形，因为受到日本新的研究方法的影响起了很多变化。②同时，太虚也对东西方不同的学术方法进行了比较。他说：

> 要知西洋人之学术，由向外境测验得来，乍观一层粗浅零碎皮相，后人凭借以条贯整齐之；更进察其隐微，于是日趋完密，或因而又发见另一物焉。不然者，则向学说上推论得来。甲立一说而乙驳之，甲乙相驳之下，两派之短毕彰，两派之长尽露，于是有丙者起，除两派之所短，集两派之所长，而着后来居上之效，故有发达进化之程序可推测。
>
> 而东洋人之道术，则皆从内心熏修印证得来；又不然，则从遗言索隐阐幽得来。故与西洋人学术进化之历程适相反对，而佛学尤甚焉。用西洋学术进化论以律东洋其余之道术，已方枘圆凿，格格不入，况可以之治佛学乎？吾以之哀日本人、西洋人治佛学

① 唐大圆：《起信论料简之忠告》，张曼涛主编：《大乘起信论与楞严经考辨》，台北大乘文化出版社，1978年1月，第163页。

② 太虚：《几点佛法的要义》，《太虚大师全书》第1卷，第372页。

> 者，丧本逐末，背内合外，愈趋愈远，愈说愈枝，愈走愈歧，愈钻愈晦。不图吾国人乃亦竞投入此迷网耶！①

显而易见，从清末至民国时期，中国僧众和学者的视野有了很大的开阔，他们对外部世界也有着相对深入的认识。尤其是随着“天朝”理念和“朝贡”体系的崩溃，中国佛学研究者们已经认识到，中国仅是世界万邦中的普通一国，中国的学术也仅是世界学术之林中的一部分，那种长期以来形成的学术自豪感和认识局限性也逐渐发生了变化。他们一方面能够主动地借鉴欧洲的学术理论、日本的佛学研究方法，另一方面，有的学者也能够主动地对其学术方法进行反思，对其思想理论进行批判，并由之而开创了中国学术的新形态。在它们的影响之下，随着社会环境的不断改变，在中国佛教内部也滋长了一种不断伸张的、要求革新的动力，并最终促进了中国佛教内部和社会知识界对佛教自身发展进行了一种“现代性”的审视与重构。这个过程甚至一直到20世纪中叶，才最终告一段落。

---

① 太虚：《评大乘起信论考证》，《太虚大师全书》第28卷，第27页。

建设导向篇第四

法律制度及与戒律的融合

两千多年来，佛教存在于不同的国家和地区，活动于不同的文化传统之中。虽然其存在的社会历史不同，面对的法律制度不同，遭遇的文化群体不同，但戒律必须要永远与之相适应，这既是佛教能够保持其宗教主体性的基本前提，也是佛教能够生存的制度保障。民国时期，推动佛教戒律学建设的有两个基本力量，一是来自国家法律力量的自上而下的推动、指导或融入，以及僧团在思想创新和法务实践中对社会法律的遵守；二是来自僧众在新社会环境中所创制的管理规范及其理论升华，这是一种自下而上的实践力量。传统上，以戒为师是佛教的基本价值基础，戒律也是一种刚性的制度性存在，其条文不存在变化的可能性，因此可变的只有戒律的社会形态及其在不同时代的理解和适用方式。唯有这一点才是戒律学存在的理由及其可能存在的思想创新之处。

第一节　政府法规决定新戒律学建设的内容和走向

在中国历史上，不论是战乱时期还是和平时期，不论当时的国主或地方政权对佛教采取什么态度，佛教之所以能够生存和发展的最根本原因，正在于其所表现出的积极的社会功能以及对法律的遵守。这主要是通过其物化的载体——僧人、寺院及佛教组织来实现的。因此，一个合法、有序的持戒僧团，对于佛教的发展即具有重要意义。这就是历史上不断有帝王发布一些诏令，对僧尼队伍成分和建设状况进行直接干预和管理的原因。如唐高祖的《沙汰佛道诏》、唐玄宗的《禁百官与僧道往还制》《分散化度寺无尽藏财物诏》《禁僧道掩匿诏》《禁僧道不守戒律诏》《括检僧尼诏》《禁僧徒敛财诏》等等，都是如此。

清季直到民国时期，中国佛教的生存土壤发生了根本性变化。这种变化的本质是从封建的农业社会及与之相应的生活方式转变成了一个受到西方政治思想和模式影响的、具有一定现代性特点的社会。在这个社会中，民主、共和、法制等观念已经慢慢渗透于大众生活和人们精神观念之中。与之相应，国家与寺院之间、社会与僧团之间、公民与僧众之间的关系也有了新的表现形式和内容。

在一个成熟有序的社会里，政治和法律的力量，才是决定一种社会意识生存、发展的主要价值导向，也是决定一种宗教规范能够进行自我调适及其生存与发展的最终决定力量。任何一种宗教都是如此。

同其他宗教一样，佛教也必须依赖国家为其提供在社会中生存与发展的法律保障，并由之使其地位、角色及其权益得到明确与保护。但在本质上，这只是世俗法律在社会中为宗教提供了存在的可能性，而其存在的现实性——能不能存在、如何存在、以什么形态存在等——是受到多种因素制约的。辛亥革命后，不论是南京临时政府、北洋政府以及后来的南京国民政府——包括各地方当局，虽然面临不同的社会问题，但都力图对佛教加以法治化的管理，并为此颁布了一系列的规定、法令或法律。

民国阶段，不同时期的政府曾经颁布过几种版本的《寺庙管理条例》，其目的都是想通过以法治庙而达到以法治僧，从而进一步规范当时的佛教发展。这些条例主要有：1912 年 5 月，内务部颁布的《寺院管理暂行规则》七条。1928 年 8 月，时南京国民政府内政部公布的《寺庙登记条例》。但由于本寺庙管理条例在其后的实施过程中，引起不同主体方对寺产、寺庙管理权等问题的争议，条例也受到各地僧尼团体的抵触，其后政府不得不通令全国慎重处理各地庙产。这标志着此条例事实上已经终止使用。1929 年，时内政部新颁《寺庙管理条例》，其第四条规定，寺庙僧道，有破坏清规、违反善良者，该寺庙将按一定程度给予废止或解散。①1930 年 1 月，时立法院通过并实施了《监督寺庙条例》十三条，同时从法律程序上废止了之前通过的《寺庙管理条例》。值得指出的是，本条例第七条“住持于宣扬教义、修持戒律及其他正当开支外，不得动用寺庙财产之收益”一款，②将“宣扬教义”和“修持戒律”作为寺院或僧人的两项重要内容加以强调。1936 年 6 月，时国民党中央党部民训部又公布了经过修订的《中国佛教会章程草案》，共七章七十条。③

当然，这几种管理条例，其出发点和宗旨并不完全一样。有的管理条例甚至被认为客观上制约了佛教的发展，因而受到当时佛教界人士的批评，但它们却仍然是将佛教纳入政府之下进行法治化管理的一种努力或表现。

除去当时的中央政府颁布的一些专门管理条例之外，各地方政府也相应分别颁布了一系列的地方性寺院管理条例，以落实中央的管理法规，实施具体的佛教寺院管理办法。如当时的南京市政府有《解释僧道因事逃亡应如何处理寺产案》④、浙江省有《（浙江）省府令发寺庙管理条例》⑤等一些政令，以处理不时出现的僧团与社会之间各种复杂的民事关系甚至遇到或涉及的刑事问题。这些条例都曾经影响到寺院和僧团的法事活动及内部管理方式，从法律层面影响到佛教的组织存在和僧人的戒律生活，并在其后寺院内部所制定的管理条例中体现出来，从而在宏观和微观、原则和方法等方面影响到这个时期佛教戒律学的建设走向。

第二节　僧团内部对政府管理政策的态度与回应

佛教的戒律精神有着随时毗尼和随方毗尼的原则，时代的变化也必然会反映在新戒律学的建设之中。这不仅是戒律学建设对社会发展的回应，

---

① 《内政部新颁寺庙管理条例》，《民国佛教期刊文献集成》第 172 卷，第 68–70 页。

② 《监督寺庙条例》，《民国佛教期刊文献集成》第 20 卷，第 81 页。

③ 参见法舫：《从中国佛教会史上检讨中央修正草案》，《法舫文集》第 4 卷，第 432 页—440 页。

④ 《南京市政府公报》第 105 期，1932 年 4 月 15 日，《金陵全书》（丙编・档案类），南京出版社，2011 年，第 83–85 页。

⑤ 《大云》1929 年第 90 期附录，《民国佛教期刊文献集成》第 20 卷，第 68 页。

其本身也是符合佛教戒律精神的。同时，戒律的应用要必须能够吸收变革中的社会文化思潮，要能够应对新时代社会结构和意识形态变化对僧团建设造成的影响或挑战。客观而言，正是佛教组织对政府法令的内容回应与权利申诉，才使得政府的管理条例更能趋于合理、实用。

政府以法令的形式管理佛教，虽然条例条文可能因为多种原因制约而有所不当，但也在一定程度上从法律层面明确了佛教的身份，从而对佛教给予了一定的保护作用。从内容上说，佛教对政府法律条例的回应有思想回应、组织回应和制度回应等三种主要方式。

一、思想回应

进入民国之后，不论是佛教思想界还是社会学术界，都对依法管理宗教以及佛教如何应对政府的依法管理这些问题十分重视，出现了许多与之相关的研究性文章。这些文章有的注重探讨社会与僧团的关系，有的关心寺产保护，有的研究寺院的法律权利和地位。也有的如宁墨公者，已经考虑到“寺院法”的问题，其作《寺院法之研究》即着眼于寺院本身法律规范建设问题。[①] 这事实上已经涉及法律和戒律如何实现融合的问题。这些学者讨论的问题，有的在历史上也似曾相识地出现过，有的与历史相比却又是似是而非。而那些在历史上从未出现过的全新问题，更是戒律学建设必须要重点加以回应或解决的。这一点尤其在政教关系领域有着集中体现——这是中国佛教史中的经典问题，在不同的时期都会有不同的表现。

就个体层面而言，僧众对“公民”及其“公民”身份的不同认知态度，是这种思想回应内容的主要代表。这尤以公民与僧人角色之间的关系及其转换、僧人的法律权利与义务等问题最为突出。

就佛教整体的社会形象而言，历史上不论是三教关系还是政教关系，这些都是在君权至上的封建政治生态中得到展现的，而进入民国之后，政教分离、宗教平等、信教自由等现代思想已经有了一定的或形式上的法律层面的规范与保障。在理论上，一种宗教的社会角色与地位，不会因最高掌权者的好恶与信仰取向而会受到来自法律之外的影响。换言之，在现代

① 《寺院法之研究》，《民国佛教期刊文献集成》第 165 卷，第 157–160 页。

性社会中，既不会因为统治者的改变而突然出现历史上的那种“法难”，也不会因为统治者的个人观点而对某种宗教进行一种特别的政治加持、恩惠或抑制。这一切不仅会对僧众的戒律观念和生存状态产生影响，也会影响到这一阶段戒律学思想建设内涵及其发展方向。因此，僧人的公民资格确定、戒律与社会法律的对接等，都会成为戒律学的重要研究内容。这就使民国佛教的戒律学建设有着现代法治社会的某种形态和内涵，但是这与历史上有时出现的所谓戒律学“中兴”是根本不同的。因为这种“中兴”，往往会兴于一人，也会亡于一人；其盛也匆匆，其寂也速速。

针对社会的法律规范，佛教界内部也有着多种态度和声音。有的人认为，这种来自政府层面的所谓管理规范，对于佛教而言是不公平的。此举是为了更加有效地控制佛教而不是为了发展佛教，所以受到佛教组织的反对。如 1915 年，袁世凯撤销了具有佛教自我管理和权益维护功能的全国性佛教组织中华佛教总会，代之以由政府制定的、具有法律属性的《管理寺庙条例》三十一条，遂使全国佛教失去了其自我管理和权益维护的权力组织，使佛教成为“无组织状态”。1917 年，章嘉等呈准设立的中华佛教会，1919 年 8 月又被撤销。1921 年，虽然北洋政府徐世昌时期对《管理寺庙条例》进行了修正，将三十一条删改为二十四条，但并没有如僧界之所望对其予以撤销。①

1928 年 12 月，时南京国民政府内政部门拟《寺庙管理条例》二十一条，遂激起佛教界的关注与反对声音。如法舫指出：“对于此二十一条管理条例，我们凡是当和尚的，都要谨慎地依教奉行。”② 但是，另一方面，对于条例中的内容他也从两个方面提出了建议。第一，针对第四条提出，如果寺庙中出现不法僧人，寺院即要解散，法舫说：“此条本可制止不法的僧人，维持佛教的正业。若僧人不规伤俗，有据可证，查明之后，犯佛律的依佛律由僧众自治之，犯国法的先由僧众令其还俗，再以国法治之。”③ 第二，

① 东初：《中国佛教近代史》（上），第 313 页。

② 法舫：《书国府制定寺庙管理条例后的几句话——告政府及佛教同人》，《法舫文集》第 4 卷，第 423–424 页。

③ 法舫：《书国府制定寺庙管理条例后的几句话——告政府及佛教同人》，《法舫文集》第 4 卷，第 424 页。

佛教组织内部也有一种力量，想借助政府之条例，以改变佛教僧团内部历史上长期流传的弊习。如有的人要求，条例要规定："对于寺庙住持传继，不应随其习惯。如法派子孙等，俗习不堪，概应废止之。应以佛陀的真实道理，以有德有学、能宏法利生的僧人住持传继，不许有私情私意。"① 正是在社会各界的关心之下，《寺庙管理条例》次年由时立法院审订修改为十三条，以《监督寺庙条例》之名颁布实施。②

在政府对寺院加以法治化管理的同时，佛教界内部许多人士也发表了自己的见解。如太虚即作有《寺院管理条例意见书》《条陈整理宗教文》《佛寺管理条例之建议》和《评监督寺院条例》等文，③ 对当时的法规制定产生了一定的影响。对于《寺庙管理条例》，太虚指出："注重于由官署对于住持之革除与逐出及究办。住持之职务，在于宣扬教义，修持戒律，及其他正当设施与兴办公益或慈善事业等。如此之住持，非明教理、持戒行及有能办公益教育及慈善等之才德不能。故任为各寺院庵堂之住持，非由佛教会公订分别等级之考取选任方法、精选适宜之住持人才不可。否则，寺僧将随住持之革除与逐出究办而消灭。"④ 这些思想与《寺庙管理条例》中几款内容就直接相关。当然其间的关系（如哪个是被影响的）就难以确定了。

由此可见，当时的僧人也有着想借政府的法治力量以净化僧团、弥补戒律之不足与无力的宏大愿望。

二、组织回应

对佛教法治化管理的回应不仅仅是在思想上，加强组织建设也是十分重要的，尤其是全国性的佛教组织如"中国佛教会"更被寄希望于成为佛教制度建设的领导者和规划者。但是，这个应该承担重要责任的组织本身也是问题重重，其制定的《中国佛教会章程草案要点》也引发了组织内部

① 法舫：《书国府制定寺庙管理条例后的几句话——告政府及佛教同人》，《法舫文集》第 4 卷，第 425 页。

② 太虚：《评监督寺庙条例》，《民国佛教期刊文献集成》第 20 卷，第 84–85 页。《太虚大师全书》第 18 卷。《民国佛教期刊文献集成》第 27 卷，第 487–505 页。

③ 这几篇文章均见《太虚大师全书》第 18 卷。

④ 太虚：《评监督寺庙条例》，《民国佛教期刊文献集成》第 20 卷，第 87 页。

的争论和分裂。

《中国佛教会章程草案要点》主要是：组织分子限于僧尼及僧尼必须入会之规定，县分会会员人数最低限制之规定，各级代表大会与理事会之组织及人数支配与产生方法暨会议时法定人数之规定，寺庵及僧尼登记与会员入会手续之规定，寺庵管理与僧尼约束之规定，传戒与以后新制度僧尼入会之规定，监督总分会及各寺庵收支之规定，减低会费与寺庵应纳常年捐标准之规定。①

这些事项在草案要点未发表以前，僧众已是非常关心，对依法建立管理机构也十分支持。但当时中国佛教会的领导者和一些旧派僧人对此却非常不满，从而引起内部争论。1936 年，鉴于佛教内部纷争迭起，在一部分僧众和团体的要求下，当时的中央民训部鉴于中国佛教会组织未臻健全，便决定改组中国佛教会。民训部定了七十条的章程和八条意见，说明政府对佛教整理的原则和主张。民训部并派人至上海，分访太虚、圆瑛等法师，详细商榷。② 没想到，发生在佛教组织内部的争论在其后又延伸至社会。争论先是在新旧派僧人之间，后又在佛教徒与民训部之间，最后又延伸至僧伽与居士之间。“这样复杂的情势，恐佛陀再世也判不清楚！”持续的争论，使当时政府放弃了改组中国佛教会的想法，听其自生自灭。“如荼似火的改造中国佛教会和整理中国僧尼的全国佛教徒底热情，顿时就冰冷了下来了。”③

1936年6月，太虚作《对于中央民训部修订中国佛教会章程草案之商榷》一文，对民训部修订草案 70 条中的 34 条在文字表述、内容等方面作出针对性的建议。④

不过，这种要加强佛教组织自我管理的构想，除了引发了无效无益的争论之外，其他一无所得或所得甚微。中国佛教界存在的这种情况也正是太虚要加强僧制改革的重要原因之一。

---

① 法舫：《一九三六年的中国佛教》，《法舫文集》第 5 卷，第 247–248 页。

② 法舫：《一九三六年的中国佛教》，《法舫文集》第 5 卷，第 246–247 页。

③ 法舫：《一九三六年的中国佛教》，《法舫文集》第 5 卷，第 248 页。

④ 太虚：《对于中央民训部修订中国佛教会章程草案之商榷》，《太虚大师全书》第 18 卷，第 373–378 页。

三、制度回应

寺院团体的自我管理，是通过佛教团体内部制定的、建立在政府法律法规政策之上的自我管理和约束性文件、章程等来落实的。它包括佛教团体和协会制定的面向更大群体的公约、寺院内部的规约。它们一方面反映了僧团个体对政府管理制度化的进一步具体化，也反映了佛教界内部对政府管理政策的制度回应。这种回应，事实上也成为当时戒律学建设第二个力量维度的基础。这种制度回应有两个主要内容，一个是组织章程，另一个是寺院规约。作为新的佛教制度建设，章程和规约的制定乃基于佛教戒律、国家法律、历史文化传统等因素，并与法律、戒律一起，成为规范佛教发展的重要力量。

（一）制定组织章程

作为一种回应，当时的佛教团体或组织大都制定了自我管理办法，其主要目的在于维护佛教的生存与发展，加强佛教法事活动——尤其是生活方式、修行方式和传戒事务等方面——的规范性或统一性，完善佛教团体组织建设及团体成员的自我管理制度。佛教界内部制定的这些名目各异、形式多样的自我管理章程，在一定程度上体现了新佛教建设与现代社会相适应的精神。主要者如：

1912 年初成立的中华佛教总会，其宗旨即是要维护僧团利益、加强自我管理、指导丛林法事、规范僧伽生活。本会曾经制定《中华佛教总会章程》十三条，其第七章《入会》即明确了入会后应遵守的五类律仪：受持八关斋戒、受持十善戒、受持一戒五戒十戒、受持二百五十戒及三百四十八戒、受持十重五十八轻戒。① 显而易见，本章程不仅是一部宏观的佛教制度性规范，同时也对佛教戒律地位与作用、授受方式等进行了重申，体现了很强的自我管理、统一管理的色彩。虽然本会于 1916 年被北洋政府解散，但也事实上奠定了其后中国佛教组织章程及其功能的基本精神和主要框架。

---

① 《佛教月报》第二期，1913 年 5 月，《民国佛教期刊文献集成》第 5 卷，第 382–383 页。

1925 年 3 月，由太虚倡导、组织，成立了中华佛教联合会。按照太虚的设计，这是一个由出家人的“佛教会”和在家正信者的“佛教协会”既“分组”又“合组”的佛教组织。其中，“由佛教协会专向普通社会宣传人天戒善之佛法，以起全国人民皈依三宝之正信”。①

1936 年 6 月，时国民党中央党部民训部公布修订的《中国佛教会章程草案》七章七十条。② 法舫法师认为：“该草案在中国佛教会历史上，为最有价值。于宏扬佛教，保护僧寺，亦最合法与有利。”③

中国佛教会也先后通过许多条例，以规范佛教的传戒、组织等具体工作。如：《本会（中国佛教会）训令各省佛教会为寺庙住持应以出家二众为原则仰通令各县会转饬各寺庙一体遵照由》《中国佛教会第三次代表大会之提案整理教规提案》《中国佛教会第三次代表大会之提案整理传戒提案》《中国佛教会对于全国传戒应速整理之意见书》《中国佛教会关于全国传戒应速整理案》《中国佛教会训令各省佛教会为规定传戒期间以五十三天为限仰通令各县会》等。

抗战胜利后的 1947 年 5 月，中国佛教会全国会员代表大会在南京毗卢寺召开，出席大会的代表共有 70 多人。大会通过了会议《宣言》及《中国佛教会章程》，另制定和通过了一系列佛教组织、寺院管理和传戒办法：《中国佛教会及分支会选举代表规则》《中国佛教会会员入会规则》《中国佛教会分支会组织规则》《大会议事规则》《中国佛教会寺庙住持规则》《中国佛教会传戒规则》《中国佛教会僧尼剃度规则》等。④

此外，还有一些地方性或区域性的佛教组织，也都制定有自己的组织和管理章程，以对本地区佛教事务进行规范化管理。如：《浙江全省佛教会章程》《绍兴县佛教会章程》《嘉善城区佛教会简章》之类。⑤

尽管在不同时期，这种自我管理的章程规定与政府的法规之间或许有着一定的矛盾之处，但也基本上反映或回应了来自政府或法律层面的指导与关切，因此对于强化佛教内部的自我管理、协调与政府的关系、维护佛

① 太虚：《中华佛教联合会当如何组织》，《太虚大师全书》第 18 卷，第 326 页。

② 参见法舫：《从中国佛教会史上检讨中央修正草案》，《法舫文集》第 4 卷，第 432–440 页。

③ 法舫：《从中国佛教会史上检讨中央修正草案》，《法舫文集》第 4 卷，第 432–440 页。

④ 游有维：《上海近代佛教简史》，第 103–104 页。

⑤ 《民国佛教期刊文献集成》第 20 卷，第 72、78、82 页。

教团体的利益等方面，都起到一定的作用。而且，这些章程虽然篇幅不一，有的失之于笼统，有的内容不完整，有的出现明显的漏洞如急就章一般，但却对促进有法可依的管理、明确各方责权利的内容与边界、在制度意义上摆脱管理者个人独大和权利独揽等现象的出现，有着一定的积极作用。

当然，这种组织章程所起到的作用，在不同时期、不同地区也是不同的。比如，可能会因其负责人的不同——比如是否德高望重、是否树大根深、是否有良好的政商界关系等——而有所不同，但这毕竟是佛教自我管理制度化建设的一部分，起到了戒律所不能起到的作用。在很多时候，它们也往往会与地方政府的行政命令一起，对本地的佛教发展产生重要影响。

不过，我们也不能夸大这种章程的作用。对于出现在僧团内部或僧团与社会不同主体之间在利益等方面的冲突，尤其是那些不能在佛教组织内部形成共识，或者不能依靠章程解决的事项，有时通过政府渠道加以有力的行政干预，对于问题的解决可能是更有效的，也是更合理的。这种方法一直都是中国佛教发展史上处理同类问题的重要选项，有时甚至是优先选项。而对于那些依靠法律、章程和行政手段也不能解决的问题，往往通过某位名僧或佛教组织者、僧院住持与某位政商人士的关系，而加以疏通、协调解决，也是一种重要选项。这尤其对于那些涉及寺产寺权及僧俗关系等事项，这种手段往往更为有效。其彻底性和简易性，有时甚至超过了所有的制度性方法和行政性手段。

（二）寺院规约建设

所谓规约，其意为“释家宪律，量事区分，博给折中”。[①] 丛林寺院的规约是在僧团内部，以寺院为单位，或以同一系统宗派的多家寺院及其内部各部门为单位，为有效管理而建立起来的一套制度，是团体内部或寺院内部成员都必须遵守的基本守则。简言之，规约即是依据法律、传统和戒律精神而建立起来的、在具体寺院和群体内部适用的基本行为规范。

第一，规约是寺院管理的基本法律文件。

规约并不是寺院中的新东西。历史上，许多寺院都制定过寺内规约。

---

① 《七塔寺志》卷六《万年规约目次》，第 187 页。

民国时期的不少僧众和寺院都十分重视规约化管理，或更新丛林清规，或加以重新建设。

寺院制定规约是新佛教复兴运动的重要组成部分，是寺院加强自身律仪建设、加强寺院管理规范化和现代化的重要措施，也是落实政府法规、佛教组织章程的具体手段，具有一定的针对性和现实性。至于制定规约的必要性，如倓虚所言：

> 出家人同住一起，都是十方来的，谁也问不着谁，谁也管不了谁，只有根据佛的戒律和常住所订的规矩去行。戒律是出家人根本，如果出家人不守戒律，已失去出家本分，佛法不会久住的。常住规约，是根据佛的戒律，及现时环境，因时制宜而定。十方善人，同来聚会，规约就是人们的管教师，任何人不能出乎规约范围以外。常住的兴旺与否，端视人对于规约的遵行与否。当执事的，不能无故去管人，给谁过不去，只是执行常住规约所赋予的职权。十方常住十方僧，人人有应受的供养，人人也有应遵守规约的义务！

因此，倓虚即自称，其“建立起来几个地方，首先注意的是规矩”。他所说的规矩即是规约。正因为规约如此重要，所以他才要求“其他各处的规约大同小异，大家要常看，按照规约去行持”。① 倓虚主持制定的规约主要有《青岛湛山寺共住规约》等。

值得指出的是，许多寺院的规约往往都会公布在当时的报刊上，这不仅表现出一种以法治寺的态度，也更容易接受佛教界内部和社会大众的观察与监督，对于革除丛林弊端、形成良好的风气都是十分有益的。在此意义上，规约正是对戒律和清规的重要补充，是清规的寺院化和时代化。

在丛林寺院之外，当时许多佛学院也都有自己的规约章程。如：《衡阳佛学院院章》《汉口佛教正信会研究社女子部章程》《福建鼓山佛学院章程》等，这些章程一般都明确学院的组织机构、主办者及其权利、学僧的权利与义务、学习内容目标和要求、违规违纪的处理办法等。此外，在

① 倓虚：《影尘回忆录》，《倓虚法师文汇》，第 293 页。

一些佛教组织、团体内部的具体部门或机构——如一些佛教图书馆、佛学研究部等，也制定有自己的章程。

第二，寺院规约的基本内容。

寺院规约的基本内容，一般都包括本寺院的宗派确定与维护、修行宗旨、住持选拔方式、住持的权力、僧众管理方法内容、惩罚措施、日常法事、是否经忏等等。因此，许多的规约都是一个涉及多方面内容的丛林寺院制度汇编。现以七塔寺的《抱恩堂法规》为例加以说明。

七塔寺的《抱恩堂法规》，是由时任七塔寺住持溥常于1934年主持制定的。七塔寺创始于唐代心镜禅师，初名东津禅院，继称栖心禅寺，宋大中祥符元年（1008）赐额“崇寿”，明洪武年间更名为“补陀”。光绪十六年（1890），慈运老人主席七塔寺，请得《龙藏》，赐额“报恩禅寺”。七塔寺规模宏伟，历史悠久，衣钵传承至1935年时，住持已达48人。正因为其僧团规模庞大、日常修行事务繁巨，“若无正当之系统，难期永久之荣誉，此固宗谱之徒修，实有不容稍缓也”。所以溥常“乃毅然兴起，集法会而会议，行登记之方法，历时既久，始告成功，复立法规，以杜流弊。俾后进之贤者，有所依据，而邪疵放癖之徒，勿容混迹。斯诚法门之善举也”。①

有鉴于此，七塔寺在溥常和尚主导下，经智圆、圆瑛参酌制定了《万年规约》。其内容目次为：绪言、鄞县政府立案布告、立法议案、同住规约、丈室规约、库房规约、客堂规约（附客堂同事规约）、禅堂规约、衣钵寮规约、净业堂规约、如意寮规约、云水堂规约、大厨房规约、浴堂规鉴、普同塔规约、选举法、拈阄法、进院法、退院法、看单法、安置退居法（并序）、禅堂打七基金缘起（附募化序文、助捐鸿名、禅堂基金息用细则、公议禅堂坐香、纪事录）、报恩宗谱开会成立纪事录、功行堂寂光堂缘起、七塔报恩佛学院简章（附逐日细则、严禁条例）、盂兰盆会发起说明书、开山中兴及历代住持班首书记上供供众细则、助斋僧田功行纪事、常年举行佛事历等。②它们把传统寺院中的戒律规范用更具现代特色的语言进行重新制定、补充。其《抱恩堂法规》第七条云：“得法后有不守清规，违犯国法者，各自承担，

① 智圆：《抱恩堂宗谱序》，《七塔寺志》卷五，第166–167页。

② 《七塔寺志》卷六《万年规约目次》，第187–190页。

与法门无涉，倘受刑事处分，应由法门审察，从严办理。”[①]第九条云：“法门一家发生细故误会者，当请公正法长劝解调停，无伤和气；或有恃强欺压良善者，各法长当合力援助。”[②]第十条云：“法眷中有被外界欺侮侵害者，审其事实情理，尊崇公正，当为援助而保护之。藉此团结，保障法规。”[③]

而且，在一些大的或内部组织复杂的丛林寺院，在规约之外，许多寺院还适时制定以专门的制度，以作规约的补充。如由倓虚主持制定的《青岛湛山寺共住规约》，共有四章三十三条，内容对僧众的行住坐卧、学法修行、社会交往、财产处置等，都作了相对全面的规范。另外还制定有《青岛湛山寺佛教学校暂行规则》，《讲堂规则》《自修室规则》《寝室规则》《图书室规则》以及《湛山寺住持简单领众课程规则》等。[④]

总体而言，规约大都体现了现代精神，对法系或寺院的历史和宗旨，对管理者和僧众个人的权利和义务、权利的中止及义务的履行等，都作出了明确和规范，一般都文字简洁、实用。而且，这些规约都能够考虑到寺院及僧团本身的历史和现状，能够考虑到本身法脉和宗派传统。这种规约虽然也包括法事的规范，但其重点不在如何上香、如何布萨、如何诵经等具体法事活动本身，而在于如何保障和维护这些法事的规范性。因为仪式性的内容在中国佛教发展过程中已经解决，其仪式和程序已经形成了群体共识，即使个别寺院有所差异，那是长期历史形成的，是与传统精神一致的。所以，规约的制定重在对僧众外在行为的整体约束，重在于其适用的群体性、规范性的法制性，而不是其内容的宗教性与思想性。由于社会的变动必然会对僧众的外在行为、群体角色、社会交往方式等方面造成影响，这都是必须要及时处理和加以规范应对的。如《抱恩堂法规》即是对法门内部、法门与外部社会之间的关系进行了说明和规范，明确了与世俗法律的对接。它还规定了求法者的条件、要求、程序及处理方法等。

规约制定容易，但是却难在执行。其中，组织者、住持等管理者的以身作则、令行禁止及高尚人格就显得十分重要，不然再完善的规约都会成

---

① 《七塔寺志》卷五《抱恩堂法规》，第 170 页。

② 《七塔寺志》卷五《抱恩堂法规》，第 170–171 页。

③ 《七塔寺志》卷五《抱恩堂法规》，第 171 页。

④ 倓虚：《影尘回忆录》，《倓虚大师文汇》，第 293–301 页。

为一纸空文。1937年2月，圆瑛继虚云之后住持涌泉寺，遂又进一步整理僧规，并告诫僧众，请求监督。圆瑛说：

> 寺院之盛衰，端在规矩之有无。僧规者，即出家人自治之法律也。人人均要遵守。不得视若虚文。圆瑛既为一寺之主，先要循规蹈矩，方可整大众规矩。我今自定所负责，八个字："为法为人，尽心尽力。"自立规则十二："不放逸、不偷安、不坏规、不图利、不营私、不舞弊、不用势、不居功、不徇情、不背理、不欺弱、不畏强。"圆瑛如所行不照所言，汝合山大众四百余人，无论何人，都可检举我的错误，都可弹劾于我。
>
> 若众中合人不守规矩，我亦必不肯方便放过。请各尊重僧规，培养道德，立志修行，是所望焉。①

可以说，这一方面反映了管理者的坦荡自信，另一方面也为了能够保障规约得到不折不扣地执行。

新的章程规约的出现，在某种程度上预示了《百丈清规》地位的下降，这事实上也是对传统清规的又一次时代化变革和内容增补。如《青岛湛山寺共住规约》最后一条所言的"本规约未尽事宜，得参酌《百丈清规》处理之"，已经可以大概说明这个问题。②

佛教团体的组织章程、丛林寺院公约等，都是维护佛教僧团和合、实现如法管理的重要文件。它既是传统戒律规范的重要补充，也是佛教戒律与社会法律之间的一个重要桥梁。

第三节　章程规约是法规与戒律精神的结合体

佛教界内部重视通过自我的制度化建设和法治化建设，以期使佛教的戒律规范能够与社会法律实现有效地对接，甚至力图借助政府的法律力量以推动佛教的现代改革。在某种意义上，新的章程规约与戒律和法律一起，

---

① 《圆瑛法师接住鼓山》，《民国佛教期刊文献集成》第53卷，第387页。

② 倓虚：《影尘回忆录》，《倓虚大师文汇》，第293–296页。

构成了新佛教的管理制度系统。

一者，新佛教管理制度能够弥补法律和戒律的不足。

新的章程和规约建设都有着鲜明的时代特色，对于规范时代变革中的佛教发展，有着重要意义。

制定符合佛教及寺院发展和时代要求的管理制度，可以有效规范新时代僧众的个体行为，弥补戒律针对性和适应性不足的问题，能够使法律规范具体化，使制度治僧更具实效性。规约的制定基于戒律、法律和传统，形成之后，它即会与戒律、法律一起成为佛教制度建设的重要力量。三者有着不同的适用领域和应用层面，有着各自的有效边界，具有更为明显的针对性。尤为重要的是，在僧团管理中，以"内律"制僧必须保证不能与现实的法律出现矛盾，更不能违反国家法律。

二者，新佛教管理制度能够及时回应僧团及社会的要求。

随着时代的发展，依赖戒律对治的许多问题其表现形式和对治方法也有了一定变化，新出现的许多宏观和微观的问题也需要及时加以制度性应对。这就需要对一些制度进行修订、补充或重制，以能够及时反映时代要求。这也是新佛教制度受到众多佛教思想家和管理者重视的主要原因之一。更为重要的是，仅仅依赖形成于两千多年前的"内律"是不能为现代僧团的存在与发展提供足够的法律供给的，所以根据现行法律条例和戒律条文精神，制定一些宏观或微观的章程、规约以作补充，既是不可或缺的，也是当时佛教管理法治化努力在僧团内部的具体表现。

三者，新佛教管理制度能够有效规范和协调僧团与社会的关系。

规约可以作为政府行政力量和司法力量介入僧团内部的有效桥梁和纽带。从其层级上说，对佛教或寺院而言，一定范围和级别的章程，既是戒律的重要补充，也是戒律现代应用的具体形式。规约处于佛门戒律和社会法律之间的位置。在现代社会中，宗教是自由的，但宗教团体的存在必须符合法律的要求和精神。一方面，现代司法力量和实践并不认可任何宗教内部的规定，并对其加以保证和实施；另一方面，只要宗教及其内部规定不违反现代法律精神和制度，它就能够有效地在戒律与法律、内部与外部之间建立起良性的关系。

四者，新佛教管理制度能够体现新历史阶段的法律精神

在一般意义上，民国时期的戒律建设，不仅是对传统戒律清规思想的进一步强化、理论的时代化解读和僧团的社会化实践，而且也是一种融合了国家法律、政府命令、社会公德、时代潮流、寺院章程规约等多位一体的精神重构。这是一种以现代社会的法律为最根本基础、以政教分离为特点、以新的制度章程规约为补充、以对传统戒律精神进行时代化阐释为内容的系统工程。在本质上，这就是以社会法律规范和精神来处理寺院、僧众与社会和他人之间多种多样的权利与义务关系。如此，戒律学建设就有了新的基础、构成及其表现形态。如下图所简示：

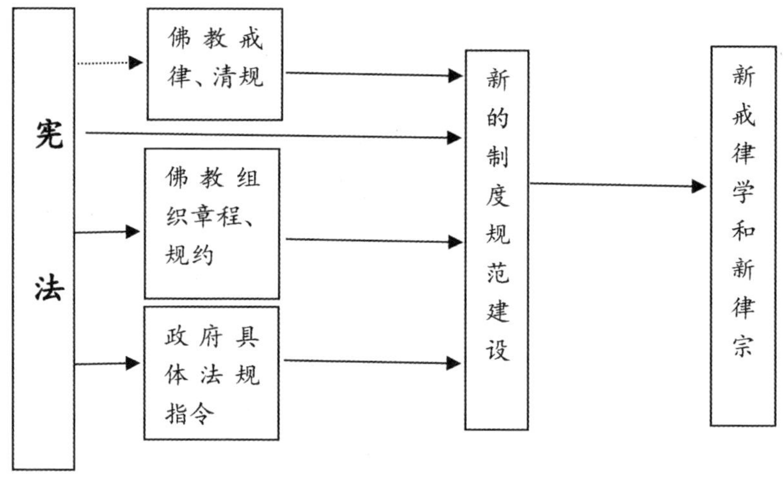

新佛教管理制度建设与新律学简示图

显然，以管理章程和规约为代表的新佛教制度建设，是当时法规与戒律精神的结合体。成功的僧团制度建设不仅能够成为戒律规范的重要补充，其本身也是戒律学的重要研究对象。这一切也在客观上丰富了中国近现代佛教戒律学的内涵。

学术形态篇第五

融会时代精神的思想张力[①]

近现代一百年是中国传统社会结构及其社会意识形态受到巨大冲击并引发急剧变化的阶段，也是中国近现代佛教形成与发展的一个重要历史时期。在此阶段，中国社会文化的发展既表现出一定的继承性，也有着明显的革命性。尤其在民国时期，中国佛教研究一方面延续着传统的学术路径，另一方面也从中孕育了新佛教的形成。与之相应，中国近现代佛教的学术形态也发生了转变。在本质上，新佛教是新的佛教学术形态的基础，它促进并坚定了新的学术形态的形成与展示；另一方面，新的学术形态也促进了新佛教的进一步发展，建构并表征着新佛教的社会文化角色，使之具有了更加丰富的现代性内涵。中国佛教学术也因之发生了重大的转变，这主要表现在其主体形象的重塑、发展路径的调整及思想内涵的更新等方面，这一切都影响到其学术形态的改变与重构。

第一节　学术形态及佛教的学术形态

所谓学术形态，是指一种学术思想及其活动所表现出的社会存在样式或角色形象，它既反映了一定学术思想在社会文化中的知识建构，也反映了作为一种文化力量的学术活动在社会意识中的存在形式。从其构成上说，

① 本篇主要内容于 2020 年 12 月在中国佛学院普陀山学院召开的“佛教中国化的理论与实践高端论坛”上交流过，并刊登于 2021 年《普陀学刊》。此处又作了一些改动。

学术形态分为社会性的主体角色、知识性的存在形式、思想性的互动影响、功能性的力量展示等几个方面。

所谓学术形态的主体性角色，说的是一种学术思潮的存在与发展能够作为一种独立存在的思想性力量。作为一种社会形象，学术形态的主体性要求是其学术边界的基本清晰和相对稳定，能够作为一种“自主学术”而独立存在，而不是一种依附于其他学术形态而存在的“学术殖民”。学术形态的知识性存在形式，表达的是学术形态的一种文化内涵，这是使一种学术能够区别于他种学术的基本标志。学术形态思想性的互动影响，主要是指一种学术在整个学术知识谱系中的相互认知、相互关系与相互作用。学术形态功能性的力量展示，主要是对某种学术形态能否成为对社会产生作用和影响的现实力量的一种表达。

学术形态既有其历史的继承性特点，也有其思想品质的创新性力量，在本质上反映的是一定时代社会意识及其学术进步在社会大众和历史发展中的存在及其在多种思想文化元素之间的互动。在此意义上，作为一种历史角色的佛教学术形态，其形成与表现受制于佛教思想在一定社会文化存在中的知识性建构形式和思想性创新力量，它既是佛教思想发展逻辑的反映，也受到社会文化力量的多重制约和多元影响。

对中国佛教而言，建构其形态的学术力量可以分为两种主要类型。第一种是佛教学术的肯定性力量，这主要是通过对三藏经典及其重要僧人著作的尊重、注疏和传承而进行的。也正是在这种学术活动中，表达出不同时期的作者对于佛法大义的时代性理解或创造性诠释。在学术路径上，这种注疏主要是基于佛教自身的思想和逻辑而进行的；间或有一些从儒道等角度所作的经典注疏（如契嵩的《孝论》、智旭的《周易禅解》之类），这不仅是对佛教思想的进一步拓展，也客观促进了佛教学术形态的时代演变。第二种是来自佛教之外（个别也有来自其内部）的批判性或否定性力量，这主要包括政治性的（如法难）、民俗性的（如既有政治内涵也有民俗内涵的礼仪之争）、学术性的（如范缜的《神灭论》）等社会文化力量以及有时出现的非理性的情绪表达（如韩愈《原道》中所言的“人其人，火其书，庐其居”之论）。在这些否定性力量之中，范缜之论是最具有学术属性的。换言之，尽管建构传统佛教学术形态的力量可以分为肯定与否定两种类型，但它们都是基于中国文化本身的内容和发展路径而进行的，都是依赖于中国传统学术方法而产生的，是在同一文化传统和框架之内出现的学术张力。

清末民国时期，面对社会的急剧变化和外来文化的不断侵入，越来越多的知识分子在经过短暂的思想彷徨和学术反思之后，慢慢地调整了心态，稳定了情绪，开阔了视野，进而发现了异样文化所包含的某种先进性，随即对其进行引入、学习、借鉴，并奋起直追。一时间，中国学术界人才辈出，文化兴盛，学术成果卓然大观，影响巨大，塑造了中国传统学术的新形态。与此相应，中国佛教也在这个历史大潮中得以涤荡，传统佛学研究得到新的学术力量支撑，他们“推翻墨守儒说之成见，研究佛学之风乃起，或则发愿刻经，或则开坛说法，或捐资送书”；加之民国以后，信教自由，学者思想解放，不拒事相之学；佛典单本流行，也方便了人们的研究；尤其是因为社会动乱，民生疾苦，甚至一些军人也会入教以求精神自由。这一切都在客观上扩大了佛教的信众基础。① 佛教便因之迅速发展起来，一时宗派复兴，思想繁荣。传统佛教的生存土壤、组织形式和学术力量也都逐渐有了新形态，多系统和不同语言的佛教得以交流融会，遂使之发展成为具有近现代社会内涵和特色的“中国近现代佛教”。这主要表现在：佛教的传承与研究有了新的学术转向，研究内容增添了新的学术成分，研究成果展示了新的学术功能。佛教思想和文化也由之产生了新的学术力量，并对近现代中国学术文化发展产生了重要影响。

第二节　从传统开出佛教学术新形态

从思想史上说，中国近现代佛教学术形态的形成，实源承自清末，成型于民国阶段。其发展过程既反映了佛教发展的思想进程，反映了社会结构变化对佛教的多重作用，也反映了域外异样文化对中国佛教发展的复杂影响。就佛教本身而言，鸦片战争后的近现代一百年，是佛教从衰落到复兴、转型和重建的历史阶段，所以其学术形态也就有了一个否定与自我否定、

---

① 姚肖廉：《佛教概说》，《民国佛教期刊文献集成》第 25 卷，第 299–300 页。

解构与被解构、建构与被建构的过程。

晚清以来，中国社会发生了巨大的变化，社会文化被一种新的力量进行了解构与重构。因此，这也是一个新旧佛教学术方法的交替、过渡和此消彼长的过程。在本质上，这是一种历史发展方向的转折，而学术方法的转折正是在思想深处对历史发展方向转折的一种深刻反映。如果说在这个历史阶段，有如魏源一般等传统文人在传统佛教学术路径上的继承与惯性前进，那么也有其后的以谭嗣同为代表的知识分子对佛教学术思想及其功能的现代性重构。① 在这种学术运动之中，传统佛教也面临着新的历史发展空间，面临着新的思想挑战。此阶段可谓是近现代佛教发展的学术形态之萌芽时期。在此过程中，促进佛教学术复兴和重建的突出者即如石埭杨文会居士（1837–1911），他所推动的佛教复兴运动及其所进行的学术现代化、国际化的努力，不仅是新的佛教复兴运动的开始，也在此基础上标志着新的佛教学术形态重建的开始。

杨文会实循《起信论》而入佛学，其治佛学，也颇有心得。同治五年（1866），居士在江宁设金陵刻经处（现位于南京市淮海路），光绪三十三年（1907）又于刻经处设“祇洹精舍”。居士在印经之时，自编佛学课本以为传布，一时士子环绕，仿佛祇洹再现，不仅使此处成为江东一景，更成为当时佛教学术的振兴中心。但如果仅从此一点，并不能说明居士的佛教学术活动一定会有什么异于传统之处，因为这种现象在历史上的罗什草堂、慧远东林等地都曾出现过。与过去及当时中国佛教众多人物不同的是，居士曾有缘得以随政府使团分别于光绪四年（1878）和光绪十二年（1886）两次出使欧洲，并在英国得以结识锡兰居士达磨波罗（1864–1933）和日本佛教学者南条文雄（1849–1927）等。显然，早期这种具有国际性质的学术交流，在居士其后的佛教学术和教育活动中产生了重要的影响。所以，居士的贡献在于其佛教的复兴努力既有传统背景，又有国际元素，既有继承，又有创新。居士于精舍所传之学不仅有佛典，也有梵文、英文等科目的教

---

① 虽然龚、魏、谭等社会文化名人并不是严格意义上的佛教学者，但他们都对佛教有着一定程度的信仰或涉及，因此在群体心理特征上具有一定的代表性。另外，魏源还有《无量寿经会译》一卷和《观无量经叙》《阿弥陀经叙》《普贤行愿品叙》。

学，这充分体现了其佛教学术活动的国际视野。同时，居士与英人李提摩太合译佛典，以促进英国的佛教及其学术发展，也反映了居士重振佛教的远大抱负。在某种程度上，居士的这种努力，更多的是继承，是重振。所以，虽然对佛教思想进行重新诠释不是居士的主要目标，但客观上却是其复兴和重振佛教的最初动力，尤其是他对佛教的思想性介绍和学术性总结，也成为这一阶段佛教复兴的主要学术表现。由此可见，居士的事业，不仅复兴的是佛教，更重要的是打开了传统佛教学术迈向现代和国际视野的大门。居士一生事业的成就，也标志着中国传统佛教初步现代化和国际化形态的出现。

简言之，清末五十余年是中国传统佛教学术形态的落日余晖。晚霞所及之处，既有对传统学术方法的历史继承，也有新的学术方法于之慢慢滋长。在此意义上，杨文会居士即是近现代重建佛教学术形态承前启后的第一人。一方面，他致力于重振传统佛教，另一方面又通过一种现代性和国际性力量，客观上推动了中国佛教的转型——知识化、学术化和教育化。一些接触或受到居士学术思想影响者——如月霞（1858–1917）、谛闲（1858–1932）、曼殊（1884–1918）、太虚（1889–1947）以及欧阳渐（1871–1943）、李证刚（1881–1952）、梅光羲（生卒不详）等人——分别从不同角度和路径延续其思想及努力，甚至在某种程度上直接影响到民国佛教的路径选择和历史转变进程。在此意义上，可以说居士是近代致力于或有志于从传统佛教开出未来佛教学术形态、建设现代佛教的第一人。

第三节　佛教学术传播维度逆向改变

民国时期是中国佛教受到中外文化冲突之后的震荡反应与改革重建期。在某种程度上，民国学术既是清末学术思潮和方法的延续，也在发展路径上受到多种文化力量的制约与影响。在此复杂的历史文化维度中，近现代佛教学术方法得以形成和发展，学术形态得以明确和稳定。此处仅以日本佛教的影响为例略作概括说明，其他内容俟后专论。①

一、日本佛教学术的逆向扩张

19世纪末到20世纪上半叶，日本的社会政治变化使日本佛教展示出了新的形态和功能，并慢慢改变了历史上长期存在的中日佛教交流的文化维度和价值生态。尤其是随着日本经济和军事力量的增长，日本佛教对中国佛教表现出越来越明显和强烈的学术逆向扩张性。此处所谓的逆向扩张性，主要是指在中国和日本之间曾经稳定存在的佛教学术价值影响维度的改变。过去是从大陆到海岛、从华夏到日本，中国佛教学术具有一种毋庸置疑的价值合理性和品质至上性。现在却发生了方向的逆转，变成了日本佛教对中国佛教具有一种学术思想和方法的输入性及其扩张性。这主要表现在：

第一,日本佛教角色的重塑,影响到中国佛教的改革人物和佛教思想家。明治以后，由于日本佛教被赋予了某种“现代性”的内涵，因之吸引了中国许多佛教人物和学者不断去日本学习，如太虚、芝峰、持松等都把学习研究日本佛教作为中国佛教改革和复兴的重要手段，并在不同程度上接受了日本佛教的一些观念或方法。尤其是“庚子之后，遂把中国本有政教底重心丧失殆尽了”②，这也是西方和日本文化对中国传统佛教学术形成心理优势的重要社会基础——工业和军事优势被理解成了文化和种族优势，文化优势随即变成为心理和道德优势，甚至演变成一种文化主体存在合法性的标准。

第二，保存在日本的佛教典籍传入中国，在一定程度上丰富了中国佛教的学术内容。晚清至民国初年，保存在日本的许多中华传统佛教典籍通过不同渠道陆续传入中国，并得到校勘与及时地刻印流通。主要者如：从日本寻回南山律宗三大部、引入《大正藏》和日本《卍续藏》、南条文雄寄给杨仁山的汉和内典二百八十三部、水野梅晓赠送的《黄檗大藏经》以

① 虽然其他系统或区域的佛教在当时也产生了一些影响，但不存在本文所说的这种“逆向扩张性”。

② 太虚：《佛教最要的一法与中国急需的一事》，《太虚大师全书》第22册，第151页。

及南传佛教文献典籍等，从而使许多在国内已经失传几百年的佛教思想家著作得以重现中国。这一切不仅客观上有助于中国佛教思想和学术的近代发展，同时也使一些学者及其学术方法与日本佛教学术形成了千丝万缕的复杂联系。

第三，日本传统佛教元素传入中国，在中国广为流行，开拓了一些学者视野。随着流传于日本的东密以及藏传佛教、日本禅学、南传佛教文献及其研究传统和学术成果的传入，与之相关的人物、著作、思想等，在不同程度上丰富了汉传佛教的内涵，开阔了汉传佛教学术思路。日本密宗书籍的传入，更是大勇、持松、纯密、显荫和桂伯华等东赴日本学密的重要因缘。

第四，日本佛学方法具有的欧美学术特色，受到中国学界的重视。近代日本佛学研究，既有中国传统的解经方法，也有鲜明的欧美学术印记；其研究视野和领域不仅仍然基于传统的汉语典籍，也有对西方学术话语方式的熟练使用和对南传佛教文本的翻译、使用。尤其是其关于宗教学或中国佛教史的体系建构等，这一切都影响到中国传统佛教学术的研究方法及其表现形态。

二、日本佛教人物及活动的反向影响

传统上，在中日两国佛教人物交流过程中，中国都有着相对稳定的角色自主性和价值观主导性。清末以后，日本佛教人物来华进行巡礼访学，也成为日本佛教学术方法传入中国的重要途径之一。

日本净土宗东本愿寺僧人小栗栖香顶（1831–1905）是1873年日本开放海禁之后最早来华的日本佛教人物。此后陆续有僧人、学者因对中国佛教抱有崇敬的心态而来华进行佛教交往与学术交流。近代以来，中日之间这种佛教交流相对频繁，涉及人物多，影响地域广，对促进两国的佛教交流也有着多重影响。日本僧众来华活动的主要内容有：

第一，观瞻祖迹圣地，寻访宗派本山。这是日本佛教人物来华的主要目的之一，不仅人物众多，他们也与中国文化名人和僧团之间多有互动、唱和，从而重续或强化了两国佛教宗派法脉间的联系。尤其像扬州大明寺这样的寺院更是受到日本僧人的敬仰与参访。

第二，深入中国僧团，参与僧众活动。有的日本僧人深入到中国僧众的修行和生活之中，并由之传入了日本佛教的思想和修行理念。如 1887 年来华的曹洞宗僧人泷田融智，曾参与重建天童寺如净禅师墓塔；水野梅晓（1877–1949）赴湖南访麓山寺僧笠云，协助其兴办僧学堂等。

第三，传播日本佛教，宣传政治主张。一些日本僧人深深介入到中国的政治生活中，甚至影响或强力干预中国的内部事务。如小栗栖香顶作《北京护法论》，推动成立"三国联盟"。1917 年日本临济宗僧人宗演和大野宗达来华考察许多地区，并与北洋政府总统冯国璋等要人见面，鼓动佛教治国。水野梅晓不仅刺探中国情报，还曾涉入民国初年的张勋复辟。

第四，组织代表考察，推动佛教交流。日本一些正直僧人频繁来华，在某种程度上有助于两国佛教学术界的深入了解与合作。如 1926 年日本佛教代表团访问中国，在北京、南京等所到之处都引起高度重视。1934 年日本禅学研究者铃木大拙、净土真宗本愿寺派僧人藤井静宣、临济宗圆觉寺派僧人高畠眉山、临济宗大德寺派僧人中村戒仙等组团来华，都在不同领域扩大了日本佛教在中国的影响。

第五，撰写观礼札记，解读中国佛教。在华日僧活动及对中国佛教的认识与解读，不仅散见于当时的中日两国报刊、文人僧人之间的书札之中，也在各自著作中得以留存。其主要者如小栗栖香顶的《同治末年留燕日记》、水野梅晓的《天童小志》、宗演的《支那巡锡记》、来马琢道的《苏浙寻访谈》、铃木大拙的《支那佛教印象记》、常盘大定的《支那佛教史迹踏查记》等，共十余种。

三、日本军国主义扭曲了日本佛教的学术形态

在日本对中国进行领土入侵和文化、经济渗透的几十年过程中，日本佛教在华角色也日益显现出一定的投机性、复杂性、变异性，甚至邪恶性。有的日本佛教徒成为日本军阀的助手，成为"军阀思想的指示者"。一个日本著名佛教宗派的领袖甚至在公开演讲中说出了只有"将十四岁以上的中国人民杀完"，日本才能战胜中国，这种反人类的言论。① 军国主义影响下的日本佛教在华活动，在许多时候甚至成为日本侵略机器的一部分，

① 法舫：《留日归来大学僧的信——日本僧阀的毒恶思想》，《法舫文集》第 5 册，第 55 页。

成为文化殖民主义的重要工具，直接破坏了中国佛教的法脉和机体。这有几种主要表现：

第一，调查中国佛教，服务日本侵略活动。在日本人出口王仁三郎（1871–1948）拟定的征服世界计划中，即提出要以宗教来奴化殖民地人民，弱化其反抗意志。随着日本侵略政策的形成及付诸实施，日本即在中国台湾和东北等地区进行有组织的文化渗透和佛教调查，以为其政治、军事和文化入侵服务。如日本在中国台湾的殖民机构于1915年印行的《台湾宗教调查报告书》、大谷湖峰在1937年形成的关于中国大陆的《宗教调查报告书》等，都是实现这种目的的一种手段。

第二，介入中国佛教，干预佛教活动。清末至北洋政府时期，日本佛教对中国东北、华北、东南沿海地区和台湾岛内的影响日益加大，对中国佛教传统价值观和良性的政教关系造成了一定的破坏。在庙产兴学过程中，部分日本佛教力量威逼利诱中国寺院和僧人引入日本佛教。"九一八"事变后，日本佛教更是开始公开、全面涉入中国政治、宗教等领域。尤其在日本控制下的伪满地区和汪伪时期，日本佛教通过向中国派遣传教士，以佛教交流、法事活动的名义，掠夺中国大陆和台湾岛内的佛教法物和历史文物，蚕食佛教机体、混淆法脉传承、分裂佛教僧团、扭曲佛教精神。

第三，改造中国佛教，破坏佛教传承。日本侵略者引入日本佛教来改造中国佛教。首先是要削弱中国佛教的文化自信。日本学术力量通过对佛教精神的诠释、对佛教经典的解读和对中日佛教史的话语主导与扭曲，以学术的名义打压中华佛教精神传统。通过日僧传教等强制手段，取缔和压制中国社会及僧人的正常法事活动。其次即是强纳寺院入日本僧籍。通过资金支持、改造寺院体系等，来影响和引诱中国大陆和台湾岛内寺院与僧人纳入到日本寺院系统之中，破坏中国佛教法统。再者是强推日本管理模式。在侵占区取缔中国传统佛教组织结构，进行日式改造，成立伪佛教组织、制定伪管理章程、强制更换寺院住持。如伪满时期，日本比叡山派在东北地区制定有伪佛教总会及章程、《奉天省管理寺庙条例》等；根据日本国内的《说教所建立废合规则》，取缔台湾地区的中国寺院设备、名称、教务人员身份、信徒住持等。后者在台湾岛内造成的影响极为严重。

当然，在1937年日本全面侵华之前，中日两国毕竟还保持着相对比较通畅的外交关系，两国的僧众交往并没有中断，其交流的内容也是多元的、多样的和多维的。

上述所及仅是从一个视角而言。但在整体上，从当时许多僧众的心理上而言，此时的中国佛教已经被视为一种学术低地，从日本进行佛教学术观点和方法的输入，不仅被认为是必要的，也是必然的，甚至被认为是合理的。不仅日本佛教学术界有这种思想，即使在中国佛教界内部也有类似的观点存在。

第四节　近现代佛教发展的学术反应

学术反思是为了轻装前行以推进发展，思想比较也是为了借鉴和寻找差距。对于清末民初时的佛教学者及其学术而言，继承和发展的最好方法即是快速完成佛教的现代转型及其学术现代化建设。① 正是得益于中外佛教学术形态的多元化比照，中国佛教学术的发展空间得以扩大和延伸，学术创新得以完成从反思到构建的自觉性反应，传统佛教的研究领域得以拓展，佛教的研究方法有了创新。这一切都标志着中国佛教学术的新征程已经由之开启。

一、学术内涵具有丰富的国际化元素

清末时期出国考察和研究佛法者往往仅仅是自发的、个人的行为，但民国时期的僧人出国学习、弘法，其背后往往都有着佛教组织的支持，或有社会名流与大众的资助。这些出境的学习考察者，也大都有着明确具体的参学目标和长远规范的学习计划，并进而具备了从域内到域外的国际性学术视野。这一切都说明，在新的历史阶段，佛教思想家和学者们的学术自觉正在形成，其思想和学术成果也随之成为当时中国佛教学术转向的一种国际性力量。

---

①　这种“现代化”当然是依当时语境而言的。另外，不同的人对什么是“现代化”也有着不同的理解。太虚在论及锡兰、暹罗等地区的佛教时，曾特意强调他们努力进行佛教的“现代化”，以建立“适应现代化的佛教”之事。太虚：《从巴利语系佛教说到今菩萨行》，《太虚大师全书》第19卷，第190页。

（一）外出考察目的性明确

虽然清末时期也有个别僧人出去考察交流，但相对而言，民国时期僧人的出国考察，往往都是有组织的行为，这既有域外一些国家的佛教组织及其国际性佛教团体的邀请，也有中国不同佛教组织和领导者的组团外派、参访、会议等。因此，这类出行大都有着明确目的。如太虚派出弟子出去学习时，都会对其提出明确的学习内容和目标要求。

随着不断地外出求学、参访、行脚，以及外国僧人的频繁来华交流，越来越多的佛教思想家和学者对不同区域佛教有了更为深入的认识，并因之确立了自己更为远大的志向。如持松的东渡，即“虽以学密为目的，实欲藉此以探究日本佛教之真相，俾可为改革中国佛教之借镜，企图抵销日人来华传教之野心。此种心怀远见，若非具有高度爱国的热忱者，曷克至此”！①大醒于1936年至日本考察，对考察结果进行了细致的记录，写下《日本佛教视察记》。太虚在我国台湾地区以及在日本和欧洲的佛教考察认识体会、对大陆之外不同类型佛教建设的观感，不仅表现在其有关的文章或讲演中，也融入其后的佛教改革与思想建设之中。巨赞于1948年去我国台湾全岛进行考察，对曾受到日本侵占的我国台湾地区的佛教发展现状、面临的问题等，都有了直观或深刻的认识，这也在其《台湾行脚记》之中得到反映。其他诸如翻译缅甸佛教领袖宇朵省达（Rev. U. Thusein Ta.）的《日本是虚伪的佛教国》等类的文章，也从另一个角度深化了中国僧人对日本佛教的认识。②

中国佛教僧团领导者和思想家对大陆地区以外的佛教考察和近距离接触，不仅促进了佛教的对外交流，也对包括日本佛教、南洋佛教在内的多区域佛教发展及戒律持守和建设情况，有了更深入、直接和客观的了解，这对于促进中国大陆的佛教发展和戒律规范建设都具有重要的意义。这一切也都是清末之前中国佛教学者所不能达到的认识高度和广度。

（二）考察有着较好的规划性和组织性

整体而言，民国时期的僧人出国相对较为方便，各种困难也相对少了

---

① 东初：《中国佛教近代史》（上），第413页。

② 《民国佛教期刊文献集成·补编》第78卷，第33页。

许多。虽然这个历史阶段各个年份出国的人数并不一致，遇到的困难也不一样——如有的欲出国者，却因囿于经费不足等原因而难以成行，但中国僧人赴海外学习、考察、留居或进行佛教研究的现象慢慢增多，却是十分明显的事实。

根据法舫在《一九三六年的佛教》一文中所言，仅在 1936 年间，即有三个留学僧团分别远赴东南亚和日本学习。

第一是组织留学僧赴暹罗学习。本组留学者于 1935 年 12 月 30 日由上海出发，过香港赴暹罗。团员有悲观、等慈、性教、觉圆四人，学期预备五年。该团自出国后，常有报告书寄给太虚，其内容大都刊布于《海潮音》杂志十七卷第三号、第六号、第十号和第十八卷的一月号中。在这些报告书中，他们详细地报告其在暹罗国的参学情况，如受到暹罗政府的优待，得到中国佛学社的帮助等。考察报告还介绍了各界的欢迎情况、入学的经过，以及他们所修学的课程、生活的情况等。通过学习，他们还了解不少关于暹罗国和暹罗佛教的各种情形。

第二是组织僧人赴锡兰求法。1936 年 4 月，由慧松、法周、维幻、维植、岫庐等五人组织留学僧团。他们从上海登船出国，五月初时到达锡兰。初到伊始的五月六日，他们即于此地先受了“沙弥”戒，七月二十八日又受了“比丘”戒。他们得到了纳罗达大师（Ven. Bhikkhu Narada）的招待和赞助。据文中所述，他们住在克兰李稚寺里很安静地修学。同时，他们也不断地寄呈报告书于太虚和《海潮音》社，报告他们在锡兰的一切情况、受戒的仪式，以及锡兰佛教的最近情状和国际佛教的动态。

第三是组织团队去日本。1936 年 5 月，闽南佛学院派遣团队去日本考察，他们是微隆、天慧、定勋三人。①

（三）外出考察为中国佛教建设增加了新的学术力量

晚清至于民国，由于中国的政治腐败、国家积贫积弱，人民遭到列强凌辱，从而导致文化自信心的弱化，佛教的思想力量也失去了以往的文化辐射力和道德感召力。甚至中国佛教内部的一些人也认为，日本佛教在学

① 法舫：《一九三六年的中国佛教》，《法舫文集》第 5 卷，第 233–236 页。

术性和先进性上已经远远超越了中国，所以向日本学习、到日本考察，已经成为当时佛教学术建设的主要特征之一。在清末到民初的一段时间，日本佛教可谓是对中国佛教影响最大的一种文化力量。

如果说，在当时一部分主张全盘西化的文化学者那里，有一种言必称希腊、言必称进化之倾向的话，那么对于当时中国佛教而言，教内外往往都存在着一种言必称日本的倾向，甚至还会将中日两国佛教进行一种简单的罗列对比。这种言论非常多，比如说：

> 佛法之流行世间，全为有情而施设也。佛法既为有情而施设，则佛法之于有情，诚有莫大之关系焉。但有不信佛法之人，斥佛法为消极，讥佛法为厌世，此真不明佛法者也。试观日本以盛行佛教而国以强，暹罗以信仰佛教而国以富。而中国以不信佛法，弄得人民痛苦不堪，国势日益衰败。佛法之于国家，既如是之重要，则佛法之不可不提倡也明矣。①

但是，不论基于什么立场，当时的佛教界内部大都对日本佛教非常重视，僧人们不断东渡游学、考察、参会、访友，许多保存在日本的佛教文献也得到引入及出版，一些刊物大量或不断翻译日本佛教的相关研究论文，发表有关介绍性文章。在这些对日本佛教所提出的质量不一的考察报告或文章中，有的偏重于外在的表象性认识，有的侧重于内在的思想性研究。太虚法师曾对日本佛教有着这样的描述。他说，日本曹洞宗丛林有数十人、数百人不等，“亦结制学禅，设坛传戒。传戒为传大乘菩萨戒，小乘苾刍戒仅律宗传之。其传大乘戒也，大概皆请当代有道望之师家传之，慕名德而受戒者，不拘一次多次也”。② 当然，太虚的这种印象，有不少是从我国台湾岛内法师那里得到的。

对于民国时期的不少出国学法、弘法者，法舫都曾有着很高的评价。如他说慈航法师：

---

① 自观：《与友人论佛法书》，《报恩佛学院院刊》（1936 年 10 月），《民国佛教期刊文献集成》第 76 卷，第 330–331 页。

② 太虚：《东瀛采真录——六年秋冬记》，《太虚大师全书》第 31 卷，第 307 页。

> 在缅甸盛宏中国佛教，而法师则依缅僧制度，严守比丘净戒，改换缅僧装服，实行缅僧生活。法师在缅甸，可以说是宏法的，他创立了中国佛学会于缅京仰光，接引了无数的信佛弟子，真是“慈航普渡”了。因此之故，法师没有学习缅甸文字，这是可原谅而可惜的地方。法师于去岁一月十六日乘中国船丰庆号抵香港转上海等地。他宏法的心愿和工作，归国后是席不暇暖的。这情况在《佛教日报》和《海潮音》等杂志中是可以看得到的。他回来之后的服装，还是缅僧的样儿，他努力于净戒的守护，他提倡佛教到民间去。①

慈航是太虚的弟子，曾在缅甸留居达六年。

正因为众多的法师从海外学法归来，表现突出，法舫才对中国佛教的复兴抱有信心，甚至看作为中国佛教复兴的转折点。他对于前面提及的几位留学归来的法师曾作出高度的评价，说他们“都是博通三藏的”。

> 而且谈玄、法尊、观空、严定四法师，又深入密宗。谈玄法师，得了日本的台东二派的广大圆满之传承灌顶；尊、空、定三法师，得了（中国）西藏的五部无上瑜伽之传承。这是中国近今的佛教史上的最大的无上的收获。中国佛教之复兴，将于此一九三六年开始了。②

虽然简单地说中国佛教的复兴是从一九三六年开始未必准确，甚至是有着明显的时代和认识局限性。但上述僧人的学习返回，对当时及其后的佛教及其学术形态产生一定的影响，却是显而易见的。

（四）考察加深对域外佛教的认识

如果说杨文会居士佛教复兴事业的国际化特征是其政治和公务活动的副产品，具有一定的偶然因素，那么民国时期佛教思想家们学术活动的国际化则是自觉的和深入的。他们通过学习和通过对异域不同佛教及其学术

---

① 法舫：《一九三六年的中国佛教》，《法舫文集》第5卷，第237–238页。

② 法舫：《一九三六年的中国佛教》，《法舫文集》第5卷，第239页。

的近距离接触与考察，使中国佛教界对大陆之外的佛教有了深入的认识。随着这种认识的不断加深，以及对其佛教形态、修行精神及修行方式的了解，中国佛教思想家们进一步坚定了继承、学习和研究中国佛教的决心，提高了文化自信心。这一点尤其表现在对日本佛教的态度及其认识转变方面。

本来，日本佛教是从中国佛教输入、移植和发展而来，属于汉传佛教系统。但是，由于地理和文化的因素，日本佛教在其历史发展中也形成了自己的宗派存在、传承系统、思想特色和学术形态。其后，由于明治维新以后日本政治、经济、文化的发达，其佛教学术也因之获得了一种“先进性”的特色，日本文化及其学术力量对中国知识分子也产生了一定的影响力，日本也因之成为近现代中国学者和僧人最喜欢学习考察的地方。与之相应，日本佛教的学术方法与研究路径、关注重点与主要内容、基本观点与研究结论——如经典真伪之辨的考证方式与研究结果等——也不断地传入中国，从而影响到中国近现代佛教的体系建构和学术路径选择，也使部分研究者能够以一种全新的观点看待传统的佛教学术问题。

但是，随着中日文化交流的不断加深，以及大量僧众、学者不断赴日本考察——虽然这些僧众仍然处在国破家亡的境遇之中，但是通过考察，他们发现日本佛教其实并没有完全具备或体现出超越（或如曾经认为的那种全面超越）传统中国佛教的那些先进力量，尤其是对日本佛教的戒律观及其持戒状况有了更深入的感受。所以，日本佛教的学术表现与其说是先进性，不如说是一种地方性文化在特定学术研究领域的表现。进入民国后一段时间，人们对日本佛教已经有了更为客观的认识，尤其是如《明治佛教史》之类的文章不断译入，清代末年形成的一些印象已在慢慢改变。这反映在学术思想和方法上，即是佛教思想家和研究者们对中国佛教——包括思想阐释和学术方法在内的优秀内容——正在逐步恢复那种曾经有过的价值观自信。

二、路径延续中的学术反思

清末至民国初年，中国佛教的学术自觉及其路径选择首先表现在对中国传统佛教学术方法的反思和文献整理上。但是，由于这种学术活动又与传统有所不同，随即造成此时的佛教学术形态有着自己的特色。

如时人郭湛波说，像郭沫若的《中国古代社会研究》、陶希圣的《中国政治思想史》等，不过是用新的方法、眼光来整理旧思想，目的在于研究中国社会史，不是以整理思想为目标，故“对思想史没什么贡献”。相对而言，“对于旧思想整理有贡献者，就算中国佛学思想。因自东汉以后支配中国思想就是佛教思想，所以要整理中国中古时代思想，非从整理中国佛教思想不可。”所以才产生了梁任公的《〈大乘起信论〉考证》、胡适的《神会和尚遗集》及《中国禅学的发展史》、梁漱溟的《印度哲学概论》和蒋维乔的《中国佛教史》等著作。但是，“整理中国佛教的思想，成绩最佳，就算汤用彤先生了”。这是因为，五十多年的社会剧变，旧思想起了动摇，新思想得以输入，孔子思想因时代变化而崩溃，其羽翼下的《六经》和古史动摇起来。这即是顾颉刚和钱玄同疑古思潮产生的背景。但是，中国思想经过胡适、梁任公诸人的整理，思想焕然一新，系统井然。“不过这种工作仍是发端，要想完成，全看我们用新的方法、眼光来努力”。① 或者说，不论是传统的儒学还是佛学，在此时都遭遇到反思与复兴的压力，都面临着学术形态重新构建的问题。

从学术史上说，清代是对中国封建时代学术思想进行总结反思和文献整理的重要阶段。这既是清代考据和小学传统的自然延续与外扩，也是传统学术路径发展之逻辑必然。这与历史上曾经出现过的学术思想总结的最大不同，即是它既受到传统知识谱系之外的学术方法影响，又受到一种怀疑主义或者说是科学主义学术的诘问。甚至很难说，日本学者对中国佛教经典所谓真伪的某些考证方式及其结论，以及顾、钱二氏的疑古思潮，不会影响到当时的佛学研究者。

在这个阶段，有的学者既治经学，也入佛学，既涉实学，也通玄学，并能将多种不同思想进行学术会通，将其不同方法互相借鉴。章太炎讲国学，就曾直接以佛家名相概念相喻其理。如章氏要论述“孟子和阳明的不同”，不是走传统的儒家或经学的学术路径，不仅是要字义疏证，而是要引入佛法以为证明。他引用《唯识论》中所说的一念的发生，便夹着相分、见分、自证分、证自证分四项的思想，并由之得出结论说，所谓的“良知”，“孟

---

① 郭湛波：《近五十年中国思想史》，第 148 页。

子说的是指见分，阳明是指自证分、证自证分的”，所以阳明上攀孟子，表现的是儒家的“积习”。[①] 不过，如果单纯从教学和讲演的角度而言，这种比喻未必能够使听众更好地明白其所说之理、信解其所证之事，但此举却反映了章氏之学深处的那种儒释相融的思想倾向或两者之间相互交错纠缠的学术路径。

更为重要的是，章太炎不仅主动地把现代学术方法引入佛学研究之中，同时也有意把佛学研究方法引入其国学研究之中，并强调这种方法的必要性与合理性，从而使其国学研究领域布满了佛教方法的阡陌路径。他说：

> 盖近代学术，渐趋实事求是之途，自汉学诸公分条析理，远非明儒所能企及。逮科学萌芽，而用心益复缜密矣。是故法相之学，于明代则不宜，于近代则甚适。由学术所趋然也。[②]

此论的逻辑即是：为什么法相唯识学会在清末复兴？因为它符合现代科学的实证精神。从学术史的视角，章氏此处所说大致不错，这一段话也是后世学者喜欢引用的。但是，这里却蕴含着一个潜在的逻辑上不能自洽问题：为什么华严等并不合于西方分析式思维方法的宗派也能得到复兴？显然，章氏之说并不足以证明法相唯识学之所以能够复兴的真正原因。

更为重要的是，与历史上相比，这个时代的学者们更为熟悉西方宗教，传统的佛教也在与西方宗教的抗争中寻找自己的发展空间、群众基础和来自知识阶层的学术支撑。简言之，如果说传统佛教属于封建时代，那么新佛教则是形成于民国这个东西交汇的所谓“现代”阶段。

1937 年，太虚发表《三十年来之中国佛教》一文，对民国以来三十年的佛教发展状况和成绩作了归纳，主要分为七个方面：一者，近代佛教的兴起因缘及印经；二者，政府有关佛教（佛寺）的管理条例颁布后佛教的自我发展、调整与组织；三者，近代意义上的佛学院的兴起及现代僧伽教育；四者，居士团体的佛教活动及知识分子群体的学术研究；五者，佛教的社会化及“现代化”问题；六者，中国佛教向欧洲等地区的传播；七者，

---

① 章太炎：《国学概论》，曹聚仁整理，上海古籍出版社，2008 年，第 38 页。

② 章太炎：《答铁铮》，陈平原编校：《中国现代学术经典·章太炎卷》，河北教育出版社，1996 年，第 627 页。

关于国际佛教会议之事。① 此说也基本上反映了近代几十年中国佛教发展的内容和特色。

显而易见，正是因为诸多佛教思想家对海外佛教的深入认识，以及对其他系统佛教和修行方式的深入研究，才为民国时期的佛教诸宗复兴、僧团制度建设和戒律学的发展奠定了良好的基础。

三、学术形态建构借鉴域外学术方法

中国佛教学术的近代重建受到外来学术观念和方法的复杂影响，其力量的传入有两个路径：一是中国僧人的外出参访带回，二是域外僧人的来华访问带入，他们都带来一些异样的思想和崭新的学术话语方式。后者尤以日本佛教及其活动为代表。但不论如何，这些有异于传统的新鲜学术概念、路径和方法，都对中国的知识阶层造成一定的影响，并在各自不同领域的学术活动中表现出来。他们一方面在此过程中表现出对域外学术方法的态度，另一方面也在此基础上推动了中国传统学术方式的转型及新学术方法的形成。在某种程度上，这种影响在一些特定的阶段甚至对中国佛教的学术形态与学术自信造成一定的冲击。不过，虽然此时也有南传佛教思想传入及僧人来华，但从影响程度上而言是不能与日本佛教及人物相比的。

太虚曾经就西洋学术的影响如是说：

> 中国近来所输入之西洋学术，犹是彼邦十九世纪之思想，至于新兴之学说，尚未有传入。三十年前之旧思想，已为现在杰出之学者所不满，正从事考正其错误与流弊。故西洋近三十年来新学术之进步无已，大有一日千里之势；其近来之倾向，可以说全在汰除过去十九世纪之腐朽见解，而创造新时代之新生命。现在之中国既不能闭关自守，必须与世界各国思想互相沟通而后可，若唯拾人之唾余，不取其精华，虽美名之曰新学，仍是居人之后，不能与之并驾齐驱，有何益耶？②

---

① 太虚：《三十年来之中国佛教》，《太虚大师全书》第 31 卷，第 43–56 页。

② 太虚：《旧新思潮之变迁与佛学之关系》，《太虚大师全书》第 22 卷，第 78 页。

太虚还将中国传统佛教八宗从“应化的救世人天佛教”的视角而理解，这不仅包括儒教宗、神教宗、梵教宗、基督宗等宗教学术，还包括哲学、科学和艺术等学术领域。③因此，太虚的佛学方法十分重视突出佛教的学术性，重视将佛学、科学、哲学及宗教融入一体，重视把东方佛教与西方文化宗教相比较。正因为如此，其佛教制度改革及八宗思想重构都充满着丰富的多元内涵。

太虚的弟子法舫是此时学习域外学术方法的代表性僧人之一。

法舫（1904–1951），河北井陉人，1921 年出家，从法源寺道阶（1866–1932）受具足戒，后赴武昌佛学院从学于太虚。1943 年，与同学一起赴印度，在国际大学修学梵文、巴利文及英文，后至锡兰研究巴利语经典。法舫精通多种重要佛学语言，对不同系统的佛教经典有着精深的理解，具有很高的学术洞察力，故在异域能够熟练运用中国传统的学术方法和西方学术方法来研究中国佛教思想。法舫既能学通多部，又能将之融会贯通，对佛法作出细腻的分析。今本《法舫文集》中有许多篇章都是他以西方学术方法考察中国佛教、南亚佛教而写出的。如原本即是十分哲学化命题的唯识学思想，在法舫以西方学术方法的解读之下，便成为一种更具有现代西方学术风格的智识主义哲学。法舫还在其研究方法中对西方哲学、印度哲学中的朴素实在论、主观唯心论、客观唯心论、机械唯物论、心物二元论以及唯识缘起论等思想体系进行比较研究。法舫对理性的唯识论、实证的唯识论的理解，显示出他对西方学术方法有着深刻的领悟；他对佛教戒律思想的研究及其精深见解，也显示出其所具有的丰厚学术素养。

正是在佛教的改革和时代化的体系建构及思想解读中，教内外的学者都对佛教的知识形态和发展路径有着一定的学术自觉。有的人把西方的哲学、伦理学、宗教学、基督神学的研究方法引入佛教研究之中，由此产生的诸如佛教与哲学、佛教与宗教、佛教与科学等类似的问题一直受到学者的关注，其不同观点的争论也成为这一历史阶段佛教学术的基本形态之一。这类文章很多，如持松的《佛教与哲学》、赵慨燕的《近代学术思想在佛法上之观察》和《以伦理学的眼光给五戒一个评价》等都是如此。

---

③　太虚：《佛教化的世界宗教学术观》，《太虚大师全书》第 22 卷，第 3 页。

值得指出的是，在此前后的几十年间，西方人撰写的关于中国佛教的研究文章也被不断地翻译出版。如美国宣达尔斯博士著的《中国佛教史观》在1936年的《佛教日报》得到连载。这一学术现象也使中国本土的佛教研究者对异域中存在的关于中国佛教的学术研究有了一定的认识。这也是历史上不曾出现的现象。

第五节　近现代佛教学术形态的形成

由于视野的开拓，加之西学、日本和南洋等地佛教思想与方法的传入及因之而造成的观点争鸣，很多的学者和僧人有了更为广阔的学术视野，在进行佛教现代化努力的同时，也在不断地建构着新的佛教学术形态。

一、用新佛教奠定新学术形态的基础

得益于众多的佛门高僧、佛教思想家及社会知识分子的共同努力，中国传统佛教在近现代发生了巨大的变化，表现出崭新的形态，推动并反映着与之相应的学术形态的建构。

仅就学术方法而言，这表现在其中既有对历史上存在的佛教研究传统的继承与发展，也有对域外一般学术方法及其佛教研究成果的借鉴，这主要包括日本佛教、南亚和东南亚地区佛教、欧美地区的宗教学方法和佛教学术观念及其研究成果。[①]与这种学术思潮相适应，中国传统的佛学研究也被激发出一种致力于革故鼎新的学术自觉。[②]佛教的变革也因之得以发生，并且慢慢完成了从旧佛教向新佛教的转变。这种转变正是旧佛教学术形态发生转变及新佛教学术方法得以形成的基础，新佛教的学术形态也在此过程中呈现出新的主体形象。

此处所谓的“旧佛教”和“新佛教”，并不是说存在于不同历史阶段

① 藏传佛教及其学术方法也通过汉地僧人的入藏学习等方式，而对近现代汉传佛教的学术形态及其呈现形式有着一定的影响，此处暂且不论。

② 本处暂不涉及弘一律师的思想及影响。严格说来，虽然弘一律师对近现代戒律学的复兴与转折起到重要作用，但他的思想在本质上还是传统佛教戒律学在近现代的自然延续。

的佛教价值的高低或新旧形态的优劣，而主要是从其所存在的历史阶段的时间维度而言。因此，“新佛教”主要是指其基本内容与表现形态、社会功能与历史意义等所表现出的具有时代特色及其思想内涵的佛教。在本质上，“新佛教”是指在清末民初的历史阶段，经过域外宗教、文化和学术方法影响的，并得到社会多重力量重新建构的中国佛教。因此，这种新佛教从社会基础、发展视野、学术方向、社会功能、内容成分、表现形态等方面而言，都与传统佛教有着明显的不同。

从社会基础上说，旧佛教的社会基础主要是士绅和农民，因而表现的是佛教的乡村时代，或者说其主体形象主要是乡村佛教。[①] 新佛教的基础则主要是知识分子和城市居民、工商业者，表现的是佛教的城市形态，在某种程度上属于城市佛教。这个过程主要始于太平天国运动对江南传统农村社会结构造成打击之后。尤其是南方城市在西方势力影响下的开埠，城市和广大区域工商业的发展以及市镇居民的增加，更强化了这种形态的稳固性。从佛教发展的视野上说，旧佛教是内向型宗教，它植根于“纯粹的”中国文化传统之中，新佛教则是外向型宗教，对各个佛教系统和地区佛教都有着不同程度的了解、交流或者兼容并蓄。从佛教学术方向上说，旧佛教是历史型宗教，这主要通过对文献注疏和思想考据的形式来阐发与传承经典的思想。新佛教则是现代性宗教，其研究方法不仅注重对经典文本的教义阐发，更是突出其中的时代观念和社会改革理想。如太虚的佛教理论和学术方法，其主要表现之一即是将生死佛教向人生佛教的转变，及其通过佛教三大革命而对新佛教加以建构。从佛教的社会功能上说，旧佛教是一种致力于心灵救助的力量，表现更多的是其温柔的、文化的形态，新佛教则有着或者说是要被着重从中阐释出革命性的力量，这在近代谭嗣同、太虚等人的思想那里得到生动体现。从佛教的成分上说，旧佛教的研究是“纯正的”“中国的”方法，新佛教则是混合型的方法，其中混合有日本、西方甚至南传佛教的思想、学术方法和宗教影响。从佛教的组织结构上说，

---

① 当然这并不是说传统佛教没有任何的都市形态或者工商业基础。事实上，如长安、洛阳、邺城、南京等地在历史上也都存在着强大的城市佛教形态。但从生产关系性质上而言，此时的城市佛教仍然主要是一种建立在农业生产方式和简单手工业基础之上的文化形态。

旧佛教是宗派式的、祖庭式的，新佛教则是在一个具有相对广泛认同的佛教组织领导之下的佛教个体自由生存和发展的，有着现代政党、法人、学院或社团的组织特色。显然在此意义上，所谓的“新佛教”并不是一个固定的、成熟的、单一的形态。不同的学者也有着不同的“新佛教”认知。

巨赞法师在论述他所认为的新佛教运动时说：

> 新佛教运动的发端，应该推溯到同治五年杨仁山先生在南京创办的金陵刻经处。有了他，我们才能看见号称基本佛学而“道丧千载”的相宗经典，元明以来非科学的佛学研究方法，为之一变。①

其实，与新佛教相应的新佛教研究方法的改变也是大致与之相应的。巨赞法师的《新佛教运动的回顾与前瞻》这篇文章发表于1940年，也是新佛教的组织结构及其学术形态已经基本稳固的阶段。文章指出，新佛教运动的建设要从三个方面着手：

第一，新佛教运动要和全面抗战、全民动员相结合。要关注佛教问题、注意新佛教运动在抗战、建国乃至学术文化上可以发挥的力量。

第二，新佛教运动要重视整理僧伽。巨赞认为，目前的僧制，非但违反唐代的办法，亦非佛制。而太虚的《整理僧伽制度》是二十几年前的东西，有许多的议论已经失去了时代价值，必须加以修改，需要补充上佛教的生产化和学术化的内容。

第三，新佛教要有新的学术精神和奋斗目标。巨赞指出，佛教界内部的各种著作，都没有和现实的问题衔接，远离社会生活，且不能用纯正的佛理，以明确地、简单地解答诸如科学上、哲学上和社会政治上的许多问题。所以新佛教运动要在“体验佛理”、服务社会之外，对世界上的一切学问，都要深切了解。②

显然，在新历史阶段形成和发展的新佛教，不仅需要新的僧团管理模式，需要在新的历史条件下的戒律学建设，更需要不同佛教系统间的学术和思

---

① 巨赞：《新佛教运动的回顾与前瞻》，《巨赞文集》（下），第641–642页。

② 巨赞：《新佛教运动的回顾与前瞻》，《巨赞文集》（下），第651页。

想交流，以便对中国佛教学术文化的优良传统加以继承、捍卫与发展。

从旧佛教到新佛教的转变，其意义不仅在于结果，更在于其过程。它既是佛教学术形态形成的基础，也与佛教学术形态的形成有着互为因果的关系。

二、用多样学术元素充实新的学术形态

清末民国时期的佛教学术形态，除去有传统学术惯性的表现之外，还有着内容复杂的新养分。

第一是欧美的学术元素。其主要表现即是新佛教受到来自欧美宗教学甚至政治学、社会学、神学或科学思想及方法的影响。主要代表人物如太虚等人。不过太虚的代表性不是在于他志在改革佛教本身，而是因为其改革思想和形态设计借鉴了欧美学术方法、宗教形态的某些方面，比如将佛教进行某种程度上国教化努力即是如此。当时，这种向外学习中的西方化倾向往往被理解成是某种“现代化”的努力。

第二是来自日本的学术元素。这不仅仅是直接的佛教元素，还包括其他的学术形态。近现代几十年，日本佛教对中国佛教的影响既复杂突出，又深入普遍。在众多的受影响者中，不论他们是否赞同日本佛教的学术观点和方法，都会自觉或不自觉地在某种程度上走向日本佛教的学术路径，接受了日本佛教的学术方式。可以说，中国近现代的佛教学者和佛教思想家——从谭嗣同到章太炎、从蒋维乔到汤用彤、从持松到太虚等人，都在不同程度上受到日本佛教及其学术方法的某种影响。

第三是南亚地区的佛教元素在中国佛教学术中的反映或激起的涟漪。此阶段，有不少人致力于介绍南传佛教思想和人物，甚至可能因之受到其思想的潜在影响。法舫是其主要代表者之一。在南亚学习期间，法舫写了一系列的文章，给国内僧众介绍异域尤其是南传佛教的状况，进一步开阔了僧人的国际视野，将佛教的发生和发展自觉地放在世界文化发展的视野之中进行学术比较。虽然南亚地区的佛教学术方法没有如日本那样产生明显的影响，但也在部分僧人的佛教观、戒律观及学术方法中有所体现。

从佛教的内容而言，由于西学的羼入，西方的学术方法也越来越受到重视，于是以西学方法来解读中国佛教的方式，也就影响到中国佛教的角

色、特色和历史形象。两千年来，佛教作为一种“教化”、一种信仰，其思想的稳定性、内涵的明确性，本来即是一个不成问题的问题。但是，在西方学术方法的强力解构下，中国佛教的历史主体地位似乎瞬间变得模糊、变得脆弱起来：诸如佛教是什么，是哲学还是宗教，抑或双亦双非？佛教与科学又有着什么关系，是敌人还是友军？这些在传统学术话语中绝不会出现的问题，仿佛顿时掌握了中国佛教的学术建构权与路径选择权，从而快速改变了传统佛教学术形态的核心元素，并引起了教内外学者对关于佛教、哲学、神学、宗教和科学等主体之间关系问题的深入甚至激烈的讨论。借鉴西方的学术话语方式，把科学引入佛学，或以科学诠释佛教，也即成为这个阶段佛教学术的重要内容，出现了许多与之相关的成果。有些人甚至把其佛学研究变成是要寻找证据以证明佛教是符合“科学精神”的，这也往往在本质上被理解成符合西方观念——至少两者之间是不相悖的。太虚也把这种佛教必须因应时代而进行变革的意义表述成“以佛法适应这现代的思想潮流及将来的趋势”，从而更好地“适应其现在的、将来的生活”。①

三、用多元学术方法建构新的学术形态

中国佛教学者对学术形态的重构有着从本能反应到自觉反应的过程。这种自觉反应主要包括：一者，能够主动加强佛教理论和修行方法的解释权建设；二者，能够不断加强对中国优秀佛教文化的研究、继承与传播，重视对佛学经典的现代阐释；三者，能够重视抵御外来学术力量对中国佛教的强行改造，以学术的方法不断反击境外殖民色彩的学术影响或文化侵略。这一切，为推进佛教学术形态的现代化建构，为中国近现代佛教和学术的复兴，奠定了坚实的基础。

中国僧众对境外佛教学术方法的认识有着一个逐渐深入的过程。如日本佛教的内涵和形象虽然曾经给中国佛教界以影响和启发，但其强势地或有组织地介入中国佛教内部、干涉中国事务的行为，也不断引起中国社会和佛教界的警觉。中国佛教思想界也从最初的文化彷徨很快过渡到重视对异样文化的学习、借鉴，对其文化侵略行为进行抵制，以实现文化自卫；

① 太虚：《新与融贯》，《太虚大师全书》第1卷，第380页。

并通过护教护法等行为，反对日本妄想灭亡、解构中国佛教的图谋。

这样说，并不是如历史上曾经出现过的那样，仅仅是对佛教发展进行简单的比附。中国的近现代阶段是一个大动荡、大变革的时代，是一个从封建的王朝政治向现代政党议会政治转变、从典型的农业社会向具有一定现代工业元素社会过渡的时代。尽管这种转变具有一定的半殖民地特色，但传统佛教也仍然因之发生了重大的变化。陈独秀在1920年曾经说过："我们不是忽略了政治问题，是因为十八世纪以来的政制已经破产，我们正要站在社会的基础上造成新政治。"① 如果可以借此语言方式，我们也许可以说：不是我们不喜欢传统的佛教，而是因为传统的佛教在新时代面前已经出现了学术疲态，所以我们需要一个新佛教；不是我们不喜欢旧的学术形态，而是旧的学术形态已经不能应对这个充满着学术对抗的现代性社会。因此，时代的变化，急需要我们建构一种新的佛教学术形态。

太虚说，我们要建设新佛教，"是以中国二千年来传演流变的佛法为根据，在适应中国目前及将来的需要上，去吸收采择各时代各方域佛教的特长，以成为复兴中国民族中的中国新佛教，以适应中国目前及将来趋势上的需求"。这种新佛教，"不同一般人倾倒于西化、麻醉于日本，推翻千百年中国佛教的所谓新！亦不同有些人凭个已研究的一点心得，批评中国从来未有如法如律的佛教，而要据佛法的律制以从新设立的新！此皆不能根据中国佛教去采择各国佛教所长，以适应目前及将来中国趋势上的需要。"② 显而易见，中国佛教思想家产生的这种自觉，已经不再是一种纯粹关于"学术"的自觉，而是表现出其强烈的历史责任和文化复兴担当。

随着僧众和学者不断到欧美、日本和日本殖民下的中国台湾地区及朝鲜半岛考察，到南亚地区观瞻圣迹，随使他们对大陆之外的佛教有了更深的感受，视野更加开阔，体会更加细致。他们也因之有了更多的责任感和紧迫感，并获得了大量以前没有的第一手资料。正是在这个过程中，他们对如何复兴、传播和发展中国传统佛教，对如何加强时代的僧制和戒律建设等，都有了新的想法。

---

① 陈独秀：《谈政治》，《独秀文存》，安徽教育出版社，1987年，第360页。

② 太虚：《新与融贯》，《太虚大师全书》第1册，第381–382页。

四、用新的文化维度彰显新的学术形态

经过几十年的理论建构和学术积累，民国时期的佛教学术已经有了相当程度的现代性特色。在历史的不经意间，中国佛教的思想、教义、修行方式、社会影响以及学术视野和方法等，都完成了路径的选择或形态的重建，在此基础上形成了新的学术维度。①

（一）拓展学术研究视野的跨文化性

学术研究内容的跨文化性，更多地表现在其研究视野的国际性。民国时期的佛学研究者，大都能够主动地把目光投向汉传佛教以外，投向传统的佛学研究领域之外，在方法上重视从世界性文化中汲取营养，从而进一步丰富了传统汉传佛教的思想及其研究方法。

如法舫，由于深谙域外佛学研究的核心内容及其学术特点，因而对中国佛教学术方法现代性转变必要性的认识，也即显得更为深刻和急迫。他写于南亚的一系列的书信，非常像唐代义净的《南海寄归内法传》，具有非常明显的比较视角。如法舫写道：

> 中国佛教如何与国际佛教接轨，此是中国佛教徒之一难题。……故今后中国僧教育界必须注意培养此种人才。故学院应开英文班教学英文，培养能说英语、能了解英文之人才。不只是为国际佛教之交际，最重要者，是为了研究国际佛教。
>
> 近二百年来，欧美人士对佛学之研究，极为发达。英德之小乘学、法俄之大乘学，皆极盛行。日本自明治维新后八十年来，已培养不少中国佛学者，欧美人士之读中国文佛书者，或研究中国佛学者，皆受日人指导，或依据现在日人之著述。以中国佛教界无此种人，不能与彼等接交，亦无可供国际人士研究之著作也。②

---

① 在当时也许未必能够看到或感受到佛教学术形态的显著变化，但是如果将之放到学术历史进程中加以回溯，可以发现这种变化是巨大的。

② 法舫：《致慈航法师函（二）》，《法舫文集》第6卷，第90页。

另外，如《教海观阑录》之类的研究文章，[①] 则将佛教与欧洲文明、中国文明加以列表对比。虽然传统上的中国佛教研究者也重视将中国佛教的发展与中国历史发展及其他学术思想（如与儒道两家）进行比照，但这仍然属于中华文化系统内部的比较，所以将佛教与文化系统之外的欧洲希腊文明和南亚文明及其历史进程进行的比照,即有着更重要的方法论意义。这表现出了此时的佛学研究者已经有了一定的国际视野，其学术研究成果也有着一定的跨文化形态。在研究中国佛教的外传历史中，有学者也曾对过去中国佛教史研究中很少涉及的佛教传入柔然和突厥等地的历史进行了简单的梳理，并对自中文重译的西域语言佛教文献进行了简介，具有了很好的学术创新。[②]

学者们也充分认识到，中国学术仅是世界学术的一部分，中国学术只有纳入世界学术之中才能得到发展。[③] 换言之，“中国佛教”只有成为“世界佛教”，才能够真正成为“现代佛教”和“中国佛教”，“中国佛教史”只有成为“世界佛教史”才能真正成为“中国佛教史”。或者说，只有在世界佛教史的历史进程中，才能更好地建构中国佛教史。这正是太虚等人所要努力建设世界主义佛教的目的。显然，这与曾经的仅仅把学术研究理解成是对经典进行不断回顾、传承和注疏的观念是完全不同的。

（二）促进佛学研究领域的跨系统性

此处所说的跨系统性，主要体现的是对世界范围内不同区域佛教学术的关注。民国时期的佛教研究者重视将中国佛教的发展放在社会历史的大背景中，放在东西文明的交流中，放在佛教不同语系、区域、派别的交流和相互影响中加以考察、比较，以推进佛学研究领域的跨系统开展。诸如蒋维乔等人的佛学研究，太虚等去欧美弘法、考察，法舫等至南洋和南亚学习，都是在这种历史维度中进行的。

---

① 《民国佛教期刊文献集成》第 41 卷，第 509–532 页。

② 《民国佛教期刊文献集成》第 96 卷，第 285–287 页、第 323–325 页、第 359–361 页。

③ 王建光：《不期而遇的“现代性”：清末民国中国佛教学术方法的特色及其启示》，《普陀学刊》第四辑，上海古籍出版社，2017 年，第 82–84 页。

巨赞对锡兰佛教及其律仪的认识是："锡兰佛教，就形式论之，堪称完善。以其无财产制度，生活单纯，大多数出家人，生息于佛律之下而弗之违。处今日复杂情形下，犹能保持此种原始生活于一隅，可谓特例。但禅定般若，吸精用宏，胸襟磅礴，毗卢顶上行，彼辈犹未梦见在。"而且，"锡兰所保持之律仪，已非佛制。虽有《阿含》，而缺《般若》《华严》《智论》《瑜伽》等大部经论，及诸部律藏。"① 显然，这种认识已经更为完整、客观和深入。

从文献的角度而言，法舫翻译的《日译南传大藏经之发刊辞及总目录》、圆照节译的《日译南传大藏经》等，都使中国佛教界进一步掌握了南传三藏的形成历史及其基本结构，也使一般的学者对南传经典有了更多的接触和理解，从而进一步丰富了对原始佛教、部派佛教思想及历史的研究。法舫作的《加拿大与美国之佛教》《今日佛教运动在欧洲》《对于欧洲人的一种佛教》《世界和平与佛教新运动》《国内佛教与国外佛教之今昔观》《走上世界佛学之路》《暹罗佛教的展望》《英国佛运三十年纪念》《今日之锡兰佛教运动》等文，也增加了人们对域外佛教和佛学的深入了解。②

当时的佛教报刊也刊发一些对不同文化系统中佛教及相关学术的研究文章，如《英国佛教会过去一年工作之报告》、冯宝瑛的《评美国佛学界之中国佛教史观》以及男青著译的《欧美各国的善女人》《锡兰佛舍利塔开幕佛光显现目击记》等。另有哥伦比亚大学教授阿生肯购买北京中央刻经院所出佛经（一百多种，每种各购二百册）分赠图书馆，以作东方文化研究的参考用书。③ 这一切的工作，都对中国佛教的跨文化交流和研究起到一定的积极作用。

（三）赋予佛教学术品质的革命性

一般而言，民国时期的佛教界有着所谓"保守"与"革新"两种对立的思潮或行为，但这可能更多地表现在具体的事务领域——主要如庙产、法系传承、管理方式及管理权等。而对诸如是否要增强佛教的现代性内涵、

---

① 巨赞：《新佛教运动之史的研究》，《巨赞文集》（上卷），第 28–29 页。

② 《法舫文集》第 1 卷，第 166–178 页；《法舫文集》第 5 卷，第 94、113、254–285 页。

③ 《又有大批图书渡洋》，《民国佛教期刊文献集成》，第 173 卷，第 98 页。

促进佛教在现代社会发展、建设佛教学术的新形态等形而上学的问题，在佛教界、僧团领袖及其佛教思想家们之间，应该是毫无疑问地有着基本共识。这也是一个不证自明的问题。之所以有人会表现出“保守”或“激进”的色彩，主要是因为他们在诸如怎样促进佛教现代转型、把佛教转型成什么样子等具体方法和目标上有所区别。或者说，这种区别是对佛教的变革动力、力度、进程和方向等问题的认识不同（原因当然复杂），而不是围绕要不要推进佛教发展这样的问题而产生争论。换言之，在这个时期，变革应该是一种基本的价值共识。①

太虚即是致力于彰显佛教学术革命性的代表人物。其佛学思想的深处不仅受到诸如托尔斯泰、巴枯宁、蒲鲁东、克鲁泡特金、马克思等西方关于进化论、社会主义或无政府主义等学术思想或社会理想的影响，也受到诸如康有为《大同书》、梁启超《新民说》、章炳麟《告佛弟子书》、谭嗣同《仁学》、严复译的《天演论》，以及三民主义和邹容《革命军》甚至一些小说等斑驳陆离思想的影响。太虚志在实现佛法救世，所以才主张在“中国政治革命后，中国的佛教亦须经过革命”。② 显然，革命的思想必然会产生革命的佛教，革命的佛教必然会形成革命的佛教学术。这种革命思想也正是建构现代佛教学术形态的精神元素之一。

在中国近现代的百余年间，中国学术方法面临着西方学术和日本学术的强势解构。经历过西方思想和学术方法（包括日本佛教和南洋佛教等）影响的近现代中国佛教，也在诸多现代性学术力量解读的压力之下，进行着自己艰难的学术转型及其形态重构。中国知识分子对受到解构的传统学术的重建，既是对中国传统学术的一种自我反省，更是对新时代变化的一种学术自觉。这种反省与自觉往往都表现为一种壮士断腕、义无反顾的精神。这也为其后中国学术的发展清理了思想包袱，或者对此作出了某种感情的历史了结，不仅丰富和强化了中国佛学的思想魅力，也促进了 20 世纪中国佛学的发展，使其能够以新的学术形态进入到一个前所未有的新的历史时代。

---

① 本处并不否认此时有些人仅仅是为了自己的既得利益，而对佛教面临的问题采取鸵鸟态度。至于佛教新旧两派的区别，时人大醒法师在《中国佛教新旧两派之趋势》一文中有着较清晰的说明。

② 太虚：《自传》，《太虚大师全书》第 31 卷，第 177–180 页。

建设目标篇第六

新戒律学的现实功能

近代以来的戒律学建设是新佛教建设的重要组成部分，也是新佛教能够在社会上挺立的制度性基础。所以，这是一个从清末到民国一直受到僧俗广泛关心的重要话题，当然也是一个十分艰巨的历史性任务。虽然佛教内部在推进戒律学建设、强化戒律持守等方面有着强烈的共识，但是对于如何建设戒律学、如何使戒律更好地适应现代社会，以及如何强化新时代的戒律持守等问题，却又是不易说清楚的话题。由于戒律学建设既细微而又宏大，既现实而又高远，这即使得民国时期的戒律学建设过程既曲折艰难，而又丰富多彩。尽管如此，我们仍然可以将之概括为一个简单的表述，这即是说：我们要建设一个什么样的新戒律学？

第一节　新戒律学建设是为严净毗尼

佛教新戒律学的建设，既有来自僧团与社会内外两个方面的动力，也有来自此内外两个方面的压力。从理论上说，这既有对“以戒为师”祖训的坚守，也有对“戒律住则佛法住”的责任担当。虽然僧团大众对戒律学建设的意义都有着明确的认识或基本的共识，但在复杂的社会现实面前，如何贯彻与落实这种坚守与担当，却又是有着一定难度的复杂问题。

一、戒律学与戒律持守并不总是成正比关系

戒律学建设既是一个艰巨的任务，也是一个复杂的系统工程。

历史上看，在一定社会历史条件下，僧团戒律的持守水平主要受到四个因素的制约：一是基于僧团戒律观决定的整体持戒状况及其对违戒者所给予的来自僧团内部的处罚方式和力度，二是包括社会政治、经济、法制、道德水准等在内的社会大环境的整体情况及其对僧众所作的价值规范与外部制约，三是僧人个体的素质、僧格、理想和持戒觉悟，四是戒律学的理论研究及思想创新成果在僧团中的实践程度。

显然，僧众的戒律持守状况是多种复杂力量共同作用的结果，戒律学理论是否兴盛与僧人持戒是否严谨，两者之间并不总是成正比关系。或者说，把戒律研习透彻，让律学传播普及广泛、戒律学著作不断出现，并不一定就会使僧众的戒律持守水平飞速提高。但是，戒律学的繁荣与发展，确实能够有助于在社会上和僧团中倡导“以戒为师”的价值导向，有助于强化“戒为无上菩萨本”的精神力量，有助于僧团或个人对戒律精神及内涵的理解，并促进对其持戒自觉性的养成与内化。

《楞严经》中说：“理则顿悟，乘悟并销。事非顿除，因次第尽。”① 从戒律持守的角度而言，僧众持戒不严不一定在于没有戒律的条文，也不在于对戒律的研习不深入，其根本原因主要是失去了对戒律精神的坚守和对佛法内在价值的追求。试想，当律学思想中的严重处罚“不共住”（被摈出僧团）已经成为个别犯错者梦寐以求的事时，违反戒律者还有什么可怕的呢？再者，佛法理论可以一通百通——通了就通了，不通就不能；通了就能到处讲经，不通可以求师学习。而戒律却不是这样。虽不能说戒律一学就通，但至少对于大部分条文来说，不能完整理解并不会必然地影响到其持守的结果；不知道处罚的法理依据和形而上学基础，也并不影响违反戒律者对这种处罚的畏惧。所以，戒律学的核心问题就在于此：学通了未必就一定有意义，就一定能够指导自己的修行；学不是目的，行才是宗旨。

因此，戒律学不是万能的，再繁荣的戒律学对于加强佛教的规范建设问题也不能做到药到病除。相反，戒律学思想和理论对待一些现实问题有时又是无力的或无效的。但是，尽管如此，如果没有戒律学建设，佛教肯

---

① 〔唐〕般剌蜜帝译：《大佛顶如来密因修证了义诸菩萨万行首楞严经》卷十，《大正藏》第 19 册，第 155 页上。

定又是难以存在的。所以，对于新佛教而言，戒律学建设是十分重要、不可或缺、须臾不可离开的。

二、僧人的复杂成分弱化戒律的地位

自古以来，僧团的人员构成都会十分复杂。不同层次、不同动机成员的加入，虽然可以壮大佛教的社会声势，带来更多的社会资源，但是复杂的人员构成也会对佛教造成严重的负面影响。这种影响尤其表现在对戒律的持守上。这在历史上一直都是一个十分突出的问题，在很多时候还会从佛教内部外延，并演变成社会或政治问题。

印顺曾经指出，严格说来，现在并没有依律而住的僧团。如果能够深研戒律精神，把戒律的真正精神原则拿出来，用现在的方式去建立组织、加以实践的话，可能会更合于佛法。这正是佛法伟大的特质。① 但是，因为时代的变化，这显然又是不可能的，或者是不容易的。尤其在社会动荡时期更是如此。

如果说在社会上存在不持戒的僧人，这本不是什么新闻，因为任何时代都会有这种事情出现，任何团体都会有违反规则者。关键是如何看待这种不守戒律的现象——或者说持什么样的戒律观——才是更重要的。

据清张鸣珂（1829–1908）的《寒松阁谈艺琐录》所记，有释根雨者，为楞严寺僧，"性通脱，饮酒食肉，无所不可；善画兰，风枝露叶，潇洒自如。概雨本农家子，迫于避仇，祝发空门，盖其中有大不得已者，动心忍性，曾益不能，未可盖以戒律绳之也"。② 显然，作者关于持戒的这种观点是很有特色的。也许在作者看来，因为释根雨出家本是为了避仇，而不是志在出家，当然也谈不上什么发心和道心，加之他又有着高超的艺术能力，工于画兰，所以就可以不守戒律了。但是，俗话说，到什么山，唱什么歌。显然，作者为之开脱的理由，实在是站不住脚的。紧接着，作者又说有高僧竺崖，行脚晋阳，住文殊院，"与士大夫游，工书有笔力"，"画兰清劲，

---

① 印顺：《研究佛法的立场与方法》，《印顺法师文汇》，第 534–535 页。

② 〔清〕张鸣珂：《寒松阁谈艺琐录》卷六，周俊富辑：《清代传记丛刊 · 艺林类⑩》，台北明文书局印行，第 206 页。

墨采焕发”，“戒行精坚”。①

张鸣珂，字公束，号玉珊，晚号寒松老人，浙江嘉兴人，生活于道光和光绪年间，其所记之事也大致反映了当时本地寺僧持戒之状况及士大夫对此现象的基本态度。他在其《寒松阁谈艺琐录》卷六中记了八位画僧，由此可见当时僧众的基本生活状况。

从清末到民国中后期，中国佛教发展已慢慢走出了曾经的颓势，僧团规模也在日益扩大。与之相应，僧团的人员构成也就愈加复杂，律学素养更是因之参差不齐。据欧阳竟无居士 1936 年的文章说，中国大陆僧尼约略总在百万之数，但其中能知大法、办悲智、堪住持、能被称为真正“比丘”而不愧者，诚寡若晨星。“其大多数皆游手好闲，晨夕坐食，诚国家一大蠹虫，但有无穷之害，而无一毫之利者”。所以欧阳居士不仅指出和呼吁要对此现象加以整顿和纠弊，更加强调了这种整顿的重要性与迫切性。他说：

> 如不整理、不严拣，诚为革命时之一大遗憾。说者如具方便之心，应思此百万之众如何俾以利国利民，不应但参加国选即以为利国利民也。渐以为，应于百万众中精细严察，朝取一人拔其尤，暮取一人拔其尤，如是精严，至多不过数百人。夫以数百人较四万万民众，不啻九牛之一毛，以是从国家乞舍，如奘师乞太宗舍基师之例，以为专作住持大教之用，以为教团真正比丘真实宏教之用，以其清净慈悲、超然无诤，为诸大夫国人所矜式。国家万无沮尼之理。盖所舍之民少，而所得利国之益大故耳。

欧阳居士指出，对于那些不守戒律之徒，则复其公民之位，以作真正公民之事，士农工商，日出而作，日入而息。这样，“国家岁省百万众之耗食，岁收百万众之力作，夫然后乃得谓之为方便也”。②

因此，如何评价清末民国时期的佛教戒律持守和律学研习状况，这既

---

① 〔清〕张鸣珂：《寒松阁谈艺琐录》卷六，周俊富辑：《清代传记丛刊 · 艺林类⑩》，台北明文书局印行，第 206 页。

② 欧阳竟无：《辩方便与僧制》，《欧阳渐大德文汇》，第 24 页。

是一个十分深刻的学术问题，也是一个极为复杂的实践问题。一方面，虽然众多的佛门长老、僧众或佛教思想家们能够严净毗尼、持戒修行，但另一方面，也不否认当时的大小丛林寺院中也不断出现一些无视戒律、淡化律学的倾向和事实。有的甚至会引起社会和媒体的广泛及持续的关注。

在一些地方，尤其是在生活艰辛的乡村小庙，所谓的持戒和修行，有的已经成为一种简单的仪式，甚至成为一种民俗性的东西，其事、其法、其律，已经与佛陀教诲和戒律精神相去甚远。当然，这种现象并不是这一阶段才有的，在历史上也都一直存在着。汪曾祺在描写民国风情的小说《受戒》中对此类现象有着生动的呈现。文中说：

> 这个庵里无所谓《清规》，连这两个字也没人提起。
>
> 仁山吃水烟，连出门做法事也带着他的水烟袋。
>
> 他们经常打牌。这是个打牌的好地方。把大殿上吃饭的方桌往门口一搭，斜放着，就是牌桌。桌子一放好，仁山就从他的方丈里把筹码拿出来，哗啦一声倒在桌上。斗纸牌的时候多，搓麻将的时候少。牌客除了师兄弟三人，常来的是一个收鸭毛的，一个打兔子兼偷鸡的，都是正经人。收鸭毛的担一副竹筐，串乡串镇，拉长了沙哑的声音喊叫：
>
> “鸭毛卖钱——！”
>
> 偷鸡的有一件家什——铜蜻蜓。看准了一只老母鸡，把铜蜻蜓一丢，鸡婆子上去就是一口。这一啄，铜蜻蜓的硬簧绷开，鸡嘴撑住了，叫不出来了。正在这鸡十分纳闷的时候，上去一把薅住。
>
> ……
>
> 下雨阴天，这二位就光临荸荠庵，消磨一天。
>
> 有时没有外客，就把老师叔也拉出来，打牌的结局，大都是当家和尚气得鼓鼓的：“× 妈妈的！又输了！下回不来了！”
>
> 他们吃肉不瞒人。年下也杀猪。杀猪就在大殿上。一切都和在家人一样，开水、木桶、尖刀。捆猪的时候，猪也是没命地叫。跟在家人不同的，是多一道仪式，要给即将升天的猪念一道“往生咒”，并且总是老师叔念，神情很庄重：“……一切胎生、卵生、

> 息生，来从虚空来，还归虚空去往生再世，皆当欢喜。南无阿弥陀佛！”
>
> 三师父仁渡一刀子下去，鲜红的猪血就带着很多沫子喷出来。①

虽然此是小说家言，有着一定的凭空杜撰与夸张成分，但此类现象仍然是来自现实的生活是显而易见的。究其原因，当然有多种，简而言之：一者即是许多僧众个体面临着直接的生存压力，或者是“其产不足以养之，泰半藉应赴经忏以糊口”。② 尤其是对于广大的普通僧人——特别是乡村小庙的僧人而言，不论是青灯古卷，还是参禅打坐，首先都需要解决吃饭穿衣问题，这就使他们不得不以生存为直接目标，从而事实上形成了一种生存第一、持戒第二的出家观念。尤其是在社会动荡、生产落后的时代或地区更是如此。二者即是缺少规范僧团的管理与大德的指导。传统上，与广大农民关系最近的佛教主要还是扎根于农业生产方式之中的、在广阔的乡村星罗存在着的大量小庙、招提或尼庵。因此，尽管从全国而言出家者实夥，但是由于僧人的分散式存在，想要形成普遍持律严谨的僧团实属不易。尤其是对于那些偏远或穷困地区的乡村寺院，僧人寥寥，僧俗不分，律仪不显，甚至于仅有的几位常住僧人之间可能都还存在着一定的血缘关系或其他社会关系。如此缺少僧团监督和互相砥砺，所谓出家、持戒与共修也就无从谈起。第三，僧人的持戒意识和毅力参差不齐。此处并不否认有众多道心坚固、清心苦行、严谨律仪、山中树下的僧人存在，但是能够成为高僧的僧人毕竟是少数，缺少或失去持戒意识与觉悟的僧人也大有人在。或者说，这些普通而又平凡的僧人才是近代动乱社会中佛教最基层的存在形式，也是千千万万农民对佛教主体形象、对佛教戒律持守最直接的认识对象。或许可以说，这种现象并不是罕见或孤立的。显然，这些僧人的存在方式已经使所谓的出家受戒、持律修行等，成为一种外在的形式——这里更不用说还存在着一些把出家当作直接解决穷困、谋得衣食之类僧人

① 汪曾祺：《受戒》，《汪曾祺短篇小说选》，第 203–205 页。

② 太虚：《僧制今论——十六年作》，《太虚大师全书》第 18 卷，第 171 页。

的存在。

自民国初年开始的一段时期，佛教思想界即发表了很多探讨如何能够严持戒律的文章，以图找到此类问题的戒律学解决方案。如芝峰的《本律学以整理今日佛教之制度》《律学大纲导言》《律学之精神》①、寂山的《谨守毗尼以清僧海说》②、安归的《戒律为今世当务之急》③、周慧觉的《戒律为学佛之根本说》④等都是如此。清海在《论保持佛教之必要》一文指出："今世之所以衰，则多由于僧徒之不学。僧徒之不学，则莫非滥度滥戒之所致。"他说，本来宗教之为崇信之者，但其演变成一种生计之道，而主持者却因其慈之故，而有滥收之弊端，"于是流品杂，真理灭，而遂演成今日不堪之世也"。⑤甚至在本文发表的二十余年后，中国佛教仍然被认为是这样一种景象：

> 中国丛林，虽向有宗、教、律、净，诸种分类，到现在只有名称而无实际，都失却自己所宗尚的精神，而形式上也流为混浊向下，基础都建筑在经忏、贩戒（传戒赚钱）、卖法（讲经卖钱）、营净（佛七卖钱）。名虽剩有专宗、专教、专律、专净的门庭，而实质上都以钱为共同目标，而彼此互相营业，彼此互相交换，上至住持，下至清众，全副精神都耗在这一件事上。向上之精神，自然提不起来，哪里能谈到住持佛法、学习佛法呢？⑥

显然，民国时期的这种持戒状况一直受到社会大众及僧团大德们的关注或批评。因此，要解决这种戒律持守不严的问题，在基本的温饱之外，一方面需要强化戒律持守的观念，加强丛林戒律建设，另一方面也需要加

---

① 《本律学以整理今日佛教之制度》，《民国佛教期刊文献集成》第 66 卷，第 21 页。《律学大纲导言》，《民国佛教期刊文献集成》第 66 卷，第 45-48 页、第 67-86 页。《律学之精神》，《民国佛教期刊文献集成》第 66 卷，第 472 页。

② 《民国佛教期刊文献集成》第 53 卷，第 327 页。

③ 《民国佛教期刊文献集成·补编》第 69 卷，第 155-156 页。

④ 《民国佛教期刊文献集成·补编》第 69 卷，第 157 页。

⑤ 《民国佛教期刊文献集成》第 5 卷，第 63-64 页。

⑥ 芝峰：《欧洲佛教徒来华求法》，《民国佛教期刊文献集成》第 185 卷，第 12 页。

强对戒律学的研习与建设，严净毗尼、规范新时代中的僧团行为，以保证佛教的完整存在和健康发展。

三、以戒律学研习强化戒律权威

新时代的戒律学建设应该突出戒律的基本精神，戒律学建设目标是为了加强僧团的戒律建设及服务于建立在此基础之上的和合僧团，而不是仅仅关注于戒律文本的字义注疏，也不是单纯为了提出什么新方法、新理论及与之相关的体系建构与思想发展。但是，如果有着一定的戒律学建设及其理论推动，这必然会有助于促进僧团和个人对戒律内涵与精神的精湛把握，也有助于其持律严谨和如法修行。所以，这才是加强戒律学建设的理论价值及其所表现出的现实意义。

芝峰在《律学之精神》一文中指出："戒律，即是教团有生命之精神。苟教团失其共同所依止之戒律，亦即是失去教团生命之精神。"①芝峰甚至引入进化论的观点说，如果教团没有了这种力量，失去了"涅而不淄"的精神，从外而言，不仅失去了指导社会生活的能力，也为社会所不容，便会归于"天演"而遭淘汰。所以，"真能充分表现其精神，使佛教久住者，厥唯彻内彻外构成僧团生命之学，所谓'行教'是也。佛教唯一之目的，虽重于精神之修养，然亦须由外表道德之实践以趋证"。②正因为如此，芝峰强调，"戒律不仅为教团之生命精神，而且是教团生命中唯一无上之权威。"③以是故，在根本上，戒律学研究的目的首先即是要强化戒律的地位和作用，强化僧人对戒律的敬畏，以提高其持律的自觉性，避免佛教被社会抛弃的命运。所以，"律学之精神，即在维持僧伽之规范，养成僧伽之人格，成为真正住持佛法、利益人世之僧宝也"。④

当时一位僧人达因曾指出，今日缁素所缺的是戒。但是，严格说来，戒律条文本就存在，且律藏浩瀚，怎么会是"缺戒"呢？达因说，今日佛

① 芝峰：《律学之精神》，《民国佛教期刊文献集成》第 66 卷，第 472 页。

② 芝峰：《律学之精神》，《民国佛教期刊文献集成》第 66 卷，第 472–473 页。

③ 芝峰：《律学之精神》，《民国佛教期刊文献集成》第 66 卷，第 473 页。

④ 芝峰：《律学之精神》，《民国佛教期刊文献集成》第 66 卷，第 472–473 页。

教衰落的原因是不讲戒——其意是说，不讲戒，戒则不存，这即是缺戒；不学戒律，戒律就不能内化到思想的自觉之中，这即是缺戒。所以欲维持佛教的永存，必须学戒、守戒；欲保持释尊的教法，必须重戒、研戒。如果不重戒、不持戒，那么僧众愈多，其害愈大。达因强调说："近年来新知识分子，不少倾向佛门；同时，僧青年也颇受了新教育。在这严重时期，要不提倡戒律，自由地研习下去，素以守戒出名的中国佛教，恐怕愈□不可收拾。"①

倓虚的《影尘回忆录》在叙述他请慈舟和弘一两位律师到青岛湛山寺讲律时，曾经这样说过：

> 他（按：指弘一）这次到北方来，也该当与北方人有缘。平常接受行律的，有很多学生，整个庙宇接受的还没有。虽然他在南方很多年，也没有能接受的；有，也是部分的，暂时的。慈老法师在湛山时也说，南北到任何地方也没完全接受讲律行律的。原因是在末法时代，持戒是一件难事；不要说持戒，就是讲戒也是枯燥无味。为了自己不能行持，谁也不肯去发心；尤其是经忏门头，一个丛林里，住很多人，分子不一，谁也作不得主，如果马上让他去持戒，过午不食，这简直太难了！②

慈舟是1936年离开湛山寺，弘一是1937年到达湛山寺。可见，如果说从清末佛教各宗得到复兴开始算起，戒律学也已经轰轰烈烈地建设了近半个世纪，到此时，戒律持守状况与戒律学家们的努力目标仍然有着较大的距离。这说明，从实践上而言，戒律学在事实上仍然是一个振而不兴、繁而不荣的状况，在丛林寺院中的效果和地位也没有得到充分展示。

简言之，对戒律学的研究，既是为了更好地理解和传播戒律，也是为了要建设一个既能适应时代要求、又能指导僧团如法如律存在的思想体系。戒律学建设的标准不是形而上学的而是实践的，不是抽象的而是具体的，其最终基本目标即是服务于建设持律严净的出家僧团。在此意义上说，戒

---

① 达因：《今日缁素所缺的是戒》，《民国佛教期刊文献集成·补编》第69卷，第159页。

② 倓虚：《影尘回忆录》，《倓虚大师文汇》，第321页。

律学建设的目标既高远、具体而又艰难——这即是为了实现严净毗尼、佛法久住，以服务中国社会大众。

第二节　新戒律学建设要能超越传统

民国时期，是中国传统戒律学的又一次复兴时期，教内外的贤达之士都对佛教戒律十分重视，并把此看成是佛教在新的历史条件下获得生存和发展的必要条件。在此基础上，他们都把寻找一条戒律学建设的新路径看成是中国佛教在新时代得到发展的重要前提。因此，戒律学的建设、研究以及戒律学的复兴等理论或实践问题，最终就会转化成一个十分学术化的命题：新时代的戒律学如何处理坚守和创新的关系，或者说是新时代的戒律持守如何处理传统观念与时代变革的问题。

一、传统需要超越

自南宋朝历经元明清至民国初年，计七百余年，因为社会动荡及其文化氛围的变化，戒律学在其间的发展和建设受到严重影响。“中间虽然也有人提倡律学，可是已失去南山真脉。原因是中国弘律的人少，经过多少次变乱，律典已毁于燹火，有原本也都流落在日本。”由于唐宋诸律家的撰述都已散失不存，至明末清初，所谓的律学撰述也不过是一些普及性的、课诵性的丛林寺院读本而已。其后虽有蕅益智旭和见月读体等人高扬律学，撰述多种，但也无突出理论建树。蕅益所作《毗尼事义集要》只是志在实用。这在本质上是为了那些“喜略不喜广”的人使用方便，虽然有用，但对戒律精神则失于阐释，最终也会使持守戒律流于形式。倓虚曾言道，读体虽有撰述，但因无古典著作的滋养，“所出撰述，与南山律意颇多不同之处，如解《随机羯磨》，就是一个例证。此外尚有一部流传最广的《传戒正范》，意思虽未与南山著述尽相吻合，然厥功至伟！”① 从明末至民国初年，丛林传戒均依此书，所以说该书影响到其后中国许多地区佛教丛林的戒律生活。

从戒律学的实践上看，读体对传戒规范也作了很大的改动。明朝以前

① 倓虚：《影尘回忆录》，《倓虚大师文汇》，第 316–317 页。

各丛林传戒规制不同，三坛戒法也不是一时俱受，而是分为三个时期而受。但是由于比丘戒被认为太严格，受戒的人也未必尽能受持，这样与其受而不能持，不如宽容持戒，所以读体始定在五十三天戒期内，三坛戒法递次而受。这种改变虽然务实有用，但却是对丛林戒律状况现实的无奈让步，是对不满意现状的遗憾认同。所以，近代以来，思想家们一方面高度评价《传戒正范》的作用与影响，另一方面也对其略有微词。倓虚就曾指出："这部《传戒正范》，因未见南山律之全部参考，并不算彻底完美之书。加以近代《弘戒法仪》又依此稍有增减，已不是《传戒正范》之本来面目。如欲恢复古代传戒之法，必有真正持律明律的人出而订定。"① 弘一在其《律学要略》中，也就此现象作过基本相同的表达。

有学者就此指出，虽然佛教戒律，正法佛子须臾不能离开，但在一个现实的社会里，如何持守戒律却是一个非常复杂的问题。若僧人不能与社会"同化"，反而是"在在流露出家风味，处处保持佛祖律仪，则社会一般人士，势必视为'时代'之落伍者。如是，非徒无益国家与社会，亦且有害于自身，佛法又何得复兴也？"②

显然，新律学的建设，有着艰巨的任务和重要的目标。这就是说，新的戒律学要能够弥补传统戒律学理论、方法和实践的历史局限性，要能够有益于新佛教的形成与发展。具体而言，这即是要能解决传统戒律学思想建设的滞后性和简略性，通过恢复戒律的权威，加强戒律在思想和行为上的纠错机制建设，把在戒律和规范层面上对现实的曾经让步，转变为对僧团丛林生活的一种行为强制性和价值引领性。

二、超越传统是佛教发展逻辑的必然要求

近现代佛教发展所遭遇到的文化和社会危机是前所未有的，与历史上曾经多次出现的国家变故也有着根本不同。历史上佛教生存环境的变化，大都是在中原文化内部进行的，其表现主要是政权主导者的变动，一般不涉及中原文化的核心命题和基本价值观的流失或被替代。新入主中原的统治者大都是尊佛、崇佛或友佛的，也大都能够坚守中原文化传统。但是在

---

① 倓虚：《影尘回忆录》，《倓虚大师文汇》，第 316–317 页。

② 静修：《佛教改革声中之戒律问题》，《民国佛教期刊文献集成》第 102 卷，第 148 页。

清末以后出现的民族文化危机与社会危机之中，佛教与传统文化一样都遭遇到了严重的外来文化的解构。国土变故、山河破碎、社会崩溃、经济凋敝，真可谓山河之大，放不下一张安静的禅床。所以这时的民族危机与文化危机一致，文化危机与宗教危机一致——而且文化危机也必然带来宗教的危机。故而，佛教内外的有识之士已经看到了僧团戒律松弛对佛教生存和发展的重要影响，看到了振兴中国佛教与振兴中国文化之间的关系。宗教的自立只有通过加强宗教自身的建设才能实现，而僧团的戒律建设即是其不可或缺的关键环节和基础。这正是当时社会上各种佛教改革思想或运动的内在动力，也是新时代戒律学发展的逻辑必然。

虽然中国近现代阶段的许多僧人和学者都接受过传统的佛学教育，贯彻的是传统教育理念，研究的是传统学术视域，但由于他们身处新时代的社会变革之中，面临着崭新的精神洗涤和价值观冲击，其思想中也有着新时代的种子。其研究方法、思想和视野也有着新时代的特点，所以在对传统的超越过程中，其戒律学思想的表现又是十分复杂的。民国时期戒律学与中国传统戒律学的最大区别是，此一阶段的高僧大德不仅很好地继承了传统，更为重要的是，由于他们大都有了较新的学术视野，有的还留学海外或出国考察过，所以对西方学术传统与方法、对日本的佛教研究大都十分熟悉。不少人的研究方法甚至还自觉或不自觉地贯彻或体现了西方的学术精神，这一切都是传统戒律研究者所不具备的。正是他们的这种努力，为新历史阶段中国佛教戒律学的研习注入了新的养分和成分。从某种意义上说，这也是20世纪初中国佛教及其戒律学复兴的一种新的思想动力。

对于中国近现代佛教而言，这个所谓的新时代，既是一个于世纪之交得到新思想曙光照耀的、充满着科学和民主精神的时代，也是一个面临着社会混乱、局势变动、阶层重组、域外学术和宗教传入的多元竞争时代。中国有了三民主义，但是民族、民权和民生问题仍然没有从根本上得到解决；中国的民智得到初启，但迷信和落后的社会意识仍然盛行；社会虽然深刻感受到了蛮夷的先进，但却更加深刻地体验到列强的野蛮。佛教的戒律学建设，就是要在这个新的社会环境中寻找存在的理由，争取发展的机会。

那么，戒律学建设如何处理好传统与现代、继承与创新的关系呢？太虚指出，他自己所主张的中国佛教“本位之新”有两个内容：“一是扫去中国佛教不能适应中国目前及将来的需求的病态，二是揭破离开中国佛教本位而易以异地异代的新谬见。在这两个原则之下，在中国目前及将来趋势的需求上，把中国佛教本位的新佛教建立起来。”[①]1918 年，太虚在上海主编《觉社丛书季刊》，其宗旨也许可以大致表达出他所认为新佛教——或者说是建设这种新佛教——的方法和要求。这即是：“内铸佛学真义，外融新学思潮，倡导整理僧制，轨正谬说邪论，护持大教，鼓吹僧举，以期建立人间佛教，觉导群伦。”[②]

显然，戒律学要想在新环境中得到生存、发展，就必须脱胎换骨，就必须既要从内部加以自我革新，又要能立足于新佛教本位宗旨，服务新佛教建设。这一切，都要从阐释律学思想、培养戒律僧才、强化戒律实践开始。只有如此，戒律学才能对新佛教的发展和建设提供规范的指导与价值的引领，才能真正超越传统而走向现代。

三、新戒律学要彰显戒律的时代价值

清末民国这一段时期，凡是关心佛教建设和佛教命运的人都会自然地关心戒律建设，关心戒律的革新与应用。在此基础上，建设新的戒律学也是当时社会和僧伽大众们非常关心的话题。在某种程度上，戒律学的研究以及戒律规范的时代建设，既决定了中国佛教发展的道路和方向，也影响到中国佛教的生存与未来。其中，最为重要的是，中国佛教戒律学的建设必须首先满足现实的需要和回应时代的要求。

清末后的一段时间，在时代的挑战和西学的压力之下，传统佛教已经仿佛走到了它的尽头。政府、社会和民间对佛教内部的腐败、对丛林的因循守旧、对僧众个体持律不严早已诟病不断。由于佛教的社会基础已经慢慢从乡村转移到城市、从乡绅转向市镇工商业和知识分子阶层，传统佛教那种依赖于个别护法即能得以羽翼下生存的环境也发生了变化，地方政府、军阀强人对佛教的不同态度，也使佛教面临着新的生存危机。正如章太炎

---

① 太虚：《新与融贯——二十六年八月在世界佛学苑研究部讲》，《太虚大师全书》第 1 卷，第 382–383 页。

② 游有维：《上海近代佛教简史》，第 115 页。

所说："今日通行的佛教，也有许多的杂质，与他本教不同，必须设法改良，才可用得。"① 显然，新佛教要求新的戒律学建设要能回应时代的挑战。如，大醒作于 1929 年的《佛教的危机和我们的责任》、印顺作于 1932 年的《佛法之危机及其救济》等文，都对此类问题加以研究，并提出了各自的解决思路。

对于僧团出现的戒律不振、律学不兴、持戒不严的现象，大家基本上都有着一致的认识。但是，如何解决这个问题，新的律学如何建设，这却是一个见仁见智的问题。基于不同的立场，对于如何振兴佛教、强化佛教戒律就有着不同的见解。如弘一、太虚等法师即是要通过祛除曾经使用既久的清规，以强化纯正戒律的作用与功能。有的人则是要通过恢复古清规，以强化戒律持守；甚至认为，只要废除元代以来的伪清规，恢复古清规，这些问题便可迎刃而解。也有的观点认为，佛教之所以衰落不堪，是和其"戒律甚严"有着密切的关系。如禁欲、茹素之类的束缚，因其太严，反倒难以实行，从而使佛教弊端百出。与其如此，不如干脆进行根本改革，彻底放松戒律，能通一经者即可出家，否则勒令还俗。而且，"受戒的仪式，可以废止；独身、素食等，完全听个人的自由，不加强制。"② 显然，这种掩耳盗铃式的解决方案，很难说没有受到日本佛教的某种影响。

为什么戒律持守较为艰难？戒律学研究又难在何处？为什么清末以来律学不振？芝峰的《律学大纲导言》对此问题列了几个原因：其一，佛教传入中国，流行于华夏大地，虽然律学有着空间的普遍性和时间的连续性，但由于各地民风不同，所以律学的研习也出现了因传习而增订、而分裂的现象。二者，中国的佛教制度影响到清末以来的戒律持守和律学研习，佛教不彰的主要原因正是律学不振。三者，元代以来清规的影响，使佛教戒律精神受到改变。伪清规不仅打击了戒律，也影响到义学的发展。尤其是明洪武十五年（1382）实行的"榜例诸山僧人，不入清规者，以法经之"政策，至清末民国时期形成了"家族式之佛教"。③ 这一切正是造成中国

① 姜玢编选：《革故鼎新的哲理——章太炎文选》，上海远东出版社，1996 年，第 144 页。

② 汤城：《今日佛教之危机及其挽救方法——佛诞日在南普陀闽南佛学院讲》，《民国佛教期刊文献集成》第 167 卷，第 94 页。

③ 芝峰：《律学大纲导言》，《民国佛教期刊文献集成》第 66 卷，第 82–84 页。

佛教至于清末民国时期出现制度不整、戒律松弛现象的原因。换言之，芝峰认为，由于中国的佛教制度不是基于律仪，所以这也有害于戒律的持守及戒律学的思想建设的。芝峰在《律学大纲导言》最后指出：

> 更衡以今日中国之时势、世界之潮流，而原有制度，非经一番彻底之改革，必不能适应现代之需要！故吾人研究律学，当以时代之眼光，绵密之思想，在此复杂繁乱之律藏中，求得其“随时适变逐处所宜”切要之关键，重制一以律学为基础特种方式佛教之制度，以适应新时代之需要，达到“毗尼久住、佛法久住”之目的。①

显而易见，这里逻辑是，要想强化戒律持守，就必须加强戒律学建设，只有把戒律学建设做好了，能够适应时代了，就能有助于戒律的持守。毋庸置疑，时代发展了，律学的持守精神也要必须因之相应地加以革新。但是，怎么对戒律的精神加以革新？所谓的革新是否还需要严持传统的戒律条文？或者说，在新的时代是否还需要用过去的方法来严持具有“过去”特色的条文？

虽然用“传统”来回应“现代”，这本身即存在着逻辑上的不能自洽，但是建设新时代的戒律学，并不能无视历史传统或仅希望对其进行简单化地嫁接而成之。事实上，只有超越传统，才能顺应时代。传统戒律学也因之必须要发展成现代形态，要展示现代功能。这有两个基本条件：一是必须植根于传统的思想土壤，二是必须致力于解决新的时代问题。简言之，推进现代戒律学建设，既有思想的力量，也有学术的推动力，但更为关键的是要彰显其中的能够直面时代、解决全新问题的内在价值。

第三节　新戒律学建设要能解决现实问题

戒律学建设是在注疏戒律经典、解释戒律精神的过程中得以展开的。戒律学建设的重要推动力即是要服务佛教中国化，并在此过程中实现戒律

---

① 芝峰：《律学大纲导言》，《民国佛教期刊文献集成》第 66 卷，第 86 页。

的中国化和时代化。

戒律中国化的本质即是要使产生于古印度的佛教戒律能够应对和解决中国佛教出现的问题，并在解决问题的过程中实现戒律中国化的思想创新和体系建构。因此，新戒律学要能直面整个佛教存在的现实问题，不仅需要加强僧众的戒律观和持戒精神的教育，更要能够解决诸如持戒不严、丛林不整、行事非法之类的现实问题。

在佛教中国化历史上，佛教戒律学需要解决问题的类型大概可以分为五个方面：一者，在中印两种社会中都是普遍存在的现象，其表现也具有一定的共性，律典中也有关于此类问题的明显、完整和可行的对治方案。如淫戒之类即是如此。只是在不同的时代，类似问题往往都会以新的形态不断出现，需要不断更新与之相应的解决方案。二者，有些问题或现象在印度社会中普遍存在，也是戒律持守的重要问题，其解决方案也曾在律典中得到充分展开，但这类问题在中国社会和中国佛教中却并不重要或并不是主要的、紧迫的问题。如诸部律典中十分重要的关于“粪扫衣”之类的问题，在中国古代和近代都基本不成为问题。三者，律典中有所涉及但没有充分展开的话题，在中国社会中却普遍存在或者是十分重要的存在。这种问题其实在佛教初入中国时就已经面对过——如踞坐、沙门是否跪拜帝王之类的问题，这类问题随着佛教中国化的深入而得到了中国化的解决。四者，印度社会中不存在的现象，在律典中也没有出现过或涉及，而是中国社会特有的文化或生活现象，在佛教中国化过程中成为一个必须面对并加以规范解决的问题。历史上的律师或僧团领袖往往在此方面有着针对性的创制，这些规范在事务管理中事实上也起到了戒律的作用。这一类问题或现象在不同的时代都会出现，表现出一定的时代性和区域性特色。五者，在印度和佛教中国化的历史过程中都没有遇到的问题，但在中国近现代阶段却出现了，从而对戒律持守的理论和实践带来一定的挑战，对戒律学建设也提出了更高的要求。对此类问题的解决，不仅需要完整掌握戒律精神，更要能够直面现实，所以人们对律宗一门寄托了更高的期望。如 1925 年，王佛愿在其《今世宏扬佛法应以律宗为当机论》文中指出，佛教虽有八宗，但是由于律宗是以戒为主，对治当时动荡纷争社会中混乱人心具有针对性，所以弘扬律宗，正可以能够清其源流，涤其渣滓。①

由此可见，戒律学建设必须要通过领会戒律精神，挖掘其中的时代化力量，以图更好地服务现实生活，促进僧团建设和僧伽修行，在社会中建设良好的佛教形象，并在此基础上重振佛教、发展佛教。

戒律学的建设与发展，其意义并不仅仅在于对传统经典的整理，也不是志在于建构一种纯粹知识形态的学问，而是要通过对戒律的研习，以解决僧人在不同社会文化环境修行中，或因应时代发展而遇到的从理体到行用的具体问题。其解决问题的内容和办法，也不仅仅限于丛林寺院的内部事务，更多的还会面临着社会性、时代性的问题。对于中国近现代佛教而言，随着时代的变化，佛教的存在方式已经从山林走向城市，佛教的社会环境已经从皇权政治走向民权社会，佛教的阶级基础已经从农村和农民慢慢过渡到城市工商阶层和知识阶层，僧人的视野已经从华夏观念走向了世界万邦。因此，新的社会、新的生活、新的群体、新的基础和视野，这一切都使佛教形成了全新的社会主体角色，僧人的生活方式、佛教与社会的交往方式等都有了新的内涵，这必然会使戒律持守面对新的问题和挑战。

佛教中国化的一个重要问题即是要能解决和应对只有在中国社会中才出现或存在的那些具有特殊性和个性化的问题。随着历史的发展，这些问题也会不断有新的表现形式和解决方法——这即是时代化问题。这在近现代社会中有着诸多的表现。

比如，饮酒是律典中明文禁止并加以充分阐释的，对此一般不会遇到理解问题。但是对于出家人而言，香烟能不能抽？这一问题应该说从明代烟草传入中国之后就应该会存在的。因为香烟有害，使人成瘾，所以可以理所当然地有“抽烟戒”，其解决思路显然也是符合佛法和戒律精神的。如弘一即说，吃烟在律中虽无明文，但在我国习惯上也很容易受人讥嫌，所以“总以不吃为是”。②这一点当然也可延伸至包括鸦片在内的各种类型的具有抑制、兴奋和致幻作用的毒品。这也是大家能够简单地依据戒律

① 王佛愿：《今世宏扬佛法应以律宗为当机论》，《民国佛教期刊文献集成·补编》第9卷，第20–22页。

② 弘一：《青年佛徒应注意的四项——丙子正月开学日在南普陀寺佛教养正院讲》，《弘一大师全集》第7册，第379页下。

学的精神就能够轻松处理的。[①] 那么，咖啡能不能喝？如果不能喝，那其戒律学的根据或原理是什么？

首先，假如说，之所以禁止饮用咖啡是因为其中的咖啡因是一种容易让人上瘾并引起中枢神经兴奋的物质，所以当然应该加以禁止，这似乎无争议。但是，它与饮茶相比呢？茶叶事实上也是一种让人在某种程度上易于成瘾的东西。其中的化学成分及其对饮用者在生理生化上的影响，与饮用咖啡的作用有着一定的类似。其次，如果说不允许饮用咖啡却能饮用茶叶，其原因仅仅是传统上人们不具备丰富的化学知识，对茶叶中存在能够引人成瘾的东西了解不足，那么当现代的化学已经充分地揭示了这个问题之后，僧团生活还能够饮茶吗？再次，众所周知，饮茶一直是中国传统丛林生活中的重要内容，诸种清规对此都有着详细的规范，保证僧人的饮茶也是丛林知事的重要职责。更不用说中国禅宗精神中的"禅茶一味"之传统了。也许可以说，在唐代以后，没有饮茶也就没有中国佛教禅宗的生活和品位，甚至没有中国禅宗的精神，更使丛林缺少与士大夫进行精神交流的一种文化的和物质的平台。最后，如果说中国的僧人不能饮用咖啡，那么欧美国家的僧人能不能饮用咖啡呢？

因此，新时代戒律学要解决新问题的关键正在于要能够与现代僧众的修行和生活对接，以使戒律精神更好地对接现代社会、服务现代社会，或者说是要完成戒律精神的现代化进程，以直面并解决在现代社会中存在的新问题。太虚的《佛教人乘正法论》一文，正是结合时代新生活方式，提出了佛教戒律的生活化问题，如纳税、守法、拥护国家权力，不食鸦片、烟草和各种兴奋性毒性药品。[②]

在此意义上，如果说新时代的南山律学与传统的南山律学有着什么不同的话，那么其最重要的差异不是因为它们分属不同的时代，而是因为它们要解决的问题和解决问题的方法有着明显的不同。

---

① 值得指出的是，在民国时期的一些佛教类报刊上，售烟广告和售卖戒烟药品的广告都会出现。

② 太虚：《佛教人乘正法论》，《太虚大师全书》第 3 卷，第 124、127 页。

第四节　新戒律学建设要能服务新的社会人生

戒律学复兴艰巨的一个主要原因，即是在处理坚持与创新、历史与现实、思想与实践方面的问题时，总会遇到多种复杂社会因素的制约。新戒律学建设既要能够服务社会大众，又要能够适应现代性社会的法治精神，因此需要解决的问题比历史上更多、更复杂。而且，这些需要解决的问题有许多都是律藏中并不存在的，当然也不会有佛陀所制的现成戒律。因此，新戒律学建设的一个重要任务，即是要寻找一种能够坚持戒律精神、符合社会需求、服务社会民生的具有实用功能的解决方案。

一、新戒律学建设是具体的而不是抽象的

不论何时何地，加强戒律学建设，首先都离不开对戒律文献的深入研读，但这并不意味着是过分地执著于对某些条文的文献学考辨——虽然这事实上是很重要的，也不是醉心于一种学术化的形而上学建构——虽然这是非常有益的。相反，作为一种实践性的知识，戒律必须要在应用中研习，在研习中应用，离开现实应用的戒律文献研习，往往会成为一种知识性游戏，甚至成为一种不结果实的形而上学之树。

研读戒律文献的作用在于要能正确完整地理解戒律精神，而不是纠缠于其中的细枝末节问题。持松曾对有人纠缠于《梵网经菩萨戒本》的真伪就非常不以为然。他在《〈梵网经菩萨戒本汇解〉序》中对此现象加以批评。持松指出，首先，这种怀疑思想的产生，是因为有些人受到日本等地学者的影响，人云亦云地宣称《楞严》为房融所托、《起信》为贤首所撰，或《梵网》为罗什所诵之类。要知道，“学贵得本，理务得真”，如修齐治平之学，要体会的是，其治国之本是否由于齐家，致知之道是否在于格物，重点并不在于其言是否出自孔子。纵然《梵网戒》为罗什所说，又何伤于戒法本体？再者，还有些学者往往自师蠡见，漫言疑伪，往往轻易少据地宣称某史不足信、某书不足凭，而这些被怀疑的东西，其真实性已经得到殷墟甲骨的证明。所以，这些人“本为示其博，而适以见其陋”，“治外学然，治内典者亦然”。三者，持松举例说，当有人以《楞严》真伪之事

求决于莲池祩宏时，得到的回答是“纵使他人能说此理，吾亦尊之为佛语也”！换言之，《梵网经》亦是如此——我只论其金刚光明宝戒是不是一切佛本源、一切菩萨本源佛性种子，而不必问其言是否出于佛或罗师之口。第四，中土千百年来，虽然声闻戒法得到南山宗的发挥，但独大乘菩萨戒散在诸经中，没有得到纂辑成书。诸方正是赖以《梵网戒》而得圆具三坛、教授新学菩萨，本戒对中国佛教产生了重要影响，难道就因为有一二附和狂解之辈，就要废其所学吗！① 持松进一步指出，即使目前还没有证据能够证明其为佛说，但总有一天，我们能够找到足够的材料证明其为佛说的。正如殷墟之甲骨文对于三皇五帝的证明意义一样。退一步说，即使《梵网经》最终证明果然不为佛说，但持之而能光大佛法、延续慧命，何以不持！显然，持松反对这种纠缠于经典真伪的主要原因，正是为了使修学者避免误入歧途，而舍本逐末、买椟还珠。简言之，只要能够有助于持戒修行，以律治僧，何必一定要纠结于一种文本是否为佛说呢！

持松在《〈菩提正道菩萨戒论〉后序》中也表达了这种观点。他说，即使姑置《梵网经》真伪于不论：

> 但综覆轻重之文，共不能尽大乘之制教也，彰彰明也。虽然，此不足为南山病，亦不足为什师病也。何者？盖南山作《羯磨》《行事》等疏时，而奘师之《瑜伽诸本》尚未译就。既无圣言，何可准凭？宝华固祖述南山者也，什师亦随意而诵者也，乌足病哉？②

持松此说真是殷切重重。佛教思想界及社会学术界对以《梵网经》为代表的几种中国佛教重要经典真伪问题的争论，不仅是一个学术问题，也反映了戒律持守的精神和原则问题。这是因为，或有不能持此戒者，往往以其不为佛说之借口而加以轻视。对于这种观点，有不少僧人都作出过自己的解释和回答。而以太虚为代表的一种观点，则是要努力通过证明《梵网经》为佛说，以强调对其持守的重要性。此与持松之说实乃殊途而同归。

---

① 持松：《〈梵网经菩萨戒本汇解〉序》，《持松大师全集》第6册，第217页。按：《梵网经菩萨戒本汇解》，李圆净编，主要是汇集智者大师的《梵网戒义疏》、莲池大师的《戒疏发隐》和澫益大师的《梵网合注》等，由佛学书局于1938年出版。

② 持松：《〈菩提正道菩萨戒论〉后序》，《持松大师全集》第6册，第213页。

二、以戒律精神化被社会

虽然戒律主要是出家人的事，但是随着居士佛教的发展，尤其是随着佛教社会基础的改变，一些戒律思想也往往会在社会中得到传播，对一些群体产生着一定的影响。因此，关于戒律学建设所引起的学术争论也就具有了某种社会意义，并在社会中产生一定的涟漪。作为对这种社会关注的回应，佛教的主体角色也就有了全新的塑造。民国以后中华佛教总会的章程即强调，“本会系中华民国全体僧界共同组织”，强调“本会统一佛教，阐扬法化，以促进人群道德、完全国民幸福为宗旨”之志向。

显然，新戒律学建设既要能解决僧众的修行问题，还要能够贴近社会生活，尽可能服务社会大众，有助于社会公序良俗，并在此基础上谋得社会大众的理解与支持。在此意义上，所谓戒律的社会价值，即是修善律己，服务大众。因此，佛教戒律学建设，也就有了从超越“佛教的”戒律而向“社会的”戒律发展趋势，并在这种发展中诠释自己的戒律理念，以能影响社会生活，教化世人世心，展示佛教的济世情怀。

民国时佛教戒律建设目标曾被延伸到广泛的社会生活领域。如在抗日战争年代，有人提出了“持戒即护国”的观点。① 宗仰就戒律的功能说：“戒律既严，宗教益正，此又补救人心风俗，为改良社会者三也。”② 修大章记于1936年的《见镛师于邵武双泉寺讲比丘戒》中说，见镛于伏月初八日为双泉寺诸比丘演讲二百五十戒，“以僧伽为社会观瞻所系，欲转移闽西北人民去邪向善，非从僧祇戒律，用□学道之斟不为功，提高僧众之品格。经见镛师全部讲毕后，该寺二十余僧众自励一律提议过午不食，业已实行。”③

历史上，戒律的社会功能一直被加以强调的是，它具有某些世俗法律所不具备的作用，能够达到法律所不能达到的地方，所以佛教戒律是对世俗法律的一种重要补充。比如，佛教戒法“可以补助世界国家法律之不及。法律但能治人民犯罪于已然，既犯法律，加以处分；而佛教戒法，可令人

---

① 《稀见民国佛教文献汇编（报纸）》第8卷，第86页。

② 宗仰：《佛教进行商榷书》，《宗仰上人集》，第43页。

③ 《见镛师于邵武双泉寺讲比丘戒》，《民国佛教期刊文献集成》第53卷，第48页。

民畏罪不犯，而防非止恶，功效甚大”。[①] 所以，在功能上将“佛教的”戒律向“社会的”戒律转变这一趋势，也成为当时一种风尚。所谓的“佛化监狱”等工作即是其重要表现。民国时期，高僧名僧于监狱中讲经说戒（主要是五戒和菩萨戒），即是非常突出的一个戒律化被社会的重要活动。为了改善监狱的管理方法，有人于监狱中为犯人讲天台四最胜心，讲《增一阿含经》中的五戒品，讲《佛说梵网经》《五戒十善业道经》等，“使知修五戒十善，为往生人天之国”。这一切都取得了积极的效果。[②]

在新时代面前，新旧观念的交锋也会表现在对佛教基本价值观的理解上，这也对社会大众造成复杂的影响。如发表于《报恩佛学院院刊》上署名照空的文章《现在僧伽之生活是否有改善之必要》即已经提到这个问题。[③] 在该文中，作者将人的幸福生活分为精神生活和物质生活两个方面，并指出："物质和精神，是并重不可偏废的。想求精神生活的美满，非有物质生活享受不可。”至于为什么像《遗教经》中所说，“持净戒者，不得贩卖贸易，安置田宅”说法，作者认为这是因为印度气候温和，加之檀越发心供养，生活容易解决，所以才会定出这样的制度。[④] 而在中国这样地理多样、气候复杂的社会，可能就会有着不同的理解。显然，不论其说法是否符合戒律精神，但仍然表示出一定的将戒律区域化、时代化和现实化的思想倾向。

三、戒杀与护生是戒律精神影响社会的表现

民国时期，一些工商业发达的城市以及在一些知识分子中间，戒杀、护生和素食成为一种具有国际特色的时尚生活。虽然有的时候不一定与佛教有着直接关系，但却对佛教的戒杀护生思想扩大影响，起到强化的作用。而章太炎作于1921年的《杭州戒杀放生会记》即说由之可见“佛道感人之深”。[⑤]

---

① 圆瑛：《佛教与世界之关系》，《圆瑛大师文汇》，第208页。

② 《请于各省监狱讲堂佛经，改良监狱之不二法门》，《民国佛教期刊文献集成》第8卷，第190页。

③ 照空：《现在僧伽之生活是否有改善之必要》，《民国佛教期刊文献集成》第76卷，第304-310页。

④ 照空：《现在僧伽之生活是否有改善之必要》，《民国佛教期刊文献集成》第76卷，第304页。

⑤ 章太炎：《杭州戒杀放生会记》，《印光大师全集》第六册，台湾佛教书局，1991年。

如著名文人蔡元培，虽然他本人并不信仰佛教，甚至可以说对佛教也许还怀有某种偏见甚至鄙视的态度，但却对戒杀思想是认同的，并能坚持持素生活。不过，此举并没有宗教色彩，主要是因为他在德国时读到俄国作家托尔斯泰描写田猎之事的著作之后，就从此不再食肉。他说，素食有三个益处：卫生、戒杀、节用：

> 戒杀者，非伦理学问题，而是感情问题。感情及于动物，故不食动物；他日，若感情又及于植物，则自然不食植物矣。且素食者，亦非绝对不杀动物，一叶一蔬，一勺之水，安知不时有多数动物？既非人目所能见，而为感情所未及，则姑听之而已。不能以伦理学绳之也。①

显然，蔡元培虽然也主张戒杀，但是其思想基础是与佛教戒杀的思想基础不同的。

戒杀是人类文明的重要表征之一。杀人是对人的生命状态的强力中止，是对人的生命权的肆意剥夺。所以，杀生是小乘四波罗夷罪之一，也是大乘菩萨戒的十重禁之一。佛教所谓的戒杀，即是指戒杀一切生命，它是五戒、八戒、十戒以及具足戒的核心内容。可以简单地将戒杀分为两种，一类是戒杀人，一类是戒杀其他所有动物或生命形态。对于社会大众而言，佛教戒杀主张是理解佛教戒律思想的重要的、直观的基础之一，也是其最基本的表现。在僧团中、社会上以及价值形态多样化的知识分子群体之中，不论能否做到戒杀，但他们对此一条基本不存在认知的异议，并能够报以深深的理解与同情。这也正是此后社会中戒杀思潮兴起，并受到社会大众欢迎和积极参与的社会心理原因之一。戒杀和护生已经成为僧俗大众都能容易接受与实行、能够达成基本共识的一种基础性戒律价值观。

佛教戒杀思想及其实施，是基于一切有情平等、一切众生可为我父母等理论。这不是简单地涉及情感问题，而是一种具有宗教特色的禁忌和内在的道德自律。而且，戒律在现实生活中的具体表现不仅是戒杀的问题，对于僧人个体而言，佛教戒杀的实施不仅受到僧团内在的道德力量和团体

① 蔡元培：《致寿孝天书》，朱正编：《名人自述》，东方出版社，2009年，第148页。

规则的强制性保障，同时还受到来自社会的文化、舆论和道德力量的多重监督与制约。

当然，现实是复杂的，其复杂程度远远超越了经典时代的佛陀教诲。在现代社会中，“杀人”有着多种形态，如：有过失至人丧命，有政府的司法活动，有一般的刑事犯罪，也有一些战争行为等。在近现代社会，关于杀戒的争论，尤其表现在对战争的看法上。

战争爆发往往都是因由不同政治立场或利益争夺而引发的，战争中的杀人行为也是一个十分复杂的理论和现实问题。怎么看待军队打仗中的杀生现象，就是一个具有普遍性的戒律学难题。如军人保家卫国，战场上难免会有杀戮，怎么解决呢？圆瑛说：

> 杀生之事，本是伤慈。然立身军界，为除暴安良，保民护国，奉有军令，而与私意杀害者有别。若对私人份内，一定不可行。杀人为因，必招人杀之果，如无故杀人，以强凌弱，则处以军法，岂非等同自杀耶！故身以不杀为善。①

显然，这种“有别”一词的使用，事实上已经说明，圆瑛也知道这种所谓“不杀生”的戒律，在一个动荡不安的年代里，所起的作用还是有限的，甚至是很苍白的。说到底，那也只是说“身以不杀为善”而已，是明知不可为而为之罢了。

杀戒对于居士而言，也是一个不可回避的问题，故而会引起人们对此问题的深入思考。在军阀混战之时，对这个问题的回答既具有传统内涵，又有着时代特色：

> 问：佛教徒（指在家修行）被抽中当兵役，应处如何态度？
>
> 答：若政府信奉佛法者，当使任后力救护事，或另任劳役，必不令其冲锋杀敌。若不然者，亦只有随缘从事，但常念佛，以祈不妄杀而已。②

虽然这种回答是佛教式的，但并没有从根本上解决人们心中的困惑甚

---

① 圆瑛：《国民应尽天职（福州教导团）》，《圆瑛大师文汇》，第 196 页。

② 古农：《答孙仲篪居士问十则》，《民国佛教期刊文献集成》第 55 卷，第 130 页。

至对杀生的道德恐惧。

也有的人认为，如果通过普及佛法，弘扬五戒，即可解决这个问题。如劝政府不杀或少杀，劝歹徒放下屠刀；甚至对于当时国内的军阀争战，有的佛教组织或僧人想以佛之戒杀精神来教育大众，警醒军阀，以图中止战争，实现和平，甚至形成了“主张全国皆僧”的理想。当然，这种“皆僧”不是说大家真的都去出家，而是指能够以戒律要求自己，以僧人之法行事。若如此，则社会中的杀伐问题即可迎刃而解。如当时有的团体主张：

> 我佛以杀生为五戒之首，异类众生尚不忍杀，何况同类同胞？欲求战祸停息，务使人人不杀，方能共享和平。要请各处佛教团体介绍同志前来，共图进行。

在现实的社会里，此说显然为空想。太虚对此评价道，他们所谓的“同志”，简单说，就是劝人皈依佛教做和尚。

> 倘使各处佛教团体真的能把各处一切人类都介绍来做同志，就是军队弟兄也不妨运莲花妙舌只得去劝化。只要劝他们醒，能够信仰你，自也会放下枪炮立地成为未来之佛，暂做现在之僧。此种办法苟能普及全国，不难变成全国皆僧。大家不肯杀生，和平不是就可实现了吗？①

虽然这种说法充满着空想的色彩，但却是当时社会中一种较有特色的观点。这也是当时一些有担当的僧人愿意结交军阀的主要原因之一。而一些政治人物也往往会对僧人的这种努力作出回应，虽然这可能只是一种姿态。如段祺瑞也曾作有《〈菩提正道菩萨戒论〉后序》。

如果说，当时对佛教教理进行某种革命化甚至政治化的三民主义解释是一种时代特色的话，那么对于戒律而言，其社会价值和时代价值的体现，就在于能够将之进行一定的大众化、社会化的新生活形态的重新塑造。在当时，其最具时代特色和大众心理的表现即是戒杀、护生思想的传播与影响，并由之而与国际动物保护思想相结合，从而使中国佛教的戒律学建设有了

---

① 太虚：《佛教戒杀与弭战》，《太虚大师全书》第 33 册，第 312–313 页。

更为世界化、普及化和时代化的表现形式。以丰子恺（1898–1975）为代表的文人以及以吕碧城（1886–1946）为代表的社会活动家，即是这一时期戒律社会化及时代化思潮的重要实践者。

第五节　南山律宗研习的兴起

民国时期，广义的戒律学建设是沿着三条路径发展的：一是以弘一为代表的律师致力于重振南山律宗，以期使戒律学能够回归和接续古德之学。二是以太虚为代表的僧人在坚守戒律的基础上，推进僧伽制度的时代改革，其中体现了多种层次的思想和内容，其核心即是致力于做好个体僧团与社会、传统与现代、中国与西方等多种观念的对接。三是以虚云等人为代表的、以重订禅林规约为标志的新清规建设。虽然诸家戒律学建设方式各有不同，但却有着共同的努力方向，这即是通过戒律学建设，以加强僧众的戒律持守，结束清末以来戒律松弛的现象。

明末清初虽然有以宝华山系统律师为代表的僧团能够扛鼎南山律学，使其辉煌一时，并有多部律学著作入藏流通，但到了清末之时，因为多种社会历史原因的影响，其声势也渐趋低沉。正如法舫所说：“总观十宗在今日，禅、律、成实三宗是极其衰微的，原因是研究的人很少了。”①

近代学者王国维曾经指出：“古来新学问起，大都由于新发现。”②这一点用来说明中国近代律宗的中兴与繁荣之机缘，也是十分恰当的。随着以《行事钞》为代表的传统戒律学文献的引进、刻印和流通，在中国僧众中即有人开始对此进行专门的研究与弘传。据持松作于1928年的《〈四分律行事钞撷要〉序》所言，虞山兴福寺法界学院，以归元法师主其任，倡始对《行事钞》的研究。虽然研律之道，当以《行事钞》为首，但因慨《行事钞》其文太广，非初心之人所能骤入，故而归元法师又挈其纲领，录成《〈四分律行事钞〉撷要》，以使学律者由此《撷要》而通《行事钞》广文，由《行

① 法舫：《唯识论谈》，《法舫文集》第2册，第14页。

② 王国维：《最近二三十年中国新发现之学问》，姚淦铭、王燕编：《王国维文集》第4卷，中国文史出版社，1997年，第33页。

事钞》而渐入三大部。①

持松《撷要序》成于 1926 年 9 月 9 日。照此之说，兴福寺法界学院对南山律学的弘扬比弘一对南山律学的研习还要早。因为在 1931 年之前，弘一主要是研究义净的有部律学，只是“兼学”南山而已，此后才慢慢增进对南山律学的研究，直到 1931 年 2 月 15 日，弘一才于佛前发愿，正式弃舍有部，“专学”南山律学，② 并随之大力弘扬，以赎昔年轻谤南山之罪。③

随着南山律学的重新兴起，僧众对南山律学越来越重视，律宗研究队伍在慢慢形成，成绩也日渐突出。1926 年，日本佛教代表团来中国参访时，得到的印象是，当时的中国，“律宗、三论、华严、密教等，今复大兴”。④ 参考上文法舫所说，此论也许有所夸张，但戒律学有了一定的复兴，是显而易见的。

持松评价当时的律学研究状况是:“近时中土之言戒学者，不曰宗南山，即曰宗宝华。夫南山、宝华，宗县无德者也，故其详于《四分》而遗于《瑜伽》等之大乘增上戒学也宜矣。”⑤ 持松此说当然是恐后世持南山者故步自封，而强调瑜伽等之大乘增上戒学之重要，但另一方面也说明，此时南山律学之研习也许已经蔚然成风了。

随着民国佛教的复兴，传统戒律学也焕发了生机，得益于弘一等人的努力，以南山宗为代表的戒律学也随即成为有着一定影响的佛教学术及社会文化热点。

① 持松：《〈四分律行事钞撷要〉序》，《持松大师选集》第 6 卷，第 209 页。

② 弘一：《圈点〈行事钞记〉跋》，《弘一大师全集》第 7 册，第 419 页上。

③ 弘一：《余弘律之因缘》，《弘一大师全集》第 1 册，第 194 页上。

④ 法舫：《支那佛教观所感》，《海潮音》第十年第三期，《法舫文集》第 1 卷，第 136 页。

⑤ 持松：《〈菩提正道菩萨戒论〉后序》，《持松大师选集》第 6 卷，第 213 页。

建设路径篇第七

新戒律学的实现方案

佛教戒律学是一种对佛教戒律理论及其实践进行学术加工后形成的思想成果和理论体系，它有着自己的知识化形态，有着具有时代特色和区域特点的研究内容。由于中国近现代社会政治经济基础的变化，社会文化诸元素的秩序也随之发生变动和调整，新的佛教思想和新的佛教改革运动也于其中得以发生。因此，不论在何时何地，戒律学建设都不能脱离现实社会，不能游离出时代的思潮变迁，必须反映出社会文化变革对佛教发展及其戒律学建设的要求，必须符合佛教自身发展的逻辑必然。所以，戒律学的建设方法既要坚持一以贯之的精神，更要注重体现符合社会发展的时代内涵，寻找到能够解决实际问题的有效方案。

第一节　新戒律学的内涵

新戒律学建设既是新时代佛教建设的主要内容之一，也是推动新佛教成长的重要思想性和实践性力量。

所谓新戒律学，这里仅用来指与传统戒律学相对而言的一种知识形态。传统戒律学之说，并不是一种贬义，也不意味着其思想的落后。传统戒律学的主体，是指于唐代形成并在此后的不同历史阶段居于戒律学研究与传承主体地位的南山律学。它包括对戒律学采用的传统研究方法和在此基础上形成的戒律学研究成果及其学术形态。而新戒律学乃产生于中国近现代社会中，是在清末民国初年兴起并持续几十年的一种戒律学的建设思潮。新戒律学是在对传统戒律的持守研习和对传统戒律学的继承创新基础之上，为适应社会变革，在对佛教思想义理和修行实践的现代探讨中，对僧众行为规范进行学术建构的思想成果总称。

但新旧戒律学之分，并不是绝对地以时间的先后进行划线，而是以其思想内涵和学术方法的特色作为标准。也就是说，清末民国的戒律学研究，在时间上居于其前者，其律学思想也可能属于新戒律学的思想范畴；居于其后者，其戒律学思想也有可能是属于传统戒律学范畴。再者，即使是同一人，也可能在其注重戒律学思想创新的同时，而又会极力推崇传统的律学精神和研习方法。因此，新旧戒律学的内涵并不是截然相分的，它们往往是一体两面的，只是表述重点和视角有所不同而已。

从理论上说，新戒律学是建立在全新的时代、全新的社会文化基础和全新的僧伽组织基础之上的，属于新佛教的基本内容之一。新戒律学的发展有两个立足点，一是继承，二是创新。当然，继承和创新并不是绝对可以分开的。

所谓继承，是指对历史上关于诸部广律的研习，以及对南山律学、禅门清规、大小乘戒律甚至南传佛教的戒律文本的研究实践、精神领会和不断传承。

在戒律学领域所谓的创新，是指将佛教戒律精神和具体规范与中国社会文化和僧团实践相结合，以创制出适应中国社会文化发展的僧团规范，包括对戒律的中国化、时代化应用和中国化补充规范的制定。在本质上，中国近现代佛教戒律学的创新，主要包括其研究内容和研究方法吸收了新的社会思潮、宪法精神、政府指导性文件和训令、新时代变动中的生活方式，以及西方和境外佛教戒律精神的影响及对此所作出的反应。

在戒律学领域进行思想和实践的创新，一直是中国佛教的优良传统之一。如清规即是将佛教义理、戒律精神和中国丛林修行相结合的产物。它来自佛教戒律，并能体现中国丛林修行方式和戒律持守的具体要求与内容，反映佛教中国化的一种态度和基本精神，其本身也是佛教戒律中国化的一项重要成果。

1932 年 9 月 8 日，河南省佛学苑成立典礼上，针对河南省佛教的颓败与艰难处境，当时的苑护袁西航居士的致辞即有如此特点。他说："此后我们唯一的使命，就是谨持戒律，阐扬大乘，革除积弊，修菩萨行，恢复已失的道场，建立河南新佛教，普济世界的有情，完成人间的净土。"① 这种崇高的目标，即要求对当时的佛教教育、戒律持守精神进行时代化的构建。因此，河南省佛学苑在其组织结构上设住持三宝苑和近事护法苑，住持三宝苑中设正法经卷所、如来制度所、僧伽修学所，三者之下辖有训练部、教理部和行果部三个组织。在其训练部中设"律仪苑"和"律仪师范研究苑"。其教学计划规定，经过律仪苑训练者可以获得"上士"名号，经过律仪师范研究苑和普通教理苑训练者可以获得"学士"名号，而经过律仪师范研究苑、普通教理苑和高等教理苑完整学习训练后的僧人可以获得"博士"名号。而经过行果部（专修林和杂修林）训练的僧人可以获得"大士"之号。② 这一切都明显受到现代教学体制的影响，既有对传统的继承，也有因应时代的创新。

第二节　新戒律学建设面临的主要困难

新戒律学存在发展于中国近现代社会的转型之中，也是传统佛教向现代佛教转型的产物，同时它本身也是佛教这种现代转型的推动力量之一。

新戒律学的形成有着新的社会文化背景，展示着新的研究方法，关注着新的研究对象，并服务着新的佛教主体。因此，这与传统上一般佛学义理研究不同，也与其他宗派思想建设和研究有异。而且，由于新戒律学建设已经融入了现代个人权利意识，也必须要与新的国家法规、寺院规约等相对接，这就使新戒律学建设有着自己的目标要求，形成了自己的特色，更面临着许多复杂的困难和问题。

一、律学研究队伍缺少新鲜血液

近现代时期，新戒律学的研究队伍——律师、僧众及大众知识分子，

① 东初：《中国佛教近代史》（上），第350页。

② 东初：《中国佛教近代史》（上），第351页。

已经与传统研究者的知识结构、学术视野有着很大的不同，不少人有着国外的访学经历，对域外政治、哲学和宗教尤其是佛教也有着相对深入的了解。但是，尽管如此，在面对时代变革和回应社会要求方面，他们的知识体系和学术方法仍然有着一定的滞后性。

更为重要的是，一方面，基于佛教的一种传统，一般社会大众对戒律了解相对较少，即使是居士者，其所能涉及的也不过是整个戒律体系中的极少部分内容，而出家戒律是很少能被社会大众研究的——可能也正是这种原因，社会知识分子对此也就慢慢失去了兴趣。另一方面，由于戒律的本质主要就在于它的实践性而不是其学术性，这样就造成了在佛教转型和复兴的历史机遇面前，在社会大众对佛教义理有所需求之时，戒律学研究者的思想提供能力与其他宗门和教门相比则显得相对偏少，这客观上影响到戒律学的思想繁荣与社会影响。所以，在家人能否读律这一传统问题在此时也曾经被广泛地讨论过。

除此之外，戒律学的研究队伍也缺少新鲜血液，民国时期已经有法师指出过这个问题。如法舫说：

> 有清一代，问津者少，全国僧众，都是茫然授受戒法，徒具形色。民国十年以后，弘一律师与河南净严律师，于律学研究极精，且力行之。弘师未出家前为有名文学家、音乐家及美术戏剧家，故出家后颇能接引一般文人志士之归向佛法。此外尚有慈舟法师，也力倡戒律。可是全国最有名的南京宝华山律寺，每年春秋两季开传大戒，只是念诵科文而已，对律学，无人问津，殊觉可惜了！①

法舫在此突出了弘一、净严和慈舟三位法师。

弘一出家前即为社会文化教育界所熟悉，出家后的学术、修行和人格也赢得当时僧俗大众的高度认同和崇敬。净严虽然对戒律学的弘传、对振兴佛教有着重要影响，但相对不被人们——尤其是社会大众所熟知，其学、其行也不被世人了解。释东初的《中国佛教近代史》对此也仅是一笔带过。即使到目前为止，也鲜有对其进行深入研究者。因笔者拙陋，目前尚未见

① 法舫：《唯识丛谈》，《法舫文集》第2卷，第12页。

到其相关律学疏记的出版。慈舟为民国时期的著名僧人，由于其工于戒律，也有人径称其为律师。他曾应倓虚之请在青岛讲律，在虚云和尚主持涌泉寺期间，也曾至涌泉寺讲律。其实，法舫的概述是极为准确的。在严格意义上，民国时期的著名律师确实仅此三家而已。这且不说与大家辈出的禅宗、净土和天台等相比，即使相对于与华严和唯识等较为偏冷领域的研究者而言，也是明显不足的。

所以建设诸如律学院、律仪苑等名称的教育机构，以为戒律学研究补充新鲜血液，一直是这一阶段的佛教思想家们所不懈努力追求的。虚云、太虚、慈舟、弘一、芝峰等人，都曾对如何加强和提高戒律学研究这一问题作过不同形式的努力与实践，或进行过教学设计。如芝峰在《现代僧伽》上发表的《整顿今日中国的僧伽须自律仪院建设始》一文，即是一篇重要的戒律学文献。在本文中，作者提出了建设律仪院的机制、方式和目的：其一，通过建设律仪院，以在僧众中贯彻如法修行、精严持戒的思想。他并引智旭《重治毗尼事义集要》中的话强调：唐宋以来，禅有禅寺，讲有讲寺，初出家时，多先学习律学；律学有得，即以律名家，律学无得，则舍之而习讲参禅，但舍细微，不舍重戒和性戒。他并以之批评当时有的律寺，实有其名而无其实，其传戒师不明开制持犯，所传之戒，也是非法非律，实在是以盲引盲。其二，芝峰还强调，要通过律仪院的建设，大力开展僧教育，以养成律仪的规范师。至于律仪院招生，则是为二十人至二百人的学僧，出家十年，且对律学有着准确的把握，愿意致力于律学者，再接受二年的训练后，派往各省办律仪院。其三，芝峰还设计了律仪院的学习内容，重在深入钻研大小乘律藏，深探佛陀制戒的原意。而且，除去对律学的研习之外，还要考察中国社会和世界潮流，熟悉各区域的律学发展史。在知识丰富的基础上，博约折中，契理通机，建立一种别解脱律仪，用来促进具有特殊超越精神的佛教僧制的形成，并融以大乘菩萨戒来劝化众生，发挥其推动社会和僧团建设的作用。而且，这也是各省建立律仪院，统一僧制精神的根本。①

① 芝峰：《整顿今日中国的僧伽须自律仪院建设始》，《民国佛教期刊文献集成》第66卷，第469-470页。

事实上，清末以后，除戒律学（有时当然也包括密宗）之外的佛教其他领域的义理研究，早已成为一种大众学术，具有一定的公共参与度和社会关注度，其思想创新的空间和自由度相对较大，① 所以能够在很短的时间汇集当时中国众多的一流知识分子。如早期的龚自珍和魏源一样的传统士大夫或乡绅，民国以后的大学教授、留学回国者、城市知识阶层；而净土法门，也会有众多的实践者。因此，同样是为清末民国之时复兴的研究领域，法相唯识和华严学等因其队伍精干、成员素质高，研究者大多集中于知识层次较高的群体之中等，所以发展很快，名家频现，著作繁荣。更为重要的是，法相唯识和华严学的研究内容和领域也被纳入于当时一些大学的课程体系之中而得到传授，影响巨大，并培育一批有着较好基础和造诣的学术传承者。

与之相反，戒律学的研究队伍则仍然是相对薄弱。作为戒律学的研习者，其主体仍然是传统的教内思想家和出家的法师。他们虽然有着修行的功夫和持戒的体会，但因为他们很多人离时代发展和现实社会的距离较远，许多人知识体系陈旧，不太熟悉最新学术方法，所以其研究成果虽然很扎实，但有时也是了无新意，往往是以经注经，以经解律，很多时候最多只能起到戒律普及和经典销文的作用，其社会的关注度难以与禅台净诸宗相比，其思想的创新度也难以与唯识、华严等知识形态相比。

所以，组织队伍、汇聚人才、补充新鲜血液，才是促进戒律学发展的重要条件。

二、戒律学的成效性难以直接彰显

戒律学研究有着自己的特殊性。与唯识学和华严学这种已经具有社会性知识形态的佛学研究不同，研究戒律学的目标不是为了使自己懂，也不是为了写出皇皇巨著，更不是直抒己意以创造知识，而是要使之能够落实在实际修行和生活中。戒律学的文本表达也不似禅宗那样可以参话头、究禅语，讨论的是懂与不懂、知与不知、会与不会、悟与不悟等玄学问题。

---

① 如熊十力的《新唯识论》，虽然一直有着争议和商榷的声音，但不可否认其思想中存在着丰富的创新性。也正是因为这种创新性，才造成了对其评价的不同。

这些知识都不依赖于具体的思想共识和明晰的交流平台。正因为如此，如果说满丛林之内尽是禅学大师这个命题不能被证伪，那么说满丛林之内有没有律师或持律者却是很容易被证实。其原因就在于，戒律学的研究结论和实践成果就是要给予直接的显示和具体的体现。

戒律学的研究是用来指导修行的，是用来保证僧团生存和发展的。戒律学研究成果的最终表现，即是戒律的持守状况和社会对僧团或个体的整体评价。这是一种实实在在的精神实践和对八万细行的严格落实。这才是戒律学的价值。而那些已经成为一种大众知识并进入庙堂和大学教室的佛教其他义理研究，以及不能让人简单理解的禅机和话头，不论其研究者的结论如何，不论其研究者的态度、举止如何，它们都仍然有着重要的学术创新意义。换言之，戒律学研究与佛教义学其他宗门教门的研究方式、研究宗旨和评判标准都不同。在后者这些领域，研究者可以有自己的观点，可以坐而论道，可以知行相分，可以坚持自己的心得，可以构建自己的理论体系——如熊十力的“新唯识论”思想、胡适关于禅宗文本及其源流的考察等，这些不论是从传统学术方法还是现代学术方法、不论是从信仰还是从思想角度，都是可以进行研究、争论或批评和反批评的。但戒律学研究，能够由研究者自由发挥和创建的领域并不多，这可能也是佛教义学研究中唯一的使研究者基本没有发挥思想空间的研究领域。戒律的每一条都是用来实实在在地加以持守的，不能用来指导僧众规范修行的戒律学成果，则是没有任何意义的。而且，如果说思想性的研究，十有一阙则属可以讨论的话题，那么戒律持守百有一失则是属于违反戒律的重要问题。因此，戒律学研究目标的实现就更具有难度。这也正是戒律学建设的困难所在——知行必须合一，行的至善决定了知的存在价值。因此，建设一个可知、能行的戒律学思想体系，正是戒律学建设的唯一目标之所在，也是戒律学能够作为一种知识存在的最终理由。

按照佛教的传统及其基本价值观，佛制戒律的精神是必须坚守的，佛制戒律的戒相条文是不可改变的，所以对于戒律研究者而言，其所要做的仅是对戒律进行区域性和时代性的不同诠释与采用，以创新出更加有效的方法来传承、研究和应用这种精神，以使戒律更加符合不同社会阶段、不同文化区域的社会需要。戒律学研究的最终成效，不是要看其研究者出了多少著作，发表了多少论文，作出了多少次开示——虽然这也是很重要的，而更为关键的是看它对丛林寺院建设起到多少现实的作用，对促进戒律的时代化有着什么影响。唯如此，我们才可能谈到戒律学的复兴，或是南山律宗的复兴。反之，离开了应用与实用的目的，戒律学研究就可能偏离方向，甚至变成日本佛教的戒律学——虽然考据细致、观点大胆、著作等身，但却于事无补。因为这种研究方式使戒律学成为一个纯学术化的领域，成为一种纸上谈兵的方法。这既与佛制戒律精神相悖，也不符合中国佛教的戒律学建设精神和优良传统。

事实上，一个持守不严的僧人是没有充分理由研律讲律的，或者说，一个研究戒律的人如果不能严谨地持律，其研究成果也不会受到大众认同的。而这一点在其他宗教之门中，可能不会这么明显。这可能也是一种恒久的知行悖论。

第三节　新戒律学建设的人本基础

人有人格，僧有僧格。所谓僧格，其本来意义是指作为僧人能够成立的身份或资格。换言之，僧格即是能够成为一个合格僧人的最基本标准或条件。这与我们通常意义上说的“人格”，其内涵既有一定的区别，又有一定的相关性。

僧人作为一种特定群体中的个体存在，他既有一般社会成员的社会角色和法律权利，同时也有着自己特定团体属性的身份资格、人格尊严与权利主张。作为个体僧人，这种与其团体、身份和信仰相应的属性即是僧格的基本内容。它主要包括四个方面的含义：一是可以直接考察核验的合法如律的门槛——这是外在的，如年龄、婚否、有无违法犯罪、身体情况等；二是僧人的基本文化素养及基本佛学知识——这是知识性的，会有助于僧格的成立，但还不是僧格；三是愿意成为僧人的道德自觉性和思想主动性，这即是“发心”——无论受何种戒法，皆要先发大乘心，这一点尤为重要，是僧格中最核心的要求；四是出家受戒的合法性，包括程式、内容等。

加强僧格教育，是 20 世纪初中国佛教戒律建设的重要内容之一，也是僧团净化和制度建设的重要基础。这一切也都体现于当时的戒律学建设之中。

一、僧格

戒律是僧格的基本内容，受戒、持戒是一个僧人之所以成为僧人的最基本条件，也是僧格成立的底线或水平线。从这个意义上说，依据僧人持戒的严谨及其境界之别，其僧格的表现也就有着不同，僧人的身份内涵和意义也就有了不同的层次标志。如经中所说的胜义僧、世俗僧、哑羊僧、无惭愧僧即是如此。①

僧格之重要，在于其必须通过如法的受戒方可获取，这也是僧人身份获得的最基本标准，也是其最核心的要求。僧团的持戒状况和水平，可以首先在僧格中得到体现和核验，所以加强僧格教育即成为强化戒律持守的直接抓手，这也因之成为戒律学的重要内容。

加强新时代的僧格建设，很难说是谁最先提出的。但是，此一历史阶段，僧格教育受到大家的重视却是十分明显的，教内外也发表了不少关于加强僧格建设的文章。梁昨非的《僧格》（载《香海佛化刊》，1933 年第 4 期）一文，即批评一些僧人胸无佛法，僧格堕落，将吸烟称为“香云盖”，饮酒称为“尝甘露”，以自欺欺人。因此他强调，僧人要想得到社会敬重，就必须“高尚其僧格”②。在这一时期，关于僧格建设的主要文章还有：太虚的《僧格之养成》《建僧大纲——十九年春在闽南佛学院讲》、一乘的《怎样养成高尚的僧格》、道贲的《怎样养成高尚的僧格》、性定的《怎样养成高尚的僧格》、戒证的《怎样养成完善的僧格戒证》、莲生的《关于现代僧伽的修养问题》、张微隆的《怎样养成完善的僧格》等。

可以说，僧格品级的直观表现，即是取决于其受戒和持戒的状况：受戒是否如法，持戒是否严净。一直到 20 世纪 50 年代初，探讨如何通过如法的受戒以获得僧格，并促进僧格持续向上，都一直是僧众关心的问题。③

二、僧格养成以持戒为核心

① 〔唐〕玄奘译：《大乘大集地藏十轮经》卷五，《大正藏》第 13 册，第 749 页下—750 页上。

② 梁昨非：《僧格》，《民国佛教期刊文献集成・补编》第 47 卷，第 215 页。

③ 二埋：《受戒为佛教整理上一件大事》，《民国佛教期刊文献集成・补编》第 70 卷，第 448 页。

僧格获得以受戒为始，僧格养成依持戒铸就。但由于社会历史的多种原因，戒律不彰、丛林混乱，成为佛教生存和发展所面临的主要问题。在新时代佛教建设和发展过程中，许多人都认识到加强僧格教育的重要性。

当时僧人的素质参差不齐，鱼龙混杂，甚至被认为“全中国的僧伽能具有僧格的百无其一”。[①]这不仅影响了僧团的整体形象，也影响到其内部的制度和律仪建设。正如有僧人自己承认：

> 我们僧伽大多数，饱食终日，无所事事，堕落不堪。什么修行办道、弘法利生的真正佛事，能有几个干到呢？难怪被社会上人呼为寄生虫、消耗者……这类坏名，虽不十分恰当，觉得有点过分，但又不是他们故意加给我们的罪名，也有几分实事。[②]

弘一也曾说：“从南宋迄今六七百年来，或可谓僧种断绝。”[③]弘一此说的根据之一，即是他认为在当时想找到一个能授沙弥戒和比丘戒的人都十分困难。此说也许有所夸张或因恨铁不成钢之焦虑所致，也许是一种心境和情感的表达，但其所说的现象却不是空穴来风。因此，重振佛教的前提之一即是要加强僧格建设，明确僧格要求，充实僧格内容，以使授戒像授戒，持戒像持戒，僧人像僧人，僧团像僧团。这也正是弘一、太虚等法师为之焦虑，并想急于通过加强僧格教育而要加以解决的问题。

加强僧格建设，既不依赖于抽象的教育理论，也不必靠高深的道德说教，其基本途径即是要加强和规范传戒，严格持戒。简单地说，所谓加强僧格建设，就是要加强戒律建设，就是要把好僧人的入门关，严格佛门条件、规范僧人标准，就是要提高僧众的戒律意识和持戒自觉性。1935 年，当有人劝太虚于雪窦寺开戒坛时，太虚即作《论传戒》一文表达了自己的态度。文中说：“今戒种断而僧命亡矣。续命之方，其唯有集有志住持三宝之曾受苾刍戒者三二十人，清净和合，阅十年持净苾刍戒律，然后再开坛为人

---

① 太虚：《建僧大纲》，《太虚大师全书》第 18 册，第 183 页。

② 照空：《现在僧伽之生活是否有改善之必要》，《民国佛教期刊文献集成》第 76 卷，第 304 页。

③ 弘一：《律学要略》，《弘一大师全集》第 1 册，第 199 页上。

授宓刍戒。”①

一乘的《怎样养成高尚的僧格》一文指出，中国近数百年来的佛教，训育后学往往不关心后学的程度和根性如何，只凭自身的主观而教育：如他是修定的就一味地以参禅来训导后学，持律的就一味地以持戒来要求后辈，讲教的就一味地以判教来教育后辈，“惨酷地将整个佛教的法体划然分开”。事实上，应该“要禅教律三者必实施并行，才能调和偏重的弊病，而造成完美的高尚的僧格”。②

道贲的《怎样养成高尚的僧格》认为，养成高尚的僧格有两个条件：一是要加强律仪的培养，以律为师。“我们果能依持律仪去做，道德会自然孕生；社会人们也自然会转讽刺鄙视而为信仰崇拜，同时，僧格于无形中提高。”这即是说，僧格教育要建筑在僧律仪上。二是要重视知识的养成。当然，作者所言的知识，并不是通常意义上的自然科学知识或社会科学知识，而是强调学习佛教的经典。因为僧伽是学佛的人，所以要重视学习佛陀的三德。③

性定在其《怎样养成高尚的僧格》中提出，僧格的养成首先要有健康的体魄。其次要重视智识的深造和对知识的学习，因为佛陀是以世间法而建立出世间法，所以僧众应当对世间法的哲学、历史、科学、法律等进行学习，更要做到精通，如此才能教化世间。同时，也要重视对佛教历史和佛法的学习，消除己见，融通贯宗。第三，僧格的养成，要重视加强道德的修养，其主要内容即是学律持律。总而言之，性定认为，僧格的养成，必须重在加强僧众的戒律建设，因为，

> 佛教的大小乘戒律，就是我们修养道德的好标准呢！能够琢磨切磋，用几年的苦功下去，严净毗尼，宏范三界，我佛教法，当然光大。到这时，社会的人们，采求道德，接之以谦下的仪表，使之恭敬之心油然而起。僧格之不提高，而无形之中增高不自知也。④

① 太虚：《论传戒》，《太虚大师全书》第19卷，第132页。
② 一乘：《怎样养成高尚的僧格》，《民国佛教期刊文献集成》第184卷，第200页。
③ 道贲：《怎样养成高尚的僧格》，《民国佛教期刊文献集成》第184卷，第349-350页。
④ 性定：《怎样养成高尚的僧格》，《民国佛教期刊文献集成》第185卷，第71页。

太虚也指出："僧格成就，首须舍俗，须将一切世间俗乐舍离，即谓之施；复能将一切俗染之习洗净，即谓之戒。由学此施、戒，才可以发生僧格。"① 在太虚看来，僧格的养成，首先要区别僧与俗，其前提即是要看其是否为合法的受戒。太虚把僧与俗的区别分为四个内容：一者律仪之区别，二者部类之区别，三者职业之区别，四者人格之区别。对于僧格之养成，太虚提出了五项条件：一者，未出家前，先具中学毕业以上之程度，及大体了解佛教，由三皈、五戒，具足正信而发心出家。二者，出家后，于律宗中受持沙弥律仪一年，及受持比丘律仪一年，令尽离俗染，乃给予受戒证书。三者，入佛教中一宗之专门大学修学五年，及于各国各宗游学五年。四者，入山结茅或闭关三年至十年，戒定加行，以期亲证。五者，行解相应，已有内心证验；乃入世为人宏法为家务、利生为事业，以尽菩萨僧职。② 太虚指出："僧格发生增长，继之以定、慧。由修定而得禅悦之乐，由修慧——闻思熏习——而得法喜之乐。于是信心坚固，僧格养成。"③

关于僧格的培养，虽然各家所言侧重不同，但其共同点都是在强调，僧格的养成是要通过如法受戒、规范持戒而实现的。同时，还要对僧人素质、品质与觉悟等不断加以强化与锤炼，要重视不断提高僧人的持戒觉悟和意识。只有如此，僧格才能得以养成和提高。

当然，僧格养成是个复杂的过程。僧格养成是对以戒为师的贯彻，有着多重的内容，既不能有所偏颇，但又必须有所侧重。因为在根本上，如果离开了持戒，离开了向佛陀完美人格的学习与追求，那是绝不可能形成真正僧格的。

三、僧格养成以教育为手段

加强僧格教育，以教育强化僧格，已经成为当时佛教思想家们的共识。但是办什么样的教育，教育什么样的内容，各人又都有着各自不同的观点。

---

① 太虚：《建僧大纲》，《太虚大师全书》第 18 册，第 180 页。

② 太虚：《僧格之养成——十四年十一月在日本东亚佛教大会演讲大纲》，《太虚大师全书》第 18 卷，第 169-170 页。

③ 太虚：《建僧大纲》，《太虚大师全书》第 18 册，第 180-182 页。

莲生在其《关于现代僧伽的修养问题》中指出，现代僧伽应该具有三种美德的教育，即关于体育方面的——体格的锻炼；关于智育方面的——学问的研究；关于德育方面的——品性的陶冶。[①]法舫在《怎样复兴中国佛教——法舫法师在汉藏教理院会讲》中说，复兴中国佛教必须要办教育。法舫认为，首先，这种教育应该是“从僧教育建立僧众律仪”，如果七众律仪不能建立，或建立不能得到人人遵守，那则“佛法不能住世，有情不得利益，一切一切的事业都不能建立了”。“中国佛教所以弄到这地步，根本就是四众弟子不知道、不遵守七众律仪”。第二，建立七众律仪的基础，就能使僧众具足六和合精神。[②]

众所周知，清末杨文会居士于金陵创办祇洹精舍是近代僧教育的肇始。但作为中国近代僧教育的早期，居士重视的还是对教理、教义的教学。虽然祇洹精舍也开设一些具有近现代特色的外语等科目，但只是进入到民国以后，才是中国近现代僧教育的繁荣期，才出现了真正的现代僧教育。此一阶段，全国各地先后开办了一些规模不等的佛学院、教育组织或机构。主要者如：月霞于南京组织江苏僧教育会，1909 年又与谛闲在南京创办僧师范学堂。1913 年，月霞于上海哈同花园办华严大学，晚年开办法界学苑。1922 年，太虚于武昌创设武昌佛学院，同年常惺又于安庆办安徽僧学校。1925 年，常惺创建闽南佛学院。1930 年，太虚于重庆建汉藏教理院。其他如杭州昭庆寺的浙江僧学院，北平柏林寺的教理院等，都是此一阶段僧教育的佼佼者。尽管这些佛教教育机构的教学过程、结果和影响不同，但却都提出了雄心勃勃的教学计划和复兴佛教目标。这既反映了时代变化给佛教内部造成的压力，反映了他们的焦虑感和紧迫感，同时也说明了面对诸多内外挑战，加强佛教革新与人才培养已经是刻不容缓了。

这些佛学教育机构的教学内容各有侧重，但创办者的根本目的都是集中在要提高僧人的综合素质，以加强僧格的培育与养成。针对当时的佛教状况及僧人特点，这些佛学院的教学目标主要有三个：第一，提高僧众的基本文化素养；第二，提高僧众的佛学水平；第三，强化僧众持戒修行的

① 莲生:《关于现代僧伽的修养问题》,《民国佛教期刊文献集成·补编》第 55 卷，第 385–387 页。

② 法舫:《怎样复兴中国佛教——法舫法师在汉藏教理院会讲》,《法舫文集》第 3 卷，第 90–91 页。

精神和意识。

、　就其办学定位和教学过程的开展而言，这些教育机构已经超越了传统的讲经说法、宗派传播、上堂开示的教育层次，其教学理念、管理方法具有一定的时代性和先进性。虽然各教育机构的规模不等，办学时间也长短有异，但它们都在不同程度上引入了现代教育思想，既重视对僧众进行规范的基础文化教育，又重视佛学理论的培养，有的佛学院还有着良好的国际化教学背景和“佛教全景化”的教学内容。此处所谓“佛教全景化”教学，即是说这种教学内容已经超越了传统的汉传佛教及其学术视野，也把藏传佛教、南传佛教以及日本佛教、欧美佛教等不同语种或类型的佛教纳入于教学内容之中。如汉藏教理院即于教理研究中分为汉藏、华日、华梵、华欧等四院，其目的就是为了吸收采择各时代各方域佛教的特长。① 而且，不少教育机构的教学内容甚至还包括对西方宗教、历史、文化的传授。通过这种全景化教学，既有助于僧众吸收不同佛教传统的思想精华，也能够加深僧众对佛教精神的理解和对“全景化佛教”的掌握，从而促进中国佛教的发展与转型，在此基础上促进优秀僧格的养成。

一般而言，这类佛学院的课程都有如下的一些基本特点：第一，体现本院主办者或所在寺院的宗派特色，或唯识，或华严，或天台，或禅宗，或律学等。第二，普遍重视对原始佛教、南传佛教的所谓小乘佛教经典和教义的重视，并开设专门课程对其历史、教义、经典进行教学。第三，重视僧众的通识课程教育，开设有语文外语类、历史地理类、音乐美术类等课程。第四，重视对戒律的教学。如闽南佛教学院的教学课程，三个学年每年都有“律学大意”课程，其他宗门课程则不是如此。据《闽南佛学院招考学僧通告》，该院开设的课程即有：佛学、国文、中国历史和世界历史、中国地理和世界地理、中西哲学、心理学、自然科学和社会科学、英文、日文、算术、教育、美术、宗教、体育、行持等。② 设在安徽九华山化城寺的江南九华佛学院，设置的佛学课程有：小乘佛学概论、佛教宗派源流、《摄

---

① 太虚：《新与融贯》，《太虚大师全书》第 1 卷，第 382–383 页。

② 《闽南佛学院招考学僧通告》，《民国佛教期刊文献集成》第 172 卷，第 21 页。虞愚：《南普陀寺志·教育》，《中国佛寺志丛刊》第 105 册，第 65–67 页。

大乘论》、大乘佛学概论、贤首学（华严学），其他课程有：国文、英文、文章作法、算术、历史、地理、自然、音乐、艺术、体育等。①

这些佛学院的基本主张，即是强调僧格养成要以学院教育为主，认识到律学“为今日整理僧伽唯一基础教育”，②要在教育中贯彻以戒为本、以行持为体的原则。这种僧格教育不仅是对僧人的基本佛学素养教育，更为重要的是要加强对其关于持戒重要性和自觉性的教育。对此一点，许多佛教思想家都写过相关的文章加以强调。如太虚即是将戒律建设作为佛教能够生存的基础，将戒律教育作为僧教育的重要内容。他于1930年春在闽南佛学院的演讲《僧教育要建筑在僧律仪之上》即表达了这种思想。另外，太虚在住持厦门南普陀寺时，也曾对此加以强调：

> 从南普陀寺所以办闽南佛学院的僧伽教育来说，即是看到近来中国的佛教僧众，对于住持佛法，已不能胜任其职。佛教在中国现今之制度与其在历史上之关系，住持佛法的责任，的确是在僧伽。但是现在僧伽不振，需有适应时机之施设，将其复兴起来；故近来中国佛教寺院中往往设立佛学院。③

太虚指出，只有通过扎实的僧教育，“那种善良的、温和的、可敬可尊的仪表，必须要具足的。假使把这种条件做到，则在寺内就成功和合的律仪团体，在寺外就成功能适应环境的优秀分子”。④换言之，只要通过僧教育，僧格的素养就能得到提高。太虚还强调，也只有通过教育，才能使僧众树立高尚的僧格和伟大的抱负，才能真正超越生死佛教而实现更为伟大的出家目标：

> 做成一个住持现代佛教的僧伽，那么各人自己的身心，就要浸渍在佛法的正见和正行中，而使自己的身心完全与佛法相应，这就是对于个人人格上的为学宗旨。而利他方面，还要拿一个热

① 《九华山佛教概说》，真禅：《九华山弘法讲经记》（附录），上海玉佛寺法物流通处，第37页。

② 《栖霞山寺组织律学苑》，《稀见民国佛教文献汇编（报纸）》第4卷，第250页。

③ 太虚：《学僧修学纲宗——二十年三月在闽南佛学院讲》，《太虚大师全书》第19卷，第232页。

④ 太虚：《学僧修学纲宗——二十年三月在闽南佛学院讲》，《太虚大师全书》第19卷，第238页。

> 烈的心肠，来将那佛法昌明建立流传到世界中去。换言之，不仅解行佛法、独善其身，还要将佛法扩充到全社会里去，发展到全人类中去。①

如此，我们还要给新时代的僧格标准加上一条：胸怀大志，服务全人类。

太虚强调，通过诸如建立布教所、组建律仪院等，宣传普及佛法知识，以“使国民中的优秀分子，得由信法、信佛乃至信僧，学行六度，以产生且养成最具足的僧格，组织成僧”。② 这也正是他整理僧伽制度成功与否的关键所在。

简言之，加强僧众的律仪建设，是僧格建设的重要内容，而通过佛学院加强僧众的教育，正是僧众得以提高其僧格的重要手段。事实上，也只有通过僧格教育，遵守佛法修行，遵守世法生活，才能成为真正的新时代僧人。

第四节　新戒律学建设的社会推动力

新戒律学不是凭空产生的。它必须建立在中国佛教的优秀传统之上，必须要吸收戒律学理论与实践的最新成果，要能够契理契机，基于最新的社会文化土壤，顺应社会变化与时代发展对佛教变革的内在要求。

一、统一的佛教组织是新戒律学建设的领导力量

民国时期的佛教，虽然存在着许多问题，但是当时的佛教界已经意识到建立一个统一的佛教自我管理组织的重要性。从民国肇始时期的中华佛教总会，到其后不同名称的全国或地方性的佛教组织，无不反映当时佛教界人士对于凝聚教内共识、维护佛教利益、规范佛教发展的愿望和努力。

加强戒律建设，首先反映在强调僧团组织的自我依法管理之上。民国

---

① 太虚：《学僧修学纲宗——二十年三月在闽南佛学院讲》，《太虚大师全书》第 19 卷，第 232–233 页。

② 太虚：《建僧大纲》，《太虚大师全书》第 18 册，第 183 页。

时期的中国社会，是历史上第一个摆脱封建专制、具有一定现代形态的社会，因此在佛教界内部的管理上，也要充分体现出这种现代社会的特色。与此同时，随着民国初年中国各省纷纷成立中华佛教会的分部或类似组织，长期以个体形态分散存在的僧人也从自我管理进入到组织管理时代——有组织，有章程，既权利明确，也义务清晰。这些全国或地方性的佛教管理组织，重视使教理阐释贴近生活，使僧团建设服务大众；志在通过确立自我管理目标，以凝聚佛教力量，净化僧团形象。这一切也是新佛教组织成立和发展的社会基础。

虽然这些佛教组织的成立时间、结构形式及其存在时空各有不同，但它们大都有志于在一个急剧变动的社会中，努力做到维护佛教生存、推动佛教发展、保护僧人利益及有效沟通与政府社会的关系。同时，这些组织也大都有着现代社团的性质，在当时的社会中通过制定佛教组织章程、推动制定寺院管理条例等工作，以实现从僧人到僧团再到社会的法治化管理的有效衔接。这些佛教组织也充实了个体持戒内容的现代内涵，改变了僧人的社会化存在形式，推进了现代僧团管理和修行方式的时代变化。这些组织的存在，也使传统上相互独立、互不隶属甚至在某些时候可能还有所阋墙的丛林寺院有了统一的领导力量，有了超越区域和僧团利益的对话交流平台。这对加强全国佛教的法治化、规范化管理起到了积极作用。

抗战胜利之后，当时的中国佛教会在战后进行复员整理时，便有意进一步推动佛教制度改革，内容包括出家、受戒、僧团管理等等。

显然，经过日本侵华战争的严重影响和破坏之后，有一个统一的力量来重新组织和领导中国佛教的发展是十分重要的，此举也因此得到各地僧众的普遍拥护。虽然中国佛教会内部也存在一些利益冲突或观点争鸣，但这种全国性佛教组织对佛教僧团进行重新组织和加强管理，对于稳定僧团队伍、恢复和规划佛教发展、加强戒律持守、规范传戒活动等，都是十分重要的。

二、群体的文化自信是新戒律学建设的内在动力

在两千年的中国佛教发展史中，虽然某些时期僧众在戒律持守上出现过诸多的问题，但中国佛教仍然是一个管理规范、重视戒律、严于修行、

有着丰富文化底蕴的庞大社会存在，有着自己的文化自信。但清末以降，由于国家的衰落和局势的动荡，中国僧人的文化自信心受到沉重打击，致使一部分人对自己的优良传统也不能正确看待，或者失去了曾经的自豪。

随着文化自信心的恢复，中国僧众对建设新佛教、建设新律学的任务也有了强烈的责任担当，内心中已经慢慢恢复了能够平视一切的文化自信。倓虚在其回忆录中有一段文字描写日本僧众参加般若寺传戒时的表现。虽然文中并没有对日本僧人的行为进行批评，但却仍然可以看到日本僧众表现出的日本佛教的内在本质。倓虚记道：

> 说比丘戒时，来一日本人——都住玄妙——请他为尊证。晚上登比丘坛，时间大，他坐不住，打哈欠直摇晃。又恐怕给日本人倒架子，硬挺腰板勉强坐着，出堂后还直说好。本来按日本佛教来说，日本僧人，对于中国佛教的规矩法子，根本就没见过，例如中国的说三皈、授五戒，传沙弥戒、比丘戒、菩萨戒等，他们对这种场合和仪式，根本就没经验过，也难怪他偶尔做起来不习惯。到了说菩萨戒时，又来一大僧正，武藤顺义，在菩萨戒坛旁边，给他另设一座，像观礼似的。他看一千多新戒，齐起齐跪，规矩严整，仪式隆重，心里很佩服，直夸奖！临走时，要去《传戒正范》一部，其他还抄去很多。①

当然，从这段文字中，也可以看出中国僧人对自己戒律传统的自豪。这也一改过去曾经有过的、对日本佛教的那种盲目崇拜心态。这说明中国佛教思想家们在建设新戒律学及其实践时已经拥有了强大的心理自信。

随着对外交流的深入，僧众对域外佛教的认识也就更为深入和全面。他们既能够自信地在世界文化之林中学习继承中国文化（当然主要以佛教为代表），也能够在对中国文化的自信中剖析认识世界文化。这种强烈的文化自信心和自豪感，使更多的僧人越来越表达出自己的责任心，坚信中国文明应该对世界文明的未来发展承担起更大的责任。持松在 1924 年于日

① 倓虚：《影尘回忆录》，《倓虚大师文汇》，第 189 页。

本帝国大学演讲中所说的主题即是《东亚人士对于欧美应尽之义务》。[①] 在日本举办的东亚佛教大会上，中国参会者与日本人之间发生了一场具有政治意义的争执，也充分说明了中国教内人士的一种自信心态。1925年，日本僧人水野梅晓联络中国佛教徒召开东亚佛教联合会。中国代表团中胡子笏居士，在会上批评水野梅晓所谓的"东亚佛教联合会"名不符实，而且指出也不能把中国和台湾地区并列，应该把"东亚"两字改为"中日"两个字，方为妥当。胡子笏并批评日本的"二十一条"，批评日本所谓"报恩"的虚伪性，使水野梅晓无言以对。[②]

显然，清末一段时间在僧人及社会部分人士中曾经存在的对日本佛教崇仰不止的心理已经越来越淡化。中国教内外人士已经体会到中国佛教教理的深妙，感受到中国僧众如法持律之仪的殊胜传统。清末以来形成的那种文化自卑感逐渐消失，中国佛教戒律学建设有了强大的社会心理支撑。

三、觉醒的公民意识有助于新戒律学建设获得社会支持

民国时期的佛教思想家已经意识到，戒律持守和戒律学建设必须要与民权精神和法治观念相一致。不论是思想建设或实践，还是戒律持守与监督、规约制定与执行等，都必须建立在现代社会的法制基础之上，要符合社会新的公序良俗，要注重保证僧众的基本权利与义务。因此公民意识和现代国家观念也深深融入僧团戒律建设之中。

第一，认识到僧人所具有的公民权利和义务。

随着佛教界对佛教戒律和国家法律的内涵及其关系理解的深入，他们对僧人的身份、权利和义务也有了清醒的认识。如说：

> 佛教的"律"字，乃每个人防非止恶应守的戒条，虽为佛陀所别定，但乃本着一个人的日常生活以至思想行动而演唱的，所以和通常的"法律"有很大的区别。大概通常的"律"是创在群

① 《东亚人士对于欧美应尽之义务》，《民国佛教期刊文献集成·补编》第61卷，第65页。或说，应为1925年，因为持松作此报告的东亚佛教大会是1925年举办的。参见《持松大师选集》第6卷，第167页。

② 倓虚：《影尘回忆录》，《倓虚大师文汇》，第208页。

众四周而影响到个人；佛教是从个人而到周围的一切。[1]

在此意义上，僧人的持律守戒有着多重的意义：持戒律者为僧人，守法律者为公民，僧人即是在法律和戒律的双重规范中存在的，“戒律”与“法律”两者均不可偏废。宗仰（1865–1921）说：“自由，演大同主义，勿论缁白，皆属公民。”僧人要树立自己与国家同命运的思想，因为“僧俗一体，同处积薪，未有薪燃而火不及者；共巢危幕，未有幕覆而卵独完者”，所以，“与其薪燃幕覆，而火灾及其身，何如猛发慈悲，以利济斯世？”世运虽不能以佛运为转移，但佛法可以为社会作出自己的贡献。[2] 这即是说，僧人不能因为自己出家，就忽视自己公民的责任。

寂英的《僧训及其他》文中说，中国佛教徒至今仍然保持着古代教权超越国权的思想，许多僧伽大都缺乏国家观念，认为我念我的佛、我吃我的斋，国家与我有什么关系？但事实上：

> 在组织严密的现代国家，国权高于一切。任何宗教的信徒，都有遵守和奉行国家法令政权的义务；任何宗教，不能不在宪法之内存在，宗教不能离于国家而独立。中国国家的自身逐渐现代化了，寄存于此国家内的宗教也不容不改正其本身的缺点，以追步它的国家的现代化。

寂英在文章中进一步指出，中国佛教只有通过僧伽训练，再进一步加强其社会化、劳动化和生产化的培育，“才能奠定中国新佛教更伟大深固的基石”。[3] 显然，此说表达了作者强烈的公民意识。他正是强调：出家者要树立正确的国家观、宗教观和修行观，要在国家法令之下、在宪法之内从事宗教活动；出家不是拒绝公民义务的借口，守戒持律与遵纪守法，既不矛盾也不可互相替代。

更为重要的是，出家不是逃避社会责任的理由，相反还要承担更多的社会责任。而且，权利和义务也是统一的，僧人在享有权利的同时，当然

---

① 谭月：《律师和律师》，《民国佛教期刊文献集成》第 146 卷，第 169 页。

② 宗仰：《劝缁门急输国民启》，《宗仰上人集》，第 34 页。

③ 寂英：《僧训及其他》，《民国佛教期刊文献集成》第 79 卷，第 87 页。

要承担起自己的公民责任。

第二，重视保护僧人的公民权利。

现代公民权利有着丰富的内涵，政治权利是其最为重要的表现。关注僧人的政治权利，一直是民国时期佛教思想家的一个显著特点。僧人政治权利中的选举权和被选举权的实施，即是此阶段僧人参政的可能途径。如太虚对湖北有僧人被选为县参议、安徽有僧人被选省参议之事，极为认同并加以赞扬，认为“各省市县僧可闻风兴起”。④他并主张要以各省各县的佛教支会、分会为据点，参加区域的选举。这既能有益于佛教的发展，也能通过这种方式，使佛教更好地被社会理解，更好地服务社会。

在民国初年的一段时间，也有人提出成立“佛教政党”的主张，认为“果能本佛陀大乘救世宗旨，来组织佛教政党，是适合时势的动作”。而且，还可以把这种政党建设与佛教大乘精神结合起来，并借以强化僧团的管理。这是因为，如果组织佛教政党成功，则“能臻完善与发扬自治自立的精神，僧伽能在政治上占一地位，外可以佛法辅助中国政治之不足、军事之不足、教育之不足，内可能整顿颓废的僧伽，又能保护寺庙财产，以作自利利他的大用”。⑤当然，因为僧人毕竟有着自己的社会属性，所以太虚对这种政治活动提出的要求是“问政而不干治”，只参政不作官。⑥常惺也曾作有《僧界救亡的一个新建议》《谈佛教僧伽革命党之左右派》等文章，对僧人的政治权利进行了一定的论述。

在公民的意义上，僧人的公民权利会受到法律保护，这一点可能会与宗教团体的要求相冲突。如，从世俗法律而言，僧人仍然拥有诸如饮酒、穿某种衣服、吃某种食物、自主决定吃饭时间以及住在某处的权利，拥有结婚和生育等权利。但是，作为僧人而言，当他成为僧人开始，即意味着他已经放弃了这种法定的公民权利，而必须执行团体内部的行为规范和价值标准。不过，在法律层面上，这种权利的主张或放弃只能是自愿的，而不是被强迫进行的——这即是信仰自由的表现之一。相反，如果僧人愿意

④　太虚：《僧众参加竞选的途径》，《太虚大师全书》第 33 册，第 358 页。

⑤　大音：《关于佛教政党的提案》，《民国佛教期刊文献集成》第 146 卷，第 310 页。

⑥　太虚：《问政而不干治》，《太虚大师全书》第 19 卷，第 334–335 页。

再次得到或享受这些公民法定权利，他是可以随时还俗而得以实现的。“凡僧道有愿退教还俗者，听。教会不得加以抑制”。[①] 任何僧团组织和个人都不能反对其公民权利的重新获得，更不能通过非法的手段加以强制阻止。因此，法定权利的明确，是对僧人权利的一种保护。法律不会强制僧人吃素或不吃素，但法律会保护一个人拥有是否吃素的自我选择权。

第三，规范僧团内部管理方式。

对于寺院僧团内部的管理，虽然仍然需要按照佛制戒律、戒律精神和中国传统习惯方法进行，但是这种管理方法和制度必须符合现代社会的法制精神和人权理念。这就要求其内部管理不能出现那种合佛法而不合世法、或合世法而不合佛法、或两者均被违反的现象。

现代法律保障公民——当然也包括僧人——的人身权不受侵犯，所以，僧团内部如果出现非法拘禁、体罚、名誉侵犯等现象，当然会受到世法的追究。有一些被认为是符合传统做法但事实上不合世法的现象——如土地制度、会计制度、寺院公共卫生等也会受到世俗法律强制规范的。这里更不用说可能出现的既不合佛制与传统，也不合世俗法律的状况。例如，寺院僧团如果私设公堂、使用私刑、无视国家法律处罚僧众，不仅违反佛教戒律精神，更是违反国家法律，当然会受到法律的追究。显然，在此意义上，现代法律制度对于丰富戒律学的内涵、补充戒律的现实功能、规范戒律的僧团实践、引领戒律的实践方向等，都是十分重要的。

这种讨论当然不是无的放矢，因为民国时期的政府司法部门曾为此专门强调过。据报载：

> 民国建设阶级平权，近经司法部调查，住持僧徒横用专制手段，由上级僧人滥刑审问，殊非理之所。当现经司法总长许世英从严申禁，嗣后僧人对于僧人如有违法审问情事，准被害人或有关系人速向司法衙门据实起诉，依律治罪，绝不宽容。[②]

既然政府部门专门提出这事，说明类似的事情并不罕见。这即是说，

---

① 《内政部新颁寺庙管理条例》，《民国佛教期刊文献集成》第 172 卷，第 68–70 页。

② 《纪事·僧徒弄讯之干涉》，《民国佛教期刊文献集成》第 2 卷，第 90 页。

僧人虽然是一种特殊的社会存在形式，但其首先是公民，其公民的权利与义务必须受到法律的保护。尽管作为一种宗教可以有自己的行为方式、管理方式和权利主张方式，但是这都不能以违反国家现实法律为基础，其戒律精神必须与法治精神一致。或者说，只有把僧人的权利义务与公民的权利义务结合起来，才能健全新时代僧人的僧格，也只有这种僧格饱满的僧人，才能促进中国佛教的“现代化”。

第四，法律之善与戒律之善。

以现代法律精神言之，遵守法律就是要求一个人外在行为符合法律法规，却并不关注其内心的善与不善。换言之，只要外在行为不违法，即可以理解是一种法律之善，就可以推而广之地认为其内心亦为善，或不对其内心作出善恶评价。反之，如果形于外者为违法，其内心是否为善已经毫无意义。这即是说，外形为恶者，不仅无以证明其内心为善，也必当受到社会法律的制裁。现代法律教育，正是要求公民必须时刻保持对法律的敬畏，要把法律放在心中，时时对比、条条对比，这即是对法律的“着相”。

佛教的身口意三业之善是统一的，要么全有，要么全无，意善行不善、行善意不善，都是违犯戒律的，在本质上都是一种恶。从这一点上说，佛教戒律比世俗法律维护的“行为合法即为善”的要求更高了。因此，如果僧众真正能够做到永远把戒律放在心中，时时检点、处处对照、事事反省，丛林怎能不是高尚、纯洁之丛林！因此，佛教戒律不仅要求一切外在行为要如法合律，也要求内心之意要如法而善。

内外之善的统一与否问题，其实是传统伦理学或法哲学的经典问题。在法治社会中，这一切都会在思想深处影响到僧众的戒律观念及其持守实践，同时也丰富了新戒律学的思想内涵，深化了对戒律精神的认识。

第五节　新戒律学建设的学术路径

所谓新戒律学建设，当然并不是说要抛弃中国传统佛教的戒律精神及其优良传统，而是要在继承的基础上加以创新，要坚持现代法律观念、充实现代律学内涵、强化现代戒律规范，以致力于解决新时代佛教戒律持守问题，在此基础上推进戒律学的思想繁荣和理论创新。虽然近百年的新戒律学发展建设的学术路径十分复杂，观点多种多样，但概而言之，可以大致分为如下几个类型。

一、复旧成新

所谓复旧成新，简而言之即是要从传统中寻找出解决现代问题的方法。这主要是通过对传统戒律学方法进行挖掘整理、重新解读和发展重建等方法而实现的。

第一，通过振兴南山律学，以强化以戒为师的佛教传统。

南山律学是中国传统戒律学的重要代表成果，自其形成以来，对于规范中国佛教发展、推动戒律学理论的建设和实践都起到了重要作用。因此，要想建设合法合律的中国近现代佛教，就必须要强化四分律学，复兴南山律宗。除此之外，别无他途。这种观点的核心即是想通过对南山律学的重视与提倡，实现南山律学的重振，回应时代的挑战，以解决僧团持戒所遇到的实践问题。其主要代表者即如弘一律师，其思想和影响容后专论。

第二，通过提倡古清规，以解决丛林戒律松弛问题。

有一种观点认为，造成戒律不整、丛林颓废的重要原因之一，即是过去所使用的《清规》是不纯正的，是经过后世改编的，所以只有恢复使用古清规，才能解决这类问题——或者说是，只要恢复古清规，就能解决此类问题。这种观点的核心是把当时的戒律不彰，看成是古清规没有得到足够的重视，没有得到切实的使用。这事实上也是一种“复旧成新”的戒律建设思想。

当时教内外不少人士都认为，佛教丛林堕落、戒律不严的主要原因是清规不整。而且，那些推崇古清规的人，对于元代之后的清规大都是加以拒斥的，甚至把所有问题的责任都归之于这些晚出的诸种清规。所以，整顿丛林即是恢复纯正的古清规，唯如此才能成就僧团的持戒精严、如法而行。

芝峰在《本律学以整理今日佛教之制度》中指出整理僧伽制度的三个前提，其中前两项即是：一是要废除帝制时代的清规，否则制度无法整理，而反对者恰是佛门内部的人；二是要恢复佛教原始的律制，目前急需要落实的是作持门中的犍度，这是僧团制度的组织法。①

宗仰在作于1912年的《佛教进行商榷书》中的观点，可以说是民国初年佛教界关于丛林戒律建设思想的代表，其主张的特点即是把强化戒律持守等同于恢复古清规。宗仰说，对于性海汩没、象教沦胥之状，“惟复古清规、兴新教育，为不二之法门。盖清规犹僧界之宪法，宗教所赖以成立也；教育者，尤为培植人材之元素。”因此，要求丛林大德“奉行其固有之清规，牺牲其耽逸之利养，筹集资财，广兴学校”，这才是解决问题、整饬丛林的根本方法。②

宗仰指出，要想做到革新佛教，解决旧丛林戒律持守及传戒中的落后、松懈弊端，需要从四个方面加以克服。这就是复古清规、兴新教育、裁制剃度、革除赴应。

所谓“复古清规”，宗仰指出，马祖建立丛林，百丈继订清规，“立法严明，秩然不紊，推贤任职，作务平等”，十力共住，一切法务，无不如律；“言平等共利之真理，固我缁门先觉所阐发”。无奈随后之世，因为宗派纷争，各扬法帜，或高谈悟心明性，或深究三乘了义，或致力现身无犯，随使三学割裂，忘本逐末。因此，只有“规复其古，力行勿替，即享受有余。若多事纷更，恐益滋障碍。此根本上宜最先解决者一也。”③

所谓“兴新教育”，宗仰强调，这即是要对僧众进行新式的知识教育，不论是释门内典还是儒家学宗，都应加以学习，以提高僧众文化水平。通过提高僧人的素质，以提高其持律的觉悟，如此则“归纳于教育力轨，养成其师范资格，流品廓清，收效易而成功溥矣”。④

至于“裁制剃度”，宗仰认为，造成当时丛林混乱的另一个重要原因即是剃度混乱，所以必须裁制比丘来源，矫正年少剃度的经年积弊。因为童年者，其知识幼稚，志向未定，信仰不稳，所以童年剃度，律制中本就所无。但自六朝以后，收蓄弟子被视如俗家抚养螟蛉一般，于是毁坏宗风、

① 芝峰：《本律学以整理今日佛教之制度》，《民国佛教期刊文献集成》第172卷，第29–31页。

② 宗仰：《佛教进行商榷书》，《宗仰上人集》，第41–42页。

③ 宗仰：《佛教进行商榷书》，《宗仰上人集》，第43页。

④ 宗仰：《佛教进行商榷书》，《宗仰上人集》，第43页。

乖违教义之事随之而起。所以，宗仰认为，要剃度者必须年逾二十，其心性、志趣已定，能耐清规，并经僧学校三年教育毕业，成绩合格，方予剃度，并授以戒牒，才为正受比丘。①

宗仰还指出，要加强僧众的律仪建设，提高丛林的社会形象，就必须改变传统上的赴应制度，“道在自尊”“三宝庄严”，沿门托钵实乃头陀之为。至于禅林，本有习定、清修、梵课之务，所以，“自今非檀越入寺设斋，不得赴应俗家为作佛事；至若受雇送殡，仆仆道途，鄙陋可嗤，弥失大体，更宜革除而力禁之”。②

宗仰主张，佛门诸宗应当各有所务。换言之，为了严谨戒律，杜绝滥传乱剃之事，加强戒律的建设，就必须强化律宗的作用。他说：“至宏演毗尼，则定为律宗专务。若禅门讲院，概不得开堂传戒。戒律既严，宗教益正。”③ 这一点与太虚等人的思想有着一定的相似性。

显然，在宗仰看来，通过僧众的持戒思想教育，使其深明佛法大义，提高觉悟，严守戒律，革除弊端，就能消除僧团日益堕落、社会观感极差的现象。

不过，在不同人那里，对所谓“清规”的理解也是不同的。一般而言，不少人都怀着一种理想主义冲动，把回到唐代禅林初成时的《百丈清规》看成是现实所有问题的最终解决方案。但事实上，现在已经很难建立起所谓正宗的《百丈清规》了，因为清规也是随着历史发展而不断变动的。再者，试想一下，如果真的废除了“伪清规”，中国佛教的戒律建设真的会一劳永逸了吗？真的会毕其功于一役吗？事实上，南宋以后丛林中出现的诸多问题，有着复杂的社会、经济和历史文化原因，不论是重建四分律学还是恢复纯正的古清规，最多只能是纠其一偏、治于一方，都不可能在根本上解决具有时代特点的戒律持守和戒律学建设的所有问题。

---

① 宗仰：《佛教进行商榷书》，《宗仰上人集》，第43页。

② 宗仰：《佛教进行商榷书》，《宗仰上人集》，第44页。

③ 宗仰：《佛教进行商榷书》，《宗仰上人集》，第43页。

二、革故创新

任何行为规范的正当性都会随着社会文化发展而主动或被动地进行调整、扬弃。因此，要加强当代佛教建设，焕发大乘佛教的救世精神，即需要对律令规范等进行革命、纳新和重建，此可简称为革故创新。

第一，戒律学意义上的僧团规范，在历史上就一直不断进行自我扬弃。

佛陀教诲以戒为师，代表的是一种重视戒律、如法而行的精神，但这绝不意味着对佛陀所制戒律不能作任何变通理解或执行，这也正是随时毗尼和随方毗尼精神之所在。早在东晋之时，中国佛教思想家即根据佛教精神作出了一些符合中国僧团需要的规范或僧制，后世出现的禅门清规更是其重要表现。不过，即便中国僧众所创设的这些行为规范，在历史上也会因为时间、地点的变化而不断发生变化——或调整，或放弃，或更新。清规的不断出现，本身即说明了这个问题。根据白圣《敕修百丈清规住持章》中的注解，可以看出，即使中国僧众制定的清规，也在随着时间的流变而发生了取舍。如传统的告香制度，现今丛林即已不行。所谓告香，即是每夏前，新归堂者推参头一人，领众插香于炉；住持插香升座，为新挂搭兄弟开示。①

显然，所谓革故创新，是在佛教中国化历史中一直存在的现象，其本身也是佛教中国化思想成果的一部分，其宗旨即是要通过这种弃旧纳新，以保证佛教及其规范能够不断重铸社会形象，解决时代问题，顺应社会发展变化。

第二，民国时期的革故创新，其突出表现是吸收了现代政治观念和法律精神。

清末以降，中国佛教僧众的主体意识日益清晰，新时代中的佛教角色也有了全新的社会形象，当时许多僧人对此都有着清醒的认识。因此，新戒律学建设和戒律持守精神的塑造，就必须吸收和接受这种社会观念。于是，革故创新不仅有了新的内容，也有了新的原则。

---

① 白圣：《寺院住持手册》（附：敕修百丈清规住持章），《白圣大师文汇》，第172–173页。《敕修百丈清规》见《大正藏》第48册。

宗仰于1913年2月说：

> 政治益隆，法律益备，则佛教由然发达，足以奠世界于永久不堕。良以佛教视一切众生，皆为平等，今日正提倡此平等主义，欲使国民咸知天赋人权不可放弃，正易扬佛法以解之。……今日大势，固不能舍政治法律，而徒行佛教；亦断不能不以佛教为前提，而空言政法。①

也许可以将这种观点概括为“革故创新”的基本原则。此时所革之“故”的社会基础，即是几千年的封建所有制；而所创设之“新”，即是与新兴资本主义制度相关的社会意识形态。随着社会人权意识的觉醒，这种革故创新的努力甚至引入了西方法制人权精神于戒律思想之中。所以，任何形式的整理僧伽制度和强化戒律努力，都必须要在内（僧团）外（社会）两个方面符合戒律和法律的精神。如在受戒过程中一些传统行为和惯例，曾经引发了东西方两种文化和人权观念的冲突。② 同时，在受戒过程中传统的烧香疤以及出现的燃指供佛等行为，也受到佛教思想家和社会大众的不断审视。这一切都必然会反映在僧人的戒律持守、社会表现及僧团管理的制度仪轨建设之中。

强调对现代政治思想、法律观念重视与吸收的思想，在太虚等法师及其他佛教思想家的著述里都有程度不同的体现。简而言之，戒律学意义上的革故创新，即是要顺应社会变化、融合时代思潮，贯彻“应开者开、应制者制”的佛陀教诲，不断进行戒律精神的时代化建设。③

三、辟误强新

辟误强新，即是祛除错误的认识或观念，以促进新戒律学的建设与发展。近现代时期，辟误强新最重要的任务之一，即是要纠正存在已久的错误禅戒关系及对禅戒关系的错误认识，以达到强化戒律和新戒律学建设的目的。

---

① 宗仰：《论尊崇佛教为今日增进国民道德之切要》，《宗仰上人集》，第47–48页。

② 参见后文关于照空出家之事的讨论。

③ 芝峰：《本律学以整理今日佛教之制度》，《民国佛教期刊文献集成》第172卷，第29–31页。

禅门清规本来是佛教中国化的产物，也是戒律中国化的一项重要内容和成果。清规的出现，对后世禅林的存在与发展起到了重要作用。但是，关于清规属性及其功能的争论在历史上就一直没有中断过。很多人往往把佛教僧团（尤其是禅林）中出现的问题都归结为对清规的使用。每到戒律不彰、丛林混乱之时，这个问题就会被提出来。同样，在民国时期，也有如弘一等许多教内外人士对清规提出批评：清规不除，戒律不成，佛教难兴。所以，戒律学建设的一个重要任务即是要努力摒除清规的影响。这种观点直到今天都是存在的——只要一提到佛教戒律建设，就会自然而然地想到清规不足，就会把一切问题的板子打在清规身上。如圣严即说：“今后佛教的重整与复兴，不用再提‘清规’二字，但能恢复戒律的精神，佛教自然就恢复了。”①

事实上，如同整个佛教一样，禅林出现一些问题虽然和清规有一定的关系——或者被认为是与其相关，但更多的还是社会文化因素与佛教发展本身决定的。不容否认，禅门中是有些思想或观念（或误解）会给人造成一定的误会。简单而言，我们可以从三个方面认识清规“造成”问题的原因：一者，清规中确实有一些内容与戒律精神有所不符，从而造成对戒律认识的混乱；二者，有些问题的出现，往往会被简单地认为是清规造成的，而没有看到其背后根本原因；三者，禅学思想中确实有一些观点容易给禅者造成持戒的误会，因而损害或影响了清规的形象，遂使清规成为一切问题的替罪羊。

（一）板子打在清规上，但错的不一定是清规

历史上，之所以会把中国佛教（尤其是禅林）的持戒不彰和清规建立起因果关系，这是多方面因素造成的。

一者，戒律之用，乃一切法门所共持，只因方法不同而表述各异。禅宗肇自少室，至曹溪之时，多居律寺。虽住于律院，然其说法住持未合轨度，“故常尔介怀”，于是马祖乃创意别立禅居，禅律相分，另依轨度。②

---

① 圣严：《律制的生活》，第 119 页。

② 〔宋〕道原：《景德传灯录》卷第六之《禅门规式》，《大正藏》第 51 册，第 250 页下、251 页上。

正因为如此，不少禅者对传统戒律（小乘律）的态度和认识，确实与律师的主张有所不同或大相迥异。这必然会造成戒律持守观念和理解的差异，这种差异也必然会带来外在行为上的不同。这种现象早在唐代即受到道宣律师的批评。虽然也有禅师强调，佛教三学在本质上具有内在一致性，“律即是法，法不离禅”，“无上菩提者，被于身为律，说于口为法，行于心为禅。应用者三，其致一也。譬如江湖淮漠，在处立名。名虽不一，水性无二。”[①]但真正能够做到者，却又难以对此进行表证。而且，这也不是任何人都能随便达到的一种融会贯通能力。

二者，由于每个人的根器不同，对“无相戒”的理解和持守也就不同。持无相戒，以及如何持无相戒，一直是长期困扰丛林戒律实践的重大问题。丛林中也始终存在着对“着相持戒”与“不着相持戒”的争论和误解。在某种程度上，解决丛林持戒问题的一个重要途径即是要从理论和实践上解决“无相戒”问题。所谓无相戒，即无相之戒。由于禅者相信无心无佛或即心即佛，修行要不着一切相，不执一切心，既不依文字，也不离文字，所以持戒也在理论上持的是无相戒，其本质即是不拘泥于具体持戒的方法和相状。这是因为，万法尽在自性，涅槃妙心乃实相无相，文字是不能了义的，所以只能是以心传心，教外别传。慧能说：“外离一切相，是无相。但能离相，性体清净是。是以无相为体，于一切镜上不染名为无念。”其中所谓的“境”，当然也包括文字和语言。在六识之中，眼耳二识所取之相正是文字和语言。如果执于此二识，即是受到了境染，所以不执于境当然也含有对文字和语言之离相。慧能还说，尽管真如自性起念，非眼耳鼻舌能念，但是，真如自性起念，“虽即见闻觉知，不染万境，而常自在”。[②]由此可见，无相戒是心中有佛，检点身心，既细行严谨，又不拘外相。但是，由于无相戒微妙深奥，并不是每个人都有持无相戒的资格或能力，这就在理论和实践上给一些戒行不严的人提供了非法非戒的理由和说辞。他们虽

① 〔明〕朱时恩：《居士分灯录》卷上《白居易·佛光如满禅师法嗣》，《卍续藏》第147册，第875页上。

② 〔唐〕法海集：《南宗顿教最上大乘摩诃般若波罗蜜经六祖惠能大师于韶州大梵寺施法坛经》，《大正藏》第48册，第338页下。

有无相戒之名而缺无相戒之实，一旦被别人指责为违戒，即可以大言不惭地说：我持无相戒。所以，无相戒不是丛林不整的根本原因，错误地理解及执著于无相戒，才是造成丛林问题的原因之一。

三者，丛林生活中还存在着禅律相分的观点和主张。有的禅者在修行时，会下意识地将戒律视为另一法门，而不是将之视为融于各种法门之中的一种精神和行为规范。虽然这种思想倾向早在东晋时就曾被庐山慧远加以批评，但后世这种观点却始终存在。如庐山万杉善爽在开导弟子时说："经有经师，论有论师，律有律师，教老僧说个什么？"良久云："春因归堂打睡。"①或者说："谈经者，克明因果，诠显真乘；秉律者，洞达开遮，坚持轨则；演论者，研穷妙理，剖判渊微；习禅者，顿悟本心，提佛祖印，即证解脱，透出根尘。"②这一切都说明，他们在思想中事实上是将禅律加以刻意相分的。虽然这些禅师们并不会违犯戒律，此类语言也只是随机说法，但确实会有一些人误解他们的思想。

四者，有的人把持律而行看成是直指人心的对立面，从而对戒律有着错误的认识。一些禅者对律学抽象繁琐的理论不感兴趣，撇开了"戒是无上菩提本"的精神，而是一味地强调当下顿悟、直取佛境，甚至把那种注重一言一行、一念一意的持律方法错误地认为是一种着相行为。所以，有杨无为居士问本嵩禅师关于道宣的毗尼"性体"含义时，本嵩禅师的回答是："情智何尝异，犬吠蛇自行，终南的的意，日午打三更。"③这虽然有着反对着相之事，但确实会使一些人找到无视戒律的借口。有天台受具学律习教之人也言："毗尼之严，科目之烦，固我佛祖方便示人，若欲截断众流，一超直入，非禅波罗蜜，曷能致之！"④这正是道宣在《续高僧传·明律论》中批评过的错误观点。

五者，对戒乘缓急关系理解不清。有的人不知乘戒均不可偏废，岂有缓急之说。严谨持戒，戒即是乘；不能持戒，乘也不得。反之，要么非戒非乘，

① 〔宋〕惟白：《建中靖国续灯录》卷六，《卍续藏》第136册，第111页下。

② 〔宋〕惟白：《建中靖国续灯录》卷十七，《卍续藏》第136册，第262页上。

③ 〔宋〕普济：《五灯会元》卷六，《卍续藏》第138册，第223页上。

④ 〔明〕朱时恩：《佛祖纲目》卷四十一，《卍续藏》第146册，第838页下。

要么乘戒尽失。瞿景的《戒乘缓急四句》、克勤的《戒乘缓急说》和真寂的《戒乘缓急说》都讨论过这个问题，批评一些错误倾向或观点。

（二）正确认识禅戒关系的内涵

“无相戒”是与“着相持戒”相对而言的。宗仰于 1913 年 3 月的文章对此作了深刻地分析。他说：“五欲三毒，犹之痈患，不能以法药急治，而徒以人天之戒而保养之方，以为报身无恙。不知心有三毒五欲，所得果报，互为轮回，果报愈高，而堕落愈重。是非持戒不善，是着相持戒不善。”而且，如果未经善知识指破，现前妄身妄心，即是累劫贪着色相之心，“以是心修戒，来生得人天身，由人天身纵三毒业性，而得三涂身，三涂身比人身三毒更苦。”所以，“着相持戒，不如不持——不持则三毒不灭，持之则三毒转烈”。正如着相修行一样，着相修行似于冰山造屋，不造不过无房，造之不仅房屋不成，还白白浪费建筑材料；着相修行，不仅不得究竟，且多染世界习气。所以，着相持戒，“如贼已入室，而犹守其门以防贼入，不亦谬乎？众生不逐心内三毒，而只把持外边尘欲，此正与贼已入而守门者何异？”①

显然，着相持戒是走错了路、吃错了药、用错了功。更为重要的是，一些人着相持戒，其实心中实无持戒善念，而只是假外在之形，不是发之于内而形之于外，所以可能会是一种虚假的持戒，是刻意作出一种持戒的行为与表现，以图换得名闻利养。这种持戒当然即是为一种恶。相反，真正的不着相持戒是发心于善，以善为初阶，以善为持戒之门，如此才可能做到真持戒。不然，空守于其外的持戒，而失却内心善端的发明与成长，无异于“贼已入而守门”之事。

关于持戒之相状问题，慧能确实说过“心平何劳持戒”，但其后句“行直何用修禅”却往往被人忽略。②什么是“行直”？简单地说就是如法如律而行。如果能够做到如法如律，何必多此一举地修禅呢！显然，这两句是不能割裂理解的，禅戒本是不可分别的。但是，持无相戒并不是每个人都能做到的，因为无相戒有着更高的要求；而且，持无相戒不是不持戒，

---

① 宗仰：《校经室秋夜槃谈》，《宗仰上人集》，第 106–107 页。

② 〔元〕宗宝编：《六祖大师法宝坛经》，《大正藏》第 48 册，第 352 页中。

而是更为严谨的持戒，因为这是基于内心的功夫与智慧，具有更高的根器要求。再者，既不能把无相戒作为违戒的理由，也不能简单地把违戒行为归因于无相戒。

因此，要想在一些人心中强化戒律的权威和持戒的必要性：一是要树立正确的禅戒观，二是能够正确认识禅戒关系，三是能够正确理解“着相持戒”和“不着相持戒”的内涵。只有树立正确的无相戒思想，纠正错误认识，才能有效地加强丛林戒律建设。

四、知外助新

民国中期以后，僧人和佛学研究者外出参访越来越频繁，参访的目的地也从早期基本仅限于日本、南洋等地而扩展到欧美等国家和地区。在这几十年中，僧人们考察学习的内容更加多样、区域更加宽广，不但对欧美法制精神和意识形态有了近距离的观察，对西方宗教的行为规范及其内容和精神也有了更为深入的理解，对各地不同语种佛教的戒律持守状况和精神也有了更为直观和深刻的认识——有的甚至深入到这些僧团之中实地参与修行生活，因此对其特征的感受更为直接，批评也会更为准确，借鉴也就更加具体。

持松正是通过在日本近距离地接触日本佛教，才对日本佛教的戒律状况有了深入的认识，一扫清末时期中国僧众对日本佛教的模糊观念。他说日本佛教：

> 其最弱之点，则为戒律废弛，娶妻食肉。彼邦佛法，名虽兴盛，实则三宝之形神不完。以戒为师之语，彼早视为小乘不足重矣。以视我国笃持戒律，行解兼优者，尚得十之三、四，纵有不肖者，不过暗室欺心，较之日僧之公然违律，不啻有霄壤之隔焉。故吾国同胞，倘能改革旧习，奋发精神，广立学校，严紧戒律，恢复我固有之精神，则前途之希望，正未可限。不特不须彼辈来华布教，并可以祖国之家风，往矫其非，斯在我辈之奋勉耳。①

① 持松：《留学日本之见闻》，《持松大师全集》第6册，第138页。

基于同样的理由，法舫对几位在日本学习密法的僧人回国不传密法，而是加强教规建设之举极为赞同，认为是“今日的一种好现象”。这些人回来后，并没有接受有人请求传授密法，而是要“依着佛教建立的次第和正当的密教戒规，纠正过去的或现在的一种不好的现象”。所以法舫认为“这是中国佛教思想上的一种转机，也就是复兴中国佛教的第一步工程——矫正不良习惯，改善错误途径”。①

通过对境内外佛教的考察交流，当时的中国佛教内部人士已经对日本、南洋等地佛教相当熟悉，他们发现了这些异域宗教的特点，更发现了它们戒律持守的特色甚至缺点。所有这一切，都对建设新戒律学有着积极的参考价值和警醒意义，使中国佛教新戒律学建设不弃优秀传统，不失正确方向，不走建设弯路，不入认识误区。

五、采南补新

对大小乘戒律具有不同认知及其立场和态度，历史上就一直存在。民国时期也是如此。鲁迅先生在 1927 年 5 月写的《庆祝沪宁克复的那一边》一文也曾说到这个问题：

> 我对于佛教先有一种偏见，以为坚苦的小乘教倒是佛教，待到饮酒食肉的阔人富翁，只要吃一餐素，便可以称为居士，算作信徒，虽然美其名曰大乘，流播也更广远，然而这教却因为容易信奉，因而变为浮滑，或者竟等于零了。

当然，先生此处之所以言及佛教戒律，主要还是要说明其关于沪宁克复的革命观点。他接着说，革命也如此的：

> 坚苦的进击者向前进行，遗下广大的已经革命的地方，使我们可以放心歌呼，也显出革命者的色彩，其实是和革命毫不相干。这样的人们一多，革命的精神反而会从浮滑、稀薄，以至于消亡，

① 法舫：《一九三六年的中国佛教》，《法舫文集》第 5 卷，第 239-240 页。

再下去是复旧。①

假如我们根据如此一说，就判断这是鲁迅先生对佛教戒律完全真实的认识态度，显然是不可靠的。但至少也反映了鲁迅先生对待佛教大小乘戒律的一种观感。结合他所说的“释迦牟尼出世以后，割肉喂鹰、投身饲虎的是小乘，渺渺茫茫的说教的倒算大乘”之语，② 也许大致可以看出鲁迅对待戒律的态度了。

但是，不论对佛教持什么态度，一般都会有一种小乘持律严谨、大乘持律温和的基本认知。而南传佛教属于小乘，所以加强中国佛教的戒律建设，当然需要向南传佛教学习，这就自然地成为当时广受重视的一种思路，本处将之简称为“采南补新”。

所谓采南补新，即是指借鉴南传佛教的持律观念和行为，以强化中国僧众的戒律持守。在本质上，即是采小乘补大乘——或者说是采南补北。此处，南，指南传佛教；北，指北传佛教，也即是中国佛教。这种观点认为，中国大乘佛教虽然有着崇高的目标和理想，但是其宽松的持戒精神可能会影响一部分人持戒的严谨性，而南传佛教却有着严格的持戒观念，所以有人即主张通过借鉴南传的小乘律持守精神，将之与中国传统佛教的大乘精神相结合，以强化汉地佛教的戒律持守，建设符合中国佛教发展要求的新戒律学。

（一）采南补北体现出大小乘二分的思维方式

对佛教进行大小乘相分的认识方法一直是中国佛教的学术传统之一。随着中国僧众对南传佛教的逐渐熟悉，对本地区僧人的持律观念和行为也有了一定的了解，他们都发现了南传佛教持律的小乘特色。

太虚从锡兰回来后，对当地佛教的评价是“锡兰教理是小乘，行为是大乘；中国理论是大乘，行为是小乘”。值得指出的是，在此语境下所讲的小乘与大乘，其感情与立场都与传统上不同，表达出的往往是对这种小

---

① 鲁迅:《庆祝沪宁克复的那一边》,《集外集拾遗补编》,人民文学出版社,1993年,第157页。按:“沪宁克复”，是指1927年3月22日上海工人第三次武装起义成功以及3月24日北伐军攻克南京之事。

② 鲁迅：《叶永蓁〈小小十年〉小引》，《鲁迅全集》第4卷，人民文学出版社，1981年，第146–147页。

乘持律方式的一种敬佩和仰慕。这在当时也是一种普遍的价值倾向。对于南传佛教，印顺曾如是说：

> 南方佛教较有实际利人的行为，这是初期佛教的本色。现阶段的中国佛教，不但理论是后期的大乘，唯心的、他力的、速成的行践，也都是后期佛教的本色。我们如果要复兴中国佛教，使佛教的救世成为现实，非推动中期的少壮青年的佛教不可。后期佛教，可以请他做顾问，取他一分丰富的经验。我们更得发扬初期的天真、切实的精神。以中国内地特有的中期佛教的思想，摄取藏文系及巴利文系的宝贵成分，发扬佛陀本怀的即人成佛的佛教！①

事实上，民国时期的僧人深入境外南传佛教地区，也是自唐代义净之后中土僧人又一次直接地、深入地亲历南传佛教——准确地说是小乘僧团——的修学生活，所以他们往往对此种持律方式表现出某种理想化的理解，更有着因对其从陌生到基本了解而形成的一种推崇成分。

（二）采南补新即是将大小乘戒律精神进行时代融通

历史上，一直有人把中国佛教戒律持守中出现的问题归结为大乘佛教的影响，或者说是因为信奉大乘佛教造成的。换言之，由于认为戒律持守问题是大乘佛教思想及其戒律观造成的，所以通过吸收借鉴南传佛教的小乘戒律观即可在一定程度上解决这个问题。正是因为对南传佛教的考察与接触，才触动并激发一些中国僧人志在通过融通小乘戒律观来强化中国佛教戒律持守的使命感。

石云在其《送法舫法师出国》中说：

> 中国所流传的具备小乘三藏和大乘佛教，在质的上面，是最圆满不过了。但因律仪制度的未能树立，解与行两个车轮不能同时向前不断的进展，这点是不及锡兰的。所以假使说佛教像棵树，

---

① 印顺：《法身尚在人间》，《印顺大师文汇》，第 378 页。

> 那么锡兰的佛教是根深蒂固的，中国的佛教茂盛在枝叶上面。我们如果不愿意中国佛教成为一棵无根之树，而任它憔悴干枯，就应该拿锡兰佛教律仪制度来巩固着它的根底。①

杭州海会寺成元法师在其《中国无比丘》一文中，对锡兰、暹罗等南传佛教国家的佛教戒律持守方式极为推崇，并因之对中国当时戒律持守现象极为不满，甚至得出中国无僧人、中国无比丘的结论。当然，成元所说的“无僧”，并不是真的说中国无僧人这个群体，而是指仅有僧之名而无僧之实。他认为，当时中国僧众不能如法而为，“纵有而不实，兼染病症，等于无也”。因为僧伽本义即是事合有六，理则为一，但近来僧团，身虽同住，但多口诤、不和悦。依律所定，凡比丘作法羯磨，须四人以上方堪作法，今既事理不和，亦不作法，但有其名，所以犯戒更重。如此，“中国佛教救世，只有药而乏医，致教国衰病不起”。②

成元法师曾于1928年冬由星洲抵暹罗，1929年春到缅甸古都瓦城，并与当地僧人一起聚于某华侨家庭。通过吃饭，成元即发现：

> 依缅僧律仪，僧不能与俗同席，当即别席而安。及斋时，饭菜齐，主人呼请，我席主宾僧俗，撩筷扑席、喝吼狂吞；而别席缅僧，斋至饭齐，呼请不动，呆目面食冷坐，众莫能解。久之，缅僧语余曰：“可传语主人。缅僧若主不授食，则不敢食。”当即如法授食，方能动手。

成元因此感叹道，我国僧仪非但僧俗不别席，竟乃男女共坐；非但不授而食，竟有的会索味讨羹。这些水潦鹤僧之所以如此大胆，“无非挂大乘僧招牌”。③成元还以来华参访的锡兰比丘纳罗达在杭州的表现，来作为其观点的补证。纳罗达于1936年来华，时有杭州名流欲与纳罗达陪席，但遭到纳罗达的拒绝。在合影纪念时，纳罗达也亲自检视为其安排的坐褥

① 石云：《送法舫法师出国》，《法舫文集》第6卷，第498页。

② 悲华：《改进中国佛教动议》，《民国佛教期刊文献集成·补编》第62卷，第405页。

③ 成元：《中国无比丘》，《民国佛教期刊文献集成·补编》第62卷，第404页。

内是否为毛制物，然后方坐。[①] 成元进而批评说，有些人说暹罗律仪吾国办不到，此系一种推诿之语。如果小乘之事自己都办不到，怎么能够行大乘呢？所以我们的佛教建设也应该如社会人士一样，加强对世界文化的交流学习，既要以“不变而随缘”的态度学习一切大乘教法，又要学习印度、锡兰、暹罗、缅甸等国的小乘律仪和态度。如是大小并行，既合如来之教，又合社会潮流。

由于成元把采集小乘戒律、学习南传佛教的持律观念作为救治中国大乘佛教的手段，所以对于弘一律师拟去南洋之事，认为其目的是为了“攻采小乘律来补大乘经，后未果能，不久便薪尽应灭，此是中国大不幸事”。[②]

对于为什么要倡大小乘一统，才能挽时弊之事，成元在另一篇署名“悲华”的文章中作了说明。本文大致谈了三个原因：

第一，能够融合法有大小的现象。

文章指出，汉传、南传佛教的差别，是因为往昔交通阻隔，致使译传多偏，造成大小显别，所以不无遗缺之憾。但是，随着时代的发展，水陆空的交通便利，万国交通，易于见证，所以今日之佛教“理应统一偏圆，方畅如来本怀”。[③] 也即是说，行中国大乘，持南传戒律，正是这种统一偏圆的必然要求和根本方法。

第二，因为大乘误国，所以要采小补大。

成元继续以印度佛教发展史为例证，得出了大乘误国的思想。

他说，佛陀灭后的五六百年间，是小乘比丘住持佛法，当时的印度是“国盛民强，教隆僧真，德服邪外”。然至佛灭后七八百年，“大乘势盛，内排小乘，外拒他宗，假五明而随俗流，势难持久，结果小被大诛，大乃绝后，驯致小大同尽，救国俱亡”。所以，对于中国佛教而言，若要“救教护国，当抑大强而扶小弱。因中国尚无比丘，为自他公认，长此以往，将步印度覆辙，可为寒心”！成元认为，那种决然将佛教分为大小乘的思想是不准确的，正如一个家庭，不能只有大人而无孩子，否则其家必绝。他说：

---

① 成元：《中国无比丘》，《民国佛教期刊文献集成 · 补编》第 62 卷，第 403 页。

② 成元：《中国无比丘》，《民国佛教期刊文献集成 · 补编》第 62 卷，第 403 页。

③ 悲华：《佛化婚礼与大小乘》，《民国佛教期刊文献集成 · 补编》第 62 卷，第 381 页。

> 至谓暹罗系小乘比丘，中国乃大乘菩萨，愚见以为不然。质言之，彼国虽被目为小乘，而犹能严净国土，保持佛法，中国既属大乘，何故反致教衰国危？当知，吾国僧民之不幸，即在过重“大乘”二字。试问吾国果尽大乘佛法耶？纵许尽属大乘，然亦不可将小乘舍弃。①

显然，成元从国家命运角度，批评过分强调大乘的现实危害。不过，暹罗在近代西方帝国主义的殖民狂潮中，能够保持相对独立的国家形态，其原因是复杂的，并不是简单地因为其行小乘佛教之故。

第三，行大乘教不能弃小乘律。

既然大乘教因其空泛可能会误教误国，那怎样才能补救呢？成元提出的方法是采小补大、大小并行，以成就新戒律，完善大乘行。他说：

> 应积极改进教法，以大小乘法为药，以小乘僧为医。小大并行，则医药完备，方能救起沉疴。所惜我国近来佛教医药俱缺，小大不行，应采效南印、锡兰及暹缅之比丘僧为医。缘是等处之僧像律仪，均名实相符，与佛世言行不背。……则当改进中国佛教，将大小乘全为一家，依科学而整理教规寺产，据佛理以住持三宝。秉大乘法解放僧尼，以服务社会；重小乘律而产生比丘，以绍佛家业。②

成元不仅这样认识，更是以之为其律学建设的努力目标。抗战胜利后，其主持的杭州吴山佛学苑一复课，即致力于中国佛教的律仪建设；创立“南传专宗律学院”，以吴山佛学苑为南传宗律苑预修科，以专修科内的律宗系作主体，以南传宗律仪为圭臬；按照佛教自治论，整理僧制，中兴教法，组织求法团向南传宗地征请人法来华，以树立南传宗苑法苑，绍隆如来“窟内家法”，作改进中国佛教的基础。③这其实也是唐代义净思想的又一次出现。

---

① 悲华：《佛化婚礼与大小乘》，《民国佛教期刊文献集成·补编》第62卷，第381页。

② 悲华：《改进中国佛教动议》，《民国佛教期刊文献集成·补编》第62卷，第405页。

③ 悲华：《杭州吴山佛学苑复课缘起》，《民国佛教期刊文献集成·补编》第62卷，第439页。

应该说，成元所发现的中国佛教持律状况不严这种现象是客观存在的。但是，如何解决这个问题，如何做到补偏救弊，却又是复杂的，甚至也是一个历史性的问题。在本质上，南传佛教与汉传佛教在戒律持守精神上是一致的，但在其观念和行为之间存在差异，这也是多种原因造成的。尽管如此，它们之间也不存在高低优劣问题。曾在南传佛教社会中生活多年的法舫曾说：

> 前期根本佛教的重心在佛陀，是依人不依法的；到了原始佛教时代，佛教的重心在律（僧团），是依僧团与戒律，而不依人也不依法的。后来部派佛教时期，佛教重心则在法，依法不依人，也不依律和僧团了，故产生了大乘法，其重心仍在法理与思想。原始佛教思想重在戒律的保持，对于教法还是重三法印。①

中国的戒律精神既是中国大乘佛教思想力量之使然，也是文化传统和地理等因素决定的。所以，加强律仪建设并不是简单地通过否定大乘戒法、持守小乘律仪就能做到。诚然，大乘佛教的持律精神确实可能会给某些出家人造成一定的影响，诸如："粗言及细语，皆归第一义"之说，以及《维摩经》中说的"入诸淫舍，示欲之过；入诸酒肆，能立其志"之义，都是如此。但这一切并不是僧众持律不严的根本原因。因为社会政治的变革、经济形态的不同、地理文化的差异、僧众个体的理解、佛教发展的逻辑等，都会造成持律差异或律仪不彰的现象。这也是巨赞法师在其《新佛教运动之史研究》一文中，对当时一些人以纳罗达之是非为中国戒律之是非加以批评的原因。

（三）必须基于中国传统解决中国佛教律仪问题

正如刊发《中国无比丘》的《觉有情半月刊》的"编者后记"所言，虽然大乘佛教是中国佛教的基本特色，但是"大小二乘，本末兼资，体用互摄，不宜偏废"。② 在中国佛教僧团中，能够严净毗尼、戒香远熏者比比皆是。

---

① 法舫：《唯识论谈》，《法舫文集》第 2 册，第 74 页。

② 成元：《中国无比丘》，《民国佛教期刊文献集成·补编》第 62 卷，第 403 页。

编者刊登此文于第一版，可能也正是为了引导大家共同思考这个问题。不过，尽管编辑认为成元这种“推崇泰国僧伽，怀疑中邦大乘”的言论[①]，以及对大小乘关系处理、采纳小乘戒律持守精神的方法，乃兹事体大，盼望能有硕德长老加以讨论，但这种思想在当时并没有引起社会僧俗的广泛争论。这也许已经显示其观点并没有引起大家的共鸣或认同。

事实上，认为大乘佛教已经成为中国佛教发展阻碍力量的观点，民国时期有不少人都曾直接或间接地表达过，尤其是那些在南传佛教国家学习考察过的人更是如此。只是有的人想通过采南补北来达到目标，有的人却是基于中国佛教本位而提出解决方案。如法舫即是要通过建设人间佛教的方式来解决这个问题。他说：

> 中国现社会之不重视佛法者，推其根本原因，在于以往之专宏大乘。以专宏大乘故（其实大乘即在人间），不仅人间佛法不问闻，即超世之小乘佛法，亦率皆唾弃。……高深之大乘佛法，既不能启发其信仰、利其身世，更何能信解佛法？！因此，成为佛法自佛法、和尚自和尚、社会民众自社会民众，除少数之在家信众作自修外，佛法殆为现社会之阻碍物，世人不但不能如佛律之敬信崇仰三宝，且以另眼视之。故为改换现未社会之视佛僧之观念，重新建立其信仰故，提倡人间佛教。[②]

因此，解决戒律持守问题，不能只见树木不见森林，仅仅着眼于戒律本身的大小属性及其条文的多寡，而应该通过对佛教的现代化建设而提高僧众的境界和觉悟，要在根本上清除造成戒律不彰的思想基础和历史局限性。许多佛教领袖和思想家也正是从此角度提出了整治中国佛教的一揽子方案。

（四）采南补新也意味着以北强南

在此阶段，随着佛教的发展以及僧人加强戒律建设意识的增强，佛教

---

① 悲华：《佛化婚礼与大小乘》，《民国佛教期刊文献集成·补编》第62卷，第381页。

② 法舫：《与某居士论建立人间佛教书》，《法舫文集》第4卷，第133-134页。

思想家已经把戒律建设置入到全球性的学术环境之中，甚至有着通过戒律建设以促进南传佛教发展的设想。这即是通过“采南补新”最终实现“以北强南”。

民国时期，不仅有不少中国僧人赴南亚和东南亚学习，也有一些南亚僧人来华参访。如 1934 年，有锡兰僧人普利（Pneli）和普来立斯（Pullese）来上海研究大乘佛法，以三四年为期，学习中文和大乘佛法。① 正是在这种交往中，有中国僧人提出要去南亚弘扬戒律的主张。

其实，外传中国佛教思想和精神，以丰富南传佛教，其设想早在清末时期即已被提出，时人杨文会即对有人拟去印度弘扬佛教十分支持。他在《与李小芸（国治）书二》中说：

> 南方有人发愿重兴印度佛教，选才教授，敝处独肩其任。……僧徒课程计三门：一者，佛学；二者，汉文；三者，英文。三门精通，方能赴印度布教。人数以十名为度，非五万金不办。筹款全仗他人分任。此乃释迦如来遗教中一大事因缘也。②

1942 年，法舫与达居、白慧等三人一同赴印度留学，入国际大学修学梵文、巴利文和英文。石云在其《送法舫法师出国》中也表达了要推进中国佛教外传的宏大目标：

> 要使锡兰佛教有更大的发展，则须以中国的大乘思想充分的灌输。这样，我们敢大胆地说：国际佛教运动的成功，或须以此为主要推进的一环。所以锡兰无疑地已成了世界佛教运动的媒介。从各方面看来，中锡两国的佛教徒的携手奋斗，是时候了！③

另外，常州清凉寺的静波（法名清海）和尚，也提出过要中国佛教反哺印度佛教的倡议。静波和尚曾任全国佛教会会长，他要求中国佛教徒要

---

① 《锡兰两西僧普利和普来立斯来沪研究大乘佛法》，《民国佛教期刊文献集成》第 41 卷，第 351 页。原文如此。疑为“普利（Pneli）和普来立斯（Pullese）”。

② 杨仁山：《等不等观杂录》，《杨仁山大德文汇》，第 248 页。

③ 石云：《送法舫法师出国》，《法舫文集》第 6 卷，第 498 页。

有高度的责任担当。1934 年，年届古稀的静波和尚决定推动振兴印度佛教之事业：

> 今印度佛法已亡，我应抱反哺主义，复传教于印度。故决办一“反哺佛会”，重兴印度佛法。……定于后年可以出洋到印度弘法。①

由此可见，以中国佛教反哺印度佛教，既有法师“宏宗演教”的个人远大抱负，也受到“佛教救世”本怀的鼓舞，更多的是来自中国文化和佛教的一种自信——创立学院，造就人才，为将来布教各国作预备，上体我佛本怀，下济众生沉溺。②

不过，正如芝峰所论，中国僧众外出宏教，最重要的即是对外交流中的语言问题：

一者，中国佛教思想家们不能以西方语言传播思想。在掌握佛教思想、义理方面有能力者如太虚等，但其没有语言之利；有些懂西方语言的佛教徒，其佛教学识又不够，不能担当此任。

二者，即使我们不外出他国，当有些西方佛教徒来学习时，我们也仍然不具备满足他们学习中国佛教的能力。故而，芝峰才忧心忡忡地说：“中国佛教的现状，正是向着自身灭亡的路上走”，真正能行解一致的已如牛角，而无解无行的多如牛毛。他并以欧洲照空来中国学习为例说，照空比丘所率来华求法之徒众，首先感到困难的，就是没有深通汉学佛学，并善英文和法文之教师，中国佛教徒之无能完全暴露，“这不但是中国佛教的坍台，也是中国文化的坍台。”③ 当然，此说有所夸大。中外佛学交流中即使遇到语言问题，也还说不上是中国文化的坍台，但这确实反映了佛教内部的有识之士已经发现了中国文化向外交流中存在的问题。在某种程度上，这也是文化自觉的一种反映。

三者，语言问题不仅影响中国佛教的对外输出，同样也影响外国佛教

---

① 《静波法师之反哺佛会计划》，《稀见民国佛教文献汇编（报纸）》第 10 卷，第 130 页。

② 《江苏清凉学院院长清海老和尚欢迎日本来华佛教团演说词》，《清波老和尚纪念集》，第 75 页。

③ 芝峰：《欧洲佛教徒来华求法》，《民国佛教期刊文献集成》第 185 卷，第 10 页。

文献对中国的进一步传入。法舫在印度生活后已经认识到这个问题，他在对妙吉祥居士的信中，特意劝其师父到印度学梵文。这是因为他发现还有大量的唯识宗、空宗、俱舍宗、律宗、六派哲学的梵本存在。如安慧的《二十颂释》《大乘庄严经论》《瑜伽师地论》《俱舍论称友疏》及《因明论》《集量论释》等。此外还有许多中国没有翻译的梵本。“今日东西洋学者都在这方面研究，比我们中国人好得百倍了。假若我们今日发心努力，还可追踪赶上”。①

简而言之，中国佛教的外传输出，或者说“以北强南”，并不是一个简单的志向问题，也不是派出几位僧人就能做到和实现的。除了语言这个外在的条件不具备之外，还有许多现实的困难需要解决。

第六节　文人笔下的戒律美学

文人士大夫交际僧人、研究内典，一直是中国传统社会中重要的文化现象。清末民国时期的大多数知识分子，尤其是当时居于大学象牙塔之内的部分哲学、文学或历史学等领域的学者，对佛教的精神和义理大都极为重视。民国中后时期，这种现象更为明显。但他们所研究的佛典往往仅限于经藏、论藏以及为数不多的一些大乘类戒律学文献。这主要表现在：有的对唯识学兴趣盎然，有的对华严学下过功夫，有的关注佛教历史，有的重视佛教思想。其中，很多学者治佛学都取得了一定的成绩，有的著作还在佛教界和学术界产生过重要影响。但相对而言，这些社会知识分子对戒律文献及其思想的重视与研究就相对薄弱一些，他们对传统上所谓的小乘戒律学文献及其基本思想往往都是主动或被动地加以回避。究其原因，大致有三种：一是表现出知识阶层及社会大众对佛教传统和惯例的尊重，二是对僧人情感及其僧格的尊重，三是可能因为怕被僧众误认为是对佛教和僧人的故意冒犯。

即便如此，从古至今都有反例或特例存在，仍然会有一些社会人士因

① 法舫：《致妙吉祥居士书》，《法舫文集》第6卷，第74–75页。

不同的原因或从不同的角度对戒律文献有所重视，对戒律的内容和精神也较为熟悉，并有所推崇。有的人甚至对戒律的文本、内容或思想还作过相对深入的研究，周作人即是其中的重要代表。①

周作人（1885–1967），中国现代著名的作家和学者，他对佛教戒律文献有着浓厚的兴趣。周作人对佛教戒律思想和文献的重视，远远高于他对其他宗派或思想的关注，这种兴趣度也超越了同时代的其他知识分子。据其自述，光绪甲辰（1904）年，他在南京水师学堂时，即于南京延龄巷购阅佛经。②他说："我看了《起信论》不大好懂，净土宗又不怎么喜欢，虽然他的意思我是觉得可以懂的。"1921 年，时已步入中年的周作人因为生病，而主动购请佛经学习，先是读小乘经，后又读大乘律，并称自己因读《梵网经菩萨戒本》而深受感动。③

周作人研读律典并不是短期的一种好奇心之使然。在此后的十年间，他不仅翻译了日本佛教学者松元文三郎的《从小乘戒到大乘戒》，自己也系统读了不少大小乘戒律文献，"所以对于佛教的戒律更感到兴趣与佩服"。不过，他说由于刻印的小乘律本在其前都会有"在家人勿看"的提示，所以便觉得不好意思开口去问——"并不是怕自己碰钉子，只觉得显明地要人家违反规条是一件失礼的事"。后来只好托梁漱溟买了《四分律藏》二十本。梁漱溟离开北京后，他又托徐森玉陆续买到一些，自己又收集一些，如《萨婆多部毗尼摩得勒伽》二册十卷，《大比丘三千威仪》二卷，均为明末刊本。④显然，周作人所接触的这些律本都是中国传统重要的小乘戒律文献。

在对待佛教思想方面，周作人与同时代一些知识分子有着相似的态度，也具有大致相同的学术特点。但与同时代其他学者不同的是，周作人对佛教戒律条文和思想的学习与论述却又是相对较多的一位，也是当时著名文人中最具代表性和最具特色的一位。周作人不仅公开研读律典，还把自己

---

① 此处仅以周作人为例。事实上，在中国近现代时期，普通知识分子读律能有如此一般的体悟者，也许没有第二人。

② 周作人：《读戒律》，《周作人散文全集》（7），第 301 页。

③ 周作人：《读戒律》，《周作人散文全集》（7），第 302 页。

④ 周作人：《读戒律》，《周作人散文全集》（7），第 302–303 页。

学习律典的体会公开表达出来。值得指出的是，当时佛教界或一些著名僧人并没有对其行为进行批评、谴责，或者表达不满。周作人关于戒律学习体会的文章，反映了其对佛教戒律内容、精神实质的掌握，以及对戒律精神生活应用化的美学理解。

一、对大小乘律藏研读透彻

周作人既不参禅也不悟道，他的佛学兴趣主要体现为学习戒律，其对律本的选择不偏大小，也不执大小，因此对大小乘戒律的内容都非常熟悉，对律本内容及其差异能够准确把握，甚至对大小乘戒律精神也能够做到融会贯通。

仅就其对于酒戒的学习与研究而言，周作人研读的经典有《梵网经菩萨戒》《贤首疏》《善戒》《地持》《瑜伽》和《四分律》《根本律》以及《大智度论》等大小乘律及律论。他并对各种文本的内容、差异进行比较，如称赞《四分律》“把酒分门别类的讲得很清楚”，认为大抵酒与非酒之分，盖以醉人为准，即是能够令人心动放逸。周作人研读律本极为细致具体，而不是泛泛为之。如他发现《大智度论》所说的酒戒数目虽多，但其精要却似不及《四分律》，他并对两者之间的条文对应进行了罗列比对。如《大智度论》中的一者“现在世财物虚竭”，即是《四分律》之五；二者众疾之门、三者斗诤之本，即《四分律》中的六、七；五者丑名恶声、六者覆没智慧，即《四分律》中的八、九；十一者身力转少、十二者身色坏，即《四分律》中的二与一；三十四者身坏命终，堕恶道泥犁中，即《四分律》第十等。周作人认为，除上述所列之外，《大智度论》中其他诸条别无胜义，无可称述，唯文末有五言偈十六句，“却能很得要领，可以作酒箴读。……这虽然不能算是一首诗，若是照向来诗的标准讲，但总不失为一篇好文章。特别是自从陶渊明后，韵文不能说理，这种伽陀实是很好的文体，来补这个缺陷”。①

① 周作人：《关于酒戒》，《周作人散文全集》（7），第 705-708 页。此偈为：“酒失觉知相，身色浊而恶，智心动而乱，惭愧已被劫，失念增瞋心，失欢毁宗族，如是虽名饮，实为饮毒死。不应瞋而瞋，不应笑而笑，不应哭而哭，不应打而打，不应语而语，与狂人无异，夺诸善功德，知愧者不饮。”《大智度论》卷十三，《大正藏》第 25 册，第 158 页下。

作为学者，周作人也总能在对戒律的学习中表现出自己的渊博知识，并有新的学术发现。他说：“我读陶诗而懂得礼意，又牵连到小乘律上头去，大有缠夹之意。其实我只表示很爱这一流的思想，不论古今中印，都一样地随喜礼赞也。”对于《萨婆多部毗尼摩得勒伽》卷六说的“嚼齿木”、《大比丘三千威仪》卷上中说的“嚼杨枝”之事，周作人即考察出金圣叹作施耐庵《〈水浒传〉序》中所说的“朝日初出，苍苍凉凉，澡头面，裹巾帻，进盘飧，嚼杨木”即从此出。他还指出，义净很反对杨枝之说，因为在《南海寄归内法传》卷一“朝嚼齿木”项下，义净说：“岂容不识齿木，名作杨枝。西国柳树全稀，译者辄传斯号，佛齿木树实非杨柳。那烂陀寺目今亲观，既不取信于他，闻者亦无劳致惑。”周作人说，义净此言自必无误，如周松霭在《佛尔雅》卷五中即说，此方无竭陀罗木，多用杨枝。“译者遂如此称，虽稍失真，尚取其通俗之由。至今日本俗语犹称牙刷曰杨枝，牙签曰小杨枝，中国则僧俗皆不用此，故其名称在世间也早已不传了。”①

由上可见，周作人对大小乘戒律的文本内容非常精熟、对其精神的理解也非常准确，反映了其扎实的文本基础。

二、于戒律思想有自己的体悟

周作人对戒律的研读不仅相对深入系统，而且体会深刻，能够感受到与戒律精神的心心相印。

如果说传统文人往往都是在老庄玄禅或茶禅一味之类的玄学化命题中品味佛教的精义，那么周作人则是在生活细节中品味佛理，在戒律中体会人生，所以其所思所想才能更为朴素，更为具象，更能让人理解。在其轻盈的笔下，枯燥的戒律也充满着生活的韵律，戒律也不再像一般人所理解的那样是呆板、无味，不再是对人性的束缚，而是一种轻灵会心、实实在在的人生哲学。

《梵网戒》是周作人多次称赞不已的戒律文本。他说：“我读《梵网经菩萨戒本》很受感动，特别是《贤首疏》，是我所最喜读的书。”他对《贤首疏》卷三“注盗戒”所引《善见论》中的“盗空中鸟，左翅至右翅，尾至颠，

① 周作人：《读戒律》，《周作人散文全集》（7），第302–306页。

上下亦尔，俱得重罪。准此戒，纵无主，鸟身自为主，盗皆重也”一段话，则为其精神的博大深厚而感动。故在其《山中杂信》（四）中称赞道：“‘鸟身自为主’这句话的精神何等博大深厚，然而又岂是那些提鸟笼的朋友所能了解的呢？”[①] 在读过《萨婆多部毗尼摩得勒伽》二册十卷之后，他即深有感触，从中产生了精神的共鸣。他说：“其中所论有极妙者，如卷六有一节云：比丘入厕时，先弹指作相，使内人觉知，当正念入，好摄衣，好正当中安身，欲出者令出，不肯者勿强出。古人之质朴处盖至可爱也。”[②]

周作人不仅能够深刻体会戒律精神，也能体会到戒律的文本之美。如《梵网戒》的“食肉戒”：“若佛子故食肉，一切生肉不得食：夫食肉者，断大慈悲佛性种子，一切众生见而舍去。是故一切菩萨不得食一切众生肉，食肉得无量罪。若故食者，犯轻垢罪。”他在《吃菜》一文中对此赞道：“我读《旧约·利未记》，再看大小乘律，觉得其中所说的话要合理得多，而上边食肉戒的措辞我尤为喜欢，实在明智通达，古今莫及。”并因之对佛教戒律更感兴趣与由衷佩服。[③]

周作人对佛教戒律的研读与欣赏，完全是与其文人的生活品质和生活美学相关的。正像王维、苏轼能够从品禅中体会生活的美感和乐趣一样，周作人是在研读戒律朴素的条文中发现生活的雅致和轻松。可以说，不仅在民国之时，即使在历史上的众多文人中，能够像周作人这样认真学习戒律，仔细品味戒相，不厌其烦地引用戒律条文，并从这种枯燥的条文中发现生活之美的学者也并不太多。

三、从读律中感受戒律的哲学

周作人对戒律的学习与研究颇有心得，对戒律的哲学精神也有着较为深入及准确地把握。他在1931年11月作的《吃菜》一文中，即表达了他对戒律思想尤其是杀生戒的观点。

在该文中，周作人提出了吃菜的哲学——“吃菜主义”，并将这种哲学分为两类。他说：

① 周作人：《读戒律》，《周作人散文全集》（7），第302页。

② 周作人：《读戒律》，《周作人散文全集》（7），第302–303页。

③ 周作人：《吃菜》，《周作人散文全集》（5），第809页。

第一类是道德的。这派的人并不是不吃肉，只是多吃菜，其原因大约是由于崇尚素朴清淡的生活。……吃菜主义之二是宗教的，普通多是根据佛法……我觉得这两类显有不同之点，其一吃菜只是吃菜，其二吃菜乃是不食肉……小乘律有杀戒而不戒食肉，盖杀生而食已在戒中，唯自死、鸟残等肉仍在不禁之列，至大乘律始明定食肉戒。

周作人对佛教义理相当熟悉，对戒律内容和精神也能做到精湛地把握。在其博雅细腻的文笔下，作者对戒律哲学的认识得到清晰生动表达。如对于杀戒，他广引《梵网经菩萨戒》《贤首疏》《目莲问罪报经》《入楞伽经》及《诸经要集》《万善先资》《好生救劫编》《卫生集》《安士全书》等文深入阐释。他说：

我以为菜食是为了不食肉，不食肉是为了不杀生，这是对的。再说为什么不杀生，那么这个解释我想还是说不欲断“大慈悲佛性种子”最为得体，别的总说得支离。众生有一人不得度的时候自己决不先得度，这固然是大乘菩萨的弘愿，但凡夫到了中年，往往会看轻自己的生命而尊重人家的，并不是怎么奇特的现象。难道肉体渐近老衰，精神也就与宗教接近么？未必然，这种态度有的从宗教出，有的也会从唯物论出的。或者有人疑心唯物论者一定是主张强食弱肉的，却不知道也可以成为大慈悲宗。好像是《安士全书》信者，所不同的他是本于理性，没有人吃虾米那些律例而已。①

在《吃菜》一文中，周作人还博引《南齐书·孝义传》所记江泌之事和英国人柏忒勒（Samuel Butler）所著的《有何无之乡游记》（*Erewhon*）中《动物权》和《植物权》之篇章所述的观点，以表达自己对于佛教戒律的认识。他结合江泌之“食菜不食心，以其有生意也”之事，以及《有何无之乡游记》中《动物权》和《植物权》之篇章所述，进行了有趣而又深

① 周作人：《吃菜》，《周作人散文全集》（5），第809–811页。

刻的发挥。他指出，《动物权》中说：

> 古代有哲人主张动物的生存权，人民实行菜食，当初许可吃牛乳鸡蛋，后来觉得挤牛乳有损于小牛，鸡蛋也是一条可能的生命，所以都禁了。但陈鸡蛋还勉强可以使用，只要经过检查，证明确已陈年臭坏了，贴上一张“三个月以前所生”的查票，就可发卖。次章题曰《植物权》，已是六七百年过后的事了。那时又出了一个哲学家，他用实验证明，植物也同动物一样地有生命，所以也不能吃。据他的意思，人可以吃的只有那些自死的植物，例如落在地上将要腐烂的果子，或在深秋变黄了的菜叶。他说只有这些同样的废物，人们可以吃了于心无愧。
>
> 即使如此，吃的人还应该把所吃的苹果或梨的核，杏核、樱桃核及其他都种在土里，不然他就将犯了堕胎之罪。至于五谷，据他说那是全然不成，因为每颗谷都有一个灵魂像人一样，他也自有其同样地要求安全之权利。
>
> 结果是大家不能不承认他的理论，但是又苦于难以实行。逼得没法了，便索性开了荤，仍旧吃起猪排牛排来了。这是讽刺小说的话，我们不必认真，然而天下事却也有偶然暗合的。……这个吃肉林中腐肉的办法，岂不与陈鸡蛋很相像？那么烂果子、黄菜叶也并不一定是无理，实在也只是比不食菜心更彻底一点罢了。①

由此可见，读律而能超越名相，学律而能用于认识生活，并从中抽象出一种人生哲学，这对于一个没有严格佛教信仰的学者而言，无疑是一个新的研究视角，也是对戒律学理论建设的一种贡献。

四、在律本中体会生活的雅趣

周作人不仅对佛教戒律有着浓厚的兴趣，重视对戒律的生活化理解，还能通过自己的妙笔，在许多散文篇章中把自己的体会呈现出来，将佛教

① 周作人：《吃菜》，《周作人散文全集》（5），第810–812页。

戒律的精神和思想、将自己的学律体会，表达得温馨雅致。他不仅能够做到对戒律学习的生活化理解，也能做到戒律学习的雅趣化，能够发现戒律的文本之美。这对于一个在家之人而言，是极为难得的。这与中国传统文人往往是从老庄玄禅这一哲学途径切入佛学不同，他是从戒律的禁止性条文中发现了其内在的典雅，从戒相中感受到一种生活的美学。

作为一种生活方式的经典表征，诗酒禅茶经常出现在中国传统文人著作之中，也是其永恒的生活内容和写作素材。周作人也不例外。但是，由于周作人对佛教戒律文本非常熟悉，所以其文章经常会对戒律条文加以引用，并对其思想和精神有着极高的评价。周作人不仅能够以戒律精神对日常生活中的饮酒、食肉、如厕等活动加以体会，还能够从中发现戒律的文本之美，这也正是他学律异于常人之处。

周作人在《苦竹杂记·入厕读书》中，对佛教中关于担水劈柴、吃茶用斋之事的具体规范极为推崇，赞其“都说得那么委曲详尽，以合人情物理，这真是难能可贵的事，中国便少这种精神”。[1]

在《秉烛后谈·酒戒》文中，周作人以饮酒为话题，将这种传统的文人生活素材与其研读律典结合起来，通过对饮酒、食肉观点的阐述，表达出自己对戒律生活的认识态度和精神诠释。他读《梵网经菩萨戒本疏》，对其中所引的《大爱道比丘尼经》中关于酒戒的一段文字就极为欣赏。经中说：

> 沙弥尼尽形寿不得饮酒，不得尝酒，不得嗅酒，不得粥酒，以酒饮人。不得言有欺药酒，不得至酒家，不得与酒客共语言。夫酒为毒药，酒为毒水，酒为毒气。众失之原，众恶之本，残贤毁圣，败乱道德，轻毁致灾，立祸根本，四大枯朽，去福就祸。靡不更之！宁饮烊铜，不饮酒味。所以者何？酒令人失志，迷乱颠狂，令人不觉入泥犁中，是故防酒耳。有犯斯戒，非沙弥尼也。[2]

周作人对此评价道：“所说也是文情并茂……这是一篇很好的小品文，

---

① 周作人：《读戒律》，《周作人散文全集》（7），第 303 页。

② 《大爱道比丘尼经》，《大正藏》第 24 册，第 947 页下。

我很觉得欢喜。此经是北凉时译，去今已一千五百年了，读了真令人低徊慨叹。第一是印度古时有这样明澈的思想，其次是中国古时有这样轻妙的译文，大可佩服。只可惜后来就没有了。”①

如吃饭，周作人说，《礼记》里的《曲礼》有好些话都可以与戒律相比。如“凡为长者粪之礼”“凡进食之礼”，都很有意思。其中说的毋抟饭、毋放饭、毋流啜、毋咤食、毋啮骨、毋反鱼肉、毋投与狗骨，“这用意差不多全是为得‘莫令余人得恼’”。这与《僧祇律》中所说“不得大，不得小，如淫女两粒三粒而食，当可口食”正可互相补足。②

《萨婆多部毗尼摩得勒伽》卷六中有“唾不得作声，不得在上座前唾，不得唾净地，不得在食前唾。若不可忍，起避去，莫令余人得恼”。周作人就此说：“这‘莫令余人得恼’一句话，我最喜欢。佛教的一种伟大精神的发露，正是中国的恕道也。”

至于如厕，周作人认为《摩得勒伽》和《三千威仪》把极为平凡的登厕之事“说得很有意思”。他在《入厕读书》文中说：

> 偶读大小乘戒律，觉得印度先贤十分周密地注意于人生各方面，非常佩服。即以入厕一事而论，《三千威仪》下列举“至舍后”者有二十五事，《摩得勒伽》六自“云何下风”至“云何筹草”凡十三条，《南海寄归内法传》二有第十八“便利之事”一章，都有详细的规定，有的是很严肃而幽默，读了忍不住五体投地。

至于理解戒律在生活中的应用，周作人幽默地表达了自己的随缘。他说：“彻底的主张本不难，就只是实行难……我们凡人不能全或无，还只好自认不中用，觉得酒也应戒，却也可以喝，反正不要烂醉就是了。兼好法师的话正是为我们凡人说的。只能喝半斤老酒的不要让他醉，能喝十斤的不会醉，这样便都无妨喝喝。试活剥唐诗为证曰：但得酒中趣，勿为醉者传。凡人酒训的精义尽于此矣。”③

---

① 周作人：《关于酒戒》，《周作人散文全集》（7），第708页。

② 周作人：《读戒律》，《周作人散文全集》（7），第302–306页。

③ 周作人：《关于酒戒》，《周作人散文全集》（7），第711页。

周作人对戒律所进行的这种生活化理解，虽然不具禅宗之玄妙，也无唯识之精密或华严之庄严，但却处处显示了他对戒律之美的会心与领悟。因此，他才能把戒律精神写得如此生动感人，显示出对戒律的欣赏和共鸣，甚至是把玩和品味。显而易见，这些被我们常人认为冷冰冰的戒律，在周作人看来是那样的温馨。原来枯燥乏味的戒律也可以这样读。这样的阅读戒律，又怎么不让人感动呢！如果社会大众读律能如周作人一样，那么戒律对净化生活所起到的作用可能会更大吧！

周作人不是一个佛教徒，好像也没有成为佛教徒的打算，也算不上是一位居士。但由于周作人所具有的社会影响，以及其轻妙的文笔、丰富的知识，加之其对佛教理论和戒律的熟稔，其人其文对于当时戒律思想的介绍起到一定的作用。就促进佛教戒律的生活化、雅趣化而言，此一阶段也许只有丰子恺及其所作的大量护生画可以与其相提并论。

研究成果篇第八

戒律学著作的撰述刊译

清末民国时期，以杨仁山居士为代表的佛教复兴者为其后的学术研究开出了新的天地。从其成果上说，有以弘一、太虚、印光、圆瑛、巨赞、印顺等僧人为代表的学修研究，有以欧阳竟无为代表而推动的居士佛教研究，有以梁启超、胡适以及随后的陈垣、汤用彤等为代表的学术界进行的佛教思想史研究。在此过程中，产生了不少与戒律学建设有关的著作，不仅继承和丰富了中国佛教戒律学的思想传统，也对近现代中国佛教发展和戒律整饬做出了巨大贡献。在上述诸家重要著述之外，此处另选一些，不作汇编，而仅对其现象简略加以说明。①

第一节　旧典新出

旧典新出是指传统戒律学典籍的重新出版。这种出版物的特点，一是除去个别著作外，大部分传统戒律学文献往往都是以铅字排印的方式出版，二是有些曾经失传的著作得以重新整理出版。

第一，南山三大部的出版。

传统律家所说的“南山三大部”，指唐代道宣的《四分律删繁补阙行事钞》《四分律含注戒本疏》和《四分律删补随机羯磨疏》，再加上《四分律拾

---

① 本篇所说的“撰述注译”之内容，主要是在《戒律学案篇》之外的佛教人物的主要著作；另外，在其他章节中进行过介绍的文章，此处也不再列入。

毗尼义钞》和《四分律比丘尼钞》构成“南山五大部”。它们是传统南山律宗的根本典籍。

《四分律删繁补阙行事钞》，律家常简称为《行事钞》《南山钞》《终南事钞》等，初成于唐武德九年（626）终南山丰德寺，是道宣最有名的律学著疏，也是南山律学成立的基础性文献。所谓删繁，即是“删其繁恶……使制与教而相应，义共时而并合”；所谓“补阙”，即是“补其遗漏”，是以其他部经律论之文以补充《四分律》的阙义。①《四分律删补随机羯磨疏》，简称为《四分律羯磨疏》《羯磨疏》或《业疏》，是道宣为自己《四分律删补随机羯磨》所作的疏。《四分律含注戒本疏》，简称为《戒本疏》《戒疏》，是道宣为自己的《四分律比丘含注戒本》所作的疏。

南宋以后，以南山三大部为代表的南山律学著作大多散佚，除去个别如《随机羯磨》因编入大藏得以传存之外，其他传统律宗基本典籍均已不传。明清丛林中的戒律学研习与课诵大都是明藏或清藏中的戒律文献。

清代末年，随着中国僧人发现律宗典籍存在于日本藏经之中，以南山三大部为代表的、在丛林中失传近八百年的典籍，便受到中国僧人和思想界的重视。1920 年春，从日本引入古版南山、灵芝三大部等著作，计八十余册，这对于民国戒律学的复兴和发展来说是一件大事。其后徐蔚如居士于北京和天津创刻经处，刻印南山宗律疏，费资数万金，历时十余年。这在某种意义上奠定了中国近现代佛教戒律学繁荣的基础。正是这些典籍，滋养了弘一等人的戒律学研习和思想传播。

除去道宣的著作，徐蔚如居士主持的天津刻经处还刻印有宋代元照的《四分律行事钞资持记》《四分律含注戒本疏行宗记》《四分律羯磨疏济缘记》《四分律比丘尼钞科》等。北平刻经处刻印的律学著作主要有：道宣的《四分律含注戒本》《净心戒观法》和《教诫新学比丘行护律仪》，宋代允堪的《新受戒比丘六念五观法》和元照的《受戒方便》，明代元贤的《律学发轫》和祩宏的《戒杀放生文》，清代书玉的《羯磨仪式》和周梦颜撰的《戒杀四十八问》等。

1935 年，上海佛学书局出《南山律要》，全书六十二卷，三十册，定

① 道宣：《行事钞》卷上一，《大正藏》第 40 册，第 2 页下。

价大洋十元。内容为当时从日本引入中国的律学文本，“或从钞记会本中录出”，共十五种，加上中国仅存的《随机羯磨》二卷，共十六种；并附以新辑南山文牍，及灵芝元照的删定的《尼戒本》。其宣传语是“律宗无上之宝藏，中土久佚之名著”。①

第二，敦煌戒律文献的整理。

民国以后，随着对敦煌文献研究的逐渐深入，其中的戒律学文献也得到部分的整理与出版。

如，湘阴许国霖作《敦煌石室写经题记汇编》，在其题记中对文献进行了考辨说明，其中与律学相关的有：《梵网经卢舍那佛说菩萨心地法门戒品》（一则）、《优婆夷塞戒经》（三则）、《四分律比丘戒本》（四则）、《四分律比丘尼戒本》（三则）、《四分律并论要抄》（一则）、《三部律抄》（一则）、《四分律比丘含注戒本》（一则）、《四分律删补随机羯磨》（二则）、《四分律删补缺行事抄》（一则）、《四分律戒本疏》（五则）、《戒律名数节抄》（五则）、《和戒文》（三则）、《十诵律》（一则）、《大比丘尼羯磨》（三则）、《摩诃僧祇比丘尼戒本》（一则）、《受戒文》（一则）、《戒缘》（一则）、《佛说菩萨二十四戒经》（一则）、《佛说犯戒罪报轻重经》（一则）、《昙无德律杂羯磨节本》（一则）等。②

众多学者对敦煌文献的整理及其研究成果，也都被不同程度地纳入此一阶段的戒律学研究者视野之中。

第三，传统律学文献的不断出版。

民国时期，各地书局或教内组织印刷了许多戒律学著作单行本。主要者如《四分律戒本》《四分律戒本约义》《四分律比丘尼戒本》《毗尼日用录》《毗尼日用切要》《沙弥尼律仪要略》《沙弥律仪要略》《沙弥律仪要略增注》《三坛正范》等。除去小乘律之外，如《梵网经》《十善业道经》《优婆塞戒经》等，也都被不断印刷出版。

另外佛学书局还出版有弘一辑《寒笳集》、周秉清编《五戒心法》、朱止宜辑《在家律要》、胡宅梵选《晨钟集》等对在家者学习戒律极为重

---

① 《民国佛教期刊文献集成》第 51 卷，第 206 页。

② 许国霖：《敦煌石室写经题记汇编》，《民国佛教期刊文献集成》第 84 卷，第 98–99 页。

要的读本。慈舟等人也曾倡印出版传统律宗史著作《南山宗统》《律宗灯谱》等。

第二节　戒律学研究文献

此一阶段，律学研究性著作也不断出现。主要分为思想研究类、律学历史类和文献注疏类等几种。

一、戒律学撰述概述

与同期的佛教他宗著作相比，此一阶段的戒律学研究成果还是较为薄弱的。巨赞甚至说，此时的戒律系统的研究、小乘各部本的研究、大乘各宗义理研究、中国佛教史研究等，“都还没有可以大书特书的成绩”，还是相当贫乏。[①] 从内容上说，不少戒律学著作大致还是明清以来传统戒律学研究方式的继续，基本都是一种较为浅显的文本注疏、经典导读或修行层面上的指导类书籍。

这从两个方面可以看出。

第一，从当时著名的佛教刊物《海潮音》的发稿见之一斑。

台湾新文丰出版公司出版的《海潮音文库》，四编，在其按八宗分类的第二编，收录文章数量如下：

宗别	法相宗	法性宗	真言宗	净土宗	律宗	禅宗	天台宗	贤首宗
文章篇数	52	16	19	25	9	9	12	6
比例（%）	35.14	10.81	12.84	16.89	6.08	6.08	8.11	4.05

《海潮音文库》各宗收文比较

① 巨赞：《新佛教运动的回顾与前瞻》，《巨赞文集》（下），第649–651页。

这9篇律宗类研究文章是：太虚的《律仪之原理》、梁家义的《〈法源寺同戒录〉序》、性林的《百论之一切善法戒为根本义》、观空的《百论之一切善法戒为根本义》、性修的《佛律不许畜珍玩与老子不贵难得之货试就修身治世分别说其利害》、唐大定的《佛律不许畜珍玩与老子不贵难得之货试就修身治世分别说其利害》、佛教藏文学院的《劝请全国僧伽倡行信敬整饬戒律修习悲心扶持正见维护净命文》和《劝请全国居士如律的护持三宝书》、谈玄的《我读了佛教藏文学院如律护持三宝书的一个感想》。

当然，《海潮音文库》的选文数量受到文库编辑者的标准和原则的影响，这些数据也仅是反映1920年至1929年《海潮音》的发文情况。同时，考虑到《海潮音》编辑的变动及其造成发文倾向的变化，这个数字并不能代表《海潮音》发文的完全情况，但至少说明了这一时期的戒律学研究性文章的基本情况。

第二，《现代佛学丛刊》仅有两册与律学有关。

在张曼涛主编的《现代佛学丛刊》100册中，仅有88和89两册是与律学相涉者，即在《律宗概述及其成立与发展》中共收文章11篇，在《律宗思想论集》中共收文章23篇。收入《律宗概述及其成立与发展》中的文章为：王文贤的《戒律之由来及其根本精神之研究》、二埋的《戒律的制定与律藏的组织》、参话的《律宗讲要》、慧岳的《律宗教义及其纪传》、续明的《戒学概要》、芝峰的《律学大纲导言》、续明的《戒学之种类》《声闻戒与菩萨戒》《比丘律仪与比丘尼律仪》、苇舫的《中国戒律宏传概论》和上田天瑞的《戒律思想之发展》。收入《律宗思想论集》中的文章为：明性的《瑜伽菩萨戒本与梵网经略谈》、续明的《菩萨律仪》《关于“不非时食”》、龙慧的《梵网与瑜伽》《戒律大纲及刑罚》、李世杰的《戒律的思想》《佛教法律哲学的精要》、仁俊的《律制最重视谏与议》《重法·重律·与法律并重》《举罪与出罪》、灵空的《五戒与五常之比较》、念生的《依璎珞本业经传在家菩萨戒之管见》、了了的《略述律中的不学与无知》、宗律的《律宗集要》、清流的《律藏漫谈》、吕澂的《诸家戒本通论》、映月的《藏要戒本与藏文本之校阅》、印顺的《波罗提木叉经集成的研究》《论提婆达多之“破僧”》、净严的《慈宗三要瑜伽菩萨戒本统系表》、弘一的《梵网十重戒诸疏所判罪相缓急异同表》、二埋的《一部“珍逾拱璧”的巨著》、唐仲容的《对于持戒的一些体会》。不过，上述一些文章中，也有的是发表在 20 世纪 50 年代之后。

除此之外，一些佛教报刊也经常刊发一些研究性的文章，如圆晋的《说无作戒体》即是如此。还有一些报刊会编发戒律学的专号，集中刊发一些知识性、普及性或研究性文章，以及一些书刊的序跋等。如《弘化月刊》于 1943 年第 25 期即出有“毗尼专号”共十六版。其发文章：弘一讲、万泉记的《律学要略》、广觉的《略谈宣律师的事迹》、震华的《清代律宗略论》和《会音律寺传五戒宏净土序》、惟成的《戒有生善灭恶之功能》、寄东的《净宗毗尼论》、阐提的《尊敬珍重波罗提木叉》、安归的《戒律为今世当务之急》、戒约的《毗尼异于世俗宗教之信条》、张一留的《论持戒与念佛》、周慧觉的《戒律为学佛之根本说》、慧成的《说持戒》、曹培灵的《说持戒》、蒋净信的《果能严净毗尼佛法久住》、知非的《说皈戒之关系》、达因的《今日缁素所缺的是戒》、严文朴的《缦衣与五衣之分别说》、潜斋的《悼弘一律主迁化》等。①

整体而言，这个时期的戒律学研究主要是以文章、演讲的形式呈现，专门著作相对较少。它们大都是对戒相、律宗的历史与人物或戒律学的内容与基本精神等进行普及，文章篇幅一般不大，内容也都是粗线条的。这些文章虽然对于戒律的提倡和戒律学的普及能够起到一定的作用，但在对戒律精神的深入探析，对律宗的理论建树、思想研究和时代阐释等方面，则显得相对较弱。

二、新撰戒律学文献

民国阶段，出现了一些较有代表性的戒律学研究文章，现选几种加以简介。

（一）思想研究类

1.《佛教人乘正法论》，太虚在 1916 年作于普陀山，本论原出于《觉社丛书》第一、二两期。主要内容有：总论、信仰皈依三宝、三皈、五戒善法、

---

① 《民国佛教期刊文献集成·补编》第 69 卷，第 145–160 页。

在家六众信徒、不残杀而仁爱、不偷盗而义利、不邪淫而礼节、不欺诳而诚信、不服乱性情品而调善心身、五戒之类别、增上五戒、持戒之因果、传授受持之方法、断疑生信等十五分。本文结合新的社会生活，提出了佛教戒律的生活化问题，具有很强的时代性和应用性。在其第七分“不偷盗而义利”中，提出了勿赌博、勿闲荡、勿消费遗产而不事生产、勿丐求度日而不图立身、当纳税守法以拥护国家权利等内容；在第十分“不服乱性情品而调善身心”中，太虚法师强调勿食鸦片、勿食各项烟草、勿饮酒、勿食刺激兴奋之物如毒品、药品等。[①] 本论可谓是进入民国之后，第一篇重要的戒律生活化指南。

2.《佛法最讲平等而宗下教下与夫戒律之中又极重事师其理由安在》，作者灯奎，发表于 1936 年 1 月《四川佛教月刊》第七年第六期。文章短小精悍，主要内容已经在题目中表达出来。其目标是要说明：为什么佛法无我、凡圣一如，但戒律又要强调事师如佛？这说明，佛之教法中强调平等，但又有不平等关系。律云：或问一句半偈，必整衣束带，胡跪合掌。这是不是不平等呢？他强调，佛所说的平等，是在果上平等，而不是在因上平等。若因果俱皆平等，可以无事师之礼矣。在因位必须依师教授，必须事师以礼。[②] 本文是一篇思想相对比较深刻、研究内容具有新意的文章。

3.《佛教改革声中的戒律问题》，作者静修，发表于 1947 年 11 月号《觉群》。文章千余字，但提出的问题很有时代意义。戒律如何时代化？持戒如何改革？是逃入深山，还是参入社会？文章指出，如果僧人深入社会为今后改革的要旨，那么人非圣贤，社会中的恶习则不可避免地会传入；如果僧人不与社会接触，则会被大众视为落伍者，这既有害于社会，也有害于自身。在佛教改革的运动中，如何看待戒律作用？作者提出的答案是要“外现声闻身，内秘菩萨行”。既然要复兴佛法，那就要视戒律与国法一般地尊重，以严持戒律。[③]

---

① 太虚：《佛教人乘正法论》，《太虚大师全书》第 3 卷，第 115–134 页。

② 灯奎：《佛法最讲平等而宗下教下与夫戒律之中又极重事师其理由安在》，《民国佛教期刊文献集成》第 59 卷，第 412 页。

③ 静修：《佛教改革声中的戒律问题》，《民国佛教期刊文献集成》第 102 卷，第 148 页。

4.《佛教不杀之原理》，作者宁墨公，发表于《海潮音》第八年第一期。文章从杀与避杀两方面加以说明。并提出两个观点：杀者所以自存也，避杀者也所以自存也。作者指出，人与物都知贪生畏死，此属天然之惯例，孔子也是以“胞与”为其学之所宗。孟子的“数罟不入洿池”也是如此。杀生一事不泥于礼制。杀当所杀之，圣贤不以为过，故儒家对于杀律是“相对的限制而无绝对的限制”。而佛家以其好生之心而成其平等、慈悲之心，而这也是与西教之博爱的不同之处。①

5.《戒乘缓急四句》，作者瞿景，发表于《人间佛教》1940年第8期。本文指出，天台智者大师因为从《涅槃经》中找到了“于戒缓者不名为缓，于乘缓者乃名为缓”之句，而得出“乘急戒缓、戒急乘缓、乘戒俱急、乘戒俱缓”四句。此乘即是大小乘经典，此戒即是佛制一切大小乘戒律。作者通过对智者大师文意的分析，主要是想指出，现在的青年人，“大都是朝着求知的路上跑了，对于佛经自然是力求领解，但对于严密的佛制戒律，却实在没有方法全行遵守，佛陀的制戒太严密了啊！”② 显然，作者主要还是要说明时人持戒之艰难，以及时人对乘戒关系的错误认识。

6.《诸家戒本通论》，作者吕澂、释存厚、冯卓、刘定权，本论原载《内学》第三辑。文章内容对印度戒律的起源、分别和在中国的发展进行了回顾，对诸戒本进行了条别说明。本文是这一时期对戒本进行介绍最完整、最简洁者。文章对每一戒本的版本渊源、翻译等情况进行了说明。先举其籍，再及其义，间有版本和考辨，并适时指出日本学者的考辨之误。文章共介绍戒本12种。另外，《诸家戒本通论》还对诸戒本间的关系进行了表列，分析了其繁简、次第和文句的不同，对各戒本的单堕数、众学数进行了具体数字统计和对比，既详细完整，又简明清晰。本通论并分析了造成这种差异现象的原因：一者，由传习而有增订；二者，由增订而有纂集；三者，由纂集而有演绎；四者，由演绎而有重编。本文对诸戒本差异的考辨简洁、可靠。文末附有《论律学与十八部分派之关系》，对律学的演化分析透彻，脉络清楚，其文最后说：“十八部之分，其先与律学关系密切，其末则不尽然。

① 宁墨公：《佛教不杀之原理》，《民国佛教期刊文献集成》第167卷，第20–22页。

② 瞿景：《戒乘缓急四句》，《民国佛教期刊文献集成·补编》第67卷，第36页。

而各部源流统系，亦不全同旧时各家所传也。”①

7.《略谈五戒十善》，作者块然，发表于《觉津杂志》卷三。从文章题目上看，本文没有什么新意，但有两点值得指出。第一，本文对善恶有了更深刻的认识，表现出了时代的高度，能够从国家和世界的角度看待个人持戒。文章指出，因为个人是世界国家的一份子，个人的思想行为，能够影响到国家和世界，所以古代的政治哲学强调“格致诚正修齐治平”。但是，朱熹把格物解释成穷理，那是错误的，格物就是格去自心的物欲，也就是改恶修善。佛经里解释善恶的定义即是顺理为善，违理为恶。理是天然的真理。换言之：人们本有清净真心，这真心中本具无穷的智慧，因被物欲所蔽，以致不能发挥出它的本能。第二，本文对佛教戒律意义的认识，有了更为广阔的世界视域。把帝国主义侵略弱小民族的原动力理解成是贪，把阶级斗争的原动力理解成是嗔。文章还强调，贪嗔的根本只是痴，欺人的理论和主义是妄言，无聊的文人写言情小说和情歌之类是绮语，政客搬弄是非是两舌，对于任何常说不加研究而妄肆谩骂是恶口。② 当然，本文所说的一些观点虽然未必准确和完整，但却对戒律的精神作了时代化的阐释，以使之更能贴近现实社会生活。

8.《上北平佛教会开办方便五戒坛说帖》，作者刘显亮，发表于《海潮音》第十年第九期。作者认为，首先，佛教的入教条件太高，手续繁琐，而基督教的加入“只用几角钱买两本《新旧约》，便可领洗，并无何种手续费”。而佛教收在家人入教，必须经比丘戒坛才可领戒牒，每坛优婆塞之钵、牒，至少需供养十元大洋。这是穷苦人员所不能接受的。这样就造成了度富不度穷的现象。这是佛教之不幸。其次，作者认为北平的戒坛仪式是“威仪太多，实际太少”。施主捐钱数千元，仅是使新受戒者徒增五十三日之痛苦，佛法反倒不能深入纳戒者的心脾之中，从而造成了受戒归受戒、犯戒仍犯戒的现象。再次，在家、出家在燃香疤上也应有区别，出家者燃顶，在家者燃臂为妥。最后在本文中，作者还指出一些与戒律有关的诸多弊端及需

① 吕澂、释存厚、冯卓、刘定权：《内学》第三辑，《民国佛教期刊文献集成》第10卷，第55-107页。

② 块然：《略谈五戒十善》，《民国佛教期刊文献集成》第86卷，第127-132页。

要改进之处。①

9.《梵网经菩萨戒本汇解》，作者李圆净。李居士好研佛学，曾皈依印光法师，专修净土，编著经典注释三十多种②，其内容涵盖多宗和多部重要经典。本书上篇释经，汇集了智者、莲池、蕅益三家之说。下篇为表记，将忏悔行法诸门，汇列为表，使复杂的戒相结罪重轻之文便于使用、检索。书前有仿宋戒本经文，书后附有持犯集证类编，采经律精华百数十条，分门别类。全书由持松法师作序。③

10.《瑜伽菩萨戒与梵网菩萨戒比较之研究》，发表于1924年《佛学研究》第三十四期和第三十六期，作者明性。全文分为序言、两种菩萨戒戒相之同异和结论三部分。作者指出，与梵网戒在丛林中得到朔望读诵不同，瑜伽菩萨戒少有研究和实行者。第二部分作者分十四条对两者的戒相表述和内容进行比较。结论部分提出了自己的建议和想法。本文也是这一阶段对瑜伽菩萨戒与梵网菩萨戒进行对比而较为清晰详细的一篇文章。④

11.《严持戒律为佛教生命之概论》，发表于《海潮音》第十六卷，作者为开封铁塔寺智严。全文共分为概言、正说、破难、劝修和结论共五部分。文章所说的是一个老生常谈的问题。换言之，对于出家人来说，戒律的作用与地位不是知与不知的问题，而是行与不行的问题。其持守戒律的状况，既反映一个人的态度，也反映了其愿心。所以，作者在“破难”一节针对一些错误的观点进行批评。严格说来，这些错误也一直是戒律思想史上的老问题。比如，有人认为，“大乘重在内因，小乘重在外缘”，既然我是修大乘的，何必又要拘泥于二百五十戒呢？对此，作者仍然还是引用经论强调两者的一致性，强调“大乘之心，小乘之行，理事双修，缺一不可”。文章并引用义净的《南海寄归内法传》中所说的“大乘小乘，律检不殊，齐制五篇，通修四谛。若礼菩萨，读大乘经，名之为大；不行斯事，号之

---

① 刘显亮：《上北平佛教会开办方便五戒坛说帖》，《民国佛教期刊文献集成》第173卷，第448–450页。

② 聂云台：《李圆净居士遇难无惊纪实》，《民国佛教期刊文献集成》第54卷，第342页。

③ 《梵网经菩萨戒本汇解出版》，《民国佛教期刊文献集成》第54卷，第291页。

④ 《稀见民国佛教文献汇编（报纸）》第10卷，第256、258页。

为小”之语以作批评。①

12.《本律学以整理今日佛教之制度》，发表于《现代僧伽》第二卷，作者芝峰。本文共分为七部分，绪言、佛陀制律的原意、戒律开制的背景、印度僧团构成的要素、中国僧团构成的要素和变化、整理今日佛教的三大前提、结论。文章指出，印度佛教僧团的构成是以戒律为基础的，中国僧团从道安开始，僧团制度即慢慢建立在戒律之上，僧伽团体的组织也全凭律学。其后，中国僧团制度的变化乃始于《百丈清规》。正因如此，才造成中国佛教出现宗不宗、教不教、僧不僧、俗不俗的现象。②

13.《中国律宗整理之我见》，发表于《江南九华佛学院院刊》，作者梁石言。本文前面花了相当篇幅回顾中国律宗的历史、思想和人物，最后批评有些人将大好的律院变成了传戒场，坐令律学失传。作者指出，与天台有谛闲、贤首有应慈、法相有太虚、净土有印光、真言有持松相比，惟律宗一蹶不振，泰半因为闻者畏难，问津者少。作者最后甚至建议宝华山请弘一主持，以召十方戒律精严之僧，大展宏图，如此则是宝华之幸、佛法之幸。③

14.《律学大纲导言》，连载于《现代僧伽》第二卷，作者芝峰。本文指出，律学“是人生修身修心实践之学，非争玄竞妙之学也”。作者还指出，佛陀化世，立真谛和俗谛之学，真谛是“泯绝诸相，忘言忘筌，经学论学，依之建立，是之谓理教”。俗谛则是“万境森然，应止应作，开制持犯，律学依之建立，是之谓行教”。他并以图作示，佛陀一化之教分为真谛和俗谛二者，真即理教，包括经论两学，俗即行教，与律学相通。④

15.《戒律底研究》，发表于《南瀛佛教》第十卷第九号，作者曾景来。虽然本文号称是对戒律的研究，但真正的研究内容并不多，只是对戒律基本知识的介绍，包括大小乘戒律类别等内容。

16.《五戒持犯之研究》，发表于《佛学半月刊》一六三期，作者青岛

---

① 智严：《严持戒律为佛教生命之概论》，《民国佛教文献期刊集成》第190卷，第515–521页。

② 芝峰：《本律学以整理今日佛教之制度》，《民国佛教期刊文献集成》第66卷，第21–32页。

③ 梁石言：《中国律宗整理之我见》，《民国佛教期刊文献集成·补编》第41卷，第435–437页。

④ 芝峰：《律学大纲导言》，《民国佛教文献期刊集成》第66卷，第48页。

湛山寺僧保贤。文中言受持五戒之方便，其项有五：一渐次受持，二兼受余戒，三修习对治，四善解开遮，五犯已能忏。①

17.《答性照比丘问三则》，作者古农。此三问答是关于比丘持律的问题。②

18.《持戒自不妄语始说》，作者寂山。本文一开头即是引用董仲舒的“少成若天性，习惯成自然”之句，仍然是用儒家的五常加以论述。③

另外，其他知识性、普及性的戒律学文章还有：宏渡的《无表色唯识义与南山律宗所谈戒体》、普泉的《缦衣辨正》、王佛愿的《今世宏扬佛法应以律宗为当机论》、杨木的《学戒随笔：读汉史惠帝不忍观“人彘”想到戒律的受、持》、释无作的《戒律概说》、湛溪的《说持戒与破戒之损益》、道屏的《戒杀与放生》、智藏的《十善业道经概要》和《持五戒与犯五戒》、瑞今的《菩萨戒与比丘戒之异同》、唐象先的《五戒持犯之研究》、顽石的《烧疤辟略》、魏宗章的《修持与戒律》、真持的《振兴佛法应以戒律为基础》、寄尘的《说中国佛教与现代僧伽》、慧一的《影印〈佛说大乘戒经十善业道经〉跋》、钟镜的《重刻〈梵网经顺朱〉解序》、海空的《念佛即是持戒说》、震华的《清代律宗概论》等。

（二）历史人物类

1. 苇舫于1934年所作的《中国戒律宏传概论》是本时期律学历史类新撰文章最突出的一篇，初发表于《海潮音》第二十五卷第七期。全文不足两万字，对中国戒律的翻译、律宗的形成、律学宗派及其思想进行了叙述。虽然文章对戒律学的历史没有展开论述，也不够深入，但内容简洁，线条具体，即使在今天看来，也是一篇不可多得的戒律学通史类文章。

作者写作此文的目的，就是要借古评今，一是要匡正时弊、纯正丛林，二是要批评当时有的住持无知无识、行非所学、多不如法。因此，与其说作者要回顾历史，不如说是要指责现实。文章批评当时的一些住持：“上

---

① 保贤：《五戒持犯之研究》，《民国佛教期刊文献集成》第54卷，第315–316页。

② 《民国佛教期刊文献集成》第55卷，第117页。

③ 寂山：《持戒自不妄语始说》，《民国佛教期刊文献集成》第54卷，第324页。

焉者，入丛林数载，任一事半职，即可充一寺之主持；下焉者，则流身应赴，作经忏佛事，以鬼混光阴。”作者还批评当时传戒之混乱，说自唐代以来，讲经有讲寺，研律有律寺，参禅有禅寺，各司其事，以收专功。然明清以降及至晚近，各处禅林讲寺，无知无识者，违弃祖规，因盲引盲，崇尚传戒，因其行非所学，所以多不如法，“虽名传戒，而终无戒可传，春风一度，等同儿戏”。甚至还出现为某某亡僧传冥戒的现象。本文对华山律学评价甚高，说见月律师著《传戒正范》《毗尼止持会集》等，一扫以往积弊，崇尚以律解律，至是始克重睹南山之真面目。①

2. 瑞今的《唐代四分律学之三大争潮》，发表于 1936 年 3 月的《佛教日报》，全文分两次刊完。本文对唐代律宗三家的思想、观点及其差别进行了分析对比。指出怀素依实宗主张作无作戒俱是色法为体，法砺依假宗主张作戒以色心为体、无作戒以非色非心为体，道宣主张作无作戒以赖耶种子为体。作者指出，道宣之学之所以为圆教，这是因为，《华严》《梵网》仅谈大乘方等，拒斥小乘；《善戒》又以小法为方便，均为偏颇，未能圆满。而道宣以《法华》《涅槃》以开会废了之意，三乘一乘，皆可圆证三身，故为圆教。② 本文所言，是对传统律宗语言的现代表达，有着一定的现实意义。

3. 澄远的《道宣律师在律学上的地位》，发表于《中流月刊》第二卷第二期。本文从建立化制二教、圆融大小二乘、束诸律为四科、圆融戒行四个方面，对道宣的思想进行了宏观概述，介绍了道宣的主要思想、贡献及其在中国律学史上的地位。文章指出，道宣的律宗主张，依受菩萨戒法为通受，圆具比丘戒法为别受。所以南山宗对于通别二受，遍纳坛场，《四分》《梵网》，并护戒相，这是道宣对于律学特开的一门。并赞道宣为像法、末法时代，兴发毗尼的唯一者。③

其他还有一些小篇幅的人物传记和律学历史类的文章。如：徐藏一的《宝华山弘律诸祖小传》，记有慧云如馨、三昧寂光、见月读体，对其作了极

---

① 苇舫：《中国戒律宏传概论》，《民国佛教期刊文献集成》第 187 卷，第 337–355 页。

② 瑞今：《唐代四分律学之三大争潮》，《稀见民国佛教文献汇编（报纸）》第 2 卷，第 141、145 页。

③ 澄远：《道宣律师在律学上的地位》，《民国佛教期刊文献集成·补编》第 75 卷，第 46–47 页。

高的评价。空照庵的《弘一大师青岛讲律残记》，周湛然的《辽金元三朝戒律承传源流》《鉴真大师的律学传承》《东渡弘法的鉴真大师》等。

另外，还有见于一些寺志中的僧人小传，此处不再列入。

（三）律学通告类

关于戒律建设的通告类文章也是近现代中国佛教戒律学建设的重要文献，受到教内外的重视，如《佛教藏文学院劝请全国居士如律的护持三宝书》，本文当时有多家刊物刊登。其主要内容有：绪言、正劝告居士、破某法师的新建议、破某佛会的请尊孔、结论。文章所言，反映了在社会发展中，佛教内部对于佛教发展所存在的争议及其建设问题。在其第三部分之“申八派僧皆能住持之理教”谈了很多戒律学问题。在结论中，劝请书特意批评了当时的“僧侣不学律仪戒的狂悖”。①

藏文学院的《佛教藏文学院劝请全国僧伽倡行信敬整饬戒律修习悲心扶持正见维护净命文》号召：一倡行信敬，坚固根本心；二整饬戒律，遵从佛制；三修习悲心，摄化怨敌；四扶持正见，化导凡外；五维护净命，垂示轨范。②

当时不少佛教组织、居士林以及太虚等人，都有这种书信或倡议书，以宣传严格持戒之事。如北平佛学研究社的《关于研究戒律的一封信》等即是如此。③

（四）律学应用类

民国时期的戒律学建设有着全新的特色和思路，能够将教内的戒律学建设与社会风尚及其道德水平的提升结合起来，充分展示了“律学应用”的时代特色。

---

① 《佛教藏文学院劝请全国居士如律的护持三宝书》，《民国佛教期刊文献集成》第 172 卷，第 555–566 页；《民国佛教期刊文献集成》第 173 卷，第 105–110 页、第 213–221 页。

② 《佛教藏文学院劝请全国僧伽倡行信敬整饬戒律修习悲心扶持正见维护净命文》，《民国佛教期刊文献集成》第 170 卷，第 462–467 页。

③ 《民国佛教期刊文献集成》第 73 卷，第 81 页。

这种应用主要表现在当时和平反战、素食护生、戒淫反贪、戒赌戒毒、反对烟酒等社会生活方面，并于其中找到戒律学建设的重点及与社会新生活对接的路径，以实现佛教思想家们关于佛化家庭、佛化社会的理想。本处仅言其净化社会人生和素食护生两方面的文章，此类文章都重视通过戒律建设，以突出和实现其社会功能。

第一，净化社会人生。

净化社会人生即教化众生远离贪嗔痴，行善业、弃恶行，从我做起，慈悲为人。

这些文章如：唐大圆的《人生问题集》将戒律与人生问题结合起来，并以佛学的理论进行分析。① 蒋雨涯的《佛教戒饮酒、戒吸烟之真理》指出，饮酒吸烟不仅害自己，而且害别人，因为在社会交往中不应该害己害人。作者还引用《梵网经》说，自饮酒犹是轻戒，而沽酒反倒是重罪。因为沽酒者是害别人的。② 黄觉的《菩萨心戒释义》及自序，文前有《菩萨心戒释义自序》，全文对杀生、偷盗、邪淫、妄言、恶口、两舌、绮语、贪欲、嗔恚、愚痴进行了释义。③ 太虚的《欲求人类之真幸福，须"止恶修善"》一文，是其在福州会馆的演讲，主要是指导社会大众如何止恶修善。另外，如祝善的《不婚是佛徒的美德》、郭慧濬的《学佛宜重淫戒》、观仁的《劝君速戒洒》等都很有时代特色。

第二，素食护生。

素食护生是民国时期能够得到僧俗重视的共同话题，许多僧人和社会人士都写过此类文章，或进行相关的讲演。所谓素食护生，主要是指提倡素食、慈悲戒杀、护佑生灵。

发表在报刊上的这些文章，往往主要是面向一般大众传播佛教慈悲思想，普及佛教戒杀知识，所以这些文章都是从社会大众身边事说佛法、说戒律、说慈悲，进行佛教戒律的普及和生活劝化。这类文章一般没有复杂

---

① 唐大圆：《人生问题集》，《民国佛教期刊文献集成》第 173 卷，第 336 页。

② 蒋雨涯：《佛教戒饮酒、戒吸烟之真理》，《民国佛教期刊文献集成》第 7 卷，第 23 页。

③ 黄觉：《菩萨心戒释义》，《民国佛教期刊文献集成》第 8 卷，第 323–331 页。

的思想分析和名相阐释，主要目标即是通过对五戒、八戒和菩萨戒的宣传，强调戒杀、护生与蔬食的功德及其善恶果报。这类文章数量也有很多。守拙的《辟假借大乘法不拘守杀戒说》指出，杀为五戒之首，但世有为大乘佛法者，以除暴安良或以杀少数救多数为由而开杀戒，或说杀而不碍佛法。文章对此种观点进行了批评。[①] 李圆净的《护生痛言——为护生画集作》对护生的内涵作了很深入的说明。谛闲的《功德林蔬食序》、仁励居士的《说持素念佛之得与不持素念佛之害》、骆季和的《劝戒杀放生征求同志文》、葛启文的《普劝祀祖不宜杀生之理由》《戒食牛肉愈疾奇闻》、温敬修的《科学化护生戒杀说》，以及未明作者的《戒食青蛙可以增加农产》、寒世子的《谈保护动物与戒杀茹素》等文章，都表达了这种观点。

放生也是护生的一种重要手段，尤其在一些大城市，许多佛教组织、居士林和僧众个人都会定期组织实施。许多文化名人、工商人士及社会大众都会参加。活动中，一般还有僧人诵经，演说五戒放生利益等。

以丰子恺为代表的居士和社会文人，还作有一些广受大众欢迎的漫画、小说、感通等类的文章。还有一些主要从健康和现代医学的角度，规劝读者戒淫、戒酒、戒烟、戒肉的文章，都对当时的戒杀、素食、护生的活动和社会风气产生一定的影响。

不过，在一个战乱四起、饥荒不断甚至饿殍遍野的社会，讲戒杀、素食和护生，注定只能是一种难以实行、华而不实的美好理想而已。

（五）律学翻译类

民国时代的佛学翻译，有从南传文献中翻译，有从藏文文献中翻译，也有一些是翻译欧美日等地区学者撰写的佛教研究著作。后者既包括域外对中国佛教历史文化和现状的研究，也包括一些对其他地区佛教发展的介绍性文字。另外还有一种是旧典新译。

第一，藏传佛教戒律学文献的翻译。

这一类主要有法尊于 1935 年 2 月译出的宗喀巴《菩萨戒品释》五卷，

---

① 守拙：《辟假借大乘法不拘守杀戒说》，《民国佛教期刊文献集成》第 53 卷，第 125-126 页。

汤薌铭翻译（荣增堪布讲授、吴剑君传语、高观如属文）的宗喀巴《最极清净菩萨戒藏持戒行相菩提正道论》，汤薌铭翻译月官大士造的《菩萨戒二十颂》等。

随着藏传佛教一些戒律学文献的翻译，其律学建设价值马上即得到佛教思想家们的重视。持松曾就《菩提正道菩萨戒论》译出而作出劝诫："余恐后世持南山之说者，将以限量心，固封而不知者。又恐读斯论者，以限量心，轻讥南山之陋，故特举而出之。使持戒修行之士，泯限量之习，速求多闻，屏部类之诤，勿轻小善。共依别解脱，永舍他胜处，乃不负宗喀巴大师造论之悲心。"①

其他如能海法师等，也有一些翻译。因其后有对能海的专门叙述，此处不再罗列。

第二，域外戒律文献的翻译。

《佛教月报》第二期，发表有德国人马克拉夫著的《佛学问答摄要》，其中说三皈为"余皈依于佛，余皈依佛律，余皈依僧伽"，以及说"达摩有三义：一律也，二真理也，三佛之教也"。② 在第一百一十问关于"比丘应守之戒为何"中，其回答是："第一戒不伤生，第二戒不与我者勿取，第三戒不义者勿为，第四戒不信者勿语，第五戒迷神醉性之品勿用，第六戒午膳以后勿复用膳，第七戒剧场跳舞音乐等会勿入，第八戒装饰膏粉勿用，第九戒卧时勿求安逸，第十戒一切养生勿事丰厚，须极俭约。"③ 显然，其中有的表述与汉传佛教传统说法有细微差异。

更值得一提的还有与戒律学相关的短篇文章的英译或日译。如黄茂林居士英译的（中英文对照）《十善业道经》；④ 照虚译的《佛教徒可以食肉吗》，本文原是从汉文译成日文，后又译成汉文，原文不详。⑤

① 持松：《〈菩提正道菩萨戒论〉后序》，《持松大师选集》第 6 卷，第 213 页。

② [德]马克拉夫著，天囚译：《佛学问答摄要》，《民国佛教期刊文献集成》第 5 卷，490 页。

③ [德]马克拉夫著，天囚译：《佛学问答摄要》，《民国佛教期刊文献集成》第 6 卷，第 167–168 页。

④ 《民国佛教期刊文献集成》第 50 卷，第 65 页。

⑤ 《民国佛教期刊文献集成》第 82 卷，第 15–18 页。

这一类文章众多，此处不再罗列。

第三节　戒律学研究方法特点

民国时期,不同系统佛教交流的成果也在戒律学建设过程中体现出来。民国时期的戒律学建设，虽然是中国传统戒律学的延续，但是也吸收了新的方法，增添了新的内容。藏传佛教、南传佛教的戒律学文本也被思想家研读、吸收和融会，并产生一定的影响，从而使民国的戒律学方法更为多样，研究文本更为丰富。如太虚说，藏传佛教依因明比量的辩论方式复兴，对传统佛学研究是很有补益的，能够医治研究过程中的儱侗之病。这一点也正是他在重庆办汉藏教理院的目的——就是为了互为沟通和补充。①

太虚还对戒律学的研究次第有着自己的体会：第一，要以研究瑜伽菩萨地第十戒品二卷半为基本。第二，研究南山五大部，要上溯到三要疏，以穷四分律宗（因为《略疏》已失）。第三，在研《四分律》之后，进而再究其他三律五论及唐宋所译各律。第四，要参究大乘显密及宋明古德关于律仪之经书，而以《梵网》为归。第五，要参考儒家礼乐、丛林清规，以及中国蒙藏地区和日本之宗制，以成佛教律仪之新建设。这样，才能做到次第明晰、融小彻大、会古适今、探内采外、研末究本，以建设“合于时世人心之律仪”。②

简单说来，民国时期对多语言佛教律本及相关文献的研究有着这样几个特色：

第一，学者们不再着意区别所谓的小乘大乘的思想分野，不再注重显密教法的文本之别。这个时期的佛教思想家们，对不同系统中的律本及文献都能认真消化、吸收，都能在其中发现需要强调和坚持的精神。第二，对早期部派佛教和南传佛教的戒律文本有了较为完整的把握。通过研讨、

① 太虚：《几点佛法的要义》，《太虚大师全书》第 1 卷，第 372 页。

② 太虚：《律仪之研究》，《太虚大师全书》第 19 卷，第 288 页。

比较其与传统律本的差异，对多语言佛教的戒律持守、律学研习和学术方法有了更为深入的理解，并从中吸收有益的营养。第三，对日本佛教的戒律学研究能够客观地看待。在日本佛教面前，法师和学者们也有了较好的心态和自信，对日本佛教学术的内涵及特色也能够做到客观评价。

僧制改革篇第九

基于戒律建设的佛教体系重构

整个中国近现代时期，佛教思想家和改革家都在谈论着僧伽制度的改革及其建设。尤其在进入民国以后，整理佛教僧伽制度已经成为教内外的一种共识。来自政府、社会、知识分子和僧伽群体对整理僧伽制度的呼声和压力也是一浪高过一浪。其中，以太虚为代表的僧制改革思想，不仅方案较为宏大，社会影响也相对深远，其受到的争议也属最多。

第一节　新时代要求新僧制

所谓僧制，即是僧伽系统制度的简称，其主要内容即是僧伽的组织形态及其管理制度等，“为僧伽所依据的法则，大至弘宣教化，小至个人行为，悉皆以此僧制为准绳”。[①] 僧制既体现着一定社会的法律规范、意识形态和生产关系，也包括僧团内部的管理模式、组织结构、传统习惯等。简言之，所谓僧制，即是建立在法律、戒律和传统习惯之上的佛教存在形式、组织体制和管理制度的总和。

第一，僧制反映一定时期僧团的社会存在形式。

印顺法师曾指出，佛教组织与社会组织是不同的。佛教组织“是道德感化与法律制裁相综合的。在这里面，是很平等的、是法治的。每一律制，

① 太虚：《建僧大纲》，《太虚大师全书》第 18 册，第 176 页。

不是对某些人而订的。……佛的制度是平等的，即使释迦牟尼佛在世，佛也一样的依法而行。佛的律制，是真正的平等、民主”。① 从内容上说，广义的僧制当然包括原始佛教在内的各个阶段佛教的组织形态及其戒律体系。但我们通常所说的“整理僧伽制度”，主要在狭义上指近现代中国社会中产生的关于僧团组织及其存在形态、法事仪轨、衣食住行等方面的改革与重建。整理僧伽制度的根本目的就是要使其纯净化、法治化和现代化。

中国社会不同时期产生的僧制都有着一定的时代特色，反映了一定时期的佛教管理方式和戒律持守观念。不同人对僧制的理解也是不同的，有的宏观，有的微观，有的具体，有的抽象。但在根本上，一定时期的僧伽组织及其制度，反映了与之相应的政教关系及与时代和区域文化传统相协调的管理制度，表现了戒律的区域化内涵和社会化形态。不同时代的僧制是对戒律思想的具体化补充和时代性发展，也是佛教戒律在僧团管理层面的社会化、制度化的一种表现。或者说：“佛在世时制定的比丘律等，就是僧伽制度；故古代丛林创设的清规，也从佛陀所制的规律沿革而来，不过因为风尚俗习不同的关系，古德根据佛陀制律的根本原则，另创适应当时当地环境需要的规矩。”②

第二，整理僧伽制度具有强烈的紧迫性。

在佛教转型的民国时期，进行僧制改革不仅非常重要，而且非常紧迫。这一点得到僧团大众的普遍认同，并提出诸多对治方案。正如印光所言：“流通佛法，非一朝一夕之故，需深谋远虑、随机设法。佛制固不可不遵，而因时制宜之道，亦不可不亟亟研求，以预防乎世变时迁，庶不至颠覆，而不能致力，有如今日之佛法也。倘诸君不乘时利见，吾恐此时震旦国中，已无佛法声迹矣！”③

绍华在其《僧制之整须待良政治》一文中建议：第一，严把入口：必须成年之后，并经所在的僧会考试才能出家。第二，加强教育：必须出家两年才能受戒，此后或升学服务。第三，控制过程：非受戒四年，不得任

---

① 印顺：《研究佛法的立场与方法》，《印顺法师文汇》，第 534–535 页。

② 太虚：《我的佛教改进运动略史》，《太虚大师全书》第 31 卷，第 75 页。

③ 印光：《论现在僧伽制度》，《民国佛教期刊文献集成》第 169 卷，第 476 页。

辅职；非受戒或升学十年不得任主持师；非主持师五年以上者不得任会长等职。第四，摈出僧籍：对那些大违佛戒而不能训化者坚决摈弃。[①]宗仰也说，整饬丛林正是在于裁制来源、廓清积弊。因此要严订规章，取缔披剃，勿使游民逋客戒牒轻传，幼稚孤童，门徒广畜；要革除赴应经忏。这看起来似是消极主义，但如能谨守宗法，率循本分，扩张慧力，互为演进，则是积极而为之法。[②]

换言之，时代变化对传统僧制提出了新要求。丛林寺院和僧团中出现的诸多具体问题，也必须通过对僧制加以重新整理才能得到解决。因此，在社会快速转型过程中，僧伽制度的整理已经被视为能够决定佛教生死存亡的大问题。

第三，整理僧伽制度是佛教发展逻辑决定的。

太虚在《我的佛教改进运动略史》中说："辛亥革命成功，中国既成立了共和立宪的国家，僧伽制度也不得不依据佛制，加以适时的改变，使成为今此中国社会需要的佛教僧寺，这就是我作《僧伽制度论》的动机。"[③]太虚还把僧制改革的必要性与时代变化结合起来，认为僧制变化不仅是必要的，在历史上也曾不断出现过，因而是正常的、客观的。时代变了，"僧制亦须基于所在之时代而有所变动。这如发源印度之古代僧制，在时代上也经过了不少次的变更。现代的人，当然要以现代所依的时势、国家法制，随着时代的变化而变化，实不必泥用古代的僧制的。原来制度这样东西，是有时代性的"。[④]因此，既然已经进入民国时代，那种帝制时代的僧制当然必须改变。太虚还把新的僧制改革作为其佛教改革和新佛教建设能否成功的重要基础，也是其净化佛教最为根本的措施。

太虚强调，改革僧伽制度一定要和社会与历史环境相应。他说，之所以佛教传至锡兰、缅甸等地能够很好地保守佛陀原始所制的律仪，那是因为这些地方的地理文化相近。而佛教传到中国，因为气候风俗等不同，除

---

① 绍华：《僧制之整须待良政治》，《民国佛教期刊文献集成》第 201 卷，第 426 页。

② 宗仰：《佛教进行商榷书》，《宗仰上人集》，第 47–48 页。

③ 太虚：《我的佛教改进运动略史》，《太虚大师全书》第 31 卷，第 76 页。

④ 太虚：《建僧大纲》，《太虚大师全书》第 18 册，第 176 页。

了根本戒之外，佛制的律仪和僧伽生活的方式，就不得不随时而改变。同时，社会原因也会影响到僧制的变化。如中国的隋唐之世，僧伽律仪就演变成“丛林和小庙的僧制”，这也是说明当时须要这样的僧团，方能主持当时的佛教。由此可以证明，佛教律仪每因其所流传的地域而迁易。“但这种制度，是只适宜于中国帝制时代的，一入民国，即不能不有所更改”。①

第四，整理僧伽制度即是要建立现代佛教制度。

太虚指出：“《僧伽制度论》是对出家僧伽的集团生活加以严密的修整，使其适应时势所宜，成为合理化的现代组织，建立真正住持佛教的僧团。这论所拟的整理计划，全是根据原有住持三宝的僧律仪演绎出来的，可以说是现代僧伽的规律。”② 太虚的弟子大醒在《僧伽生活问题》一文中指出：“僧伽的堕落，根本上不是僧伽个性的堕落，是佛寺里的僧伽制度使他们堕落的。”③ 换言之，僧团制度的失败与组织的溃败，直接影响到僧团的宗教性存在。僧团制度失败与溃败的原因之一，即是一些人不能顺应社会发展，死守“老祖成规”，抱残守缺，得过且过，胸无大志。所以不少佛教思想家和社会人士，都把整理僧伽制度的理想实现寄托于有着新视野、新知识和远大抱负的新型僧人。芝峰指出，所谓“现代僧伽”，有两个内容：一方面是要坚持不变的精神，依小乘律规范自己的团体，另一方面是要随缘起活动的作用，用大乘律摄化其他团体。《法华经》中所说的“内秘菩萨行，外现是声闻”，“是现在僧伽的唯一写照”。④

简而言之，进行僧制改革，就是根据佛制戒律精神，结合时代特色，重新建立僧团组织形式、行为规范和修行方式，以使之成为一个既符合释迦精神、又符合新时代要求且有良好社会形象的现代佛教。

第五，整理僧伽制度是佛教界的基本共识。

民国时期发生的这种整理僧伽制度的建设活动及其方法论之争，把许多僧人都不同程度地卷了进来，一时间整理僧伽制度成为一种人人皆知、

---

① 太虚：《我的佛教改进运动略史》，《太虚大师全书》第31卷，第75页。

② 太虚：《我的佛教改进运动略史》，《太虚大师全书》第31卷，第75页。

③ 《民国佛教期刊文献集成》第66卷，第220页。

④ 芝峰：《现代僧伽释名》，《民国佛教期刊文献集成》第66卷，第186页。

时时咸议的公众话题。为了做好这个工作，1941 年 12 月 22 日，成立了中国佛教会整理委员会，各省地分会大都成立了相应的机构或组织。

教内外人士也做了大量关于整理僧伽制度的文章或讲演报告。除了印光的《论现在僧伽制度》、太虚的《对于中国革命僧的训词》和《僧制今论》等主要文章之外，其他还有释存厚的《整理僧伽办法之商榷》、宽融的《西藏宗喀巴大士之革命与今日整顿支那佛教之方针》、唐大圆的《今日僧伽应持之态度》、清光的《改革寺院积弊意见书》、梵心的《整理现代僧伽的三大急务》、前人的《整顿僧伽制度论》、芝峰的《本律学以整理今日佛教之制度》、大雷的《论今日中国佛教之十大病》、大醒的《僧伽生活问题》和《十五年来之整理僧伽制度运动》等，上述文章有一些曾被收入《海潮音文库》之中。

另外还有《谛闲等为提出整顿僧伽制度及逐渐革除迷信习尚之请愿书致国民政府呈》《整顿僧伽制度及逐渐革除迷信习尚请愿书》《上国民政府为全国佛教请愿书》《释可端为设立中华民国寺庙管理局事致国民政府呈》《江浙佛教联合会开全国佛教联合会筹备会提案》《江浙佛教联合会整理僧伽委员会致国民政府呈》《整理僧伽进行计划书》等请愿书或呈文，也从不同的角度对僧伽的制度建设提出意见或建议，并想通过行政的力量以加快和完善僧伽制度的改革与重建。

事实上，整理僧伽制度的努力与设想，一直贯穿于中国近现代佛教史的整个过程之中。如巨赞在 1953 年还作有《关于整理僧伽制度的一点不成熟意见》一文，提出了“治标”和“治本”两种途径。①

第六，新僧伽制度的建设类型。

据太虚于 1930 年春在闽南佛学院所讲的《建僧大纲》中所言，太虚把到此时关于僧制建设思想分为四种类型：一是太虚于 1915 年在其《整理僧伽制度论》中提出的。这种僧制建设的内容较为广泛，认为中国大乘八宗合起来，即成为中国僧伽系统制度。二是太虚于 1927 年在其《僧制今论》中提出的。其义是“就原有寺僧为根据，以多数无僧格之僧伽，充作劳僧，作农、作工；以少数优秀分子，研习经论。当时所以有这种主张，以为由

① 巨赞：《关于整理僧伽制度的一点不成熟意见》，《巨赞文集》（下），第 771–775 页。

大多数僧伽从事生产，而供给少数僧伽以专心深造，则寺僧生活独立，可不须依赖民众”。不过，由于受到当时社会现实的影响，其僧制改革的思想有所理想化、革命化，故而是一种彻底颠覆传统僧团存在形式的设想。这种激进方案，不仅引起广泛的争论，其实现的可能性也基本不存在。三是在《寺庙管理条例》和《佛寺管理条例》基础上形成的僧制改革建设形态。这即是在其后颁布的《监督寺庙条例》十三条影响下的寺院和僧团组织及管理形式。四是支那内学院及大勇等人的观点，其核心主张即是要返归佛世的律仪。

当然，这些不同类型的僧制改革方案，“均是根据原有的佛寺制度而改之者，其中虽都有具体的办法，在理论上尚称完美，但在事实上、环境上，皆难以通行”。① 这是因为，第一种设想，其僧伽总数是根据清乾隆时之调查情况，但是经过嘉庆和道光时期的衰落、洪杨运动的冲击、清季庙产兴学的侵夺、民国的屡次摧残等影响，其人数可能已经大大下降。同时，《整理僧伽制度论》中所说的八宗，在寺院方面已皆失去其根据了。更为关键的是，由于社会的变化，民国时期，有的地方僧伽的生存也成为问题，所以进行大规模的动荡性、颠覆性改革实无可能。

太虚《僧制今论》的观点产生于1927年那个特殊的年代，其思想特色是鼓励僧众参加生产劳动，但是，“这是救济多数、迁就时趋的办法，严格地讲，这种作农作工者，实不能谓之为僧”。因为既然作农作工，就不能养成如法的僧格，没有僧格当然不能称之为僧，所以此方案也不可能落地生根。加之《佛寺管理条例》有很多不利于佛教寺僧的地方，其后也没有得到推动，以之为基础的僧制改革当然也就是纸上谈兵。②

可能也正是在这种思潮的影响下，不论是否赞同太虚的僧制改革主张，许多人都会提出自己的改革方案，有的设想甚至会动摇中国佛教的传统和惯例。如有人提出要对全国僧伽进行重新登记，重新划分类别，分为：长老僧、弘法僧、职僧、学僧、老年僧、残废僧、幼稚僧、修持僧、病僧等。③

---

① 太虚：《建僧大纲》，《太虚大师全书》第18册，第180–182页。

② 太虚：《建僧大纲》，《太虚大师全书》第18册，第180–182页。

③ 菩提：《全国僧伽分配之处置》，《民国佛教期刊文献集成》第146卷，第310页。

这种改革设想不仅彻底改变了中国佛教的传统形态，也把传统的出家二众分得更为细致，其实是对佛教制度和惯例的一种颠覆，更不具实施的可能性。

作为僧制改革运动的一部分，当时也有人提议改革僧装，把建立良好的佛教社会形象与僧装改革联系起来。据说首先提倡改革僧装的是东初法师。关于僧装改革的争论持续了很长时间，直到 20 世纪六七十年代，台湾岛内佛教界还在讨论此事。当然此事最后也是不了了之。这是因为，“真正的佛法是无相的。老样的僧服，有人喜欢即保留；改革了的僧装，适意也可以实行”。①

换言之，所谓僧装改革，只是一个容易挑起争议、但又无实际意义的无益之举，没有引起普遍的认同，故而最后虎头蛇尾，没有结果。

第二节　太虚推动整理佛教制度

太虚是 20 世纪上半叶中国佛教僧制改革的主要倡导者和推动者，也是教理革命和人间佛教的建设者及传播者。

太虚（1890–1944），浙江崇德（今桐乡）人，俗姓吕，名淦森，幼年失怙，随外祖母生活。1904 年，十六岁时于苏州平望小九华寺出家，法名唯心，后立表字太虚，同年于宁波天童寺从敬安受具。后至金陵，于杨仁山的祇洹精舍与欧阳渐、梅光羲等当时的佛教界名人相识。1913 年，太虚在南京创设中国佛教协进会。抗战胜利后，太虚任中国佛教整理委员会主任。1947 年，太虚示寂于上海玉佛寺。太虚主要著作后由印顺法师等编辑为《太虚大师全书》。太虚是中国向欧洲社会传播佛法的第一人，②对于扩大佛教在欧洲地区的影响起到了积极的作用。终其一生，太虚的佛教改革理想是建设清净僧团，是崇修菩萨行，是建设人间佛教。这一切反映在其律学思想上，即是“志在整理僧伽制度，行在瑜伽菩萨戒本”。③此处在拙作《中国律宗通史》相关章节的基础上，进一步展开论述。

---

① 了解：《对僧装下个结论》，《民国佛教期刊文献集成》第 146 卷，第 312 页。

② 芝峰：《欧洲佛教徒来华求法》，《民国佛教期刊文献集成》第 185 卷，第 9 页。

③ 印顺：《太虚大师菩萨心行的认识》，《印顺集》，第 202 页。

一、整理僧伽制度为佛教发展的必由之路

太虚的整理僧伽制度是以其主张的佛教“三大革命”为核心的。

太虚僧制改革建设思想的目标，即是要求和动员广大僧伽，要顺应时代发展的思潮，对佛教进行根本的改革，以建立一个契理契机的新佛教。显而易见，整理僧伽制度正是建立新佛教的一种有效路径。或者说，建设新佛教必须要整理僧伽制度，只有整理僧伽制度才能建成新佛教。因此，建立新僧制是太虚佛教改革的必由之路，也是太虚新佛教建设的主要外在形态。

太虚作《僧伽制度论》正是要对出家僧伽的集团生活加以严密修整，以使其能造就时势，成为合理化的理性组织。这即是说：“中国向来代表佛教的僧寺，应革除以前在帝制环境中所养成流传下来的染习，建设原本释迦佛遗教，且适合现时中国环境的新佛教！”①

太虚的佛教改革思想主要内容，通常被概括成致力于推动教理、教制、教产方面的三大革命。他要建立的新僧团制度、主要特色及其思想内涵，可见于其《整理僧伽制度论》《僧制今论》《我的佛教改进运动略史》等系列文章或演讲中。从这些关于僧伽制度整理的文章或讲演中，我们可以看到太虚僧制改革思想的发展历程，可以看到后面对前面思想的变化、修正和反思。尽管其思想有所变动，但他最早于1915年作于普陀山的《整理僧伽制度论》，则是其关于整理僧伽制度的最重要著作，反映了他对改革僧制的思考和设想。本文共分为僧依品、宗依品、整理制度品、筹备进行品等四品，分别对新僧制中的僧众数量、品级、教育、戒律、受戒、寺产、教籍、教规等改革设计，进行了完整的阐释。

在本质上，太虚的僧制改革是对中国佛教组织形态的一次彻底革命，其理想宏大、具体、全面，涉及中国佛教的方方面面。如他曾设想对当时中国十八省各道、县之“教所”的分配和安置方案：在乡镇设“宣教院”；在县设一“行教院”，为县级佛教团体机关；各道设“** 宗 ** 寺”一座，其实质即为佛教大学，以培养各宗僧才，道内其余同宗寺院则实为支寺；

---

① 太虚：《我的佛教改进运动略史》，《太虚大师全书》第31卷，第64页。

省设“持教院”；国家设“佛法僧园”一所，其作用包罗万象，并另设银行、工厂各一所。

从内容上说，太虚的整理僧伽制度理想明显受到西方宗教形态的启发。他认为，从宗教立场而言，基督教同佛教是相同的，所以其二三十年的佛教改革、所有改进佛教的努力，有的也是受到基督教传入中国的启发。如他说：“中国的佛教，虽历史很久，普及人心，并且有高深的教理；但是在近来，对于国家社会，竟没有何种优长的贡献。因此，觉得有借镜于基督教而改进佛教的必要。”①

太虚的“僧制”改革运动，是发生在中西交流的历史环境中、植根于新的中国社会中的一种宗教变革设想和努力，所以其僧制改革思想以及关于新佛教场所、规章、礼仪等设计，往往会有西方文化的痕迹，也有着激进的、理想主义色彩。同时，其革命的宏大性、彻底性和颠覆性，也决定了实现其目标的艰巨性和空想性。

二、把佛教改革成革命的佛教

20 世纪上半叶是一个革命的年代，不同立场的人都在讲革命，不同的社会领域也都在推进革命。革命既是对中国社会文化现象的客观表达，也成为当时认识中国社会的一种方法和路径。太虚经常在不同意义上使用“革命”一词，“革命”也是其著作中出现的高频词，因而也是理解其佛教改革思想的关键。

太虚说：“民国十六七年间，全国都充满了国民革命的朝气，我们僧众也有起来作佛教革命行动的。”② 正是在这种社会思潮下，太虚把其佛教改革目标确立为建设成“革命的佛教”。这种革命佛教有两个主要内涵：第一，佛教必须经过自我革命才能成为新佛教，只有成为新佛教才能在新社会中得以生存；第二，只有经过革命的新佛教才能成为社会革命的重要力量。换言之，佛教必须首先革自己的命，其次才能有助于社会革命。所谓革自己的命，即是祛除佛教思想及其历史中的鬼神、生死、经忏、文盲、

---

① 太虚：《中国需耶教与欧美需佛教》，《太虚集》，第 437 页。

② 太虚：《我的佛教改进运动略史》，《太虚大师全书》第 31 卷，第 72 页。

山头等根深蒂固的弊端和杂质——用革命的方法建设革命的佛教。

太虚的僧伽制度改革，是要把中国佛教的复兴放在中国文化的建设之中，因而也带有文化革命的色彩。他通过倡导和推进“教理的革命”“教制的革命”和“教产的革命”，以使佛教成为一种能够用来进行“革命”的佛教。

太虚关于“教理革命”的本质，即是以新思想、新哲学、新宗教和新科学融于佛教思想及教义之中，并对其作出了民主主义和民权主义的政治性诠释。这是教制革命的思想基础。简单地说，即是去鬼神，助人生；去帝王，为公民。因此，他尤其强调“应用佛法的新”。这是因为，“若不能以佛法适应时代、契众生机，则失掉这里所谓的新，在社会众生界是一种没有作用的东西。如此的佛教，会成为一种死的佛教”。① 所以他主张：“今后佛教应多注意现生的问题，不应专向死后的问题上探讨。过去佛教曾被帝王以鬼神祸福作愚民的工具，今后则应该用为研究宇宙人生的真相，以指导世界人类向上发达而进步。总之，佛教的教理，是应该有适合现阶段思潮底新形态，不能执死方以医变症。”②

“教制革命”则是“教理革命”的外在形式和组织保证，是要改革佛教的组织形式和管理模式，他将之称为“三民主义的民族主义”。太虚的教制改革思想非常丰富，改革佛寺则是其整理佛教的重要抓手，这是因为佛寺是中国佛教制度重要的物化体现。他说，由于“关于僧众寺院制度在理论上和事实上的改进为最重要”，所以改革要“在寺院僧众制度的改进上做起”。③ 具体而言，这即是“创设现代僧制，索性不依据原有的僧寺，其所遗留不适现代者，姑听任其自然变化”。④

“教产革命”是整理僧伽制度的物质基础，他称之为“三民主义的民生主义”。这也是其整理僧伽制度最重要的内容，也是最艰难的任务，因为这是佛教中的经济革命。教产革命就是要“打破剃派、法派继承遗产的

---

① 太虚：《新与融贯》，《太虚大师全书》第 1 卷，第 381 页。

② 太虚：《我的佛教改进运动略史》，《太虚大师全书》第 31 卷，第 72 页。

③ 太虚：《我的佛教改进运动略史》，《太虚大师全书》第 31 卷，第 63 页。

④ 太虚：《建僧大纲》，《太虚大师全书》第 18 册，第 182 页。

私有私占恶习，以为供养有德长老，培育青年僧材，及兴办佛教各种教务之用”。[①]这种革命的目的，即要是实现庙产公有，打破子孙庙的财产继承方式。只有彻底改变旧佛教的经济基础，才能真正建立起与新佛教相应的僧伽制度。

三、太虚在南普陀寺实践

在某种意义上，可以把太虚在南普陀寺的一段时间看成是其整理僧伽制度的一种尝试。

南普陀寺位于福建省厦门市五老峰下，始建于唐代，五代时由僧清浩改建，距今已有1500多年的历史。清康熙时，施琅征台平郑后回师厦门，重建本寺。因为本寺以奉观音为主，又在浙江普陀之南，故又俗称为南普陀寺。

（一）近代南普陀寺的规约建设

清乾隆年间，朝廷宣布废止官给度牒制度之后，在社会上即出现了一些滥收徒众的现象。不法僧人，或乱戒无行、游走街市，或谋取香灯经忏收入，以至影响到本寺的僧风和律行。在清乾隆中期至嘉庆初期，有释景峰重兴寺院、严肃规诫，嘉庆、道光年间（1796–1850），有省己、佛乘等禅师整顿寺院，随使本寺道风好转。光绪（1875–1908）初年，南普陀寺又再度衰落，后有喜参和尚住持寺院，举行两次传戒大法会，重振本寺宗风。喜参和尚，祖籍安徽池州青阳县，幼年时避太平天国起义而流落闽夏，寄身梨园。后从南普陀寺佛日和尚披剃出家，未几至漳州南山寺受具戒。后彻究禅机，名声大振，四众弟子皈依日众。光绪二十一年（1895），住持南普陀寺，致力于除弊整顿。光绪二十七年（1901）冬，请天童寺净心和尚宏扬戒法，次年开堂传戒，使本寺道风益振，厦门道刘庆纷夫妇也皈依座下。[②]

宣统三年（1911），本寺请泉州小雪峰寺佛化和尚为住持。[③]佛化和

① 太虚：《我的佛教改进运动略史》，《太虚大师全书》第31卷，第72页。

② 高文显：《喜参和尚略传》，虞愚：《厦门南普陀寺志·列传》，第106–109页。

③ 虞愚：《厦门南普陀寺志·公牍》，《中国佛寺史志汇刊》第二辑，第8册，第190页。

尚圆寂后，由监院管理寺务七年。1920年，由转逢任本寺住持，并整修殿宇。转逢整建寺院，甫一就结，即立即考虑到，如若“条规尚未订立，只恐日久弊生，终非维持久远之策”。因此即按《管理寺庙条例》，采访其他丛林办法，参酌本寺情形，集众妥议而成《南普陀寺十方丛林住持规约》二十条。[①] 该规约第一条规定：

> 本寺定为十方选贤丛林，住持一席，不拘法派，不分畛域，凡十方僧众有合格者，皆可被选为住持。即本寺原有喝云派下资格相当者，亦有被选为住持之权利。[②]

从规约的制定上看，也许改为十方丛林时可能考虑到会遇到阻力，所以才又加上“即本寺原有喝云派下资格相当者，亦有被选为住持之权利”一句。因为按一般规约文本语句，本条的前半句已经表达得很清楚了，没有必要再加上这一说明。规约之后又附《库房列职规铭》《客堂规约》《禅堂规约》《共住规约》四种。

规约后面诸条，即是对住持的推举条件、推举办法、住持任期、修行活动、财产管理等进行了说明。其中最重要的一点即是，规约对住持的权利进行了限制。规约规定：“现住持只有提议取决之权，不得加入公举人数。倘众人公举不足推现住持举时，方可有选举权。所举之人，亦须付众表决以符公意。”[③]1924年，本寺改为十方道场，并根据这个“选贤任能”的丛林规制，时年五十一岁的会泉法师（1874–1943）被礼为首任方丈，会泉属于黄檗宗系虎溪岩派。法师并于1925年秋，在转逢的支持下于寺中创建闽南佛教学院。[④] 常惺和会泉被推为院长。其后本寺还订有《共住规约》二十八条。[⑤]

南普陀寺本属临济宗喝云派的寺院。自转逢任住持后，本寺始改为选贤制之十方丛林。对于改制的时间，有着不同说法。有说是光绪年间，喜

---

① 虞愚：《厦门南普陀寺志·公牍》，第191页。

② 虞愚：《厦门南普陀寺志·法制》，第35页。

③ 虞愚：《厦门南普陀寺志·寺考》，第36页。

④ 虞愚：《厦门南普陀寺志·寺考》及《列传·会泉和尚传》，第25–26页。

⑤ 虞愚：《厦门南普陀寺志·寺考》，第49–52页。

陞和尚改南普陀寺为十方僧众选贤丛林；[①] 有说是民国十二年（1923）；[②] 有说是民国十三年（1924），住持转逢和尚改南普陀寺改为十方丛林。在寄尘的《转逢和尚事略自述》一文中记有转逢自言："到民国十三年……于是设定《十方选贤规约》二十则呈之政府立案，以为永远法制，一扫诸方之子孙制及法制之流弊也。"[③]

（二）太虚在南普陀寺

1927 年，会泉五十岁退院，由太虚住持南普陀寺，并任佛学院院长。[④] 太虚驻锡南普陀寺共六年（1927–1933），在此期间，他重视建章立制，以规约治僧，以制度治寺，从而使其僧伽制度改革有了可以进行试验的场所。

太虚在本寺的一次讲话中即突出了"制度"和"规约"在其管理思想中的地位和作用。他说：

> 现在南普陀寺既未曾另改规制，而本院院众须要切实履行南普陀寺的制度。这样，院众寺众都成和合一致而精神统一了。凡人都有适应环境的必要，自然科学与社会科学说得好，适者就生存。意思说：凡是一个人或一种族，能与所接触的环境相适宜，那就可以生存。现在本院院众的共同精神，要有此种观念，即是要能善于适应南普陀寺所行的规制。简单地说，遵守上殿过堂等规则。[⑤]

太虚重视以法制僧，重视从规约建设入手，处处体现其法治精神，甚至对于寺内水池区，也于 1933 年专门制定十一条的管理规则。[⑥]

对于闽南佛学院的教学与教务管理，几任院长也都能重视按章办事，重视加强学院的规范化管理。所制定的《闽南佛学院章程》共有十八条，

---

① 虞愚：《厦门南普陀寺志・公牍》，第 190 页。

② 默如：《闽南佛学院概况重编》，虞愚：《厦门南普陀寺志・教育》，第 29 页。

③ 虞愚：《厦门南普陀寺志・寺考》及《列传・会泉和尚传》，第 112 页。

④ 默如：《会泉和尚传》，虞愚：《厦门南普陀寺志・寺考》，第 118 页。

⑤ 太虚：《学僧修学纲宗》，《大虚大师全书》第 19 册，第 236 页。

⑥ 太虚：《南普陀寺水池区建筑记》，《大虚大师全书》第 33 册，第 127 页。

其内容包括教学内容、管理方法、退学等事务。[1]《闽南佛学院章程》订于1925年6月，1928年又进行修订，其过程正在会泉、太虚任内。因此这种修订过程本身，不仅体现了太虚以规约章程治院的教学理念和管理方法，而且也成为其僧制改革的重要内容。

第三节　戒律与僧制改革

太虚非常重视僧伽戒律建设及其教育在其僧制改革运动中的作用，注重突出律宗在其僧制体系中的地位。或者说，重视戒律是太虚僧制改革的重要基础，僧制改革也是其强化戒律的重要手段。正是在其僧制建设中，体现了他的新戒律学思想。

一、重视戒律的地位与作用

任何时代的僧制都不能脱离戒律而存在，强化戒律是重整僧制的重要内容。如果没有如法如律的僧团，所谓的僧制建设无异于缘木求鱼。强化戒律体现在许多方面，其中对僧众的如法管理即是其重要内容之一。

太虚的僧伽制度改革与建设，既倡导大乘八宗平等，又主张以禅律振兴佛教。如果说贯穿太虚思想始终的是其僧制改革，那么在其改革思想之中居于核心地位的即是对戒律的突出与应用。他自称其学即是“着重整理僧伽制度和大乘菩萨行”。[2]对于太虚的僧制改革思想，印顺说是“依律仪、明教理、悟心地”。[3]显然，戒律既是太虚僧制改革的出发点，更是实现其僧制改革和菩萨行目标的根本保证。

第一，重视对戒律的传讲及其思想建设。

太虚重视戒律的直接表现，即是他关于戒律的文章或讲演非常多，讲戒弘律是其著述的重要组成部分。

在《太虚大师全书》中，其文题直接与律学或僧制建设相关的文章即有：

① 虞愚：《厦门南普陀寺志·教育》，《中国佛寺史志汇刊》第二辑，第8册，第66–73页。

② 太虚：《我的佛教改进运动略史》，《太虚大师全书》第31卷，第82页。

③ 印顺：《太虚大师菩萨心行的认识》，《印顺集》，第202页。

第一编《佛法总学》中的《律禅密净四行论》、第二编《五乘共学》中的《〈佛说十善业道经〉讲要》和《佛教人乘正法论》、第七编《法界圆觉学》中的《〈梵网经〉与〈千钵经〉抉隐》、第八编《律释》中的《〈优婆塞戒经〉讲录》和《〈瑜伽菩萨戒本〉讲录》两种。第九编《制议》中收有关于僧制的文章共八篇，它们是：《整理僧伽制度论》《志行自述》《僧格之养成》《僧制今论》《建僧大纲》《建立中国现代佛教住持僧大纲》《建设现代中国佛教谈》《菩萨学处讲要》等。第十编《学行》中则有《律仪之研究》等。其他还有随文中的戒律学和僧制建设的议论等内容，更是多不可计。除此之外，太虚还作有许多关于僧制建设和戒律持守的讲演，如《律仪之原理》《〈优婆塞戒经〉讲录》《〈优婆塞戒经〉译传之略史》《当速组佛教正信会为在家众之统一团体》等。这些都是民国时期重要的戒律学文献。

第二，突出律宗在佛教组织中的地位。

太虚把传统上所说的南山宗、禅宗、密宗、净土宗、唯识宗、三论宗、天台宗和华严宗等佛教八宗分为“基”和“道”两部分。所谓“基”，即是指南山律宗；所谓“道”，则为余者七宗。他说，“戒为佛道之基”，“一切修佛道者，其基础不出七众戒及菩萨戒；若五戒不守一，且不得具人格，遑能修佛道乎！故以基独配南山，所基之道，则即余之七宗。”①为了突出学以致用，他对八宗典籍都进行了一定的轻重取舍。对于律宗典籍，其选取则是“以道宣律师《四分律戒疏》《业疏》、灵芝律师《资持记》、灵峰律师《梵网疏》为根本部；其次则是古代三要疏及《会正记》等，而大小乘、人天乘诸部律学，皆附之”。②

太虚的僧制改革不仅是要突出戒律的理论地位和学术意义，更是要体现戒律的修行作用和现实价值。他曾以“圣教照心，佛律严身，内外清净，菩提之因”的诗句对此加以表达。③太虚极为重视对南山律宗的弘扬，在其僧制改革中，设想在当时的各道设南山宗寺，称为“祖庭”。于其寺中，

① 太虚：《整理僧伽制度论·宗依品第二》，《太虚大师全书》第18卷，第32页。

② 太虚：《整理僧伽制度论·宗依品第二》，《太虚大师全书》第18卷，第41页。

③ 太虚：《潮音草舍诗存别集·赠弘一法师》，《太虚大师全书》第34卷，第269页。按：林子青编著的《弘一法师年谱》中《赠弘一法师》为：“以教印心，以律严身，内外清净，菩提之因。”宗教文化出版社，1995年，第295页。

建立印度和中国的本宗祖师十五层塔，以备各地徒侣瞻敬。前殿（天王殿）改名为“大欢喜地”，朝门供弥勒菩萨应化像，后面向内供韦驮像，两旁供四天王及护法伽蓝神像。佛殿之后，造比丘戒坛和菩萨戒坛各一处，比丘戒坛四壁绘诸护戒神像，菩萨戒坛上供释迦和尚、文殊和弥勒法身菩萨像。设讲堂、布萨堂、安居堂；讲堂分为五个，分别为受比丘戒教授堂、受比丘尼戒教授堂、受沙弥戒教授堂、受式叉摩那尼戒教授堂、受沙弥尼戒教授堂。①

第三，戒律学研究有现代伦理学的视角。

太虚戒律学思想的一个重要特点，是其关于戒律学的研究贯穿着现代伦理学的方法，并试图由之为佛教戒律找出一种具有先天判断的或绝对的价值根本。他说：

> 盖人伦者唯习俗性以为诚谛，离习俗性别无人伦（伦即人类、人群、人道，涵有纶贯思理之义，所以异乎鸟类兽群之伦夫道法也），故不务高远，而唯求犁然有所当于群萌之心行也。若夫明心见性，发真归元，洞万化之玄妙，备众德而妙净，则尘垢秕糠铸尧舜，在乎有志者自为之耳，非所以论于萌俗也。

这即是说：“人伦之道德理法，是人类群合之所缘生，非是人类为道德理法乃生也。”②

太虚把持戒看成是人格完善的手段，尤其强调五戒对于大众的价值。他说，不残杀而仁爱，不偷盗而义利，不邪淫而礼节，不欺妄而诚信，不服乱性情品（如鸦片、烟草、酒类、兴奋性情品或毒品）而调善身心。此说虽然与传统的关于五戒和五常的比附性理解没有太大区别，但又有所不同。他说，如果人人受持五戒，则生生于人类为大圣贤；人人受持增上五戒，则地球也即变成了忉利天界。③

第四，明确戒律在佛教思想体系中的地位。

太虚对佛教德、行、果及其间的关系非常重视，并将它们纳入到一个

---

① 太虚：《整理僧伽制度论·整理制度品第三》，《太虚大师全书》第 18 卷，第 51–54 页。

② 太虚：《佛教人乘正法论》，《太虚大师全书》第 3 卷，第 115–116 页。

③ 太虚：《佛教人乘正法论》，《太虚大师全书》第 3 卷，第 130–131 页。

完整的理论体系之中。显然，这对于加强戒律精神的培养是极为重要的。

僧制改革是为了更好地建设如法僧团，这必须通过加强戒律建设才能得以实现，因此僧制改革是要突出戒律的作用，而不是削弱戒律的地位。太虚在其《什么是佛学》一文中，从理、行、果的角度对佛教思想体系进行了分析，指出虽然行门有戒律、禅观、真言、净土等法门，但是只有如法修行，才能得到最后的效果。一方面，太虚指出，持戒需要因时而变，可舍微细戒，可权宜而为，这正如“文殊菩萨执剑逼佛，三处度夏；重胜比丘与女同坐，令证无生；乃至寒山、拾得之呵律主，归宗、南泉之斩蛇猫，并是一时不得不用之权谋”。① 但另一方面，太虚更强调，持戒必须坚持戒律基本精神，对于应该遵守的戒律，则必须严格如法持守，不能以舍微细戒为由，为自己不能持戒寻找理由。

二、设计丛林传戒规程

太虚对传戒受戒即有着极高的要求，认为传戒者本人必须要能严净毗尼、宏范三界，如远公、智者、左溪、永嘉、荆溪、大梅、永明、觉范、高峰、中峰、楚石等大知识一般方可为人授戒。他因对自己受戒、持戒未能自信，所以与人只授三皈、五戒，至多授璎珞十善戒、瑜伽菩萨戒而已，而对于沙弥十戒、具足戒则不敢为之。② 太虚认为，僧制改革“要在寺院僧众制度的改进上做起”，③ 要重点改革存在于寺院中的那些不合时宜的传统和管理方式。因此，他把对传戒制度的改革作为其僧制改革的重要部分。

（一）僧制改革中的求戒细则

在《整理僧伽制度论》中，太虚设计了僧众求戒的要求细则。

第一，求沙弥戒和求沙弥尼戒。

求沙弥戒者，应在每年的一、二、三月，在中国各道的南山宗寺中进行。求戒者必须由得度和尚亲自带入“受沙弥戒教授堂”；应先学习沙弥律仪文，

---

① 太虚：《论传戒》，《太虚大师全书》第 19 卷，第 129–131 页。

② 太虚：《论传戒》，《太虚大师全书》第 19 卷，第 129 页。

③ 太虚：《我的佛教改进运动略史》，《太虚大师全书》第 31 卷，第 64 页。

熟记南山宗所用的晓暮课诵、斋供经咒，习行住坐卧、迎送等沙弥礼，半月半月布萨，学习《遗教经》和《四十二章经》；应次第学习各宗寺及法苑、佛法僧园，掌握呗颂歌唱和各种法器的使用；腊月八日与一切原受菩萨戒者在寺内菩萨戒坛重受梵网四十八轻戒。受持沙弥戒毕，如果满十九岁者则留在堂，待次年升受比丘戒；未满十九者，可分派介绍往各宗寺礼依止阿阇黎。

求沙弥尼戒者，可于每年的一至四月份至各道的南山宗寺。与沙弥戒略有所不同的是，求沙弥尼戒者不用学习各宗寺及法苑、佛法僧园，课诵斋供经咒歌呗，但要习熟尼寺所用的歌呗法器。求沙弥尼戒者学习的经典是《药师经》《金刚经》《十六观经》《无量寿经》《四十二章经》《遗教经》等，如此至于年十二月。如其满二十岁，加受式叉摩那戒。但是，授菩萨戒等其他要求则同求沙弥戒者一样。

第二，求比丘戒和比丘尼戒。

求比丘戒者，必须年过二十岁，且已经受持过沙弥戒，升入比丘戒教授堂中领授。要令求戒者诵熟《四分律》比丘戒律文，要求能讲解诸部律、略明异同，识制戒因缘及开遮、布萨、羯磨法。如此至十月无量寿诞日，则可入比丘戒坛，令得无作戒体。腊月八日重入菩萨戒坛，受诸菩萨戒。求戒者是否燃身灯、顶香供佛，只加劝导不作规定。至此受戒毕，即可得戒证（戒牒）。

求比丘尼戒者，必须为已经受式叉摩那戒及十年者。求戒前，要先令其读比丘尼律文，为其讲解，令其懂开遮持犯及布萨羯磨；也要为其讲《四十二章经》《遗教经》《无量寿经》《阿弥陀经》《十六观经》等，宜简明而不深广。后可于弥陀诞夜入比丘尼戒坛受戒，依法羯磨证成，得无作戒体。腊八日授菩萨戒。其后，发给戒证，即应出堂，随喜依诸尼寺而住。①

太虚大师不仅重视对受戒者讲诵律文，也重视受戒时的经咒、施食、梵唱、法乐、忏摩等仪轨、活动。他说：“施食、忏摩，自修己利人，为世福田，必协仪轨，章奏和肃，是谓音声佛事。人境庄严，方能感应圣心……

① 太虚：《整理僧伽制度论·整理制度品第三》，《太虚大师全书》第18卷，第77-78页。

受苾刍戒习之，犹辟雍之上仪、宗庙之大乐也。”① 其意是说，不论任何福田和利他之事，只有持戒者为之，方能庄严国土，利于众生。

第三，求受菩萨戒。

自古以来，菩萨戒即因其授受方便、持守灵活，而受到中国僧俗的高度重视。正因为如此，也造成了授戒和持戒中的良莠不齐。所以，太虚也对此详加说明。特别是针对中国流传已久的三坛大戒，他认为应当作出改革。

传统上的三坛大戒都是沙弥（尼）戒、比丘（尼）戒和菩萨戒依次相授。但是太虚认为，既然菩萨戒连在家信众都可以随时领受，为何出家众必须要等到授完比丘戒后才可以为受呢？所以他主张菩萨戒授受在比丘戒之前后均可授受。“受沙弥戒后，一到可受比丘戒年龄，若志为比丘者，又不应待五年后乃受比丘戒。至菩萨戒，则或前或后，均得受之。”② 太虚大师还引灵峰《毗尼事义集要缘起》中的思想说，菩萨戒约义当有三种：一者为冥资受菩萨戒：若水陆仪规中，为鬼、畜、神、天等受菩萨戒。二者为名字受菩萨戒：凡发信心，佛经像前向法师求受菩萨戒，能解法师语言，识菩萨戒中名字者，皆得受之。在俗二众、在僧五乘，及诸发心受菩萨戒善男子善女子等，皆属此事。三者是实义受菩萨戒：一切众生，无论僧俗，凡开圆解，悟证法身，了知甚深菩萨戒义，或佛经前仪法自求受之；或从曾受菩萨戒、善知菩萨戒、净持菩萨戒诸菩萨法师，都可受之。③

（二）设定“菩萨学处”的层级

太虚认为，由于中国历史上流行大乘佛教，但所行又属小乘，所以佛教徒不能把佛教精神转化于其行为之中，不能化民成俗。因此，他制定出中国的“菩萨学处”，并从“位”上把此分为不同的层级：一级者，是适宜于“结缘三皈”——虽然皈依了三宝，但尚无正信和正见的信徒；二级者，适宜于“正信三皈”——年龄在十九岁以上、受过中等教育、对佛教已经有了解和信仰的知识分子；三级者，适宜于“五戒信众”——受五戒后，或者因为发起菩提心、直受菩萨戒而成为在家菩萨，或者于五戒后，

① 太虚：《整理僧伽制度论·整理制度品第三》，《太虚大师全书》第 18 卷，第 84 页。

② 太虚：《建设现代中国佛教谈》，《太虚大师全书》第 18 卷，第 228–229 页。

③ 太虚：《整理僧伽制度论·整理制度品第三》，《太虚大师全书》第 18 卷，第 81–84 页。

进入出家阶段，作沙弥、比丘，经过继续教育后而成为出家菩萨；四级者，用于“出家菩萨”或“在家菩萨”——他们有着各自集团队伍制度，由其德行高洁者统理其学处，其学处是六度、四摄，也即是瑜伽戒法。①

当然，不论是出家菩萨还是在家菩萨，“菩萨学处”的根本精神都是重在于“行”。太虚因而强调，菩萨行者要广泛地参与和投身于各种文化、慈善和资生事业中去，以让社会理解和接受佛教。②

太虚的僧制改革思想，是在充分考察了欧亚诸多国家和地区的宗教或佛教建设的基础上而提炼设计的，目的是要以之改革中国旧有的丛林积习。由于太虚对传戒制度和内容的改革设计极为详细，改革的力度和范围又很大，是一种前无古人的创新，因此与传统的或大众的认识有所区别，所以得不到认同或采用。当然，这并不存在是非对错问题，只是理解、接受和传统问题。比如 1931 年，二十三岁的巨赞于杭州灵隐寺削发出家时，其师父却非方丈认为不一定要马上就受戒，而太虚法师认为必须立刻受戒。③

三、建设僧众学戒体制

太虚的僧制改革思想是全面的、深入的，几乎涉及佛教思想、实践、组织和管理的方方面面，他对僧众的学戒方式也提出了改革方案。

第一，提高学戒年龄，体现意志自由。

他认为，出家者不应太早，也不宜年龄太小，出家的年龄应当与高中毕业相衔接，十九岁时才可出家。出家后，应当入律仪院学习沙弥律仪，一学期满即可授沙弥戒。第二学期，即学习比丘律仪，四学期满后可正受比丘戒。太虚之所以这样主张，有两个原因：一是符合佛制；二是因为二十岁时的成人已经有了自己的意志，“有择学择业之自由，亦不违成人有自由意志乃可信仰宗教之义”，此时再授戒，也体现了宗教信仰自由的原则。④太虚这种阶梯式、制度式、学院式的学戒方式，与传统的僧团式、师徒式的学戒方式是不同的，显然受到了近代教育制度和体制的影响。

---

① 太虚：《我的佛教改进运动略史》，《太虚大师全书》第 31 卷，第 106–108 页。

② 太虚：《我的佛教改进运动略史》，《太虚大师全书》第 31 卷，第 108–109 页。

③ 巨赞：《洋和尚照空》，《巨赞集》，第 237 页。

④ 太虚：《建设现代中国佛教谈》，《太虚大师全书》第 18 卷，第 228–229 页。

对传戒和学戒的制度性变革，必然会触动部分传统的戒律条文或持律观念。如太虚要求十五岁者方可得度为沙弥，这就与戒律传统中存在驱乌沙弥现象是不相符的。按照佛教传统，沙弥有三品：一者是从七岁至十三岁，名“驱乌沙弥”；二者是从十四岁至十九岁，名“应法沙弥”；三者是从二十岁至七十岁，称为“名字沙弥”。与太虚僧制改革计划相应的是，佛教组织开设的仁婴院、慈儿院中所收的儿童事实上即为驱乌沙弥，等其十五岁才为其授沙弥戒，等其十八岁成人后，因其志而立之，才可为其授比丘戒。所以他说：“依佛的戒律，虽许可能自驱食上乌的孩童为沙弥，但这不过等于以慈善性质所收养的孤儿而已；真正的沙弥，固必须是能自立意志的成年。所以，现今政府禁止未成年的儿童出家入僧以受宗教教育之训练，我认为与佛法并不违反的。”①

第二，建设专门学院，强化戒律学习。

太虚后来的僧制改革设想，总结了当初的《僧伽制度论》《僧制今论》和《佛寺管理条例》以及支那内学院与大勇等主张的返归佛世律仪等这些难以实行的制度设计，提出了他的“现代僧制”思想，依次分为学僧制（比丘僧制）、职僧制（菩萨僧制）和德僧制（长老僧制）。其中学僧制的学习分为四个等级，共修学十二年。为了加强对学僧制培养，太虚曾设计一套学院化的教学体系，而戒律是其最基础的学习内容，共学习两年。如下所示（根据太虚所作，重新改编制表）。②

创设名称	收员对象	设置数量	修学时限	人数	应得学位
律仪院	出家众	每省 1 所	学沙弥律仪 0.5 年、比丘律仪 1.5 年	约 4000	上士位
普通教理院（等于大学）	出家众专学，在家众附学	每 3 省 1 所	4 年	约 5000	学士位
高等教理院（等于研究院）	出家众专学，在家众附学	全国 1 所	3 年	800	博士位
观行参学处（附专修林、杂修林内）	律宗、禅宗、止观、真言、净土等之专修习处		3 年	200	大士位

太虚设计的学僧制教育体系

① 太虚：《佛教应办之教育与僧教育》，《太虚大师全书》第 19 卷，第 22–23 页。

② 太虚：《我的佛教改进运动略史》，《太虚大师全书》第 31 卷，第 99–100 页。

1930年，太虚在闽南佛学院的一次演讲中指出："要实行建设此现代的中国僧制，当从律仪院师范养成所及教理院教授养成所办起；三年后即可开办律仪院，十年后方可开办高等教理院。约计三十年可建设完成也。"① 而他在1930年冬作的《建立中国现代佛教住持僧大纲》一文中，也表达了与之相关的思想。他对新的僧级作了详尽的设计，定其为九级。律仪苑的毕业者，授为下三级之职僧，如果任职三十或四十年则可升入"德僧"。② 如果是毕业于参学林者，可为中上四级之职僧，任职二十或三十年，即得升入德僧。③

由此可见，太虚的整理僧伽制度设计，教理革命是价值引领，以寺院为代表的教制革命是实现路径，教产革命是必要条件，强化戒律、振兴律宗是基础和保证。只有如此，才能建立起新的佛教制度。在此意义上，太虚对八宗关系进行了重新整理。这不仅是其僧伽制度整理的重要内容之一，也为其新的僧伽制度提供思想的支撑，以使其设计的佛教制度能够与佛教思想体系做到逻辑自洽，而不是新瓶装旧酒或旧瓶装新酒。

虽然强化戒律持守是僧制建设的关键性内容，但是僧制的改革与建设，绝对不是仅仅通过几位名僧的呼吁，或佛教组织内部的设计就能够实现的，因为僧制与社会、政治、经济、文化等有着复杂的关系。事实上，在一个政治动荡、经济凋敝的社会里，指望着一群僧人能够独善其身、保持初心，做到心如莲花、组织严整，显然是不现实的。绍华的《僧制之整须待良政治》一文即提出了一个很好的路径，即（必须）以良性政治作为后援力量以强化戒律治僧，否则僧制改革是无法执行的。不过本文没有在这方面进一步加以展开论述。④

① 太虚：《建僧大纲——十九年春在闽南佛学院讲》，《太虚大师全书》第18卷，第186页。

② 太虚：《建立中国现代佛教住持僧大纲》，《太虚大师全书》第18卷，第187–188页。

③ 太虚：《建设现代中国佛教谈》，《太虚大师全书》第18卷，第230–231页。

④ 《民国佛教期刊文献集成》第201卷，第426页。

律学实践篇第十

传戒及其问题的解决

佛教以佛、法、僧为主体，此三者即是佛教所言的三宝。佛法住世，有赖于僧宝的传扬，僧宝也是佛教存在、佛命永续的组织基础。教能成立，僧为其基，僧之所成，非戒不立。僧宝永住，离不开如法的传戒。不论是丛林寺院建设，还是佛教的社会文化功能实现，都依赖于一定数量的僧众。因此，传戒、讲戒既是丛林寺院建设的重要内容，也是僧人重要的使命之一。在中国近现代时期，虽然文化环境复杂多样，佛教发展也面临着诸多挑战，但寺院的传戒活动却仍然在进行着。与此同时，在这些活动中，也随之产生或出现了许多问题。对这些问题的探讨与解决，也影响到这一阶段戒律学的理论建设与实践展开。

第一节　传戒与受戒

在宗教学意义上，对欲出家者进行授戒即是一种宗教的入会式（initiation），有着极为重要的仪式意义。经过长期的宗教实践和历史洗涤，佛教的传戒规则和仪式等也被赋予了丰富的宗教及文化内涵。

一、作为入会式的传戒仪式

仪式是宗教能够成立的重要基础，也是宗教的基本组成部分。法国宗教社会学家爱弥尔·涂尔干（E.Durkheim，1858–1917）曾经对宗教仪式评价道：

> 宗教现象可以自然而然地分为两个基本范畴：信仰和仪式。信仰是舆论的状态，是由各种表现构成的；仪式则是某些明确的行为方式。这两类事实之间的差别，就是思想和行为之间的差别。仅凭仪式对象所具有的特殊性质，就可以把仪式和其他人类仪轨相区别开来，并使其得到确定。例如，用这个办法就可以把它与道德仪轨区分开来。道德准则如同仪式一样，为我们规定了某些行为方式，不过，这些行为方式所针对的对象却不属于同一类型。因此，如果我们想要描述仪式本身的特性，就必须首先描述仪式对象的特性。而且，也只有在信仰中，仪式对象的上述性质才能彰显出来。①

按照这个观点，仪式是任何一种宗教中都不能缺少的东西。美国宗教学者伊利亚德（M.Eliade，1907–1986）在其《入会式的仪式与象征：出生和再生的神秘之事》（*Rites and Symbols of Initiation: The Mysteries of Birth and Rebirth*）一书指出，加入一个组织或群体必须具有仪式，只有经过这种仪式，才能获得一种新生命的开始。

佛教作为一种宗教，在许多活动中都有着一定的仪式。这种仪式既是宗教活动的一部分，也是个人与他人，以及与其他大众和社会交往的一种平台。比如，其羯磨、布萨、经忏、盂兰盆会等即是如此。其中，传受戒法即是佛教所有仪式中最为重要的仪式之一，是一个人能否进入到这个道德和信仰共同体中的重要凭藉和资格确认，也是其获得僧格、获得群体自豪感以及达到相互认同一种道德标准和资格的重要象征。这正如涂尔干所说：

> 真正的宗教信仰总是某个特定集体的共同信仰，这个集体不仅宣称效忠于这些信仰，而且还要奉行与这些信仰有关的各种仪式。这些仪式不仅为所有集体成员逐一接受；而且完全属于该群体本身，从而使这个集体成为一个统一体。每个集体成员都能够感到，他们有着共同的信念，他们可以借助这个信念团结起来。

---

① [法]爱弥尔·涂尔干：《宗教生活的基本形式》，第39页。

> 集体成员不仅以同样的方式来思考有关神圣世界及其与凡俗世界的关系问题，而且还把这些共同观念转变成为共同的实践，从而构成了社会，即人们所谓的教会。在所有历史中，我们还没有发现一个没有教会的宗教。①

依据佛教的基本原则，出家必须受戒。出家后若不懂戒律，甚至有五年不能离开依止之说。从本质上说，传戒正是通过一种神圣、庄严的程式，把佛教戒律师范化、戒律精神内省化的过程，以强化出家者树立以戒为师、成就佛法久住的目的。事实上，隆重的授受戒过程并不仅仅只是一个外在的仪式，也是对初入佛门者一次重要的心灵洗涤和感化过程。尤其是那些具有道德光环的高僧大德的亲临现场，更能够带动受戒者的学佛热情和持律责任心，并能利其感发戒体，成就戒相庄严。

二、传戒活动

据学者研究，我国初无“传戒”一词。唐麟德二年（665），唐高宗敕命道宣律师于净业寺开坛说戒，传戒之名乃始于此，其后海内寺院继起效法，大阐戒旨。②但是，这并不是说，中国的传戒和受戒只是唐代之后的事，因为中国佛教史中关于传戒活动的记述是十分丰富的。因此更为确切的说法也许是，从麟德二年开始才形成一种具有固定环节和内容的程式化传戒活动。

所谓传戒，或称为授戒、开戒、放戒，即是根据对象不同而传出家戒或在家居士戒的一种佛教活动。从内容上说，传戒分为传沙弥和沙弥尼戒、比丘和比丘尼戒、菩萨戒，以及在家居士戒。被授戒者通常被称为“戒子”。与传戒相对应，戒子对戒律的领受又被称为受戒、纳戒或进戒等。在近世传戒活动中，传戒的顺序是“初坛”先传沙弥戒和沙弥尼戒，“二坛”是传比丘戒或比丘尼戒，“三坛”是传菩萨戒，因此传戒过程又往往被称为“三坛大戒”。因为菩萨不显男女之相，故菩萨戒的授受不分男女。

（一）传戒之所

① [法]爱弥尔·涂尔干：《宗教生活的基本形式》，第33页。

② 了达：《溥常老法师七秩大寿传戒记》，《七塔寺志》卷五，第158页。

一般而言，传戒都是在寺院中进行。①“古来传戒，寺非律宗、人非律师，必不可行。其后渐变其制，禅讲诸寺，皆效为之”。②所以，中国佛教的传戒，既有专门的律寺，也有其他禅讲教寺院，并都能为社会、僧众所认可。虽然诸多寺院都可传戒，但并不是说其每年都能传戒。对于大的寺院、著名的寺院，或有一定特殊权利的寺院，在一定时期往往可以做到春冬两次传戒，因为其影响大、名僧多，求戒者多；而小的寺院，或者名气不大的寺院，因其求戒者少，可能三五年甚至更长时间才能举办一次传戒法会。也有的寺院因其发展中遇到问题，可能传戒的次数更少，传戒间隔的时间也更长。当然，国家和社会也是影响传戒活动数量与规模的重要因素。

民国时期，这种现象也是存在的。报刊上也经常有这种传戒的消息和报道。像沙市的章华寺，自光绪中叶以来，连续传戒三十余年。③而作为北方名刹的河北省房山县石经山云居寺，自1920年传戒一次，直到1937年夏才又传戒，两次传戒间隔十七年之久。④可以想见，这也许与当时本地的战乱、饥荒和人口流失有着一定的关系。

（二）筑坛传戒

寺院举行传戒活动的地方名为戒坛，这是因为其会高于四周的平地之故。戒坛是佛教传法授徒的重要场所，所以又被俗称为坛场。僧众正是于戒坛举行说戒和授戒仪式，以使纳戒者感得戒体。

佛教之初，传戒是不设戒坛的，都是于露天之地作法。后来，佛在祇树园时应楼至比丘之请，于园外院东南置一坛为比丘授戒，此为戒坛之始。

佛教传入中国，第一次开立戒坛是在曹魏嘉平年间。有中天竺人昙柯迦罗（又称为昙摩迦罗，意为“法时”）于黄初三年（222）至魏都洛阳。其后，昙柯迦罗即于洛阳根据译出不久的《僧祇戒心》和《昙无德部四分戒本》的思想设立戒坛，有朱士行等十人于之受戒羯磨，此为汉地戒坛之

---

① 据《太虚法师圆经及授戒续闻》所记，1925年7月初，太虚在北平讲经时，即于社稷坛大殿内传授归戒。《民国佛教期刊文献集成》第166卷，第82页。

② 震华：《兴化佛教通志》卷一，第14页。

③ 《章华寺冬季传戒》，《民国佛教期刊文献集成》第51卷，第440页。

④ 《房山云居寺传戒之短讯》，《民国佛教期刊文献集成》第84卷，第494页。

始。此后，随着佛教的发展，中国僧众对戒坛的建设极为重视，有以土、石、砖等筑成三层平坛作为戒坛；有的还于坛之上下，构贲以琉璃，臒之用漆，其构图“如龙之蟠，如凤之骞”。[①]这种装饰既表现出对传戒和戒坛的重视，又增添了传戒仪式的神圣氛围。

在中国后世，戒坛往往是寺内一组相对独立的建筑，戒坛殿前建有一个小山门殿，意为由此进入解脱之境；殿中间并造有持律第一的优婆离塑像，以为持守戒律之楷模，故而戒坛殿又被称为“优婆离殿”。依道宣《关中创立戒坛图经》所记，唐代之前中国所立的戒坛主要有宋智严于南京上定林寺立坛，慧观于天台山石梁寺立坛等十余处，此均为小乘戒坛。南朝宋元嘉八年（431），求那跋摩至建康（今南京），于南林寺前竹园中，创立方等戒坛。所谓方等戒坛，即是依据大乘方等的精神和方法而立的戒坛，凡能发大心者皆能从此得戒。宋赞宁《僧史略》卷下说此为中国大乘戒坛之始。

（三）传戒时间与戒期

教以僧而立，僧因戒而成。佛教繁荣的标志之一即是戒坛频开，定期度僧。

在历史上，传戒时间的选择及传戒时间的长短确定，都是非常重要的事项。不少寺院的传戒时间往往都会选在佛教节日，如佛诞日、观音菩萨成道日等。古代也有一些寺院传戒是选在中国传统佛教文化中的重要节日如腊八日等进行。民国时期的报刊上，也不乏这种报道。如寒华有《宁波七塔寺腊八传戒记》一文记述此事[②]。也有的寺院会选在其著名住持诞辰时传戒，如圆瑛曾作有《厦门南普陀寺为性愿法师传授六十寿戒开示》。

传戒活动的持续时间称为戒期。据震华考证，戒期古无定式，“若依佛制，随时可受”。如崇祯十年（1637），泰兴县毗尼庵请三昧律师开戒，是八月十五日起期，至十一月十五日圆满。后三昧律师又受高邮承天寺之请而开戒，即是十二月初一日起期，至次年正月十五日圆满。又，在善庆

① 李辅：《魏州开元寺琉璃戒坛碑》，《文苑英华》卷八六七，中华书局，1982年，第4567页。

② 寒华：《宁波七塔寺腊八传戒记》，《民国佛教期刊文献集成》第51卷，第21页。

庵，是正月二十日起，至三月中圆满。可见古人传戒，有定在春冬者，亦有不定时期者，“但随宜从缘可也”。见月读体在丹徒海潮庵三昧和尚座下求戒时，是二月初八日起，至四月初八日圆戒。此春期之定。不过，由于见月读体的《传戒正范》广为流行，各地则往往以之为准。到民国时期，丛林寺院传戒，“大都根据《一梦漫言》，分春冬二期”。①

戒期的长短，受到多种因素的影响，各地也有不同的传统和说法，持续一月二月者有之，十日八日者也有之。圆瑛受戒时，则是七日完成。倓虚受三坛大戒时，戒期是从九月十五至十月十五，一个月时间。②虚云在鼓山出家，传戒期间只有八日，实际传戒工作只有四五天，从四月初一日新戒挂号进戒堂后，马上就教规矩，省略了很多手续，又没有比丘坛，有的新戒者连受戒什么名目都不知。初八日在头上燃了香，戒就算受完了。③其他如，天台山国清寺戒期五十三天，尽是小和尚受戒；普陀山戒期十八天，名叫罗汉戒；天童寺戒期十六天，宝华寺戒期五十三天，安徽宁国府戒期三天，徽州某寺戒期更快，一昼夜就完事，名叫“一夜清”。④印顺曾指出：

> 由于我国是大乘佛教，所以出家受戒的，还要受（通于在家的）菩萨戒，全称“三坛大戒”。不知从什么时候开始，我国是举行大规模的集团受戒，有五十三天的，有三十五天的（极少是七天的）。时间长而人数多，成为中国特有的盛大戒会。⑤

若一次戒期求戒的人数较多，即要分坛授戒。依传统，每坛不过三人，依其顺序为第一坛、第二坛等等。倓虚曾说，由于东北一向传戒数量时少，偶尔传一次戒就会到很多人。1936年，长春般若寺传戒，新戒到者达一千三百多人。⑥这当然应该是规模很大的戒会了。

---

① 震华：《清代律宗略论》，《民国佛教期刊文献集成·补编》第69卷，第151页。

② 倓虚：《影尘回忆录》，《倓虚大师文汇》，第52页。

③ 虚云：《四月二十三日开示》，《虚云和尚全集》第1卷，第287页。

④ 虚云：《传戒的讲究》，《开示：虚云老和尚说法》，第152页。

⑤ 印顺：《华雨集》（四），《戒律学纲要》，第582页。

⑥ 倓虚：《影尘回忆录》，《倓虚大师文汇》，第188页。

（四）放皇戒

对于寺院而言，授戒是一件大事，对于欲出家者或在家二众而言，如法受戒也是一件神圣的事。所以传戒活动历来也受到社会的广泛重视。

在封建社会，由于大众出家涉及人口、兵源、税赋、劳动力和社会稳定等问题，所以出家受戒之事一直受到政府的关切和多种形式的严格管理。这种管理的主要方式，往往是通过颁发度牒和对出家人数加以限制等手段来进行调控的。有时，朝廷和官府也会直接干预寺院的出家传戒活动，或在一定时期内禁止寺院传戒——如在明代万历之前的几十年，朝廷即罢天下戒坛，或者仅限御赐某著名寺院或僧人传戒。相反，当国家升平繁荣，或在特殊情况下——如皇帝特敕下旨、皇帝皇后的诞日、国家重大纪念或祭祀活动等情况，朝廷也可能对“天下”或某个寺院、某位法师的传戒不限人数，甚至特许传戒，这即是奉旨传戒，民间通常称之为“放皇戒”。

清初，宝华山福聚律师即曾奉旨于北京传戒。清雍正十一年（1733）四月，雍正诏谕和硕庄亲王从各省遴选1500人进京受戒，命宝华山福聚律师进京授戒，恩准如其他省份有愿意受戒者也可进京。次年二月二十日，即命开皇坛传戒。二月二十四日，雍正又谕庄亲王带福聚师徒至圆明园，赐紫衣四顶和御制诸经典等物以为赏赐。雍正并每班十人次第接见了福聚所携徒众120人及所有1819位纳戒者。[①]这次福聚律师于京城放皇戒一直到四月份。雍正皇帝对这次放皇戒是很重视的，不仅厚赏福聚师徒，四月五日，雍正皇帝又一次召见了所有的纳戒者，并通过庄亲王诏谕所有纳戒者道：

> 尔等谕新受皇戒僧人等，夫持律讲经，因为佛制要务，若不明此本性，纵然持律，俱属空虚。必须明了本性，持律是为真持律，讲经是为真讲经，方为克尽持律讲经之道。如宗门更属紧要，彼又不持戒，又不讲经，若不了悟，实为佛门罪人，较之持律讲经之人，更属不可。
>
> 尔等新受戒众，荷蒙朕恩，得受皇戒，朕期尔等人人上达、各各了悟，方为不负朕恩也。再着询问伊等，如有向上者，情愿

---

① 《宝华山志》卷首《御制》，第5–7页。

入内，闭关操持，以洞澈为期，朕以本分钳锤，令其透彻；如纵有一知半解，示莫出宫门。如在内居住，而又不能了明此事者，实为深负朕恩之辈，必将原戒追回，仍从重惩治。①

简单而言，朝廷对传戒不论是“准”还是“禁”，都是以佛教在特定时期对国家社会的作用来决定的，因此既有传统惯例的影响，也具有动态性和不确定性。

（五）传戒的过程

经过长期的宗教实践，戒子求戒的过程也形成了一定的规范化程式，而且这种程式也是长期相传、基本不变或慢慢略有变化的。②当然，由于中国疆域广阔，不同地区的传戒活动也有着自己的特色和传统。从戒律学的角度而言，中国佛教的重要特点即是将传戒过程神圣化、程式化。这种程式化的过程不仅仅是出家的一个环节，也是中国本土佛教的基本特色。

中国佛教传入日本，其本土化的结果是慢慢将之改造成一种主要是文化、风俗和学术意义的宗教了。对于南传佛教而言，其传戒过程也是不能与中国佛教相提并论的。在南传佛教地区，一个人要发心出家，并不需要规范的、制式的和特别的过程，只要师长及大众同意，就可以集众为他授戒，几个小时即完成了，受戒过程隆重而又很平常。③但是，在传统的汉传佛教中，由于对授戒和求戒的重视，经过历代丛林寺院、高僧的制度设计和实践完善，传戒程式得以慢慢固定，并在后世得到不断充实与丰富。

为了示其对传戒的重视，并保证传戒过程的流畅和圆满，有的戒场在传戒前还往往要对求戒者进行隆重的礼仪演习，以使其在后面的受戒仪式过程中能表现得从容有矩、神圣庄严，这即被称为“演礼”。其实质即类似于今日重大文艺活动前的带妆彩排一般。在传戒过程中，有高僧临场开示，是一个十分重要的环节和内容，如圆瑛即有《厦门南普陀寺为性愿法师传授六十寿戒开示》。而能请到高僧开示，也标志着传戒法会的殊胜。事实上，

---

① 《宝华山志》卷首《御制·清世宗》，第7–9页。

② 对传戒中的具体程序，此处不拟多言。

③ 印顺：《华雨集》（四），《戒律学纲要》，第582页。

一次优秀的开示不仅能够有助戒子发心勤奋、勇猛精进，其开示演讲本身也是一篇重要的戒律学文献。有时在传戒过程中，还会启建水陆法会等。

倓虚《影尘回忆录》曾对其受戒的过程作过简要记述：首先是求戒者要到传戒寺院中报名。求戒者到了准备传戒的寺院，他们要"先到客堂挂单，因为是新求戒的，又按照手续挂上号，然后送新戒堂学演礼，学毗尼"。①

由于各地的不同历史习惯等多种因素的制约，清末以来各地的传戒程式也是多种多样的。苇舫在其《中国戒律宏传概论》中说，清季时，湘省的先龄长松和尚慨各地传戒过程遵守戒科不一，"遵三峰者不少，亦因禾山颇多，第吴越间专遵华山更广"，因此乃依毗尼对《毗尼戒科》《传戒正范》进行删补合辑，而成《戒科删补集要》。所以湘鄂之间传戒，除用《弘范》《正范》之外，也有用《戒科删补集要》的。至于民国，各处不遵律制、滥传戒法者则更多。② 苇舫之文作于 1934 年，可见虽然经过几十年的戒律学建设，即使同在中国佛教会的领导之下，各地传戒的程式仍然所承不一。同时，传戒之滥的情况也仍然存在。

如果在传戒过程中有什么"祥瑞"发生，那对于寺院、僧人和授受戒者都是非常重要的事情，在过去甚至会引起朝廷的重视，传戒寺院或僧人也会因之受到朝廷赐赏名号和法物。这一切也会得到记录，并成为寺志、山志或年谱的重要内容。如，宋神宗元丰三年（1080）春三月，灵芝元照及道俗千人于雷峰从广慈慧才受菩萨大戒，"方羯磨，观音像放光明，初贯宝焰，渐散讲堂，灯炬月光，皆为映夺。"净慈法真禅师守一为此作《证戒光记》，米芾书之，龙井辨才元净立石为记。③

但是，在近现代那个特殊的阶段，寺院传戒不仅可能不会出现祥瑞，也有可能是在危险中举行的。抗战期间，有寺院在传戒时，甚至头上有日本人的战机掠过。据太虚《己卯日记》所记，观音诞日，太虚在广西大悲阁，

> 忽见国机多架自东向西飞去，山居距市较远，不闻警报，疑有空袭。已而果有敌机三架，自西向东经头上而过，旋闻高射炮

① 倓虚：《影尘回忆录》，《倓虚大师文汇》，第 52 页。

② 苇舫：《中国戒律宏传概论》，《民国佛教期刊文献集成》第 187 卷，第 355 页。

③ 觉岸：《释氏稽古略》卷四，《大正藏》第 49 册，第 873 页下。

> 及轰炸声，而未卜轰战结果如何。以笔墨已预备，当时写赠定安方丈一联云：“定静无双地，安宁第一汤。”并跋云：“己卯春，挂单滇海云栖寺，居大悲阁，饶山水之趣，定静之乐。并承定安方丈导浴安宁第一汤，值寺开坛传戒，乃书此赠之，藉志雪泥鸿爪。”①

此处的“己卯年”即1939年，正是日本侵华战争最为残酷的时候，想必这种受戒过程会让戒子终生难忘。1940年农历三月二十四，在日军占领福州的铁蹄中，鼓山寺也在战火中进行了授戒。②

（六）衣钵与戒资

按照要求，出家者必须自备衣钵两项。

衣者，即是出家后的衣服——袈裟。戒子出家后在不同场所穿着的袈裟是不同的，此有“三衣”之谓：安陀会，意为内衣、作务衣。此衣由五条布做成，故又称五条衣。通常用于僧人营作劳务或就寝时所穿。郁多罗僧，意为上衣，以七条布做成，为常服，在斋讲礼诵等羯磨事时穿着。僧伽梨，九条以上之衣，又称为大衣，乃僧人外出参加其他庄严仪式时穿着。佛教认为，三衣是得戒正缘。钵即是出家后用来吃饭饮水的器具，其材料可以是铁、陶土等。三衣与钵通常被合称为“三衣一钵”。这是欲出家者必须提前准备的标准配置。久而久之，出家自备衣钵，即为成为出家者的必要条件。它们对于出家者是如此重要，以至于会在出家受戒过程中对其是否具备衣钵而作为问题专门提出来，并需要在戒子作出肯定回答之后，仪式才能继续进行。事实上，自备衣钵即是表示自己诚心出家、并作好出家准备的基本表现。当然，有时，一些戒子的衣钵可能会由社会上的护法居士成就。

所谓戒资，或称为戒费，是受戒之前，欲受戒者交纳给寺院的金钱，有时也可以用物资代替。因戒资是表示用来支持自己今后的生活费用，所

---

① 太虚：《己卯日记》，《太虚大师全书》第32卷，第14–15页。

② 广余：《福州沦陷后鼓山的一段惨案》，《民国佛教期刊文献集成》第146卷，第325页。

以又被称为戒金、戒米。交纳戒资也是受戒者的重要义务和条件。

自备衣钵和交纳戒资，这是宗教入会式的一种反映。在农业生产落后的时代，出家者自备衣钵、交纳戒资，可以减轻寺院或师父马上面临的直接经济压力。毕竟，如果遇到比较大的出家群体，寺院或师父要立刻提供足够的衣食之具，可能还是有困难的。如 1936 年，长春般若寺传戒，求戒者有一千三百多人，再加上居士、老戒师和伙计等，每天有一千六七百人吃饭，仅面粉每天即需要三十多袋，有二十几个壮小伙子专管和面。① 由此可见其食宿压力之大。当然，戒资也包含购置戒堂的香花及印制戒牒和同戒录等其他费用。

传戒是否收费，当然有多种原因，但一般还是和寺院的整体经济状况有关。另外，也有着通过收纳戒费，以考察求戒者是否真正发心和作为一种态度的表示。戒资的多少，在不同的时代和地区也是不同的。据《一梦漫言》所记，见月读体到南京古林寺求戒时，每人需要交纳单银一两五钱，时为明崇祯八年（1635）。不过，对于有些经济条件较好的寺院——当然也不一定都是因为经济问题，戒资可能是免收的。如 1937 年春天，河北省房山云居寺传戒，即是“自备三衣钵具，免收戒费”。②1939 年山西霍山广胜上寺传戒，要求是“三衣各人自备，文书与钵是该寺提供。沙弥戒戒费 2 元、比丘戒戒费 4 元、五戒戒费 6 元”。③ 而湖北沙市章华寺，从光绪年间奉旨开坛传戒到民国时期，一切费用均由寺院承担。④

对此问题，也许可以从如下五个方面加以理解：一者，因为自备三衣钵具是佛陀所制，所以保留不变，而交纳戒资则是中国因时而加，好的寺院可能不需要另行交纳。二者，在经济困难时期，有些穷人可能交纳不起戒资，对欲出家者免收戒资也是一种慈悲。三者，免收戒资，也是寺院竞争戒子的一种手段。四者，即使经济状况好的寺院也可能会按章收纳戒资，这其实也是对戒子的一种发心和态度的考察。五者，也可能有些寺院把收

① 倓虚：《影尘回忆录》，《倓虚大师文汇》，第 188 页。

② 《房山云居寺传戒之短讯》，《民国佛教期刊文献集成》第 84 卷，第 494 页。

③ 《山西霍山广胜上寺传戒募缘疏》，《民国佛教期刊文献集成》第 55 卷，第 118 页。

④ 《章华寺冬季传戒》，《民国佛教期刊文献集成》第 51 卷，第 440 页。

纳戒资作为解决寺院经济问题的一种手段，甚至也不排除有的寺院或个人想通过滥传戒法、广收戒资以为自己敛财的渠道。此最后一点，也是一直受到僧俗广泛批评的传戒陋习之一。

（七）烧香疤

可能由于《梵网经菩萨戒本》中有“若不烧身臂指供养诸佛，非出家菩萨”之语对中国佛教传统的影响，在中国传戒历史和思想中，传统授受戒过程还有一个燃香的环节，即俗称的烧香疤。按照传统，受戒的燃香之日必依佛教良辰而行。如，当春夏燃香时，必在佛诞日的四月初八；秋季传戒燃香之日，必是药师诞辰日；冬季传戒燃香者，在冬月十七弥陀诞辰日。

汪曾祺的小说《受戒》对 1937 年其家乡寺院出家者的“烧香疤”现象有着生动的描述：

> 第四天一大清早，小英子就去看明子。她知道明子受戒是第三天半夜，——烧戒疤是不许人看的。她知道要请老剃头师傅剃头，要剃得横摸顺摸都摸不出头发茬子，要不然一烧，就会“走”了戒，烧成了一片。她知道是用枣泥子先点在头皮上，然后用香头子点着。她知道烧了戒疤就喝一碗蘑菇汤，让它“发”，还不能躺下，要不停地走动，叫做“散戒”。这些都是明子告诉她的。明子是听舅舅说的。
>
> 她一看，和尚真在那里“散戒”，在城墙根底下的荒地里。一个一个，穿了新海青，光光的头皮上都有十二个黑点子。——这黑疤掉了，才会露出白白的、圆圆的“戒疤”。和尚都笑嘻嘻的，好像很高兴。她一眼就看见了明子。隔着一条护城河，就喊他：
>
> “明子！”
>
> “小英子！”
>
> “你受了戒啦？”
>
> “受了。”
>
> “疼吗？”
>
> “疼。”
>
> “现在还疼吗？”

"现在疼过去了。"

"你哪天回去？"

"后天。"

"上午？下午？"

"下午。"

"我来接你！"

"好！"①

但是，由于"烧香疤"的观念和行为，唐宋时无此习惯，而且也并不符合现代社会的健康和人权观念，所以，1982 年 5 月，在中国佛教协会第四届常务理事会第二次（扩大）会议上，由明开、明学提案，茗山、真禅、明旸、普雨附议，建议今后汉族地区佛教寺院传戒时，不用在新戒头顶上烧香疤。提案获得通过，所以中国佛教协会于 1984 年下文，对此传统习惯或要求予以废止。

第二节　戒牒与同戒录

戒子求得戒体，以何为凭？在中国传统文化中，慢慢形成了"戒牒"和"同戒录"这两种具有中国特色的正式文书。"戒牒"和"同戒录"既是僧众受戒身份的标志，是证明出家资历的重要文件，同时也是僧人藉此获得社会某种法定权利、免于某种义务，以之纳于国家法制管理和得到僧团认可、享有僧团权利的重要法律证明。

一、戒牒与同戒录的形成

"戒牒"是"护戒牒文"的简称，首见于唐大中十年（856）。时宣宗敕辩章法师为三藏首座，令僧尼受戒并给戒牒，此为戒牒之始。② 至于戒牒的功能和格式，清代《世祖皇帝遣内史敕降礼部制受戒牒》这样说："受

① 汪曾祺：《受戒》，《汪曾祺短篇小说选》，第 214–215 页。

② 《武林大昭庆寺律寺志》卷七《轨仪》，第 261 页。

戒僧人，凡传持戒律，原期广布佛法，佐助太平。尔既习戒律，听教参禅，或在寺院，或在山林，须讲明经义，精严戒律……钦遵今于浙江省大昭庆律寺万寿戒坛，依律开演戒法，内有某甲（籍贯）依某出家于某年某月某日，受某戒某戒，宏传戒法，用报国恩。为此具牒，各给一道，随身收执。游方参学，凡遇关津把隘处，执此验实。”①

传统上，度牒与戒牒是两个不同的证明文件。前者是准许出家的证明，由政府颁发。无度牒者，即属私度僧人，其权利或某些豁免义务，不能得到国家认可。戒牒是受戒时寺院所发并得到国家认可的受戒证明。度牒和戒牒的持有者可以免除兵役、税赋等义务，并可以享受国家提供的某种权利和僧团内部的身份认可。度牒和戒牒制度是中国历史上政府对僧籍进行管理的重要方式。正是通过这种方式，政府可以对僧尼出家人数及其性别构成进行宏观管理，以维护国家的税赋和兵丁的稳定来源。因此，度牒和戒牒制度对于维护中国佛教的发展，保证国家对佛教出家人数的总体控制，起到了重要作用。

但是，随着时代的发展，准牒制度中的消极因素也不断出现。清代乾隆三十九年（1774），乃下谕停止颁发度牒：“僧道度牒，本属无关紧要，而查办适以滋扰。着永远停止。”② 随着官废度牒制度的推行，受戒者的戒牒也由传戒寺院发给，戒牒也就兼有了度牒（如证明身份）的功能。民国时期，戒牒则由中国佛教会统一颁发。1928 年 12 月，时南京国民政府内政部门拟《寺庙管理条例》即规定：“凡僧道受度时，应由其度师出具受度证明书，载具法名、年貌、籍贯及受度之年月，交付该僧道，并由度师呈报该管市县政府备案。”③ 不过，由于本《寺庙管理条例》颁行不久即被废止，所以并没有起到实质性的作用。

在印度佛教中，是不存在“同戒”或“同戒录”这一文化现象的。同戒录是佛教戒律文化与中国历史文化传统相结合的产物，“期毕给训严持，

---

① 《武林大昭庆寺律寺志》卷七《轨仪》，第 259–260 页。

② 萧一山：《清代通史》第 4 册，中华书局，1986 年，第 1474 页。

③ 《民国佛教期刊文献集成》第 142 卷，第 504 页。

列其名氏，曰同戒录”。[1] 同戒录一方面吸收了中国历史中悠久的师徒文化精神，吸收了中国的家谱文化，同时也有着科举文化和现代校友录的风格。宜洁书玉在其《同戒录序》中说，戒法之“同”，有理同、有事同。所谓理同，即是“一切众生具有如来智慧、德相，但以妄想执著，而不证得”，或者说“光非青黄赤白，非色非心，非因果法，所谓诸佛已悟，众生尚迷者”，但受戒后，能够不负如来谆切之诫，同护今日新得戒身，复其心佛众生同具之理。所谓事同，即羯磨、浣涤、道器、教授、教诫、威信尊证，证明受授，引礼亲授演习，乃得戒之增上缘，皆属事相。十师数满、四羯磨成就，感发戒体，摄入僧伦。[2] 此处书玉所释，显然赋予了同戒录更多的宗教学内涵。简而言之，“同戒”之“同”，有同学、同门、同时、同一戒坛的意思。在同一戒坛中，同受戒者以戒兄互称。显然，这非常类似中国封建时代科举考试中的“同年”“年兄”之意。

至于同戒录的作用，书玉说：

> 《律》云：白四羯磨受戒竟，和尚当语年月日时，以便好分上中下座。今受戒诸子，理虽本具，事戒新得，因各给戒录一册，以记诸师及得戒之先后，庶布萨自恣，而无紊乱，承迎礼拜，次第秩然。[3]

或者说，同戒录就是把一同参加受戒的人员名单记录下来而形成的文字材料。其用有三：一者，便于戒子感发戒体；二者，有利于僧团活动中的有序和有礼，便于按戒腊排序；三者，同戒录把传戒时间、传戒地点、传戒过程和参加授受戒的人员记录下来以为存档，既能建立完整的牒谱系统，明确宗派传承，增加寺院的凝聚力，也有利于戒子互相之间砥砺学习。

中国佛教有着悠久的传戒历史，所以其同戒录（或类似于同戒录的文字）的历史也同样悠久，在几种《高僧传》中，我们可以看出一些同时或从同一处受戒的僧人。在某些晚出的佛寺志中，也可以看到一些《同戒录序》，

---

① 《武林大昭庆寺律寺志》卷七《轨仪》，第 254 页。

② 《武林大昭庆寺律寺志》卷七《轨仪》，第 254-255 页。

③ 《武林大昭庆寺律寺志》卷七《轨仪》，第 255-256 页。

如《大昭庆寺律寺志》即记有宜洁书玉的《同戒录序》和尤侗的《戒录题辞》[①]。

民国时期，随着佛教的复兴，传戒的普遍，各寺在传戒的同时，也都进行了同戒录的编制和刻印。有的传戒寺院还将恢复编写同戒录作为一件大事来做。[②]同戒录编成之后，往往要再请该寺住持或高僧长老作序。尽管这些同戒录序，往往不乏寻章摘句的老生常谈，但由于其文字能够反映当时当地的传戒情况，反映作序者的思想观点及其传戒因缘，尤其是那些著名高僧撰写的同戒录序，很多都是中国近现代佛教发展中十分珍贵的戒律学文献。

二、同戒录的基本构成

刻印或出版的同戒录，虽然在结构、版式、字体、先后顺序等方面千差万别，但其基本结构都较为一致，大都是由同戒录序、传戒和尚名录、受戒者名录等几个基本要件构成。

（一）同戒录序

一般而言，同戒录序大都是以“某地某寺某年同戒录序”为题。撰写者往往是授戒寺院住持、高僧长老、乡绅名流、军政要人等。在中国佛教寺院史志或僧人传记中，同戒录及其同戒录序是一项重要的内容。

同戒录序的写法也都有着一种程式化的语言和结构，往往都是首先从佛教经典中摘出若干佛陀或著名菩萨对戒律重视的文字讲起，引经据典，极尽铺陈之能事。然后再言明本次传戒的因缘、过程、重要事件、是否出现祥瑞等。同戒录序的文字可长可短，有的是重点说明作者的戒律学思想，有的是重点介绍本次传戒的因缘殊胜，有的是重点说明传戒过程的圆满欢喜，有的是对寺院历史、祖师或时任住持的溢美介绍，也有的是借题发挥来谈自己的想法。同戒录序的语言虽然都是大而化之、老生常谈的引经据典，但其语言大都精练、典雅，甚至有着一定的骈文风格。当然，上述几种特

---

① 《武林大昭庆寺律寺志》卷七《轨仪》，第256–257页。

② 《西城寺今秋传戒恢复同戒录》，《民国佛教文献期刊集成·续编》第60卷，第308页。

点并不是截然分开的，往往都是兼而有之。如果是奉旨传戒，同戒录更是会把御赐文字敬题文头。

如虚云《滇南大鸡足山钵盂峰敕赐护国祝圣禅寺同戒录序》：

盖闻慈尊设化，循顺机宜，妙演三乘，尽该三学。欲冀正法恒远，舍戒律则无所依；定慧双严，匪僧伽而莫能立。是故波罗提木叉，为众善之洪机，群灵之所依怙者也。

故我迦叶尊者，愍济末来，亲受遗嘱，严净毗尼，佛赞第一。法流震旦，三学互辉，六和安静，世出世法，无越梵网，诸祖授受，悉以毗尼。至唐道宣律师，宏兴戒学，海内缁侣，悉依其模范，遂称南山宗焉。自是继承不绝，分灯天下，拯拔诸有。所以《楞严经》云：一切世间，诸修学人，若不持戒，出三界者，无有是处。呜呼！同滞末流，去圣时远，情多懈怠，难证圣因。

余自鼓山行脚，云水诸方，自顾不才，潜身秦岭，藏迹未密，又离兰若，驰谒鼻祖。于清光绪三十年甲辰岁，至鸡峰，幸遇腊德绅耆等，请余于石钟梵刹传戒讲经，再三难辞，勉受众请。至乙巳戒场会毕，更蒙诸山长老，以钵盂院古名迎祥寺者，命云支撑。奈寺院颓败，以募修故，远驰海外。又于丙午春，诣京祝寿，蒙赠额曰“护国祝圣禅寺”，钦赐《龙藏》、衣钵，迎经回山，遵敕修建戒坛。

虚云谬承恩宠，薄德鲜慧，何能堪任！幸逢规范有在，敢不勉力遵奉律制、开坛演戒！伏愿佛日重辉，法轮常转。汝诸佛子，既已发心，乞获戒珠，自今已往，仰体圣恩，崇隆正法，克尽真乘。俾圣教昌明，均沾福慧，上报四恩，下益群品。

汝等得戒和尚，梵语邬波陀耶，此云力生，成三乘道力，生五分法身。羯磨师，涤除惑业，成就庄严。教授师，训诲规模，整肃威仪。尊证师，举检七非，圆成三聚。白四羯磨，诸师印可，得成比丘。

比丘者，华言乞士，为乞内外法喜，滋养身心，至大觉岸，皆从坛上诸师，获证道体，恩莫大焉。每逢戒师节腊，当虔焚献遥礼，须知众师有生长圣胎之厚德，庶不负国恩拥护之深意。

宣统三年岁次辛亥四月佛诞日石鼓四十七世头陀德清虚云谨识

本序文显然洋洋洒洒，篇幅较长。也有的序文三言两语，如太虚作于1934年的《丹徒会音寺同戒录序》：

丹徒会音寺，即明季海潮庵，乃华山见月律师受具之道场也。历经废兴，而时一弘传戒法，清道光间，曾有德真静律师阐扬甚盛，后毁于红羊之劫。复于智慧德律师中兴之，民国之四年开坛传戒，犹有《同戒录》可稽。照如和尚继之，得松涛和尚、法莲和尚、光泽和尚，嗣而辅之。住持不替，续有兴建。今乃举而传之法性和尚，使负光前裕后、继往开来之责任，因于今秋再开戒坛，余亦以之造游其地，为略示瑜伽菩萨戒法纲要。将有《同戒录》之刊，遂述其所闻以为之序。①

传戒录事实记载了传戒的历史，也是传戒合法性的文字证据，所以一直受到丛林寺院的高度重视。尤其是如虚云等人所作的《同戒录序》，更因作者名高德劭，序文内容丰富，而受到研究者的重视和世人的研读。

由于清末民国一段时间，佛教复兴，传戒频繁，所以也就产生了不少的同戒录，这一时期的许多高僧都撰写过同戒录序。这些同戒录序也都会与同戒录一起得到刻印或出版。比如：

虚云作有：《滇南大鸡足山钵盂峰敕赐护国祝圣禅寺同戒录序》《滇湖碧鸡山华亭峰靖国云栖寺同戒录序》《靖国云栖禅寺同戒录序》《滇省碧鸡山华亭寺同戒录序》《敕赐鼓山白云峰涌泉禅寺同戒录序》《南华寺同戒录序》《云门山大觉禅寺同戒录序》等。

圆瑛作有：《鼓山涌泉禅寺千佛大戒同戒录序》《泉州开元寺同戒录序》《上海龙华寺弘传千佛大戒同戒录序》《苏州西园戒幢律寺同戒录序》《南洋槟城极乐寺同戒录序》。

谛闲作有：《天台山万年寺丙寅春戒同戒录序》《五磊灵山讲寺同戒

① 太虚：《〈丹徒会音寺同戒录〉序》，《太虚大师全书》第32卷，第367页。

录序》《扬州长生禅寺同戒录序》《天台山万年寺丙寅春同戒录序》。

印光作有：《扬州普照寺同戒录序》《金山江天禅寺传戒序》。

其他还有：辅仁的《敕赐凤凰山古林律寺同戒录序》、李详的《木塔寺同戒录序》、显荫的《天台山国清讲寺辛酉春期同戒录序》、安心头陀的《天台国清禅寺同戒录序》、历弘的《太原宝林寺甘露戒坛同戒录序》、宝静的《观宗讲寺同戒录序》、宗灏的《代拟崇明寺同戒录序》、笠青的《北京极乐庵同戒录序》、溥心畬的《白带山云居寺同戒录序》、圆正和康千里的《成都真言密宗第一次同戒录序》、张久楷的《哈尔滨极乐寺同戒录序》、彭尺木的《真谛寺同戒录序》、陶在东的《崇福寺同戒录序》、唐会泽的《云南西山云栖寺同戒录序》、周宗岳的《云南西山云栖寺同戒录序》、陈困叟的《滇省碧鸡山华亭寺同戒录序》、禅虚的《凤凰寺宝林律堂同戒录序》、陈浩如的《九华山祇园寺同戒录序》、管之铭的《山西太原千寿寺千华戒坛同戒录序》、应慈的《无锡南禅寺壬午同戒录序》、康寄遥的《西京大兴善寺同戒录序》、梁家义的《法源寺同戒录序》、宝静的《观宗讲寺同戒录序》、宗灏的《代拟崇明寺同戒录序》、仁山的《泰县光孝寺传戒录序》等。

除去僧人之外，还有一些社会权贵、贤达或文人也会受邀撰写同戒录序。如：

云贵总督李经羲撰《滇南大鸡足山钵盂峰敕赐护国祝圣禅寺同戒录序》；1920 年 10 月，时任靖国联军总司令官的唐继尧撰《靖国云栖禅寺同戒录序》；1921 年 3 月，云南省省长周钟岳撰《云南碧鸡山华亭峰云栖禅寺同戒录序》《靖国云栖禅寺同戒录序》。其他还有广东绥靖主任陈济棠撰《南华寺同戒录序》、广东省东区绥靖委员李汉魂撰《南华同戒录序》等。

（二）传戒和尚名录

按照佛教的传戒规范，授受戒法不仅需要一定的仪式，也需要符合戒律文献和传统要求的戒师人数，达到人数要求者才为合法，戒子才能纳得戒体。中国历史上曾经有过人数不足能否传戒，或者虽然进行传戒但受戒者是否得戒的争论。这些参加仪式的传戒师通常被称为“三师七证”。能否保证三师七证完备的程式，是判断戒子是否得戒、传戒是否合法的重要依据。因此，符合律仪要求的戒师数量是十分关键的，对戒师的记载也因之是同戒录的重要内容。

所谓“三师七证”，即是“三师”和“七证师”的合称，因人数为十，故又常称为十师、十僧。所谓三师：一者戒和尚，指正授戒律之和尚，是比丘得戒之根本处和归投处。戒和尚的要求是戒腊须在十年以上，并能严守戒法，具足智慧，有能力教授弟子。二者羯磨师，即在传戒时读羯磨文的阿阇黎师，主持白四羯磨的授戒仪式。羯磨师为诸比丘受戒之助缘，以助法界善法生起，须戒腊在五年以上者方可为之。三者教授师，教授威仪作法，为众人引导开解者，戒腊须五年以上。七证师则是指传戒时在场以证明受戒合法的七位比丘。震华说，根据江苏兴化龙珠寺于顺治十三年（1656）的《开山戒录》所记，除三师七证外，堂师只有引请师二人，余无别称，戒期时间，也无定准。宝华山三昧寂光律师传戒时，堂师犹称为西堂。

《楞严经》说：“若此比丘本受戒师，及同会中十比丘等，其中有一不清净者，如是道场，多不成就。从三七后，端坐安居，经一百日，有利根者，不起于座，得须陀洹。纵其身心圣果未成，决定自知成佛不谬。”① 因此，三师七证在传戒过程中不仅是合法性意义，更具有决定性意义。所以传戒录对于参加传戒的三师七证的和尚名讳、籍贯、简历也是要记录在案的。其他相关法师的法号、名讳也要记录。如：得戒和尚、羯磨阿阇黎、教授阿阇黎、尊证阿阇黎（若干）、授经阿阇黎（若干）、依止阿阇黎，以及维那师、引礼师（若干。若为女众，则称为引赞师）、书记师（若干）、副寺师、监院师（若干）、都监师。另外，还要记录后堂大师、典座大师等名。这是因为：

> 发上品心，获上品戒，皆由诸师成就。理宜遵奉佛制，识取诸师相貌、名号，或终身承事供养，或五夏依学毗尼，适恐他缘师资各异。凡遇节腊、佛事之期，必须忆容焚香，遥为敬礼，以志不忘临坛秉具之初心。

---

① 〔唐〕般剌蜜谛译：《首楞严经》卷七，《大正藏》第19册，第133页下。

在这个意义上，同戒录即是“孝名为戒之圣典也”。[1]

这一点与今天高等学校举办学位论文毕业答辩时，要登记参加答辩专家的人数、姓名、单位、职称一样，既是其合法性的标志，也是为了存档以备永远查验。

（三）受戒者名录

受戒者名录即是对求沙弥和沙弥尼戒、比丘和比丘尼戒以及求菩萨戒者人员名讳的记录。这种名录包括法名、字、籍贯、出生时间、受戒寺院及出家归投和尚。

如果是分批受戒，同戒录中还要标明受戒坛次。如果所受戒别不同，则分开记录，如分为菩萨比丘戒弟子、菩萨式叉摩那弟子、菩萨优婆塞弟子、五戒优婆塞弟子等。

历史上，传戒完毕后，都会由传戒寺院给受戒者“戒牒”及“同戒录”。进入同戒录中不仅是一种荣誉，更是一种戒缘，同时也是一份持律护佛的责任状。

在数字化时代的今天，相信网络版的同戒录及其网站，一定会成当代一种创新型的佛教文化形态。

第三节　传戒及其问题

对佛教而言，传戒是其中最重要的法事活动之一。如法如律的传戒，关系到僧团活动的合法性及出家者僧格获得的完整性，关系到个人、寺院的社会形象，更关系到佛教的生存与发展。民国之时，丛林寺院传戒活动十分活跃。在其繁荣的背后，却也是问题重重。其突出的问题之一，即是传戒频繁乃至到了被认为是泛滥的程度。对此类问题的解决，也是民国时期强化戒律建设的重要内容和任务。

---

① 《武林大昭庆寺律寺志》卷七《轨仪》，第255页。

一、传戒公告

民国时期，随着报刊媒体的发展，每逢丛林寺院拟将传戒之时，其组织者往往都会在报上发出启事或发布新闻，以昭天下，并言明戒师、阇黎、开堂时间、圆满日、地点、条件、是否交纳戒费等事项。传戒事后往往也会有圆满报道，或有人撰文对其进行回顾、赞叹。

如房山云居寺传戒通告："民国二十六年夏历二月十五日开堂，四月初八日圆满，期内讲演四分律仪。自备三衣钵具，免收戒费。"①

山西洪洞广胜上寺传戒通告：

> 己卯（1939年）九月初九开始传戒。九月初九日入堂，翌年正月十一日圆满。入堂第一月作传戒佛事，后三月专事讲授戒文。
>
> 其年龄资格：初通文字，具有浅近佛学基础知识，十二岁以上，授沙弥戒。欲受比丘戒者，年满二十岁，且受十戒；或该寺之沙弥。九月十九日受沙弥戒，十月初三受比丘尼戒，翌年正月初十圆受菩萨大戒。至十月初四至正月初八，专事讲授戒文。三衣各人自备，文书与钵是该寺提供。沙弥戒戒费贰元，比丘戒戒费肆元，五戒戒费陆元。一九四零年正月十一日授戒牒。②

汉阳栖贤寺的传戒通告：

> 湖北汉阳栖贤寺住持等，定于今秋开坛传授罗汉大戒，普度有缘，并敦请本一老法师临寺开堂指导，以昭郑重。订于古历八月十九日进堂结众念佛七永日，九月初七日传授沙弥戒，十三日传授比丘戒，十九日圆满菩萨大戒。③

湖北沙市章华寺的传戒通告：

> 发上乘心，行菩萨道，真心出家度人者，均可至该寺求戒，

---

① 《房山云居寺传戒之短讯》，《民国佛教期刊文献集成》第84卷，第494页。

② 《山西霍山广胜上寺传戒募缘疏》，《民国佛教期刊文献集成》第55卷，第118页。

③ 《汉阳栖贤寺传戒》，《民国佛教期刊文献集成》第54卷，第249页。

> 自备七衣具钵，开该寺职员会议决。古历十月十三结制，十一月初一日结七念佛，普利水陆七天，十五日进堂。遵照中国佛教会现行法五十三天传戒办法，二十日授净戒，二十六日授沙弥戒，腊月初一日授比丘大戒，初八日圆菩萨戒。①

其他还有如：《广东韶州曹溪南华寺今秋传戒》②《山西五台山护国碧山十方普济寺设立比丘沙弥学戒会传戒》③《福山鼓山今春传千佛寿戒》④《发愿振兴南京宝华山隆昌寺开会仪式》⑤《广济寺传授千佛大戒》⑥《青岛湛山寺将开光传戒》⑦《恭贺谛闲吾师今年二月亲往天台县万年寺传戒》⑧《上海龙华讲寺春季传戒通告》⑨《龙华传戒近况续志》⑩《北平广济寺传戒圆满》⑪《沪上各界名流赞助龙华传戒》⑫《力宏法师将赴晋城传戒》⑬《龙华第一坛传戒期近沙弥头尾二人昨选出学行俱优为全坛生色》⑭唐慧峻《宝华山隆昌寺求戒纪》等。⑮

二、传戒泛滥及非法传戒

清末民国时期的传戒活动是十分频繁的。虽然广泛传戒能给佛教发展注入一定的活力，虽然也有众多的丛林寺院如法传戒、众多的僧人诚心出

---

① 《章华寺冬季传戒》，《民国佛教期刊文献集成》第51卷，第440页。

② 《民国佛教期刊文献集成》第82卷，第37页。

③ 《民国佛教期刊文献集成》第82卷，第37页。

④ 《民国佛教期刊文献集成》第82卷，第181页。

⑤ 《民国佛教期刊文献集成》第63卷，第138页。

⑥ 《民国佛教期刊文献集成·补编》第60卷，第307页。

⑦ 《民国佛教期刊文献集成》第60卷，第394页。

⑧ 《恭贺谛闲吾师今年二月亲往天台县万年寺传戒》，《民国佛教期刊文献集成》第11卷，第119页。

⑨ 《稀见民国佛教文献汇编（报纸）》第2卷，第4页。

⑩ 《稀见民国佛教文献汇编（报纸）》第1卷，第2页。

⑪ 《稀见民国佛教文献汇编（报纸）》第1卷，第59页。

⑫ 《稀见民国佛教文献汇编（报纸）》第1卷，第59页。

⑬ 《稀见民国佛教文献汇编（报纸）》第2卷，第14页。

⑭ 《稀见民国佛教文献汇编（报纸）》第2卷，第169页。

⑮ 《民国佛教期刊文献集成·补编》第62卷，第94页。

家受戒，但是传戒次数过多而至泛滥，却是当时一个客观存在的现象。这不仅会直接影响社会大众对佛教的观感，影响社会公共利益的分配，也会伤及佛教的组织机体及其社会存在。

震华曾记其家乡江苏兴化县的传戒之盛，即是“邑中般若、龙珠、宝筏、宝严、极乐、时思、罗汉、观音、木塔、乾明、紫云，曾叠传戒法”。[①]这种现象当然不是特例，在全国范围之内，还有许多地区如之类似。

大浪之下，鱼龙混杂。一些传统的大寺院如宝光寺、昭觉寺、宝华山、福州鼓山、怡山等处，传戒犹尚慎重，但一些丛林小庙，乃至城隍土地、会馆社坛，都传起戒来。也有的借传戒之名，行违法之事，“招帖四布，煽诱蛊惑，买卖戒师，不尊坛处。即淫祠社宇、血食宰割之区，乱为坛地，彼此迷惑，窃名网利，袭为贸易市场。本是清净佛土，翻为地狱深坑”。[②]这样的传戒活动，主体、十师、场所、时间、程序不仅都不能如法，其荒唐违法之举更是让人触目惊心，因而受到社会的非议和僧团的激烈批评。

在一些地方，传戒活动不仅不能如法进行，甚至变成了一种区域民俗。出家成为一种生存方式，受戒仪式已经成为一种完全形式化、僵化的东西，只是保留一丝庄重壳子，失却了其内在的精神。汪曾祺的小说《受戒》对此有着生动的描述。本篇小说写于 1980 年 8 月，据作者所记，写的是其“四十三年前的一个梦”，其实即是当时社会百态的记录。

在作者的家乡，出家是一种正常的行为，他们称出家是“当和尚”。显然，和尚是一种职业，“就像有的地方出弹棉花的，有的地方出画匠……他的家乡出和尚。人家兄弟多，就派一个出去当和尚。当和尚也要通过关系，也有帮。”[③]小说中记，因为明海要到善因寺去受戒，于是在两个情窦初开的青年男女明子和英子之间，就有了如下的对话：

> “你真的要去烧戒疤呀？”
> “真的。”
> “好好的头皮上烧十二个洞，那不疼死啦？”

---

① 震华：《兴化佛教通志》卷一，第 14 页。

② 虚云：《四月二十三日开示》，《虚云和尚全集》第 1 卷，第 288 页。

③ 汪曾祺：《受戒》，《汪曾祺短篇小说选》，第 195 页。

"咬咬牙。舅舅说这是当和尚的一大关，总要过的。"

"不受戒不行吗？"

"不受戒的是野和尚。"

"受了戒有啥好处？"

"受了戒就可以到处云游，逢寺挂褡。"

"什么叫'挂褡'？"

"就是在庙里住。有斋就吃。"

"不把钱？"

"不把钱。有法事，还得先尽外来的师父。"

"怪不得都说'远来的和尚会念经'。就凭头上这几个戒疤？"

"还要有一份戒牒。"

"闹半天，受戒就是领一张和尚的合格文凭呀！"①

文中的问话者是英子，回答者是明子。明子随其舅舅出家，出家后法号明海。虽然故事写的是传戒，但作者也于此中用细腻的手法描写了在戒律与人性之间的冲突，描写了少男少女间那种懵懂的爱情和清纯的心灵。这也在另一方面反映了当时一部分出家及求戒者的真实心态和社会大众对受戒的认识。

显而易见，传戒标准降低或根本无标准，授戒者的戒体不坚，求戒者的身份复杂，出家者的动机不纯等因素，使众多素质参差不齐的人员进入僧团之中，这看起来是佛教繁荣兴盛，但其实对佛教是有害的。弘一也曾就此问题说：

我有一句很伤心的话要对诸位讲：从南宋迄今六七百年来，或可谓僧种断绝了！以平常人眼光看起来，以为中国僧众很多，大有达至几百万之概；据实而论，这几百万中，要找出一个真比丘，怕也是不容易的事！如此怎样能授沙弥比丘戒呢？既没有能授戒的人，如何会得戒呢？②

① 汪曾祺：《受戒》，《汪曾祺短篇小说选》，第213页。

② 弘一：《律学要略》，《弘一大师全集》第7册，第199页上。

虚云也说自己出家时，不知什么是戒，只知苦行，以为吃草不吃饭等就是修行，什么大乘小乘、三藏十二部，都不知道。① 此说虽然有着和尚自谦的成分，但也反映当时中国丛林传戒的基本情况。

因此，整治佛教，必须从受戒入手。受戒，不仅仅是一种形式，也不是为了烧几个香疤，更不是为了糊口，而是有着对授受者双方的知识、态度、愿心的多重要求。传戒过程对授受双方也应该都是一种心灵的洗涤。唯如此，才能真正做到把紧人员入门关、严格传戒过程、净化僧团思想、树立戒律权威的作用。正如明代袾宏所言："今僧唯虑佛法不盛；不知佛法太盛，非僧之福。稍制之、抑之，佛法之得久存于世者，正在此也。"② 究其原因，时代的动荡，阶层的变动，人生的遭遇，这些都可能成为一些人出家的主要外在因素，这也是当时被斥为戒律不整的主要原因之一。所谓"制之、抑之"，正是要严把标准，拣择人员，而不是降低标准，滥收滥剃。

加强戒律建设，如法授戒传戒是一项十分基础而又重要的工作。很多人往往热衷于念佛修禅或广收门徒，而对于学戒持戒却知而不为，或为而不知，或不为不知。这怎么能够弘扬佛教呢！所以，对一些滥传戒法的现象进行规范和禁止，不仅是必需的，也是紧迫的。在有的时候，某种程度上的矫枉过正都是必要的。

三、传戒泛滥的解决方案

滥传戒法问题并不是近现代所独有，其形成的原因也是复杂多样的，所以仅仅依靠佛教组织、寺院本身或几个僧团领袖痛心疾首，是不能彻底解决这个久已存在的传戒泛滥、传而不持问题的。其实，这种解决方案是一个涉及政府、僧团和个人等多方面因素的系统工程。

对于政府而言，要加强外部的法律法规建设。对于佛教组织和寺院而言，要加强传戒的制度建设，做到合法、自律、适度，要加强对出家者的资格筛选和素质考核，丛林寺院更不能为了戒资而随意剃度。对于个人而言，剃度受戒是因为自己真正地发心出家，而不是为了摆脱贫困，另有他图，

---

① 虚云：《四月二十三日开示》，《虚云和尚全集》第1卷，第286–287页。

② 〔明〕袾宏：《竹窗随笔（二笔）·儒佛交非》，《大藏经补编》第23册，第215页上。

更不能把出家作为自己敛财的手段。

（一）政府推进法规建设

剃度传戒并不仅仅是佛教自己内部的事，也涉及政府与社会的公共利益，涉及个体法定权利与义务，所以传戒活动历来都会受到政府的重视与关切。因此，在新的时代加强对传戒活动的合法性、规范性、适度性的管理就显得极为重要。

1933年2月，当时的教育部门曾为中国佛教会关于“佛教学苑组织大纲”的事复内政部咨文，批评佛教会的教育方案一是不懂国民教育，二是僧教育未能从根本上建立。在第二节中，本咨文还就传戒制度的整理，提出了整理僧伽制度的十条基本原则：

第一，凡男女非年满二十岁不得出家。

第二，凡出家为僧尼者须由该剃度师僧师尼呈报当地官厅备案。

第三，凡男女出家者非剃度后或受沙弥、沙弥尼戒律后满五年者，不得受比丘、比丘尼戒。

第四，传戒之寺院须将每届受戒人名单、履历，于六个月前呈报当地官厅，分别呈报民政、教育两厅备案。

第五，凡各地寺院，非具下列各项资格者，呈经内政、教育两部认可者，不得传戒：（1）十方丛林；（2）具备完全之大藏经典；（3）有研究专门宗教学术及教学之设备。

第六，凡传戒师必须精通教义律法，得教育部之认可。

第七，各地传戒寺院自1934年起，满五年内停止传菩萨戒，同时限令各传戒之丛林寺院，于此五年内必须依照第五、六两项之规定，改良其内容，呈请内政、教育两部会同验看。其经验看合格者，方许传菩萨戒。

第八，凡受菩萨僧尼戒之僧尼，必须受比丘僧尼戒律满足五年，且具备下列两项资格之一：（甲）曾在大学毕业及具备与大学毕业相当之学问程度；（乙）有合乎规定的丛林三所以上联名

> 保证（联名保证的要点为：尽忠于国家社会之一切慈善事业；诚心扶持三民主义不为反乎三民主义之宣传）；（丙）终身不违犯国家法律。
>
> 第九，凡曾经取得比丘僧尼戒及菩萨僧尼戒戒牒之僧尼，限于一年内取具其剃度本寺及受戒本寺之保证书，呈请各该地方官厅验看加盖印结后，分别转呈民政、教育两厅备案。其未成年者之戒牒一律取消。
>
> 自民国二十四年一月一日起，凡戒牒未经验看、未曾取得地方官厅印结者，一律不准担任各地寺院执事，并不发生一切法律上之效力。①

第十条是关于第四款和第九款的收费标准，此处从略。本咨文批评道，既然佛教以戒律为基础，而本大纲却忽视戒律的实践办法，这不仅对于佛教自身发展无益，也违反国家教育制度的基本精神。本咨文还强调，既然教学大纲所定佛学苑的学僧资格以受戒等级为基础，就“不能不先由政府对于该项资格施以限制”。

应该说，来自政府层面的这种规定还是很详细全面的，甚至还设计了《佛道教徒受度报告表》的具体格式。要求佛道教徒受度时，度师应当将其履历等信息填写清楚，交给地方主管官署。显然，如能对此完全遵守，那对佛教的发展和保证传戒的如法进程还是很有意义的。②

（二）政府加强行政干预

在一个重视礼法的国度里，戒律也是佛教社会主体性角色存在与彰显的重要保证。如果没有外在政治力量的敦促和规范，任何宗教的内部力量及其戒律规范本身，都不足以维护宗教自身的净化及其发展。对于佛教而言，因为其戒律的基础是建立在僧众个体自觉和戒体的作用之上，其功能的实现在很多时候都是通过一种软性的“自省”“自律”力量来完成的，这就

---

① 《教育部对佛教学苑大纲之驳斥》，《民国佛教期刊文献集成》第 183 卷，第 483–484 页。

② 《民国佛教期刊文献集成》第 42 卷，第 215 页。

决定了戒律精神在很多时候也都是无力的。

民国时期，虽然佛教会内部早就有着不许滥传戒法的精神和规定，但是一些寺院出于各种原因对此并不执行，视章程、规定为无物。佛教组织自己对此也无可奈何。这时，佛教组织往往会与地方政府部门沟通，想借助政府训令或行政权力来进行管理与解决。如浙江省佛教会处理杭州净慈寺违反成案“抗命传戒”之事即是如此。为处理此事，当时中国佛教会浙江省佛教会常务委员却非等多人，曾呈文浙江省民政厅和公安局，要求严行禁止该寺违反成案滥传戒法；并指责有的地方政府不遵守已有成案和上级通令，随造成违规传戒难以控管之事。① 不过，即使经过政府核准的合法传戒，寺院之间也会因为多种原因而彼此进行恶性竞争，这种事情也往往需要政府出面才能解决。如 1913 年冬，扬城皮市街万寿寺传戒，业经开堂，即有重宁和普照两寺相继赴民政署，呈请立案于翌年春举行传戒。后批复是两寺于春秋分别举办。②

当时的寺院滥传戒法、乱度僧尼，尽管原因非常复杂，但是已经达到十分严重的地步。对此如不加以有效管理，不仅对佛教发展是有害的，对于社会稳定也有着不容忽视的负面影响。但是由于其中复杂的利益关系，丛林寺院对此问题及危害的认识却又往往并不一致。所以，佛教内部团体也只能借助政府的力量加以规范。不少地方主管部门，或受佛教组织要求，或根据佛教出现问题的性质，经常会发布一些通告或政令，以主动或被动地介入佛教内部事务的管理。显然，当作为自治管理机构的佛教组织无能为力时，就必须请求政府部门来出面解决问题。这其实也是一对矛盾：一方面，有些人或佛教组织经常抱怨政府对其发展有着诸多的限制，另一方面又往往在最关键时刻向政府“求助”，以使自己不能解决的问题得到解决。

如果说竞争传戒仅是破坏了传戒的秩序和社会形象，还未必一定即是很坏的事，那么滥传戒法则对佛教机体有着很大的伤害。因为各地频繁传戒，即会造成僧众总体人数的快速增加，僧人素质难以保证，就会造成僧团纪律涣散，形象受损。对于佛教而言，这不仅是一种恶性循环，也是饮鸩止

---

① 《中国佛教会公报》第三期，《民国佛教期刊文献集成》第 20 卷，第 23 页。

② 《纪事 · 竞争传戒》，《民国佛教期刊文献集成》第 2 册，第 88 页。

滥的行为。如1929年3月宁波天童寺传戒，戒子有二百多人，识字者仅有十余人。①虽然不能以僧人的文化水平高低、思维敏锐性等智识因素作为其道心是否坚固的标准，但是过多的文盲和半文盲进入丛林，确实会引起社会的不良观感，这也是客观的事实。

（三）佛教组织的自我管理

为了规范传戒，当时的中国佛教会也制定了诸如《中国佛教会僧尼剃度规则》等自我规范文件，以努力加强管理。

1934年2月，中国佛教会拟定的《佛教剃度暨传戒规程》十七条（另有附则两条），即想从制度上制止滥传之事的出现。如第二条规定的传戒报批程序，要求寺院举行剃度时，须先由剃度师呈报当地佛教会，核准后方得举行。并要呈报当地行政官署备案。第五条规定了传戒者必须具备四项资格：十方选贤及传法丛林、备具全藏经典、研究专宗教义及有传戒设备、严持戒律及道风卓著。资格具备者，须经中国佛教会呈请内政部认可后方得传戒。第十条规定比丘比丘尼求受菩萨戒的资格，以下两项必居其一：大学毕业或具备相当程度、有合乎资格的传戒师二人联名保证。至于保证内容则是：尽忠于国家社会之一切公益慈善事业，诚心服从三民主义，无反动宣传之行为，终身不违反国家法律，修持梵行精进不退。②事实上，这种二人联名保证也是无力的，其他几项保证暂且不说，仅最后一项“修持梵行精进不退”谁又能保证呢？而且，传戒活动一旦受到寺院背后不同利益因素的驱动，所有的规定可能都是一纸空文。

一些地方性佛教组织也对加强和规范传戒活动态度积极，并提出改良建议。仅以浙江省佛教组织为例，其在一定时期就有《浙江全省佛教会改良传戒试办规程》《整理僧伽进行计划书》等类似的指导性文件。1928年5月，浙江佛教联合会整理僧伽委员会在《整理僧伽进行计划书》中提出要“限制剃度传戒”，认为“传戒一事，尤关重大。凡受戒人必须经戒师审查，认为合格者，方许秉受。其传戒师必须精研戒律，德望素著者，方

---

① 芝峰：《本律学以整理今日佛教之制度》，《民国佛教期刊文献集成》第66卷，第30页。

② 《佛教剃度暨传戒规程》，《民国佛教期刊文献集成》第186卷，第430–432页。。

可开堂传戒”。[①] 可以说，规范或处理寺院传戒问题，已经成为地方性佛教组织的重要日常工作，经常会有一些呈文或通知来处理此事。如《浙江省佛教会呈抄送改良传戒经过文件请察惠核宗办》《浙江省改良传戒试办规程》《本会（浙江全省佛教会）令绍兴县佛教会查复大集寺开戒事由》《绍兴县佛教会呈复大集寺传戒筹备在前请核示由》《本会（浙江全省佛教会）公函定海县政府禁止普陀传戒由》《本会（浙江全省佛教会）函复陈伟绩律师普陀传戒仍应禁止由》《本会（浙江全省佛教会）函天童寺通知传戒办法由》等，都是如此。

一些寺院也都在致力于净化传戒动机、规范传戒活动。如普陀山普济寺的传戒即反映出其改革的努力。据《普陀山普济寺传戒之新例》所言，1929 年春的传戒，该寺对受戒者提出的要求是：来山求戒者，年龄须满二十岁以上；须审查求戒者出家来历及信仰；跛聋残疾及六根不全者不予收容；新戒具足圆满大戒后，留住本山送普陀山僧学院教育；进入僧学院一年满后方给戒牒，放行下山。[②] 这与有的寺院在传戒结束后立即给付戒牒相比，有了一年的考察期，显然严格了许多。

1947 年 5 月，在南京毗卢寺召开的中国佛教会第一次全国会员代表会议上，通过了《中国佛教会章程》等一系列文件和规则。本次会议通过的《中国佛教会传戒规则》共十四条。其中，第二条规定，寺院传戒需经中国佛教会核准。第四条规定，未年满二十者，只能受沙弥戒。第六条规定，曾受小学教育或同等学力者，准受沙弥戒；曾受中学教育以上及同等学力者，准受比丘戒。第七条规定，受戒后应继续学习戒律六个月，考询及格后，方可给牒。第八条规定，传戒应注重对戒律生活的实习，酌减不必要的仪式。第九条说的是戒牒由传戒寺院向中国佛教会领取填写，自印同戒录。第十条是关于传戒后的材料、同戒录报备。另外几条是关于违规处理等其他事项。[③] 尽管本《规则》的内容很简略，但从中仍然可以看到当时佛教界对纠正长期以来传戒中存在问题，所作的制度性解决方案及其规范性建设。

---

① 《整理僧伽进行计划书》，《民国佛教期刊文献集成》第 127 卷，第 296 页。

② 《民国佛教期刊文献集成》第 171 卷，第 413 页。

③ 《中国佛教会传戒规则》，《民国佛教期刊文献集成》第 203 卷，第 451–452 页。

（四）佛教思想家的整饬建议

对于当时传戒的混乱状况，佛教内部的人士也是大声疾呼并积极探讨改进管理办法，其目的都是为了控制滥传戒法之事。

太虚的《论传戒》《整理僧伽制度》《建设现代中国佛教谈·僧教育与僧制》等文章都对如何规范传戒、改革传戒提出了自己的观点。

惠宗提议、太虚等连署的《禁止滥戒提案》道："滥受皈戒，遗害佛门，不可究诘。至于今日不明潮流之住持，仍有以传戒为荣者，戒徒学问，毫不顾及，但博虚荣，实为大病。在今日之潮流，自身已受环境逼近，犹尚不知整理，郑重举行，直欲使青年之人归纳苦境。拟先废除从前个人私荣私利之传戒，改为全省公推有道德之长老若干人，每年共同举行一次或二次，并设立学戒堂，令其实行学习。"①

《致谛闲、印光诸委员请订定传戒改为公推戒师举行之方案函》中强调，"改良传戒为整理僧伽首要之举"，要求"此后开戒，应公推有道德之长老，共同传戒为原则，并先推定。"②

明道在《提议恢复诵戒制案》中指出，今时所谓大乘者，却对《菩萨戒本》多数茫然，因此他提议要从具体诵戒活动入手以强化戒律的主张。要求佛教会通令全国寺院，一律恢复半月诵戒制度。"凡住单不满十人者，作一班诵；多者，以十二人作一般，接续诵。照佛制，诵时一人高座，余众旁听，每班轮流，以一人诵，则一年中每人可诵二次。不识字者，速令学习，除闭关及疾病外，不许退席。每诵戒期，由就近佛教会派出僧参观考察成绩，懈怠者，处罚。"③由此可以看出，在这个阶段，不少寺院连最基本的功课都不能保证。但是，这种措施能取得多少效果，仍然是值得怀疑的。

1927年底，玉慧观居士提出要"限制出家"和"限制传戒"以作为振兴佛教的策略。④其他还有如尘空的《论出家应由剃度师呈报政府备案》、

---

① 《禁止滥戒提案》，《民国佛教期刊文献集成》第20卷，第56页。

② 《致谛闲、印光诸委员请订定传戒改为公推戒师举行之方案函》，《民国佛教期刊文献集成》第20卷，第36页。

③ 明道：《提议恢复诵戒制案》，《民国佛教期刊文献集成》第20卷，第53–54页。

④ 玉慧观：《中国佛教振兴策》，《民国佛教期刊文献集成》第169卷，第151–155页。

俨然的《读了中央民训部修订中国佛教会章程草案后的希望》，以及《改良传戒提案》《关于全国传戒应速整理案》《佛教剃度暨传戒规程》等，都在不同时期对改革传戒思想提出了自己的建议。

虽然各人的关注点有所不同，但他们大都集中于诸如严把十师资格、重视讲戒教育、确保过程和戒期完整、重视出家资格筛选等方面，尤其是对传戒单位寺院都提出了更高的要求。

第四节　外国人受戒及引起的风波

民国时期，中外交通频繁，中国佛教的国际形象得以初步建立，并能够积极参与国际活动，因此产生了一定的域外影响力，甚至不时出现外国人来中国出家受戒之事。

一、外国人来华受戒

据 1923 年 1 月《佛学旬刊》报道："有欧人某等数人，因研究佛典，得大觉悟，现已削发出家为僧云。其姓氏详情，探明续志。"[①] 显然，此欧人出家的时间不好确定，因为是发表在 1923 年 1 月份的报刊上，考虑到当时从新闻发生至新闻出版的时间因素，且本消息是转《国民公报》的，所以其出家时间最晚至少应该在 1922 年底的一段时间。因此，如果不是当时报纸以讹传讹的话，那么《佛学旬刊》所说的此位欧人，也许确为民国时来华受戒的较早者之一。

外国人于中国出家受戒，最为大众熟知的应该是照空。

据巨赞《洋和尚照空》一文，照空（Lincoln Trebitoch），为匈牙利人，长在德国，曾作过吴佩孚的顾问。据法舫《照空僧等一行返欧》一文记，照空为奥国人，为"国际共弃之侦探"，1931 年前，曾来中国五次。1931 年春，因其生涯失败，随于杭州出家，法名照空，并在宝华山受戒。当年返回时，受到比利时政府驱逐，不许下车。1934 年 7 月，照空约欧洲同信

① 《欧人有削发出家者》，《民国佛教期刊文献集成》第 8 册，第 192 页。

佛女十余人来华，至九、十月间于南京栖霞山寺受戒，照空还表示要于欧洲建立中国式佛寺。①

这种外国人来华受戒之事当然会成为当时相关报刊的新闻，也会引起人们的好奇和议论，有时也会造成消息不准和以讹传讹。如 1932 年 1 月出版的《香海佛化刊》转载《工商晚报》的报道时说：“北京近有一极有趣味之新闻发生，一时远近轰动，资为谈助，目为中国从来所未有之奇事。”按后面的报道内容，应该说的是照空出家之事，因为文中称这位“林肯君”名为“屈来别司林肯”。说林肯来华经商多年，学习佛法已近三十载，且因对佛法发生极大的兴趣以至不能抛弃。说他受戒前即认识宝华山的方丈，后因亲近方丈，作入教之实验，结果非常满意，故于 1925 年 5 月正式出家，1932 年受戒。并说照空“此次突然皈依佛教，削发为僧，真正之动机何在，不得而知”。又说照空出家后，朝夕佛课，并立志宣传佛教于欧美，拟取耶教以代之。他说：“我昔年亦系基督教徒，然自余来华，稍稍研究佛学，则昔日在基督教中，所不可得之安慰，今日乃出乎意料外的得之。余信在欧美各国，必有许多与我同病之人者，一旦得之佛教之真义，必将舍耶稣而从之无疑也。况佛教以清净为主，对于西方物质的享乐主义的弊苦，实系对症之药。释迦之教，必有一日征皈全球，以救人类。故中国人亟宜派专使至外国宣传。”②

但这篇道听途说的报道，有许多地方都出现了错讹或不确。如：一者，把法名“照空”说成了“超空”；二者，说照空本是德国人，新近才入英国籍；三者，说他曾为商人，也曾参选过英国议会，欧战中于军队中充侦探长，名声极高，来华从事商业已经多年；四者，该报道把南京附近的宝华山，说成是北京附近的宝华山。

以现在的视角看，照空出家并没有什么极有意思之事，这篇人物、时间、地点等都有问题的报道，确实只能以助谈资。这大概也反映了当时中国社

① 巨赞：《洋和尚照空》，《巨赞集》，第 237 页。法舫：《照空僧等一行返欧》，《法舫文集》第 6 卷，第 90 页，第 229–235 页。之所以有照空属奥国人、德国人或匈牙利人的多种说法，大概是因为曾经的奥匈帝国及其第一次世界大战后解体之原因。

② 《英人在宝华山受戒录》，《民国佛教期刊文献集成 · 补编》第 47 卷，第 55 页。

会看待洋人的一般心态吧！对于有欧洲人在中国出家之事，既感到神奇，又感到荣幸。

1933 年 8 月 5 日出版的《慈航画报》又说，照空率德意法男女十人来华受戒，中国佛教会特派专人协助。①1933 年 12 月 6 日出版的《慈航画报》中《欧洲僧尼在京受戒近讯》一文说，照空于 1933 年 11 月 26 日上午在栖霞山从金山退居的青权法师受戒，同戒者 400 人。照空等西僧诸人得到褚民谊的宴请，27 日戴季陶请住考试院，次日上午 9 时在考试院大礼堂为照空率十二门徒（僧 4 人，尼 8 人）举行正式欢迎仪式，各界人士千人参加仪式。照空在会上表示，希望中国派人到世界传佛教，改造欧洲杀人的文明。戴季陶讲话说，中国到世界传戒之期已至，此乃空前史上第一页。29 日，照空一行受到国民政府主席林森的接见。此后，照空又浏览中山陵以及参加其他活动。全市举行念佛大游行等。②

除此之外，上文所及《香海佛化刊》同期又报道，杭州灵隐寺也有一美国人强和氏，三十三岁，曾在美国任《大美报》记者，业界颇有盛名，工作之余，在当地华侨夜校习中文，能吟诗，对佛经也有研读，决以佛教为立身之本。1930 年 3 月来华入灵隐寺，求做弟子，方丈不能却之，随收于寺中。③

1933 年，当安徽九华山开坛传戒时，有印度、日本、朝鲜等国的僧众来山朝圣、受戒。④

1936 年，南洋比丘尼芳莲于宝华山受戒。芳莲为槟城菩提学苑苑主，本为道阶法师的弟子，为了完成其师的遗嘱，故携弟子于阴历九月先到上海，遍访尼众诸大丛林，十月中旬住宝华山，正式求比丘尼戒。“五十日间，依律受持，虽隆冬严寒，其律行尤为精进，同戒师友，赞赏有加，夏历十二月日，戒期圆满”。⑤

---

① 《稀见民国佛教文献汇编（报纸）》第 10 卷，第 23 页。

② 《稀见民国佛教文献汇编（报纸）》第 10 卷，第 89、90 页。

③ 芮鸿初：《灵隐寺之外国和尚》，《民国佛教期刊文献集成・补编》第 47 卷，第 56 页。

④ 《九华山佛教概说》，真禅：《九华山弘法讲经记》（附录），上海玉佛寺法物流通处，第 39 页。

⑤ 《槟城菩提学苑苑主芳莲大量师及其弟子安居南京宝华山学律》，《民国佛教期刊文献集成》第 146 卷，第 56 页。

二、照空受戒风波折射的问题

宝华山是中国重要的律宗道场之一，民国之后曾有一些海外地区的僧人来此受戒。比如欧洲人照空、南洋人芳莲等即是其代表。

照空于宝华山受戒过程中发生的事，及其对中国式授戒的态度，本处虽然称之为“风波”，但事情本身其实并不大，不过却反映出中国佛教传统授戒方式在时代变化及不同文化面前所遭遇到的观念冲突，同时也表明僧团内部需要对某些传统加以时代调适的必要性和方向性。

照空曾经六次来过中国，其中一次法舫曾邀其于柏林寺演讲。但照空在其演讲中所讲的内容全为小乘，他还蔑视中国无真正的出家僧人，表示他将传道于中国。照空后来说，他只信佛说的东西，不信其他的东西，一概不相信大乘经典，因为佛说是没有大小乘之分的等等。这些言论受到当时的与会者不满，并引起会后的进一步交流。法舫对其评价说：“早知其意向并非了知佛教真理而为发大心之出家者。”法舫还指出，照空只不过是对佛教有所了解，还谈不上有多深入。

> 对于巴利文小乘佛学，似稍有相当的研究，未必全部洞悉。不过他认识佛教“无我”的原理，那是对的。其他的话（引者按：指关于中国佛教以及大乘的观点），不过是观察不同，他有先入为主，知其一，不知其二的我慢主观罢了。①

其实，这一点也许并不是因为照空的自大或狭隘，因为对于生长于欧洲的一个自称佛教徒的人而言，他对大小乘的观点恰恰反映了当时欧洲学术界对佛教的基本态度。因为他们接触更多的是南亚的佛教思想，更多的是认同南亚的梵文巴利文的佛教观念，熟悉的是那些拉丁化形态的佛教文献及其研究成果。或者，也有一些欧美人士是通过日本佛教而对汉传佛教有所了解，但是对真正的、原汁原味的中国佛教及其传统是基本了解不深的，可能也是不准确的。照空只是近距离地把这些话表达出来，其他欧美人的观点我们只是不知道而已。同时这也说明，尽管当时向西方传播中国佛教

---

① 法舫：《照空僧等一行返欧》，《法舫文集》第6卷，第229–235页。

已经有了多年的努力，但是其影响仍然是不明显的。因此，正是因为东西方文化的差异以及佛教传统的使然，中国式传戒过程中的一些做法才受到来华受戒者照空的不解和批评。

巨赞法师在其《洋和尚照空》中对其受戒过程有着细致的描写：

> 戒堂里并不清净，尤其是中国人不讲究卫生和堂师们的无知无识，使这个欧洲人不十分满意。大约是快要受比丘大戒的时候，他那一堂的堂师，任意用细杨枝在受戒弟子的光头上敲着教“遮难文”，激起他的无名火。他对我和照心说，这样野蛮，非但不合佛法，而且也不是人对人的举动，他不受戒了，要到南京去告他们。我和照心极力劝阻，又请知客出来转圜，叮嘱堂师们以后在照空面前，不要用杨枝打人，他才答应继续受戒。①

更有意思的，甚至是不好理解的是，虽然照空对细杨枝抽打受戒者的行为生气，但却对烧香疤的行为是认同的，甚至是大力支持的。巨赞说：

> 四月八日是释迦牟尼佛的诞辰，我们就在这一天受菩萨戒。燃香或称烧疤，是用以表示学佛决心和牺牲精神与供养心的。……在受戒当中是最后的难关。……用艾绒做成的半寸长的香，虽说已经烧存了性，重新点起来也还要半分钟，尤其是要把火灰按在头上，最是难受，每次总有几个被烧昏过去……照心怕溃烂，想用万金油搽。寂云说，搽了油就没有疤，照空也表示不赞成，说疤是区别僧俗最好的标志，将来他到法国开丛林，传戒的时候也要用这个办法。②

不能说照空的这些想法全对或全错。因为对于一种宗教仪式来说，于其中加以艰难困苦与身心挫折，本身即是净化心灵的一种重要手段，这也

---

① 巨赞：《洋和尚照空》，《巨赞文集》（上），第 457 页。关于戒堂中的体罚现象和卫生状况的恶劣问题，是这一阶段人们较为关心的话题。如，不慧撰有《对新戒体罚之抗议》、刘显亮撰有《再谈传戒卫生问题》等文，都对此进行了批评。

② 巨赞：《洋和尚照空》，《巨赞文集》（上），第 459 页。

是受戒的一个重要内容。也许，照空是把烧香疤理解成是一种严格的、必要的宗教仪式，而把细杨枝的抽打看成是一种对人身权利的侵犯吧。或者说，他把烧香疤看成是宗教仪式行为，而把细杨枝抽打看成是法律行为吧！

印顺在记述自己出家的经过时，也提及了这种类似的场景。他回忆自己于天童寺受戒时说：

> 引礼师要求戒者记遮难文，然后就是问一句，就答一句“无”，或答一句“非”，依着问答的次第答下去，不能答错就是。引礼师教导我们，如答错了，是要杨柳枝供养（打）的。①

尽管如此，印顺说：

> 不过我觉得，在戒期中，引礼师管教严格，还挨了两下杨柳枝，对一个初出家的来说，不失为良好的生活教育。②

事实上，即使是欧洲的基督宗教，在文艺复兴之前的一些仪式及信徒中也会不断出现各种类型的苦行，这都说明类似于“柳枝供养”之类的问题，并不是一个法律和人权问题，因为它本身即是宗教仪式的一部分。当然，照空这样说，也未必一定就说明他对中国佛教有什么歧视，因为他能来中国受戒，就说明他对中国佛教传统和戒律精神还是认同与欣赏的，只不过他对这种传统和精神的领悟还不准确和深刻罢了。

照空曾经发表的《我为什么出家为僧》一文也说明了这一点。该文认为，《圣经》包括《新约》在内，都不能让人信服，但佛教却使他感到非常有味道。他指出，在欧美兴起的佛教热潮，也使欧美国家的佛教信仰者、研究者以及团体和出版物日益增加。照空说：“中国及中国的佛教徒应派导师到欧洲及美洲，用佛说的真理教导其人民。教彼等以达到和平快乐之路，教彼等应作善而勿为恶，教彼等求生命之真理，勿妄信幻构之天国。”③

但是，照空的观点也从另一方面说明，在当时人权思想、平等观念等

① 印顺：《华雨集》（四），《戒律学纲要》，第583页。

② 印顺：《华雨集》（四），《戒律学纲要》，第584页。

③ 巨赞：《洋和尚照空》，《巨赞文集》（上），第463页。

日益深入的欧洲，这些对戒子进行体罚或变相体罚的行为——哪怕仅是一种形式，也许确实是需要加以调整的。这也正是新戒律学建设及其精神建构中应该加以关注和解决的问题。

戒律学案篇第十一

主要佛教人物的戒律学活动

清末民国时期，是中国佛教发展进入新历史阶段的转折点，也是中国传统戒律学又一次的复兴时期，教内外贤达之士都对丛林寺院的如法建设十分重视。众多身份不同的佛学研究者，或继承传统修学方法，或借鉴西方学术话语方式，从宣教修行、思想阐释、宗派传承、文献流通、观点考证等不同方面，对中国佛教戒律学的研究方向、存在形态以及体系重构等理论和实践问题，作出了深入探讨和时代化建设。这一切不仅有力推动了中国传统佛教的现代转向，而且也促进了一种具有丰富思想内涵、强大文化影响和崭新学术形象的新佛教的形成。中国近现代佛教戒律学也在此过程中得到凤凰涅槃，出现一些十分突出的人物，并使此一阶段的戒律研习和戒律学建设展示出新的气象。①

第一节　杨仁山：律学教育重《梵网》

言及中国近现代佛教，不论是何宗何派，皆不能不从杨文会居士说起。

杨文会（1837–1911），字仁山，安徽池州石埭（今属石台县）人，清

① 说明：第一，由于杨仁山居士是中国近现代佛教开始的一个标志，所以按时间将其列为最先。在此之后，对僧人和居士的排列顺序不再作出分别，而仅以其出生年代的先后排序。第二，太虚和弘一两位法师是近现代佛教僧制改革和律学建设的重要推动者及代表人物，因有单篇集中论述，此处不再专节出现。

末阶段重要的居士。正是通过创办金陵刻经处，居士揭橥了中国近现代佛教的复兴和繁荣。在他的直接组织下，金陵刻经处共刻印经典达两千余卷、流通经书万余卷、佛像十余万帧。居士还通过组建佛学教育机构，重视培养僧材，为其后的佛教复兴奠定了基础。如欧阳竟无等许多教内外的从其学佛者，大都成为中国近现代佛教复兴的重要力量。居士所做的每一项工作无不具有开创性，其成果之巨大，影响之深远，当时的佛学界或学佛者无人能及。梁启超曾赞道："晚清所谓新学家者，殆无一不与佛学有关系，而凡有真信仰者，率皈依文会。"①

居士的佛学研习范围广博，治学精深，被时人称为是"发痛于《起信》，充以之《法华》，大而化之以《华严》，会通之以《唯识》，而归其墟以净土"；②或说："文会之学，以马鸣为理宗，以法藏为行愿，以贤首、莲池为本师，性相圆通，禅静彻悟。"③

简言之，居士的戒律学思想主要表现在如下几个方面。

一、治学突出戒律作用

明清之世，净土法门受到社会的广泛重视。但是，社会大众在修习净土时，往往对其法门有着误解，认为信佛就是念佛，念佛就是修行，修行即是持戒；或者认为，修行就是念佛，念佛可以代替持戒——而不是念佛需要持戒。这也是后世如印光等法师非常注意批评的观点。杨居士极为重视纠正学佛者的这种错误认识，并在不同场合和文章中，都会对求教者强调学戒持戒的重要性。如他在《与李澹缘（息）书二》中所指出的："至于受戒一层，必从师受，若千里内无师，许在佛前自受。须要见相好，否则不得戒。以鄙意揆之，与其受而不能持，不如学而能遵也。"④

居士并无专门的戒律学研究性专著或文章、讲演，其文章中也仅有为数不多的地方或段落专门提到戒律问题。另外，他作有一篇《〈梵网经菩

① 梁启超：《清代学术概论》，第 220 页。

② 张尔田：《杨仁山居士别传》，《杨仁山大德文汇》，第 499 页。

③ 金天翮：《杨文会传》，《杨仁山大德文汇》，第 504 页。

④ 杨仁山：《等不等观杂录 · 与李澹缘（息）书二》，《杨仁山大德文汇》，第 259–260 页。

萨戒本疏〉题辞》，东初法师说居士还作有《戒律发隐》。[①] 尽管其并无戒律学研究专著，但从其一生的生活、著疏中，我们仍然可以看到其律学的基本观点和律学贡献。如他所作的《十宗略说》，则将律宗排在第一位，这应该不是偶然的。[②]

二、主张非出家者不得读律

非出家者不能读律的说法，在中国有着悠久的历史。一般认为，此说最早出于唐代道宣律师。道宣在其《四分律比丘戒本疏》中说：

> 依大慈门，曲授秘方，偏赐内众。故《论》云：三藏为言，律藏胜故、密故。唯佛独说，制必僧中，不许余众之所读诵，非所学故。[③]

元照说，道宣此引《十住婆沙》中言以证明前述观点，《十住婆沙》中说“从四无量心中流出毗尼藏”，彼通说毗尼，不唯戒本。“大慈者，为浊钝众生故。曲授，证教别；偏赐，证机别。曲，谓巧便接引。内众通五，此局大僧；三众未具，不预同闻。尼据本位，自有别教，不僭上尊，说时亦简故。”元照又引《萨婆多论》说，该论先明集律藏之意，“唯佛说者，显胜义也；制必僧者，显密义也。”[④] 所以长期以来，尽管也有一些人对此说持不同意见，但律限僧伽，“偏赐内众”“制必僧中”，已经成为中国佛门的基本信条。这一点甚至也得到社会人士的认同或接受。

在这个问题上，杨居士坚持传统的观点，认为小乘律是仅限于出家众阅读，社会一般人士不应阅读。所以其在为求学者开列的戒律学阅读书目中，以及在《〈大藏精要〉叙例》中，都特意对小乘律进行了省略，并明言：“大乘律，菩萨调伏藏，七众同遵，并诸家疏释，择要汇集。小乘律，声闻调伏藏，非受具戒者不宜检阅，故所收从略。”[⑤] 他在《与李澹缘（息）书二》

---

① 东初：《中国佛教近代史》（上），第 43 页。

② 杨仁山：《十宗略说》，《民国佛教期刊文献集成》第 2 卷，第 21 页。

③ 〔宋〕元照：《〈四分律含注戒本疏〉行宗记》卷一，《卍续藏》第 62 册，第 330 页上 - 下。

④ 〔宋〕元照：《〈四分律含注戒本疏〉行宗记》卷一，《卍续藏》第 62 册，第 330 页下。

⑤ 杨仁山：《等不等观杂录 · 〈大藏辑要〉叙例》，《杨仁山大德文汇》，第 198–199 页。

中也指出："比丘律仪，专为出家人而设，在家人不宜阅，佛有定制。"①这一点，其后学欧阳竟无所持的观点即与之不同。

三、劝化大众学习菩萨戒

杨居士非常重视居士学戒持戒，并强调要做到学而能行，因此注意劝化激励大众学习菩萨戒。

他根据梁译《摄论》之《戒学》中引《毗奈耶瞿沙毗佛略经》说，菩萨戒有十万种之巨，但未至此土。他并以古来相传的真谛三藏携大本《菩萨律藏》登船不成之事，说明此土持菩萨戒之因缘事。他说：

> 菩萨现佛身时，亦有应作、不应作之相，以为戒藏，故十法界莫不皆然。又如大部律藏不能至东土者，亦有深义。盖西土应化圣贤，能应十界之机，随缘设化，故应受持广律。若东土修大乘者，局于人道，未能现身他界，故广律非分。且菩萨行折摄二化，随类现身，迥出常情之表。未入正位者，或堕疑网。若强效之，恐致堕落，故不入此土。《梵网》十重四十八轻，及《菩萨戒本》四重四十一轻，乃大乘律之总纲，凡发菩提心者，皆应受持也。②

简言之，中士持梵网菩萨戒原因有多种：一者是因为菩萨戒大本未到。不过梵网菩萨戒乃大乘之总纲，持之也能得到菩萨戒之真谛。二者是因为中土之士无缘得持大本菩萨戒，故而得持此梵网菩萨戒。

在诸多的菩萨戒文本中，居士尤其重视贤首法藏的《梵网经菩萨戒本疏》（简称为《贤首疏》）。在中国佛教传统中，学《梵网经》者，除去鸠摩罗什译的《梵网经》二卷以外，往往也都非常重视天台智者的《菩萨戒义疏》。这不仅仅是因为智者之疏形成时间较早，有着其历史地位和影响力，影响到其后多种菩萨戒疏记之所成，甚至也奠定了其后梵网菩萨戒本诸种注疏的基本结构。同时，也更是因为《菩萨戒义疏》的内容清晰和实用。但居士对此仿佛并不以之为然，因为在他提供给大众学习大乘律的书目中，

---

① 杨仁山：《等不等观杂录·与李澹缘（息）书二》，《杨仁山大德文汇》，第259–260页。

② 杨仁山：《等不等观杂录·大乘律》，《杨仁山大德文汇》，第169页。

他重点开列的是姚秦时鸠摩罗什译的《梵网经》二卷、唐代法藏撰的《梵网经菩萨戒本疏》十卷和明代蕅益智旭对北凉昙无谶译的《菩萨戒本》所作的《菩萨戒本经笺要》一卷。同时，居士还认为，法藏的《梵网经菩萨戒本疏》是几种注解《梵网经》疏本中的较好者，称其为“重戒以十门解释，轻戒以八门解释，精深切当，超越古今。学菩萨道者，得此疏而研究之，则亦庶乎其不差矣。”① 他还说：“贤首此《疏》，深达戒经奥旨，学者苟能悉心研究，信受奉行，自然从凡夫地，直趣佛果，不遭歧路，岂非破烦恼障之利器，行菩萨道之正轨乎！经中称为光明金刚宝戒，可知上卷所说四十心地法门，定当以此戒为基也。学戒人欢喜踊跃曰：今而后，知所从事也。”②

至于为什么《贤首疏》不疏上卷，居士说，这是因为卢舍那佛为诸菩萨说心地法门，这非一般于凡位者所能知其深意，其文从四禅天传来，不似天竺之语言，“什公译经时，禁笔受者率意润文，是以悉仍其旧，不但天台、贤首深知其意，即唐宋诸师，如胜庄、太贤辈皆专释下卷。自明季以来，始有并上卷而释者，虽各抒所见以惠初学，而未达古人不疏之意也”。这正如天台智者大师一样，“既证法华三昧，得无碍辩才，于《梵网经》亦不疏上卷”。③

既然《梵网经》如此重要，那么如何研习此经呢？居士在《与李澹缘(息)书二》中说：

> 在家人虽未受戒，亦可学戒。戒律多种，当以《梵网经》内十重、四十八轻为主。有《贤首疏》可为准绳。在家五戒，即在十重之内。……他如《菩萨戒本经》，最宜读诵。不但学道人宜遵，即世俗人学之，亦可渐入圣贤之域矣。④

这一点与其后弘一律师的主张也是有所不同的。弘一律师虽然也是依

① 杨仁山：《等不等观杂录·〈贤首法集〉叙》，《杨仁山大德文汇》，第200页。

② 杨仁山：《等不等观杂录·〈梵网经菩萨戒本疏〉题辞》，《杨仁山大德文汇》，第197页。

③ 杨仁山：《等不等观杂录·〈梵网经菩萨戒本疏〉题辞》，《杨仁山大德文汇》，第196–197页。

④ 杨仁山：《等不等观杂录·与李澹缘（息）书二》，《杨仁山大德文汇》，第259–260页。

据唐代贤首大师的《戒疏》而作《梵网经菩萨戒浅释》，但他在关于如何学习《梵网经》的指导中指出：习旧疏者当依隋智者的《菩萨戒义疏》为主，以唐明旷《戒疏删补》和明代蕅益的《合注》作为补充材料，明莲池的《发隐》等可以缓阅。另外，元晓的《私记》以及《持记要犯》，甚有精义，可并详研。蕅益而后的诸家之作，像明末清初弘赞的《略疏》、寂光的《直解》，以及清时德玉的《顺朱》、书玉的《初津》等注疏中，以弘赞、书玉之作较胜，亦宜缓阅。弘一还在其“莲池《发隐》等可缓阅”和弘赞、书玉的两种疏“亦宜缓阅”文字之右，诸字画圈以示强调。①

造成这一不同认识的原因，不得而知，前辈先贤好像也鲜有论述或提及此事。但以后学拙见，可能有如下三个原因：

第一，历史上，关于《梵网经》的诸家经疏或戒疏，各有所本，各有所长，各有所宗，各有所用，所以各自有着不同的重点和特色。如有的重视对经义的阐发，有的重视对持守的指导，有的重视受戒时的仪式和礼仪等，也有的注疏全经上下卷，而更多的则是注疏下卷。所以后人对这些不同时期、不同版本的《梵网疏》，根据研习目标、学习阶段和重点不同，有着不同的认识、评价和取舍，也属正常。

第二，这更有可能也与杨居士之学是“教宗贤首，行在弥陀”有直接关系。本人更加认同这一点。因为居士治佛，重视华严学，认为华严思想精密、完整，这种认识大概理所当然地会延及至《贤首疏》。当然，这并不是说居士对智者大师及其《菩萨戒义疏》有什么偏见，居士这种观点可能也只是就事而言，方便之说。

第三，居士对天台智者及其学说是十分重视的。一者，因为在居士设想的僧教育中“专门学”阶段，学僧所学的律仪课程之中，即开有智者的《菩萨戒义疏》。二者，我们从居士的著述中可以发现，他曾以天台智者的大小《止观》送于求教者，②而居士本人也曾对《法华经》等有着深入研究。不过，以后学粗陋之见，在居士著作之中，好像对于天台智者《菩萨戒义疏》的研究或具体内容，倒是言及不多。

---

① 弘一：《梵网经十重戒诸疏所判罪相缓急异同表》，《弘一大师全集》第1册，第219页。

② 杨仁山：《等不等观杂录·与周玉山（馥）书三》，《杨仁山居士文集》，第242页。

四、突出佛学教育的戒律地位

杨居士对那些不守戒、不修行，动辄以六祖为借口，轻视持戒或不愿持戒修行的人非常不满。他批评道："近时宗门学者，目不识丁，辄自比于六祖。试问千余年来，如六祖者，能有几人？"所以他强调要加强僧众的教育，要提高僧众的佛学基本素养和持戒意识。他说：

> 自试经之例停，传戒之禁弛，以致释氏之徒，无论贤愚，概得度牒。于经、律、论毫无所知，居然作方丈，开期传戒。与之谈论，庸俗不堪，士大夫从而鄙之。西来的旨，无处问津矣。
>
> 今拟乘此转动之机，由各省择名胜大刹，开设释氏学堂，经费由庵观寺院田产提充，教习公同选举。酌定三级课程。先令其学习文理，然后教以浅近释典，约须三年。
>
> 学成者准其受沙弥戒，是为初等。再令学习稍深经、律、论，三年学成，准其受比丘戒，给牒，是为中等。此后应学深奥释典，及教、律、禅、净专门之学。三年之后，能通大意，讲解如流者，准其受菩萨戒，换牒，是为高等。聪慧之流，九年学成，具受三坛大戒，方能作方丈，开堂说法，升座讲经，登坛传戒，始得称为大和尚。仅学得初等、中等者，只能当两序职事。若全不能学，仍令还俗，不得入僧班也。

而那些学习不成、没有达到高等的初等、中等者，"不得入禅堂坐香，以杜滥附禅宗、妄谈般若之弊。尼亦仿照此例，略为变通，学成等第，方准受戒"。①

在僧教育的体制设计中，居士将佛教学习者分为"普通学"和"专门学"两个阶段。"普通学"学制为三年，主要是进行基本的佛学教育，提高学习者的文化水平，所以在"普通学"阶段，主要学习内容是国文、地理、史学、算法、梵文、英文、东文的学习。至于"专门学"阶段，学制则为两年或三五年不等，是专业的佛学教育和研习阶段。在本阶段，重点进行

① 杨仁山：《等不等观杂录·释氏学堂内班课程刍议》，《杨仁山大德文汇》，第175页。

佛学各宗基本理论教育和重要经论的研习。其学习要求是："不但文义精通，直须观行相应，断惑证真。"[①] 其中戒律类的主要学习内容：大乘律主要是学习《梵网经》以及智旭的《梵网经合注》、智者的《菩萨戒义疏》、莲池的《梵网菩萨戒经义疏发隐》、寂光的《梵网经直解》、贤首的《菩萨戒本疏》等；小乘律则学习道宣的《四分律行事钞》和元照的《四分律行事钞资持记》、读体的《毗尼止持》和《毗尼作持》、德基的《毗尼关要》、智旭《毗尼集要》等。[②]

居士认为，通过这种仿照小学、中学、大学之例的三级教育，能够"令天下僧尼，人人讲求如来教法。与经世之学，互相辉映，岂非国家之盛事乎！"[③] 由此可见，居士之学也许对其后太虚等人的僧制改革或僧教育思想产生了一定的影响。

第二节　虚云：重整禅林立规约

虚云（1840–1959）中国近现代佛教高僧之一，其一生贯穿整个中国近现代佛教发展史。[④] 因其年高德劭，世称虚云老和尚。1953 年 5 月，虚云被选为中国佛教协会名誉会长。

虚云原籍湖南湘乡，生于福建泉州，俗姓萧，名灵球。其先祖本居兰陵，为南朝梁武帝之后。早年因去南岳朝山，而对佛教生起向往之心，并有了出家的想法。咸丰八年（1858）六月，十九岁时，与从侄富国至福州鼓山涌泉寺，礼常开老人披剃。次年，于本寺从妙莲和尚圆具，名古岩，又名

---

① 杨仁山：《等不等观杂录・释氏学堂内班课程》，《杨仁山大德文汇》，第 176 页。

② 杨仁山：《等不等观杂录・释氏学堂内班课程》，《杨仁山大德文汇》，第 176–177 页。按：莲池袾宏关于《梵网戒本》的注疏有：《梵网菩萨戒经义疏发隐》五卷（其中，卷一末尾附《半月诵戒仪式》）、《梵网菩萨戒经义疏发隐事义》一卷、《梵网菩萨戒经义疏发隐问辩》一卷（附《事义》）。

③ 杨仁山：《等不等观杂录・释氏学堂内班课程刍议》，《杨仁山大德文汇》，第 175 页。

④ 关于虚云的生平及世寿，一般都是依其年谱而言。但也有人指出年谱之误。印顺的《永光集》即运用《联芳集》等资料，考证虚云应是一百一十岁。另外，《香海佛化刊》1932 年第 4 期刊登作者为无住的《鼓山虚公禅行述闻》一文，对其生平也有记述。见《民国佛教期刊文献集成・补编》第 47 册，第 235 页。

演彻，字德清，后改号虚云。

清同治元年（1862）到同治九年（1870），虚云于鼓山后山修苦行；结束苦行后，又至天台山融镜法师处受教，得到融镜法师对其苦行的批评指导；其后，又于浙江、江苏一带游历参学。清光绪十年（1884），虚云拜抵五台山，瞻仰先贤祖师圣迹；光绪十三年（1887）三月，礼道宣律师塔，又转至草堂寺拜谒鸠摩罗什道场；光绪十四年（1888）正月，进入四川，相继参拜昭觉寺、文殊院等，登峨眉山。后至拉萨，礼拜布达拉宫和大昭寺，拜谒十三世达赖喇嘛。再至日喀则，至扎什伦布寺，参拜九世班禅。后经不丹至印度，观瞻灵鹫山、昙摩竭塔、鹿野苑等地，又经锡兰、缅甸等国，于光绪十五年（1889）七月回国，进入云南，礼鸡足山。①

在其后的岁月里，虚云曾主持复兴云南华亭寺（云栖）、鸡足山祝圣禅寺、曹溪南华丛林、福建鼓山涌泉寺、广东曲江云门禅寺、江西云居真如禅寺等道场，使其成为20世纪上半叶中国最著名的佛教建设者。虚云的主要著作有《楞严经玄要》《法华经略疏》《遗教经注释》等，今有多种版本的文集在海峡两岸行世。近年，对虚云著作收录较为完整者有净慧长老主编的《虚云和尚全集》9册（中州古籍出版社），内容包括《法语》《开示》《书信》《文记》《诗偈》《规约》《年谱》《传记资料》《追思录》《杂录》《影谱》等十个部分。

虚云老和尚一生都在为整饬戒律、重振丛林而努力，因此其戒律学思想十分丰富。他通过加强丛林规约建设以匡正僧团的努力，也是其律学思想与实践的重要组成部分。

一、重视强化规约制僧

虚云之时，中国丛林寺院虽也传戒不辍，但不少地方却是问题重重。这主要表现在传戒时间较短、不重视戒律、不重视说戒、不重视如法的传戒、不重视对丛林的如法建设等方面，从而造成所谓佛不似佛、法不是法、戒不是戒、庙不似庙的现象。如虚云所说：

---

① 《虚云和尚自述年谱》，《虚云和尚全集》第5卷，第5-24页。

佛门遭难，滥传戒法，规矩失传，真理埋没。这些话我也常讲，前几十年我就说，佛法之败，败于传戒不如法。若传戒如法，僧尼又能严守戒律，则佛教不致如今日之衰败。①

正因为如此，虚云一生不仅在粤、滇、鄂、闽一带，弘传佛法、带徒修行、广布戒律，他也把对戒律的强化及规约的制定，与当时社会变化和丛林生活结合起来，以使戒律建设更具有实效性和针对性。

在住持寺院的过程中，虚云坚持根据寺院特点和事务要求制定规约，把以戒治僧与依约治寺结合起来，以图匡丛林之弊。正如其自述："僧伽依止，全恃丛林，职事升迁，悉凭功绩。龙象集处，头角历然。若无规章，将安表率？而地殊时异，制革岂同？故于祖师遗诫之外，辅订条章。"② 虚云所定规约，不仅相对全面，而且能够做到"因地制宜"。③ 其一生建立禅林规约十几部，是民国时期丛林规约建设的重要代表。据《虚云和尚全集》第4卷，这些规约主要有：《鼓山涌泉寺重订安单规则并序》十三条、《云居寺万年簿记》四十条、《共住规约》二十二条、《客堂规约》二十八条、《云水堂规约》九条、《禅堂规约》三十二条、《戒堂规约》三十条、《爱道堂共住规则》二十八条、《衣钵寮规约》七条、《库房规约》十九条、《大寮规约》（有铭）十七条、《浴室规则》九条、《农场组织简章》十八条、《学戒堂规约》十四条、《水陆法事念诵执事规约》十一条、《题云水堂记》（有铭）六条、《鼓山涌泉寺重订安单规则并序》十三条。另外还有《教习学生规约》两部分约三千字；《垂语大体略要》三项，近万字；《初坛规范》三十七则（现存三则），二千余字；《钟板堂当班规约》近五千字；《告香仪轨》二千余字；《引礼寮仪式》六十三项，近三万字；《传戒仪规类》四十一项，两万五千字左右；《戒期启柬榜式类》两大类近百项，约五万字；《禅堂法器规矩》（坐香规矩）四十二项，约四万字。显然，这种规约类的文

---

① 虚云：《四月二十三日开示》，《虚云和尚全集》第1卷，第286–287页。

② 虚云：《重订〈鼓山涌泉寺规则〉序》，《虚云和尚全集》第2卷，第251页。

③ 虚云：《鼓山涌泉寺重订安单规则并序》，《虚云和尚全集》第4卷，第38页。《民国佛教期刊文献集成》第175卷，第66、67页。

字涵盖僧众生活的方方面面，它并不是简单意义上的清规，也不是一般意义上的僧制，而是在新的历史条件下对佛教戒律精神的具体化、时代化和实用化。

由于对律仪的重视，虚云还写有一些与戒律、传戒有关的文字、序跋，以及讲演中经人记录而成的文章，如：《民国十九年庚午春鼓山戒期传授戒法》《在澳门平安戏院开示归戒》《明戒台知幻律师》《鼓山募刊佛祖道影及〈三坛传戒正范〉小引》《重刊〈三坛传戒仪范〉后跋》《重订鼓山涌泉寺规则序》。另外，还有同戒录序若干篇。在这些序跋与同戒录序中，也可见虚云的戒律学思想内涵及僧团建设理念与目标。

二、说戒语言生动朴实

由于当时信众的佛学素养和文化水平参差不齐，有的甚至是文盲和半文盲，所以虚云在其讲戒中，能够注意用浅显的、时代化的语言，用大众身边事，来阐释佛陀制戒的精神，说明持戒的内容，起到了良好的作用。

如说，"佛法是家常便饭"，"只须遵守佛门的戒律，着实行持"，自然不勉而中，不思而得。① 这种朴实的语言能够快速拉近与听众的距离，也能克服一些人对于学戒持戒的畏难情绪。

戒律虽然复杂，但对于大众而言，五戒是其最根本的，因此虚云和尚非常重视以生活化的语言对五戒的持守进行开示。

如他说盗戒：

> 若能深信因果，丝毫莫犯，则此戒不持而自持，大可以道不拾遗，夜不闭门，举世皆成义让之人，更何须监守牢狱哉？②

如说淫戒：

> 举世若能持此戒，不祈礼而礼立，威仪自守、不肃而严，而

① 虚云：《佛法是家常便饭》，《虚云和尚全集》第 1 卷，第 116–117 页。

② 虚云：《民国三十六年丁亥年八月一日，在澳门平安戏院开示归戒》，《虚云和尚全集》第 1 卷，第 152 页。

法庭可无案牍之劳形矣。①

如说妄语戒：

大妄语若成，堕无间地狱，当慎之莫犯。佛教以直心是道场，何不依之修学？举世能持此戒，则信用具足，不邀名而名自至，不求利而福自归。②

如对于有人请看戏之事，他如是说：

八关斋戒弟子，尚且不可看戏，何况我出家的僧人！你请我看戏，无异烧猪供菩萨。③

如说平直心：

心已平直没有？有个月里嫦娥赤身露体抱着你，你能不动心吗？有人无理辱骂痛打你，你能不生瞋恨心吗？你能够不分别冤亲憎爱、人我是非吗？统统做得到，才好开大口，否则不要说空话。④

这些语言，不是从名相到名相、从经典到经典，而是生动、简洁、朴实、直接，符合大众的接受能力，所以深受听众的欢迎。

佛儒两家，虽有不同，但在劝人至善、严于律己等方面有着内在的一致性。虚云有着丰富的国学修养，其讲戒能够广引儒道经典，使之更贴近大众，更有文化深度，更具中国传统特色，从而提高了对佛教戒律的宣讲效果以及持戒而行的感召力和影响力。

---

① 虚云：《民国三十六年丁亥年八月一日，在澳门平安戏院开示归戒》，《虚云和尚全集》第1卷，第152页。

② 虚云：《民国三十六年丁亥年八月一日，在澳门平安戏院开示归戒》，《虚云和尚全集》第1卷，第152页。

③ 虚云：《民国二十二年癸酉在福建功德林佛七开示》，《虚云和尚全集》第1卷，第131页。

④ 虚云：《参禅法要》，《虚云和尚全集》第1卷，第165页。

如说五戒：

在天谓之五星，在山谓之五岳，在人谓之五脏，在儒谓之五常。以仁者不杀害，义者不盗取，礼者不邪淫，智者不饮酒，信者不妄语。五戒若全，则不求仁而仁着，不欣义而义敷，不祈礼而礼立，不行智而智明，不慕信而信扬。所谓振纲提纲，复何功以加之？

如说杀戒：

所谓恻隐之心，人皆有之。孟子云："闻其声，不忍食其肉。"况学佛之人，岂肯萌其杀念，而招苦果？是故佛制弟子，若欲行仁，首持杀戒，杀戒若持，轮回自息。①

虽然这些思想与传统上论述儒释关系的观点没有太大的区别，但是在日常讲戒之中是十分有用的，它不仅能拉近与听众的心理距离，提高听众对其所讲观点的认同度，而且使用这种听众熟悉的语言，也能使戒律持守更具有生活化的内涵。

三、坚持如法丛林传戒

虚云最突出的贡献之一即是对强化丛林如法传戒的重视与推动。这种重视表现在三个方面：一是对传统传戒精神的坚持、继承与恢复；二是在坚持如法传戒的同时，突出其传戒制度改革与重建的针对性和实效性；三是其丛林规约建设涉及禅林生活的方方面面，做到完整细致，有约可依。

如法传戒，说起来容易，但真正能够做到却是十分困难的。所以，虚云对丛林的整饬，不仅坚持身体力行，用戒法引化僧众，更需要克服重重困难。

虚云对丛林戒律建设及其改革，都有着明显的针对性和实用性。他在云南鸡足山传戒时，对当地僧人不烧香、穿俗服、不讲修持、不讲殿堂、乐享寺产、与江湖来往等非法现象，进行了严格的纠正。鉴于此前本地未

① 虚云：《民国三十六年丁亥年八月一日，在澳门平安戏院开示归戒》，《虚云和尚全集》第1卷，第150页。

有传戒受戒的严格仪式，所以他发心通过严格传戒来整理鸡足山。为此，和尚通过开禅堂、坐香、打七、讲经、传戒，并定传戒期限为五十三天等措施，以强化僧众持戒意识、规范传戒程序。而且，和尚在僧众着装、饮食等方面开建了如法的风气，使僧众有了正知正见。通过艰苦不懈的努力，和尚慢慢把本地佛法衰败的趋势扭转过来。

针对僧众中存在戒律不修的状况，虚云大力强调规范传戒的重要作用。他通过延长传戒时间等系列措施，强化戒子的学习和对戒法的领悟，以进一步感得戒体。虚云还批评一些寺院煽诱蛊惑、买卖戒师、不遵律法，指责一些甚至根本不知律仪为何物的人也能妄作戒坛之事。诸如“十师数目证成足否，于主法师不知死活；或无僧行，结期或七日、三日，乃至一日三坛俱毕。至于说戒，不分僧尼，缁白混杂。甚或卖牒于四众，捏名寄戒，不知律仪为何事”。因此，他强调规范传戒仪范的目的，正是要改变当时那种僧团传戒混乱、僧众无视法度之事，以实现“庶足以补过去之漏，匡未来戒法之疏”之目的。[①] 虚云在住持传统名刹福州鼓山涌泉寺时，也对该寺的传戒活动进行了改革和强化。在《重订鼓山涌泉寺规则序》中，他清晰表达了自己重视如法传戒的思想。

和尚还指出，造成僧众戒行不严、道风不振的主要原因，盖是由于各地滥设戒坛之过咎。“纵有一二以传戒名者，至其半满、时机、止作，不审忖思，一味执我人牛迹之见。”他对当时有人主张的持律可方便、佛前可受戒、不必须坛仪等非法的主张进行了批评，指责他们的不法行为破坏了佛陀的教法。虚云强调指出，佛教中确有不假坛规之说，如《梵网经》即有，但那是强调说：“千里内无授戒师，可于佛前自誓受戒，或七日至一年，要见好相。若无好相，不得戒。法师前受戒，不必好相，即得戒故。”而且，像善根之锐如六祖者，也都是领戒于法性智光律师，何况他人！[②]

坚持如法传戒是僧团发展的必要条件，坚持如法传戒也是佛教久住的基础，因此虚云坚持在传戒的时间、二部众、形式等方面都坚持如法，而不是贪图方便，更不是彼此迷惑，窃名网利。据虚云开示所言，在其至鼓

---

① 虚云：《重刊〈三坛传戒仪范〉后跋》，《虚云和尚全集》第 2 卷，第 200–201 页。

② 虚云：《重刊〈三坛传戒仪范〉后跋》，《虚云和尚全集》第 2 卷，第 200 页。

山之前，涌泉寺的传戒不过只有八天，且传戒中只有比丘、优婆塞进堂，而没有女众。更为严重的是，甚至在传戒中还出现了“寄戒”现象。所谓“寄戒”，即是受戒者并不亲自到场，只是通过寄一圆现金与传戒师作戒费，然后就可以给牒。虚云在鼓山，着力克服这一陋习。他坚持把传戒时间改为五十三天，并克服重重困难，停止了“寄戒”这种不如法的传戒行为。

四、倡导持戒心行一致

虚云在开示中指出，用功办道的方法很多，但其先决条件即是深信因果，然后以严持戒律为要，第三即是坚固信心，再者是决定行门，最后才是所谓具体的参禅方法。反之则无有是处。他引用《楞严经》强调说，不持戒而修三昧者，尘不可出，纵有多智禅定现前，亦落邪魔外道。①

在《鼓山涌泉寺重订安单规则并序》十三条中，第一条是坚持每年传戒。从每年三月初十至四月初十，内专律仪，广明止持作犯。第二条是坚持贯彻律为道本。每月十四、三十诵《梵网经》，初八、二十三诵《四分律》。“无论何人，不得擅停。违者摈。”② 虚云于 1955 年在云居山真如寺所作的《戒期开示》，是一篇内容丰富的戒律学文献。虽然本开示并没有讲出什么高深玄妙的律学理论，却对戒律的内容、类型及律宗四科等作了较为简明完整的开示，除去关于传戒缘起的说明外，其主要内容有：开自誓受戒方便，衣钵，戒律是佛法之根本，戒法、戒体、戒行、戒相，大小乘戒之同异，三归五戒，十戒，具戒，三聚戒。

虚云还批评那种只重经文不重外行、不能将其所学发之于外的所谓修行者。他说，“行”有内行和外行，修行要做到内外相应，以内行断我法二执，以成就外行之如法万善，从有信而达于有解，从有解而至于有证。反之，无证之行则不是“行”，而只是发狂。

学戒是为了持戒，而不是为了空泛地讲戒。虚云在开示中，非常重视强调把对戒律的学习融会到日常修行之中。他说，如若视戒禁为无物，好

---

① 虚云：《参禅法要》，《虚云和尚全集》第 1 卷，第 165 页。

② 虚云：《鼓山涌泉寺重订安单规则并序》，《虚云和尚全集》第 4 卷，第 38 页。《民国佛教期刊文献集成》（第 175 卷，第 66、67 页）第二条为“议戒为道本”。

高骛远地直奔参禅而去，必定要么是事倍功半，要么是误入歧途。他进而批评说：世上说法的人多如牛毛，但能够行佛法的人却是很少。世上能够注解《心经》《金刚经》《八识规矩颂》乃至《楞严经》等典章的人很多，这是只要鼻孔就能做到的。但是识经而不守戒的人，虽然注疏了什么经，其行为和持戒反倒不如一个俗人。只有“内行”定慧圆融，才能在“外行”中做到威仪严整、知法守戒。这样不仅可使自己受用，也能够以身作则、教化他人，其言语才能具有感人的力量。① 因为教化他人，并不在于多谈，而在于自己的行为能够感动人心。他说：“佛门戒律，各宗皆须严持，识主伴如行路知方向，持戒律如行路有资粮。宗趣虽然不同，到头还是一样。”②

正是因为虚云不仅能够讲戒，也能够严于律己，能够在教化他人的同时，以身作则，所以他在当时社会和佛教界具有极高的影响力，受到信众和僧团的爱戴。虚云不仅名声远播海内外，大众从其学者，更是多不可计。他在六十五岁时到归化寺讲《圆觉经》《四十二章经》，当时皈依者即达三千余众。当年秋，他在筑竹寺讲《楞严经》，并传戒一期；传戒毕，至大理崇圣寺讲《法华经》，皈依者数千人；在腾冲主法七日，皈依者千余人。虚云后至鸡足山迦叶道场，立规约、扬律仪、传戒法，当年求戒者即有七百余人。虚云后至南洋讲经，前后皈依者竟然达万余人。③ 据统计，虚云一生，“四众弟子前后得戒度者万余人，乞戒皈依者百十万人。”④

虚云的一生见证了中国近现代佛教的转型与重建，他本人也是中国近现代佛教的重要建设者。其学影响深远，其事成为美谈，其门下也龙象云集。在虚云弟子中，其后从事戒律研究者有佛莹比丘尼。佛莹“宿具慧根，家学渊博，自亲近虚云长老披剃后，专习禅宗，兼学律学……深契三藏，精修三学”。⑤ 佛莹也被赞为“博学多能，精医方明，又精拉丁声明，精研教典”，并作有《毗尼日用》和《四分比丘尼戒本注解》。《四分比丘尼戒本注解》

---

① 虚云：《云居山方便开示》（1955 年闰 2 月 26 日），《虚云和尚全集》第 1 卷，第 267 页。

② 虚云：《民国三十六年九月二十七日在广州联义社演说》，《虚云和尚全集》第 1 卷，第 155 页。

③ 东初：《中国佛教近代史》（下），第 789 页。

④ 东初：《中国佛教近代史》（下），第 792 页。

⑤ 白圣：《〈四分比丘尼戒本〉注解序》，《大藏经补编》第 8 册，第 3 页。

成于1956年至1961年间，计八十余万言。[①]历史上，尼众戒本自其译就以来，除去唐代道宣的注疏之外，少有注疏，所以本注解有着很好的应用价值和学术意义，因而受到僧团的广泛重视。

五、涌泉禅寺的管理实践

涌泉禅寺位于福建福州鼓山，为东南地区历史名刹。寺院相传始于唐代，德宗建中四年（783），有灵峤禅师入山诵《华严经》，并于其地建华严寺。五代后梁开平二年（908），闽王王审知在旧址上建潭建寺，宋真宗时赐额“涌泉禅院”。明嘉靖年间寺院毁于火，天启七年（1627）重建。该寺现藏有明代南北藏、清代龙藏、日本续藏以及清代高僧元贤、道霈著作等七千五百多册。[②]

涌泉禅寺在中国近现代佛教史上有着重要的影响。主要有如下几个表现：

第一，清代以来，本寺的思想活动辐射到台湾地区。由于地理、语言和文化传统的原因，该寺一直是台湾佛教界受戒的首选地之一，其戒会和受戒方式，一直到20世纪50年代之前都对台湾地区传戒和寺院生活有着重要影响。本寺的法师也对推动两岸佛教交流起到重要作用。

第二，近现代以来，涌泉禅寺名僧辈出。因有圆瑛、虚云和弘一等诸多高僧的驻锡，更是提高了本寺在社会和佛教界的重要地位，对近现代戒律学建设活动产生了重要影响。

第三，本寺的戒律学活动和理念对大陆的僧众也有着重要影响力。历史上，本山为闽中首刹，禅教律净四宗并行，每年夏季，开坛传戒。近代佛教的重要代表人物圆瑛法师即曾于此受戒。

1929年至1937年，虚云和尚住持鼓山，百废俱举。虚云管理丛林，重在加强寺院的规则建设，在其《重订鼓山涌泉寺规则序》中，体现了他对改革寺规及学戒持戒的重视。

1930年，虚云和尚到鼓山的第二年，即着手强化戒律和对寺院的制度

---

① 昙钵：《〈四分比丘尼戒本〉注解序》，《大藏经补编》第8册，第4页。

② 《弘一大师全集》第10册，第288–289页。

化管理，遂制定了《鼓山涌泉寺重订安单规则并序》十三条，① 以变更旧规。本规则“本欲彻底革新，又恐过于激烈，故随顺方面，略为刷新”。②

《鼓山涌泉寺重订安单规则并序》有三个重要特点：一是对传戒过程加以规范；二是对本寺过往的规矩和管理结构进行改革，职事的选拔强调对道德苦行者量才升用，对于避懒偷安、恃功傲慢者，摈之不用；三是对于寺院管理者责任进一步明确，做到升迁变动有规可依。经过虚云的大力整顿，到 1931 年，涌泉寺秩序于陋规颇多改革。

虚云在住持鼓山期间，还于 1931 年办“戒律学院”，或说创办了鼓山佛学院。方两寒暑，即立禅堂，除积弊，宗、教、律、净，共事弘扬。学院又聘慈舟律师助宣毗尼，大醒法师担任院长，并设莲社以资归宿，分堂教学。学院初立，有教师三人，学僧二十名。学僧每日早晚课诵，上午下午上佛学及国文等课五小时，入夕进禅堂坐香。③ 又顺时教，附授三民、史地各学科，以普常识。④

虚云在其《福建鼓山涌泉寺通告》中说：“凡我海内同胞，有志修禅习律及修净业、为将来住持佛教之学者，允宜依止来者，随时均可安单。”⑤

显而易见，这种改革的力度是很大的，因此也受到一些人的反对，甚至出现要将虚云赶走的所谓“倒虚”事件。虽然这些反对者，有的被省政府摈出僧团，不过仍有一两位曾经被清出者，甚至做出了在大厨房放火、焚毁厨房及楼屋数间之重大事件。据报道，之所以地方政府甚至省政府能够出面支持虚云而使“倒虚”事件得以平息，是因为虚云乃是时任福建省主席杨树庄的皈依之师。杨树庄素信仰虚云为末法中难得之善知识，故闻此风潮之消息，颇鄙视两僧之恶劣手段，特命公安局派武装警察数十名，驻山弹压。此“倒虚”的两僧也知“倒虚”并非易事，只得潜踪敛迹，以待乘机再动。该寺风潮，亦暂告平息。

但是，由于 1932 年本寺中“倒虚”现象的出现，佛学院的创办和教学

---

① 《民国佛教期刊文献集成》第 175 卷，第 66 页。

② 《民国佛教期刊文献集成》第 176 卷，第 103 页。

③ 《鼓山佛学院消息》，《民国佛教期刊文献集成》第 67 卷，第 274 页。

④ 《虚云法师来函》，《民国佛教期刊文献集成》第 176 卷，第 103 页。

⑤ 《虚云和尚全集》第 5 卷，第 106 页。

过程也受到一定的影响，甚至可谓一波三折。直到“倒虚”事件过去之后，佛学院才得以继续开办教学。据当时报纸报道：

> 鼓山风潮既息，而鼓山佛学院又渐呈活动。现拟招学僧五十名，且得当代弘律之慈舟律师，常驻讲律；又得前香港著名之老居士，今现比丘身，法名观本者，教授国文；而总其全院之责任者，为闽南佛学院派去之心道法师。①

虚云住持涌泉寺期间，本寺十分重视讲戒。时有新闻称，鼓山涌泉寺佛学院，古历二月十五日起，请应慈老法师宣讲《大乘梵网经》。②

鼓山涌泉寺，在虚云的住持下，“力事整顿，创佛学苑，开念佛堂，设放生园。凡弘法利生之事，莫不周备。事虽有赖乎檀越，然若非和尚之戒德，曷克令人景仰！”③1936 年，福州海潮寺有众优蒲夷集体出家为尼，全体在鼓山涌泉受戒，④ 为当地空前未有的盛举。

第三节　印光：净业必须严持戒

印光法师（1861–1940），陕西郃阳（今合阳）人，俗姓赵，名丹桂，字印光，又字绍伊，号子任。印光幼读儒书，十五岁后，因病困数载，得读内典而随发心向佛。清光绪七年（1881），二十一岁的印光从终南山南五台莲花洞道纯和尚出家，第二年到陕西兴安县（今安康市汉滨区）双溪寺，从印海律师受具足戒。由于其研究深刻、修行严谨、人品高洁，受到当时世俗的崇仰，与虚云、太虚、弘一并称为民国四大高僧，被尊为是净土宗第十三代祖师。

印光是净土高僧，撰写了大量的指导修行的书信、序跋等，其中涉及四众弟子持戒及与戒律学或僧团制度建设相关的著述主要有：1926 年撰写

① 《虚云和尚全集》第 5 卷，第 109 页。

② 《虚云和尚全集》第 5 卷，第 110 页。

③ 拱辰：《福州鼓山涌泉寺皈戒纪闻》，《民国佛教期刊文献集成》第 51 卷，第 127 页。

④ 《稀见民国佛教文献汇编（报纸）》第 2 卷，第 210 页。

的《戒杀可免兵祸》和《普劝戒杀吃素挽回劫运说》，以及1936年撰写的《整理僧伽制度》和1943年撰写的《遗教论戒》等。另外，印光还有《巢县鱼山圆觉禅院传戒序》和《金山江天禅寺传戒序》等文章。印光潜心净土，每有信众求教，一方面总会谆谆教诲，劝其一心念佛，另一方面又极为重视戒律的作用，并教导弟子严谨持戒。在其修行、交往及书札往来中，显示出其净戒结合的思想特征。

第一，戒律为净土之基。

佛法虽法门无量，无不以戒为基。但对于净土修行，不少人有一种误解，认为念佛即是修行，修行即是念佛，而对于持戒的重要性却认识不足。因此印光强调，净土虽然念佛为务，但如无戒律之基础，则最终会一事无成。这是因为，“律为教禅密净之基址，不持律，则教禅密净之真益不得。如修万丈高楼，地基不坚固，则未成即坏。净为律教禅密之归宿，不念佛求生西方，则律教禅密，皆难究竟”。①

此说不仅振聋发聩、当头棒喝，且语重心长。长期以来，修净业者要否持戒、修净业者如何持戒，这一直是一个让许多人模糊不清的问题。印光以其社会影响力及对净土法门的精湛理解和深厚功力，念念不忘指导广大信众要清净修行、持戒而修。换言之，如果净土法门有什么捷径的话，那就是严谨持戒。如此才是修行捷径，才能少走弯路。

第二，持戒为第一要务。

通过众多的书札往来，印光时刻提醒修行者要牢记持戒在净土法门中的重要性。他说：“凡修净业者，第一必须严持净戒，第二必须发菩提心，第三必须具真信愿。戒为诸法之基址，菩提心为修道之主帅，信愿为往生之前导。”② 他并针对一些人的言行，谆谆告诫：净土虽然是念佛法门，但并不是仅仅只在念佛，持戒才是成道之基，持戒为净土第一要务。他说：

> 戒定慧三学，为学佛及修净业者之根本，而戒尤为要。故《观无量寿佛经》，开示净业三福：一则孝养父母，奉事师长，慈心不杀，

① 印光：《金陵妙悟律院垂裕记》，《印光法师文钞》（下），第1073页。

② 张秉全辑：《莲宗三大师开示录》，浙江省天台山国清讲寺内部资料，2004年，第47页。

> 修十善业；二则受持三归，具足众戒，不犯威仪；三则发菩提心，深信因果，读诵大乘，劝进行者。初二，多属戒学，三则三学圆具。具此三福，则净业大成，往生上品。故于净土五经后，附《华严经·净行品》及《楞严经》四种清净明诲。以期净业行者，于律仪戒之执身不作，进而得定共戒之制心不起，及道共戒之超情离念，断惑证真。
>
> 然纵得“定共”“道共”二种实益，犹当兢兢业业，执持律仪戒，以为自利利他，维持法道之轨范。则空解脱人，无由以大乘藉口，而因之以坏乱佛法，疑误众生也。①

简而言之，净不离戒，戒能护净。若仅念佛而无持戒，或持而不严，则会白白用功；如果没有戒律的基础，不论任何法门，终将一事无成。

第三，受戒重在持戒。

对于在家二众而言，虽然五戒看起来并不难持，但是在现实生活中严谨做到却是十分不易的。印光指出，“世出世间事，无不以身为本”，持戒向善，不仅对自己、对社会都是有益的，所以“受戒也要持戒，不受戒也要持戒。非未受戒，便可不持戒也”。② 对于发心向善的人而言，“五戒无论受与不受，皆当严持。以前之杀、盗、淫、妄四条，名为性戒，即不闻戒名之人，犯之亦有罪过。而受戒者犯之，则成两重，于本罪外，又加一犯戒罪过。故曰：一切人皆须严持”。③

印光强调，既然发心皈依，固当五戒全持，既然持戒，就要严持。“佛大慈悲，虽有一二三四随人意受之例。然此系有势不能持之事，不可以此自宽”。④ 因此，持戒者不能为自己寻找违戒或弃戒的理由，受戒很重要，但受戒之后能够严持才更为重要，不然获罪更大。

第四，未受戒者不可读律。

印光主张未受戒者不可阅读律藏，但这并不是如常说的因律本是“秘

---

① 印光：《净土五经跋》，《印光法师文钞》（下），第 1051 页。

② 印光：《复施元亮居士书（三）》，《印光法师文钞》（上），第 544 页。

③ 印光：《复王雨夕、王雪夕居士书》，《印光法师文钞》（上），第 260 页。

④ 印光：《复王雨夕、王雪夕居士书》，《印光法师文钞》（中），第 716 页。

藏”，乃僧家独享，而是有着另外的原因。一者，未受戒的人尤其是未明远理之人，不知有大权菩萨现不如法相，以启如来立制，垂范后人，因此容易对戒律及持戒产生误解，“遂谓如来在世，佛诸弟子多有不如法者。从兹起邪见，以藐视僧伦，则其罪不小”。二者，律藏中事，唯僧知之，倘若有非僧阅读，可能会出现别有用心之人或外道假充比丘，作不法事，诬谤佛法。所以，之所以说在家人不可读律，只是对此加以预防而已。

印光指出，如果是好心护法，或为律藏校正流通，“何可依常途为例”？不然的话，若定执未受戒者不可阅读律藏之语，那么戒律的书写、刻印、流通等一切事务，就必须完全赖僧而为，这显然是不可能的。相反，如若能够“放心安意，校正流通，其功德无量无边，何须过虑？”只是“不可以律中文相，对无知无识之人宣说，及泛泛然录之于寻常文集中，以启无知人妄造口业之衅”。这是因为，“天下万事，皆有一定之理。而当其事者，须秉一定之理，而行因时适宜之道。理与权相契，法与道相符，斯为得之”。而且，“世出世间，理皆有定，法皆无定。大而经国治世，小而一饮一啄，莫不如是。何独于律藏而板执乎哉！”① 印光还特别强调，蕅益智旭的《毗尼集要》中也持此论。

这也即是说，在家人不可读律，虽然有其原因，这只是一种原则、一种传统，但是并不是绝对不可。如若不然，律藏的印刷、流通就不易流行。再者，即使在家人读律，只要不随意对人宣说，不随意公开，不到处卖弄和哗众取宠、嬉笑轻薄，而是为了提高自己的佛学素养，了解佛制戒律，净化自己的生活，这样的读律又有什么不可呢？

第四节 辅仁：中兴古林十七祖

辅仁（1862–1929），法名仁友，号惠庵，江苏东台人，俗姓陈。幼年即因感世事无常，而在姜堰溱潼镇北禅院出家，师承静堂和尚。光绪初年，辅仁于宝华山圣性律师处受具戒，并于此处专研律学凡十载。后又至古林

① 印光：《复徐蔚如居士书（一）》，《印光法师文钞》（上），第171–172页。

寺参学，受到寺主东山和尚的重视，而被授记，嗣法主席古林寺，成为继古心如馨之后的古林寺第十七代住持。

谛闲曾赞辅仁曰：“金陵有律院，办建于皇明，重兴南山道法，讳慧云如馨。经三百余载，递代袭相承，直至清末叶，药火化成尘。祖师光未泯，焕然又一新，中兴此道者，其号曰辅仁。此老金刚骨，铁面不留情，七十余年光璀璨，即今亲证涅槃城。”①

一、中兴古林寺

明末清初，古林律学曾经辉煌过一段时间，后因世事变幻，历史沿革，尤其是随着千华律学的崛起，古林寺的律学地位和影响也就随之下降。加之清末的社会动荡，古林寺律学已经失去了曾经的光芒。光绪末年，辅仁和尚住持古林律寺法席，遂又使古林寺律学得到复兴。

辅仁上任后，即以本寺所立明崇祯碑、清乾隆与嘉庆碑文所载之事为蓝图而复建法幢，再振道场，重张律学。在辅仁主持下，至光绪二十六年（1900），本寺已经另造房屋五十余间，加以前代所建，古林寺已有殿寮百余间，规模初就。但是，当年九月初八日，因雷电引起古林寺后的军火库起火爆炸，古林寺遭毁，僧人死伤惨重。时两江总督刘坤一让布政司下拨五百两白银以支持重建。辅仁随率领僧众，先行开工建设。在重建期间，辅仁“竭力经营，昼则跣足从事，夜则巡逻达旦，目不交睫，昼夜辛勤，枯槁黧黑，无复人形。见者骇然，善心概发”。② 由于得到当地官府衙门和十方善众的大力支持，古林寺的重建工作于光绪二十八年（1902）顺利竣工，各种殿堂一应俱全，房屋百数间。四月初一日，请通智和尚重挂钟板，宣传《首楞严经》九旬，凡升座时，有听众千余人。辅仁和尚随重开戒坛，恢复传戒，并重修古心律师的塔院。朝廷也赐《龙藏》、珠衣等，以示褒奖。

民国时期，辅仁和尚及其住持下的古林寺活跃在当时的佛教界，并有着重要的社会影响。

---

① 詹天灵：《古林寺仁老和尚集》，南京古林寺内部资料。

② 民国八年（1919）春期《敕赐凤山古林律寺同戒录·序》。

二、参与佛教复兴活动

辅仁和尚是民国时期的重要佛教活动家，对当时的佛教复兴、维护僧团权益、保护寺院财产等工作，作出了重要贡献。

1912 年春，辅仁与敬安等一同发起，于上海组织中华佛教总会，以保权利、护庙产。这也是近代社会中国佛教的第一个全国性组织。1913 年春，辅仁任江苏省佛教会副会长、江宁佛教分会会长。1914 年，辅仁与江天寺青权、高旻寺楚泉、重宁寺雨山、法源寺道阶、留云寺应乾、毗卢寺舣波等，共同担任中华佛教会评议员。1923 年，张宗载等人成立佛化新青年总会，辅仁与静波、寂山、惟宽、王一亭等担任江苏佛化联合会执行委员。1925 年，辅仁被选为中华佛教联合会江宁佛教分会会长，并于次年接待日本佛教徒来华参访，代表南京佛教界致辞。1925 年冬，辅仁邀请学者潘宗鼎纂修《古林寺志》。

三、加强传戒

辅仁非常重视传戒。中兴之初，辅仁即在古林寺开始恢复传戒。当时求戒人数很少，光绪三十年（1904）的春戒，仅有四十余人受戒。[①] 而随着辅仁的社会影响力与日俱增，古林寺的影响也越来越大。到了 1921 年春戒传戒时，参加戒会的总戒子则达到 406 人。其中，比丘戒弟子 113 坛，338 人；比丘尼戒弟子 12 坛，37 人；其他戒弟子，不分坛共 31 人。[②]

因为有了辅仁开创的基础，民国时，古林寺传戒讲经活动十分活跃，在社会上也有着广泛的影响。从当时报刊所载消息可见其影响之一斑：1934 年的《佛学半月刊》第八十八期有《南京古林寺今冬传戒讲经》，默庵法师于古林寺十月十五日开学堂至十二月初八日圆满，并宣讲《梵网经》。[③]1936 年 3 月 15 日的《佛教日报》有《首都古林寺戒期讲经并启建

① 光绪三十年（1904）春期《敕赐凤山古林律寺同戒录》。转引自詹天灵《〈评述律门祖庭汇志〉的几点贡献》，第 53 页。

② 民国十年（1921）春期《敕赐凤山古林律寺同戒录》。转引自詹天灵《〈评述律门祖庭汇志〉的几点贡献》，第 55 页。

③ 《民国佛教期刊文献集成》第 50 卷，第 73 页。

水陆》一文："南京古林寺住持学愚和尚及各班首执事，循例于今春开堂传戒，接引后学"，于戒期内举办超度阵亡将士和灾区死难者的水陆普利大斋道场，并由默庵法师宣讲《梵网经》。[①]1936年4月出版的《佛学半月刊》有消息《南京古林寺传戒讲经》。文中云："南京古林律寺为古心律祖中兴传戒道场，近来主持者克绍宗风，每年春冬两季传戒。今年该寺春戒之期内，并请默庵法师宣讲《梵网经》。"本次法会，每日听众数百人。[②]

四、整理律学历史

除去重修寺院、中兴古林之外，辅仁另一重要贡献即是建构古林寺的历史——他于光绪二十八年（1902）编著了《古林中兴律祖事迹考》（又名《金陵马鞍山中兴律祖事迹考并近事启》）一书。本书对古林寺诸代律师及其在律宗发展史的地位进行了溯源。

本书一出，好评如潮。时有通智法师赞道"其载记也详，其考证也实，其辩讹也确，其溯源也备而周"。尤其当时"若宗、若教，皆可传戒，几不知戒律之专主"的时期，明确古林律学的地位和作用是非常有意义的。同时，因为千华律学遍天下，世人几不知戒学发起于如馨，不知如馨发迹于古林，所以本书能够明本清源，无义不搜，对于厘清古林律学的历史传承，也有着鲜明的思想史意义。[③]

三年后，辅仁又在此基础上重新辑成《金陵马鞍山古林律寺祖庭汇志》，通常简称为《律门祖庭汇志》。据学者研究，该书对《南山宗统》《宝华山志》中的一些错误说法和历史谬误进行了纠正，对律宗传入北方的时间和历史进行追溯，还原了古林律学和宝华律学的历史。尤其是他还在本书中汇集了历代佛教名山史志中对古心如馨律师的评价，以大量史实证明了古林寺在中国佛教发展中的地位。正因为《律门祖庭汇志》"辨析宗派，正本溯源，时为南京佛教之宗风绝响"。[④]《律门祖庭汇志》当时即受到高僧大德、

① 《首都古林寺戒期讲经并启建水陆》，《稀见民国佛教文献汇编（报纸）》第2卷，第94页。

② 《南京古林寺传戒讲经》，《民国佛教期刊文献集成》第52卷，第231页。

③ 通智：《律门祖庭汇志·序》，《律门祖庭汇志》，第48–49页。

④ 《律门祖庭汇志》，第2–4页。詹天灵：《古林寺仁老和尚集》"缘起"，第2页。

学界同仁的高度评价。时徐州佛教会会长汪真如居士称："我辅仁律师，丕承先烈，宏宣梵呗，闻者心解，悟者神会。迹其领袖海众，宏开普度之门；构造梵宇，克振中兴之业。所著《律门祖庭汇志》，笔削严谨，叙述渊源，辨别宗派，绍往哲而开来学，遵正规而杜歧趋。此固古祖之功臣，仰即佛门之巨子也。"①

《律门祖庭汇志》篇幅不大，共分为：例言、序文（三道）、法语（一道）、偈语（一道）、律寺名称（二则）、戒台名称（三则）、古祖事迹（一道）、宗派（三则）、律宗谱系（一则）、诸家证据（六则）、《旧志》考据（十七则）、《新志》② 考据（十则）、辩讹（八则）、补遗（四则）、跋文（一则）等，共约二万字。

《律门祖庭汇志》自光绪至民国年间，刊印多次。据学者考证，目前有三个版本：初版于光绪三十年（1904）冬刊成，后又于宣统三年（1911）和民国十六年（1927）再版。而民国版的内容和印刷则更优于前者。③ 近有 2011 年南京出版社出版的、由詹天灵标点的《律门祖庭汇志》出版。另外，辅仁和尚还有《〈敕赐凤凰山古林律寺同戒录〉序》。

1929 年四月初六，辅仁圆寂于古林寺。辅仁勤勉努力，一生传戒五十余期，于民国佛教复兴之时，接续如馨法脉，复兴并发展了古林一系的律学，巩固了本寺在中国律学史上的地位，并在民国之时产生了突出的影响。

辅仁为南山正宗二十九世，古林第十七代。④

第五节　道阶：八不头陀传戒多

道阶（1870–1934），湖南衡山人，俗姓许，法名常践，号晓钟，以字道阶行世。因服膺蕅益智旭，故从智旭"八不道人"之号而别号为"八不头陀"。

① 汪真如：《律门祖庭汇志·序》，《律门祖庭汇志》，第 47 页。

② 按：《旧志》，指康熙年间定庵德基所辑录的《宝华山志》十卷。《新志》，指乾隆年间由刘名芳所辑录的《宝华山志》十六卷。

③ 詹天灵：《〈评述律门祖庭汇志〉的几点贡献》，第 46 页。

④ 詹天灵：《南京古林寺辅仁友公老和尚传》，《古林寺仁老和尚集》，第 14–16 页。

光绪十五年（1889），道阶二十岁时从衡阳东一堂智胜寺真际和尚出家，是年冬，又从耒阳金钱山报恩寺碧崖律师受具足戒。次年，听律师讲《法华经》。出家后，道阶专意参禅，曾参究“狗子无佛性”话头半年，又于岐山仁瑞寺与田静、觉明一起参“云门桃花”等古善知识话头，从敬安参“念佛是谁”话头。从南岳默庵法师遍览大藏，“学台贤慈并禅净各宗奥旨”。道阶出家时曾立下四愿：十年读书、十年治事、十年注书、十年念佛。道阶曾三赴南洋南亚地区。1934 年农历二月一日，道阶在南洋印度等地寻访圣迹时，逝于怡保（今马来西亚怡保市）三宝洞，寿六十五，腊四十六。在中国近现代佛教史上，道阶是一位重要的僧人，在一定程度上影响到中国佛教的发展。其主要贡献有如下几个方面。

第一，积极护教。

光绪三十一年至三十三年（1905–1907），道阶致力于为金钱山请大藏经，并协助敬安组织佛教教育会。光绪三十四年（1908），道阶入京请大藏经，后登五台山立下护教四大宏愿。宣统元年（1909）道阶四十岁时，接北京弘慈广济寺志果法座；宣统二年（1910）春，道阶辞去在湖南几处的职务，回到北京一心护教。次年被钦定接志果于法源寺。

民国初期一段时间，道阶对维护中国佛教的存在与发展起到积极作用。1912 年，敬安等创立中华佛教总会，此会在国内建立 22 个支部，400 多个分部。道阶于总会中任机关部部长，并将机关部设于其住持的北京法源寺。[①] 道阶及法源寺显然起到了总会中枢作用。道阶也曾与总会副会长就当时中国佛教的发展、教育和权益等问题联名上书时北洋政府大总统。在此期间，道阶也很得京城名士相交，“莫不推公为宗主，提倡学佛，京人士心理为一大变化”。在袁世凯时期，道阶宏教北平，积极与政府沟通，努力保护北方的伽蓝不受占夺。其后，日本开始对中国进行文化入侵，要如欧美列强一般在中国传布日本佛教，道阶成为此时中国佛教的中流砥柱，促使政府调查全国僧产，并对其进行切实保护。道阶也应政府之请，在北京大宏

① 邵章：《道阶法师行述》，《七塔寺志》卷五，第 137–145 页。道阶生平主要依据邵章《道阶法师行述》。

经教，各部总长以下咸列席听讲，从而壮大中国佛教的社会影响。[①] 对其护教之功，邵章《道阶法师行述》有着高度评价，称赞道阶“适当毁寺灭法之交，其艰苦殆有百倍于文海（引者按：文海，即清雍正时期赴法源寺传戒的文海福聚）者，而卒能本无畏之愿力，使危者复安，倾者复正”。[②]

道阶曾倡导纂修《新续高僧传》。《新续高僧传》又被称为《高僧传四集》，民国时喻谦等人编纂。本书采录自北宋迄清宣统年间之多种僧传，五稔成书（1918–1923），计五十余万言，凡六十五卷（《僧传》前喻谦的序说为六十六卷）。虽然学者指出其中有不少错误之处，但本书实为研究中国佛教尤其是元明清佛教史的重要史料之一。

第二，学行一致。

道阶“谙悉律仪，持律仪亦精严”，“宗说兼通，戒行精严，一生持长午及银钱戒”；[③] 其“行解相应”，[④] 体现了严格的持律精神。道阶一生南北讲戒频繁，“时常往返湘、浙等地，说教、授戒无停岁”，当时的“湘中法师大都出其门下”。[⑤]

道阶曾赴南洋等地弘化佛法、瞻礼圣迹、搜译遗经，返回时迎玉佛像六尊，红白黄舍利无数，并贝叶梵书，佛教各种名迹图，天竺、缅甸僧伽之法物若干。太虚称赞道：“公以孑然一身，言语不通，援侣遥绝，旅钵又甚清苦，顾能运是累累者，以出入数万里风波中而归，不得不谓之坚诚卓越，有玄奘三藏之冒险精神者也。”[⑥]

第三，传戒说法。

道阶自壮年以至暮年，受南北名山胜刹礼请，传戒讲教不辍，有东方三藏法师之名望。[⑦]

---

① 太虚：《南岳道阶法师小传》，《太虚大师全书》第 31 卷，第 129–130 页。

② 邵章：《道阶法师行述》，《七塔寺志》卷五，第 144 页。

③ 法舫：《志道阶法师》，《法舫文集》第 6 卷，第 245 页。

④ 邵章：《道阶法师行述》，《七塔寺志》卷五，第 144 页。

⑤ 太虚：《南岳道阶法师小传》，《太虚大师全书》第 31 卷，第 127–129 页。

⑥ 太虚：《南岳道阶法师小传》，《太虚大师全书》第 31 卷，第 128–129 页。

⑦ 义通：《对于道阶法师等出席仰光世界佛教大会之感想》，《民国佛教期刊文献集成》第 172 卷，第 71 页。

道阶重视传戒，成绩斐然。他“平日所喜开坛传戒，故于湘省得戒弟子数千人，凡老人住持之寺，皆大宏毗尼”。① 总其一生，道阶共“住持八处，传大戒十一坛，讲经十四座，各大刹戒期任教授师二十余座，设维持佛教会及创办教育共十处”。② 太虚受戒于天童寺时，时道阶即为其七尊证师。③

道阶传戒或任教授师的寺院坛场有：光绪二十二年（1896），二十七岁，总理衡州罗汉寺戒坛，为教授师；光绪二十三年（1897），总管西禅寺修造并戒坛，为教授师；光绪二十四年（1898），总理雁峰寺戒坛，为教授师；光绪二十六年（1900），为南岳上封寺戒坛教授师，又为培元寺教授师，受请为金钱山住持；光绪二十七年（1901），在培元寺讲《弥陀要解》及二时课诵九十日，冬开坛传授千佛大戒，度僧三百余人；光绪二十八年（1902），为永兴县西竺庵戒坛教授师；光绪二十九年（1903），受请于宁波七塔寺讲《成唯识论》，冬于金钱山传授千佛大戒。④ 宣统元年（1909），从北京回金钱山传千佛大戒。1912 年冬，于金钱山传千佛大戒；1915 秋，为南岳祝圣寺住持，冬为耒阳云山天中寺教授师，又为罗汉寺、清凉寺教授师；1916 年冬，在祝圣寺传千佛大戒；1920 年冬，传千佛大戒，接天中寺住持；1921 年夏七月，在七塔寺讲《梵网经》。1921 年冬，回法源寺传千佛大戒。法舫法师幼年因家贫避家乡旱灾，曾就学于法源寺的义学，后于南岳祝圣寺是岸长老处剃度出家。也正是在此次戒会中，法舫依止道阶受具戒。⑤1922 年，于天中寺传戒；1924 年，在法源寺传千佛戒，是年冬在宝庆点石寺传千佛大戒；1926 年冬，在宝庆点石寺传千佛大戒。也许正因为道阶不断地讲戒传戒，为僧门接引培育了众多弟子，所以才被称为是“清末以来，巍然为佛门泰斗，其于维系佛法，关系重大”。⑥

道阶曾主持北京法源寺。本寺乃清代雍正年间宝华山律师文海福聚放皇戒的寺院。文海十传而至道阶，因此，在法统上道阶也实为南山律学的

---

① 法舫：《志道阶法师》，《法舫文集》第 6 卷，第 245 页。

② 邵章：《道阶法师行述》，《七塔寺志》卷五，第 143 页。

③ 太虚：《南岳道阶法师小传》，《太虚大师全书》第 31 卷，第 126 页。

④ 邵章：《道阶法师行述》，《七塔寺志》卷五，第 140–141 页。

⑤ 法舫：《志道阶法师》，《法舫文集》第 6 卷，第 245 页。

⑥ 邵章：《道阶法师行述》，《七塔寺志》卷五，第 140–144 页。

接续者。至于道阶在律学史上的贡献，邵章在其《道阶法师行述》中说是“承其绪而光之”。[①]其绪者，即宝华律学也。此系律学，清初时由文海福聚再一次传入北京，法源寺也为其一脉也；而光者，则是光大戒律一宗也。东初法师说道阶是“维护北方佛法的功臣”，“对北方佛教权益之维护与发展，贡献殊大”。[②]

1925年秋，日本僧人水野梅晓联络中国佛教界，召开东亚佛教联合会，时住持北京法源寺的道阶即出任中华佛教代表团团长，太虚副之，团员还有持松、倓虚、弘伞以及胡子笏（妙观）等法师居士等共二十六人。[③]由此队员之组成，也可大致看出道阶在当时中国佛教界的地位。道阶也被本次大会举为副会长。[④]

第六节　欧阳竟无：思想研究倡新说

欧阳竟无（1871–1948），名渐，江西宜黄人，民国时期重要的学术研究型居士、佛学教育家、近现代唯识学的代表人物。欧阳居士早年致力于经史，并曾潜心于陆王心学，结识杨文会后，受其影响转而从事唯识学的学习与研究。在杨文会去世后，居士曾主持金陵刻经处的事务。居士有着深厚的佛学造诣，一生著述众多，有《欧阳竟无内外学》16种。在其相关的文章中，显示了他具有特色的戒律学思想。

一、对戒律的评价

欧阳竟无因为在杨文会去世后主持《藏要》的出版工作，所以对三藏中主要典籍版本、思想、异同等内容都有着深入研究。虽然其中一些关于律藏的评论言简意赅，但也反映了他的律学建设思想之大略。居士没有专门的戒律学文章和著疏，但在其所著的《藏要》叙中，对律藏的评价之精准，

① 邵章：《道阶法师行述》，《七塔寺志》卷五，第144页。

② 东初：《中国佛教近代史》（下），第825页。

③ 倓虚：《倓虚大师文汇》，第206页。

④ 邵章：《道阶法师行述》，《七塔寺志》卷五，第143页。

也反映了他对律学的深刻钻研。

所谓《藏要》,即是从佛教大藏中选辑出重要经律论文献,进行刻印出版。此举之原因，是因为杨文会鉴于历代藏经中诸多不足，故而自1929年始，于南京支那内学院陆续组织印行。

《藏要》第一辑，共收经十一种、戒律三种、论十一种，共二十五种。在第一辑中,所收的律典有:《菩萨戒本》及《菩萨戒羯磨文》,弥勒菩萨说，玄奘译；《十诵比丘戒本》，姚秦鸠摩罗什译，附录“十诵比丘众学法三本类勘表”;《十诵羯磨比丘要用》,刘宋僧璩依律撰出;《善见律毗婆沙·序品》，萧齐僧伽跋陀罗译，选三卷。此辑中，共大乘律一种，小乘律两种。欧阳居士于《〈藏要〉第一辑叙》中说：

> 律三者，《地持》《善戒》译非全文，是故戒本羯磨，应抉《瑜伽》为大乘律。北方小戒，论其圆通，《僧祇》为最；究其严密，《十诵》为尤；《四分》《五分》及《迦叶维》，严不及《十诵》，通不及《僧祇》，是故戒本羯磨唯独取于《十诵》。南方小戒，此土传来，但见《善见律》，录序而已。①

《藏要》第二辑，收有八经、六律、十三论，共二十七种。本辑所收律典有：《四分戒本》(昙无德)，后秦佛陀耶舍译，全一卷，附录《四分》巴利二本众学法对照表;《弥沙塞五分戒本》,刘宋佛陀什等译,全一卷;《解脱戒经》(出迦叶毗部)，元魏瞿昙般若流支译，全一卷；《根本说一切有部戒经》，唐义净译，全一卷，附录净译、藏译二本众学法对勘表；《摩诃僧祇律大比丘戒本》,东晋佛陀跋陀罗译,全一卷;《根本萨婆多部律摄》,胜友集，唐义净译，全十四卷。

欧阳居士在《〈藏要〉第二辑叙》说：

> 此方律籍，可称该备，正量未来，而有《明了》，一辑所举，《十诵》《善见》而已。二辑则法藏之《四分》、化地之《五分》、饮光之《解脱》、有部之《戒经》、大众之《僧祇》，无不次第

---

① 欧阳竟无：《〈藏要〉第一辑叙》，《欧阳渐大德文汇》，第372–373页。

举其戒本，而使八家部执，详略异同，比例研求，堪资取舍，则戒学之大营也。

复举有部《律摄》，以四句颂摄戒多事，复叙戒文随事分释。文则视广律为简，义则较广律为繁。研戒之初，莫此为便，又戒学之切要也。①

在叙文的篇尾，他强调道：

此二十七种经律论，约略而谈：经之所的，无非般若、瑜伽法门；论之所趣，无非龙树、无著之学；而律则八家所立，罄无不宜。大道正轨，诚在于斯。老马示途，诚慰饥渴。世有智者，行远升高，其必以是辑作厥权舆欤？②

《藏要》的第三辑没有最终完成，收经十一种、律二种、论十种，共二十三种，其中律典有：《清净毗尼方广经》，姚秦鸠摩罗什译，全一卷；《根本说一切有部百一羯磨》，唐义净译，全十卷。

值得指出的是，在二三两辑中，也选有义净的律学译本，这些都是后世中国律学家们所不关注的，此举也反映了居士的学术视野和胸怀。另外，居士在其所著的其他文章中，对律学之研习和思想，也多有精彩之阐发。

二、方便与僧制

欧阳竟无的《辨方便与僧制》一文，对“方便”与“僧制”问题进行了研究，并从中提出自己的主张。在本文，欧阳居士提出了“居革命时代而不知方便，不适潮流，其颠倒是非、动人听闻者，非善巧绝伦”的观点，反映其要顺应时代发展而变革僧制的思想。

在本文中，欧阳居士用具体的语言说明，为了因应时代的变化，使佛教获得生存的可能，出家者不得不做的和不应该做的诸事，他合之为四。欧阳居士说，如若因为“当前之纠谬不能，遂亦无希望于后日，而教之危险何可胜言”？虽然这些改革僧制之事，并不能解决佛教面临的问题，但

① 欧阳竟无：《〈藏要〉第二辑叙》，《欧阳渐大德文汇》，第 375–376 页。

② 欧阳竟无：《〈藏要〉第二辑叙》，《欧阳渐大德文汇》，第 377 页。

是也能够“俾有不克匡正于现在者，必将有救于未来”。此四件事是：

一者为应做，即“出家者应行头陀、居兰若也”。《辨方便与僧制》说，声闻弟子少欲少事，应行头陀、居兰若，本就是个不应该讨论的问题，因为即使对于出家菩萨而言，对此也“应学应行”。欧阳居士并引《宝积经·郁伽长者会》中经文以证之。该经中说：“出家菩萨应作是念，我今应住于四圣种，乐行头陀。又云：出家菩萨见十利故，终不舍于阿练儿处（即阿兰若）。”据此，欧阳居士进一步指出，从经中可见，头陀和兰若固应是出家者所必须行也。在此后，欧阳居士又引《十住婆沙》卷一和卷十四、《集菩萨学论》卷十三和十四中的观点来广为说明：出家就是学佛，如果自己学佛未成，安能度众？那么，如何才能成就学佛呢？这即是要专精三学、永不可懈，行戒在头陀、修定先兰若。正如“龙树大士不厌反复说为出家不共之行，其意深长，可思也”。所以，今天之出家者，皆是貌为菩萨，既然受梵网戒，而对其中的常应二时头陀、冬夏坐禅之文——这都是《梵网经》明言的，怎么能够不以为然呢！若如是，又怎么能是真正的菩萨戒呢！①

二、三两者，是为不应做之事。欧阳居士引用诸多经文以证明“出家者不应参预世事，又不应为名利亲近国王宰官”“出家者不应服官，不应与考”之必要性和重要性。这是因为，出家菩萨与在家者的根本区别，即在于出家者没有摄受父母亲属、营农商贾等事王之业，及种种艰辛遽务忧苦。同时，出家者若与白衣一般从事贩卖种植，则容易引起世人讥嫌，有损僧格和形象。居士又引《涅槃经》所说加以强调，比丘不应畜财奴役、种植市易、谈说俗事，又不应亲近国王大臣。此等经律所制，皆是如来所说。因此，出家不与世事，不亲国王宰官，声闻固不必论，即出家菩萨亦悬为厉禁。诚以出家务俗必招讥嫌，既妨修道之专精，复失俗众之信奉。居士进而指出，历史上罗什之依凉秦之事，一再毁戒，而使其莲华泥污，衔憾终身；玄奘便殿周旋，内宫就译，亦违本怀。既然史已有如此之鉴，而现在还要以求引僧入俗，正是大谬之极！②

---

① 欧阳竟无：《辨方便与僧制》，《欧阳渐大德文汇》，第 26–27 页。

② 欧阳竟无：《辨方便与僧制》，《欧阳渐大德文汇》，第 27–29 页。

欧阳居士于第四条中着重指出，“出家参政，大违戒律，亦有碍世法”。因为，“出家离俗，自有其根本律仪。今三坛誓受，十方证明者，犹古之法，即所行持，亦必期古之人，不得藉口时代潮流，而自丧其信守”。他反问道，即使在相对温和的《梵网经》《宝积经》和《涅槃经》等经典中，“岂复有丝毫可以参政之余地”？如若毁戒参政，不但自丧僧格，亦失其人格。细而言之，虽然僧徒也属公民，但僧徒既然已经受戒，放弃俗利而专志道业，无所碍也。如若参选，“势非枉法不止，此所谓大碍世法也”。①

欧阳居士的《辨方便与僧制》作于 1936 年。当时，中国佛教界内部有不少关于僧人参政的思想和观点。欧阳居士作此文也是感怀而发、有的放矢，从文中也可看出当时相关的观点以及僧人参与社会政治情况。应该说，文中反映了居士对重树佛教、严整僧制以及要求出家者行必依律的殷切心情之一斑。他提出的这些问题也都是重要的问题，但其解决方案的可行性有多大，却又是很难进行评说的。

三、佛法之戒非宗教之戒

在清末民国一段时间，随着西学的影响，佛教是宗教还是哲学的问题，引起了诸多专家的争论。尽管这种争论背后有着复杂的文化背景、政治因素和学术观点的影响，各种观点的持有者也有着各自不同的价值观甚至阶级基础，但概言之者，其所争论的话题可以归结为四：一者佛教非宗教非哲学；二者佛教是哲学而非宗教；三者佛教既是哲学又是宗教。或者还有第四种观点：佛教就是佛教，而不是西方所言的“宗教”或“哲学”。

欧阳居士对这种关于佛教主体角色的争论，持“佛法非宗教非哲学”的主张。他有许多关于此问题的论述，其中思想最丰富也最精彩的观点，见于他 1932 年在南京高等师范学校哲学研究会上作的《佛法非宗教非哲学而为今时所必需》讲演之中。

欧阳居士认为，佛法即是佛法，非是哲学和宗教所能称量的。他对佛教非宗教非哲学这一主张，从四个方面加以论证。他说，世界上凡是宗教所能成立，其内容都必具有四个条件，而佛法都与之相反，所以说佛法非

① 欧阳竟无：《辨方便与僧制》，《欧阳渐大德文汇》，第 29–30 页。

宗教。第一，“凡宗教皆崇仰一神或多数神，及其开创彼教之教主。此之神与教主，号为神圣不可侵犯，而有无上威权，能主宰赏罚一切人物，人但当依赖他。而佛法则否”。第二，“凡一种宗教，必有其所守之圣经。此之圣经，但当信从，不许讨论，一以自固其教义，一以把持人之信心。而在佛法则又异此”。第三，“凡一宗教家，必有其必守之信条与必守之戒约。信条戒约即其立教之根本，此而若犯，其教乃不成。其在佛法，则又异此”。第四，“凡宗教家类必有其宗教式之信仰”。这是一种“纯粹感情的服从，而不容一毫理性之批评者是也。佛法异此”。[①] 不过，需要指出的是，欧阳居士所说的“宗教”，主要是欧洲学术话语中的宗教，或者说是不自觉地是以基督宗教为其标准的。

其中，第三条即是从戒律上而言之。而关于戒律的思想，也是欧阳居士援引用来证明佛法非宗教的主要论据之一。他是从戒律的角度加以考虑的。何以有此所言呢？他说，佛法有其究竟唯一之目的，而其他思想如哲学皆是方便之说。这种佛教的究竟目的即是大菩提，即度诸众生、共登正觉。虽然正觉智慧，人人固有，但因烦恼、所知二障，才会隐而不显。所以欲求智慧，必先定心，欲定其心，又必有戒。定以慧为目的，戒以定为目的；定者慧之方便，戒又是方便之方便。所以，“持戒者，菩提心为根本。而大乘菩萨利物济生，则虽十重律仪，权行不犯，退菩提心则犯”。

以教团为组织形态的宗教，其之所以能够成立，正在于它有一个强大的组织性公约和纪律作为保障，如果失去了这个公约和纪律的支撑，该组织必然涣散。正因为有了这个公约和纪律，具有团体性的宗教组织才能得以存在和发展，其思想与教义才能得到执行和认同。也正因为如此，宗教团体都会有强有力的组织以治理违规者和叛教者。另外，对于这些宗教者而言，也许其内心已经是违约了，但只要没有表现出来，那是很难判罚的。而佛法却不是。佛法重在于治人内心，这种治心，并不是通过外在的约束和处罚才能得以起作用的，而是在于对其成员进行般若智慧的开启，以慧成戒，以戒生慧，以戒杀内心之贼。因此佛教戒律并不是如其他宗教一般，是通过外加的一种纪律进行约束——在此情况下，受纪律约束者都是被动的。

---

① 欧阳竟无：《佛法非宗教非哲学而为今时所必需》，《欧阳渐大德文汇》，第81–83页。

欧阳居士的弟子王恩洋曾继续发挥居士的这个思想。王恩洋说，欧阳居士所言的佛法非宗教非哲学，并非他对于佛法有所私心，也并非于宗教和哲学二者有所恶。这是因为：

> 一切有情，但有觉迷两途，世间哪有宗教、哲学二物！当知我佛以三十二种大悲而出于世。三十二种大悲者，即悲众生起一切执，生一切见耳。一切见中，差别有五：一、我我所见；二、断常见；三、邪见；四、见取；五、戒禁取。见取者何？谓于诸见及所依蕴，执为最胜，一切斗诤所依为业。戒禁取者何？谓于随顺诸见戒禁及所依蕴能得清净，无利勤苦所依为业。所谓哲学，即是见取，一切斗诤之所由兴故；所谓宗教，即戒禁取，一切无利勤苦所由起故。是二取者，佛法之所当辟，而何复比附依违之也？①

显然，在王恩洋看来，说佛教是哲学，或者说以哲学比附佛教，本身即是不恰当的。因为，在本质上，哲学之所见也正是佛法之所辟者，何以能以之相比呢？

四、在家者也能阅戒

欧阳居士坚持佛教革新的主张，所以对传统上习以为常的一些观念进行了反思和批判。他在《支那内学院院训释》之《释师训第一·辟谬五》中，连续驳斥了世人对佛法所执的十种谬见，对历史上一直存在的，或者是在当时影响较大的一些谬误，或者似是而非的一些观点，进行了批评和匡正，并对谬误之说产生的原因进行了反思。

他所批的这十种谬见为：唯许声闻为僧、居士非僧类、居士全俗、居士非福田、在家无师范、白衣不当说法、在家不可阅戒、比丘不可就居士学、比丘绝对不礼拜、比丘不可与居士叙次等。其中，欧阳居士第二条所言的“居士非僧类”和第七条所言的“在家不可阅戒”之谬，在中国佛教历史传统中可谓根深蒂固，同时它们也与戒律观念息息相关。

---

① 王恩洋：《佛法为今时所必需》，《欧阳渐大德文汇》，第100页。

先看第二条。欧阳居士开宗明义地说："居士非僧类，谬也。"他指出，按《法苑义林章》和《十轮经》中所明，若有成就别解脱戒真善异生，乃至具足世间正见，彼由记说变现力故，能广为他宣说、开示诸圣道法，名最下品示道沙门。这即是说，真善异生持别解戒，具足正见、说圣道法，名为示道。欧阳居士说，如果按此经论，居士即使虽非正僧，但却得许为僧类，诸师皆同。只不过，后师主得果居士，前师主正见居士，稍有区别而已。正如《涅槃经》第六所言：声闻之人虽有天眼，故名肉眼；学大乘者虽有肉眼，乃名佛眼。"则知我佛所重，乃又在于正见也。正见所披，虽非无漏，随顺无漏，趋向无漏，是亦无漏"。①

至于"在家不可阅戒"，欧阳居士引《瑜伽师地论》《善戒经》《地持论》以为反驳。如第二十五不许学小戒说，若诸菩萨安住菩萨净戒律仪，起如是见，立如是论：菩萨不应听声闻乘相应法教，不应受持，不应修学，即是违越，故是违犯。第八戒中：薄伽梵于别解脱毗奈耶中，将护他故，建立遮罪，制诸声闻令不作，菩萨于中应等修学，无有差别。居士强调说，如此圣典皇皇，均言大应学小，为什么在家发菩提心受菩萨戒者，就不能够详阅比丘戒律呢？他对"在家阅戒，于小为犯。然若精熟，用化有情，是有违犯，净而非染；如是清净，犯亦无碍"的观点极为赞同，说其是最值崇敬的圆通思想。而且，居士也对密部思想，持如是观点。②

显而易见，欧阳居士对此两条误见的辨识，对于传统来说可能是颠覆性的观点，对于戒律学建设很有现实意义。

众所周知，长期以来，在家人不能读律，基本是广为世人所接受的。究其原因，这或者是出家人不乐于世人读律，或者是世人因此观点而回避读律。但其结果造成了律学研习及其理论建设，往往都是局限于出家众之中，在家居士所研读的也仅是菩萨戒等大乘律典。这与台、贤、净、禅、唯识等思想研究领域，在历史上一直能够汇集大批知识分子相比，戒律学一宗则始终不能把世俗知识分子的智识力量引入戒律学理论研究之中，因此对

① 欧阳竟无：《支那内学院院训释》，《欧阳渐大德文汇》，第 126 页。

② 欧阳竟无：《支那内学院院训释》，《欧阳渐大德文汇》，第 129 页。《内学》第三辑，《民国佛教文献期刊集成》第 10 卷，第 19–20 页。

于传统戒律学建设而言，不能不说是一种不小的损失。虽然欧阳居士没有明确提出，但这种现象却是客观存在的。既然在家不可阅律之说实都为谬，那么居士可研读小乘律，也就是顺理成章之事了。

欧阳居士的论证十分简单明了。他是从居士属于僧类这一点来加以说明的。其第二条和第七条是十分相关的两个问题。既然居士都属于僧类，那么在家者能否读律这个问题就不再是问题了。欧阳居士在编纂《藏要》过程中，对多语种、多部派律学文献进行的补缺选定和校阅勘对工作，正是基于这一立场才能得以进行。

几十年后，印顺又从"理和同证"的角度，来说明出家与在家事实上是平等的。因为出家与在家，本都属于"僧伽"团体，只是表现出不同的社会"相状"而已。如此一来，既然四众本是平等的，那么其所暗含的结论也即是，在家白衣也是可以读律的——虽然印顺法师并没有直接说出这句话。他说：

> 在形迹上，有出家的僧伽，有在家的白衣弟子。但从行中道行、现觉正法而解脱来说，"理和同证"，在家与出家是平等的。白衣能理和同证，也可称之为僧伽；而且这还是真实僧，比形式上的僧伽更值得赞叹。反之，出家者如没有现证的自觉，反不过形式而已。这事和与理和，本来是相待而又不相离的。①

显然，由此出发，我们可以这样说，一个人能否读律，或能否读律的根本区别，并不在于其在社会中的形显之像，而在于其身口意的三业所作。如果你仅为形式的僧人，受戒而不持戒，那么即使能够读律，事实上也是对戒律的一种冒犯。另一方面，如果你能够认真持律，发大菩提心，严于三业，学而能行，严于律禁，即使是白衣，怎么不能读律呢！能读与不能读的根本区别，正是在于你是不是真实的受戒者，是不是真正的佛弟子，而不是以名字比丘和形似比丘来加以判断。岂有他哉！

---

① 印顺：《佛法概论》，《戒律学纲要》，第 444 页。

五、如律与方便

尽管有诸多佛学家对弘扬律学义无反顾，但清末至民国相当长的一段时间，佛教界的持律状况仍然是存在很多问题的，所以才引起了大师们的广泛重视。欧阳居士甚至说，中国大陆僧众约有百万之数，如不整理、严拣，诚为革命之大遗憾。[①]正因为这个原因，居士对新时代的僧制建设极为重视，十分强调法事的严格和行为的如律，并严厉批评丛林中流传的种种不合律仪的现象。

1926年，欧阳居士于支那内学院作《今日此方应用律》的演讲。他在演讲中指出，今日中国佛教所行种种威仪受人轻视，究其原因，正是因为与戒律实有不合之处，所以通盘需改——如出家、受戒、衣食住、四威仪、读经梵唱等，“无一合于佛制，即无一不需改”，“革新即须研求律学”。[②]此处所言的“律学”，即是“戒律”之义。所以他提议，要加强对律典的学习，要重视对各部律典的比较，由此可见其异同，以便能够改正旧行各律之不合佛制者。[③]

欧阳居士在1938年9月的《覆欧阳浚明书》中说：

> 大乘不食肉，比丘不开淫戒。而今有别说，而可相违，其源皆由不知虚妄分别有，不知有之势用刚强。非戒严、教严，三僧祇劫一息不苟对治发生，不足为胜。不知虚妄分别有，而以为无，一切犯戒，可易引生，并视为不足危惧，几何而不戒绝教灭，而末日时至耶？吾诚哀惧，而不得已于言。若正法未阐，吾侪应急起直追。昌言正论，此责非复渐一人之责也。[④]

欧阳居士还指出一些非法非律之事。如出家随意、受戒轻率，衣则长袖连缝、食则弃钵、住则广床，以及早在唐代即被义净批评过不合佛制的

---

① 欧阳竟无：《辨方便与僧制》，《欧阳渐大德文汇》，第24页。

② 欧阳竟无：《今日此方应用律》，《内学》第三辑，《民国佛教期刊文献集成》第10卷，第168、169页。

③ 欧阳竟元：《谈内学研究》，《欧阳渐大德文汇》，第116页。

④ 欧阳竟无：《覆欧阳浚明书》，《欧阳渐大德文汇》，第416–417页。

受戒规则、烧炙体肤之类都是这种表现。戒本为防非止恶，现在却是受而后犯，是为欺佛也。“与其欺之，毋宁得原意以行之。此则各部各家学说，皆需考证，乃明真相。故律学研求，今所尚焉”。① 只有如此，才能发现今日戒律持守中事虽不行、但意不可失之理。

正因为欧阳居士强调要合法如律，所以在其《支那内学院院训释》之《辟谬五》中，对几条谬误辩正和批驳都严格以戒律为标准。如对于第六谬之“白衣不当说法”，欧阳居士引用智者大师所疏《梵网经》四十六“说法不如法戒”之语：

> 在家不全为法主，止说一句一偈，不如法亦犯。诸不善读，执而不通，谬倡詟言，在家白衣于法止说一句一偈，非为法主不可说法。三藏十二部遂锢一隅，渐积陵夷，谁之过欤？②

欧阳居士批第十谬之“比丘不可与居士叙次”时，也引用《梵网经》。他说：

> 《梵网》第三十八“乖尊卑次第戒”，先受戒者在前坐，后受戒者次第而坐。义寂法师注叙三义：一、师但受菩萨戒为次第；二、师未受菩萨戒，比丘坐菩萨下，若受，比丘依旧下，不依新定；三、师不问声闻、菩萨差别，但先受戒，即在前坐，文殊、弥勒入声闻众次第坐故。③

同时，欧阳居士并不固执于经典中的教条，十分重视持律的方便法门。他说：“不得已而立教，不得已而制学，不得已而作师。皆非本然，无非方便。”他举例说，比如律中有“不说出家过”之戒，那么何以《涅槃经》中有比丘付诸国王、大臣、长者、居士之事？律中强调羯磨凛凛无违，何以《善戒经》中说像前受戒，得果成佛，同归一致？

《说戒》是欧阳居士于支那内学院的一次演讲。他在演讲中说：“制戒之原，出于方便，其真实乃为慧。慧是理，戒是事，理通而事局，理究

---

① 欧阳竟无：《今日此方应用律》，《民国佛教期刊文献集成》第10卷，第169页。

② 欧阳竟无：《支那内学院院训释》，《欧阳渐大德文汇》，第128页。

③ 欧阳竟无：《支那内学院院训释》，《欧阳渐大德文汇》，第130页。

竟而事方便也。”而且，大小乘戒其原始之意也各有不同，“大乘首重为人，人以受为其体性”。所以大乘见之于事，首在于重杀，如《楞伽经》《璎珞经》等戒，都是首先禁杀。小乘戒的原始之意重在了脱生死，故制戒为始，其戒条之意为“自性不善与避人讥嫌之两意”。其诸如淫盗讥嫌等戒，皆与自己生死问题相关，为人之意并不突出。因为大乘戒为事而非理，事因方便可以改变，所以大乘戒可因时因地而变。因此，“今日研究戒律，应由开制得其原意，因此而明理，□理而适用，材料不备无妨”。所以欧阳居士说，今后内学院研究部之用功，“应注意于此，以期为我国今日适用戒律之准备”。①

欧阳居士在《谈内学研究》一文中，还灵活运用佛教的六度思想，以之作喻来说明内学的研究方法。他说：“研究之可能，此谓六度，手臂为凭藉者也。”对于“持戒”之度，他比喻道：

> 此就可能为言，制之一处，事无不办。戒如马捋，马受捋则力强而行速。学亦以戒为方便，而后有可能。吾人经验中亦有此证明。如作事不废时光，日计不足，月计有余，但乱念极耗岁月，去乱念即是戒。此不可作陈腐语看。②

1926年，欧阳居士立支那内学院作为居士道场，并定“师、悲、教、戒”四字院训。从内容上说，“师、悲”着重对于人群社会的责任，“教、戒”强调学佛的理论与实践。自1927年开始，他陆续为院训作《释师》《释悲》《释教》，创新办学理念和治学方向。《释师》《释悲》发表于1927年出版的《内学》第三辑，《释教》作于1941年，由支那内学院蜀院单篇印行。但是，欧阳居士而对“戒”进行解释的《释戒》篇，则最终没有完成。

第七节　倓虚：管理宗寺立章程

倓虚（1875–1963），河北宁河（今属天津市）人，俗名王福庭，法名

① 欧阳竟无：《说戒》，《内学》第三辑，《民国佛教期刊文献集成》第10卷，第174–175页。

② 欧阳竟无：《谈内学研究》，《欧阳渐大德文汇》，第117页。

隆衔，字倓虚。

十九岁时，倓虚随亲戚到沈阳学做生意，次年因为日军侵占平壤而重回关内。光绪二十四年（1898），在母逝后，即有出家想法。后因八国联军之乱又远避大连，其后一直颠沛流离。1914年，第一次欲出家未成。直到1917年，四十三岁时，倓虚出家于河北涞水县高明寺。当年秋天，正遇谛闲法师于宁波观宗寺传戒。听闻此事，倓虚便随即于九月南下至宁波受戒。受戒后，即停于谛闲法师创办的佛学研究社，学习天台教法。

至1923年，出家已经六年的倓虚有了相当高的社会声誉，便受邀到哈尔滨讲《楞严经》，并受陈飞青居士之请，任哈尔滨极乐寺住持，并主持其后该寺的修建工作。在住持极乐寺期间，倓虚于此传戒，并请谛闲法师担任戒会的得戒本师。经过多年的努力，倓虚推动了天台宗在北方的传播，并使其日益扩大影响。正如蒋维乔所说："天台一宗盛宗于北方，此乃智者大师创教以来，所未有也。"[①]因此，倓虚的工作很得谛闲的赏识，并亲传天台宗第四十四代法卷于倓虚。

倓虚一生艰难创业，受师之托传法于中国北方，成绩卓然。他曾建营口楞严寺、哈尔滨极乐寺、长春般若寺、青岛湛山寺，另外还复建有吉林弥陀寺、天津大悲院、沈阳般若寺等，共计弘法丛林九处，弘法支院十七处，主办设立僧学院十三处。除去东北地区的寺院外，倓虚还住持过北京法源寺、西安大兴善寺。1949年曾在广州住持光孝寺。

自1933年至1944年，倓虚在青岛湛山寺作过十年住持。期间，先后请慈舟法师和弘一律师到湛山寺讲律。1948年，倓虚离开青岛经上海到香港，并于1950年，当选香港佛教联合会第一任会长。[②]

据倓虚的自传《影尘回忆录》，他一生讲《梵网经》六遍。虽然他自称是"述而无作"，但其仍作有《〈般若波罗密多心经〉义疏》《〈心经〉讲义》《〈大乘起信论〉讲义》《天台传佛心印记释要》《〈金刚般若波罗密经〉讲义》等十余种，还有由其所讲、经弟子记录而成的《〈楞严经〉

---

① 于凌波：《中国近现代佛教人物志》，第62页。

② 于凌波：《弘化东北的释倓虚》，《中国近现代佛教人物志》，第55–62页；《倓虚大师生平》，《倓虚大师文汇》，第7–8页。

讲义录》《〈金刚经〉亲闻记》《〈金刚经〉随闻记》《〈普贤行愿品〉随闻记》等十余种。但从内容上说，除去其《授菩萨戒仪范》《〈四分律行事钞资持记扶桑集释〉序》等短篇之外，倓虚没有专门的戒律学著作。《授菩萨戒仪范》为宝一与倓虚合撰。[①]《〈四分律行事钞资持记扶桑集释〉序》，是倓虚于1951年在香港九龙华南学佛院为妙因律师搜集整理成的《四分律行事钞资持记扶桑集释》所作的五百字左右的序。倓虚重要的戒律学贡献在于其对寺院章程建设的坚持和对以法治僧的贯彻。

一、学佛真义重在行

倓虚自称是“志在三学”。他说：“修戒体以证法身德，修定性以证解脱德，修实慧以证般若德。因戒体任转，独赖戒相而保解脱。若得戒相遮诠具持，即是戒德法身全现，而持之者几希。故半月半月布萨，发露以其有耻，忏罪革故鼎新，于是始能长养之戒体也”。[②] 因此，倓虚强调，“学佛真义重在行”。毫无疑问，这种“行”当然是如法而行，持戒而行。他指出：

> 学佛之实行实做，有从智门入手的，有从行门入手的。从智门入手的，多是利根人，从行门入手的，多属钝根人。可是现代人从智门入手的，往往被聪明所误，横起知见，易入流俗。如普通一般学教人，大多是觉于口而迷于心，长于言而绌于行，这样尚不如从行门入手的比较可靠。真正上根利智的人，虽然其宿根深厚，要之其前因，亦从行门中来。如诸佛菩萨，声闻缘觉，阿罗汉等，莫不各有其所修之行，在劝化方面来说，也是劝人“修行”，如说“老修行！你好好修行”，没有劝人修智的。

这是因为，众生本具妙智妙慧，无须另外修得。“行”的功夫到家，智慧自然生出。反之，如果没有行持，说得天花乱坠也是无济于事的。要想行持，必先持戒。[③] 倓虚曾举见月读体律师之事，强调学佛修行就是朴

---

① 《菩萨戒仪汇集目录》，《济涛律师遗集》（卷下），第334页。

② 倓虚：《〈四分律行事钞资持记扶桑集释〉序》，《中国律藏》第45卷，第355页。

③ 倓虚：《影尘回忆录》，《倓虚大师文汇》，第368–369页。

素的持戒而为。他说，在读体在《一梦漫言》里，并没提出什么具体的修行法子，也没有谈玄说妙，只不过是从出家到圆寂，无论为公为私，从不知躲懒偷安而已。因此，所谓的修行，即是日常一行一动。因为举心动念，无不合于佛法，无不是修行。①

倓虚正是借以提醒那些修行者，不要把修行的方法和目的讲得很深奥、很玄妙，高不可攀，或以之来作为自己放松持戒、懈怠安逸的理由。他还举观宗寺里谛闲老人最器重的学僧持律法师的事勉励大家。持律做事认真坦诚，受人愚弄而去晒蜡，虽被认为是“愚痴”，或被喊作“晒蜡的法师”，但也不恼怒，反倒能从中发现修行的真谛，修行听经也都是一板一眼、严谨宽厚，最后达到了能随谛闲法师外出讲经的水平。这证明持律已经取得了自己的行力成就。②

二、实践以律治寺

倓虚一生建寺、兴寺十余处，住持寺院多处，其僧团管理总是律仪严整，如法而为，做到寺院清净淡然，僧团和谐有序。

随着戒律学的重新兴起，各地规模不一的佛学院也随之陆续开办，戒律教育得以逐渐加强，佛教界关于戒律的研习也有所开展，加强律仪建设也有了良好的社会环境。倓虚是此时重整丛林和强化戒律运动的极力推动者和实行者。他曾说：“新开创的地方，奠基伊始，一切规矩法则，更应当遵照佛的戒律，纵然不能完全持守，在可能范围内，也应当按照可行持的去行。”因此在湛山寺修起之后，倓虚即先后请来专门持律的慈舟法师和弘一律师为大家讲学。③

在倓虚主持下的湛山寺，僧众即是“遵依佛制，半月半月诵戒，每星期间讲《四分律》二次，及《菩萨戒》一次，以便遵行”。④他并强调：“凡我后学，欲信、解、修、证于佛法者，必须要信戒律、解戒体、修戒行、

---

① 倓虚：《影尘回忆录》，《倓虚大师文汇》，第 372 页。

② 倓虚：《影尘回忆录》，《倓虚大师文汇》，第 372–377 页。

③ 倓虚：《影尘回忆录》，《倓虚大师文汇》，第 310 页。

④ 倓虚：《影尘回忆录·附青岛湛山寺共住规约》，《倓虚大师文汇》，第 293 页。

证戒德，皆得完成所愿。而戒也者，岂可须臾离也！”①

倓虚在管理寺院中，也坚持深入贯彻这种以戒治僧的思想，能够在整个丛林接受和实践慈舟所崇尚的律仪生活。每到初一、十五，诵戒羯磨；四月十五，结夏安居；七月十五，自恣。平常过午不食。即使在慈舟法师和弘一离开湛山寺之后，规矩仍然能够得到执行，并产生一定的影响。有的同学，能够如弘一所愿，发心专门研究戒律，日中一食，按律行持。不但湛山寺是这样，和湛山寺有关系的寺院如哈尔滨极乐寺、长春般若寺、天津大悲院等也都能够按律行事。显然，倓虚能够坚而行之，将律师们倡导的治僧之法“推之同系各寺，皆持午结夏，严净毗尼”，这一方面反映了慈舟、弘一两位法师的律学影响及其人格力量，同时也表现出倓虚治理下的湛山等寺，其僧团和谐、戒律严整之状，“北方佛教中不多睹也”。②在当时社会动荡之大局势下，实属难能可贵。

倓虚的戒律思想既是严谨的，也是温和的。因为人的根器不同，对戒律的持守可能就会有差异，但他强调，持守戒律重在“持”字：

> 虽然不能完全做得到，但对戒律方面，能持几条算几条，持总比不持强。最低限度，出家人对四根本戒、十戒、十三僧残、应拣要紧的去行持。例如半月诵戒，像演电影一样，诵一遍就等于在人的脑幕上映一遍，纵然不能完全持佛的清净戒，但起码也给人种一个持戒的影子，自己有污染的地方，也能在诵戒时忏悔，洗刷一下。拿持午来说，虽然有些人持的不如法，但不能为一两个人不如法，就把这条戒废弃不持。有这条戒，像一堵拦马墙一样，总比没有好得多。③

在治理寺院和僧团的过程中，倓虚还重视建立规约以作为戒律的补充。在此一点，他尤其推崇见月读体律师的做法，并明显受到他的影响，自称其作住持，在规约治寺方面，“多依见月律师所订十条规约去行”。倓虚说，

---

① 倓虚：《〈四分律行事钞资持记扶桑集释〉序》，《中国律藏》第45卷，第355页。

② 蔡运辰：《倓虚大师传》，《影尘回忆录》，《倓虚大师文汇》，第395页。

③ 倓虚：《影尘回忆录》，《倓虚大师文汇》，第321–322页。

见月读体律师主持宝华山以后，对于那些“应兴应革”之事，订立十条规约，与大众共同遵行。“虽时代与处所不同，但因时制宜，大致都不会错的”。①

倓虚在湛山寺期间，先后主持制定了许多规约，《湛山寺共住规约》即是其重要代表。本规约共四章三十三条，对僧众的行住坐卧、学法修行、社会交往、财产处置等方面都全面作了规范。另外还制定有《青岛湛山寺佛教学校暂行规则》《讲堂规则》《自修室规则》《寝室规则》《图书室规则》以及《湛山寺住持简单领众课程规则》等。②

三、坚持按章治宗

作为天台宗的重要传人及在北方弘宗建派的主要推动者和教师，倓虚不仅重视在寺院管理中的如律如法，也能够坚持按章治宗，重视以章程治理天台宗在北方的发展，以规范本宗的事务、传承等。应该说，这是非常有远见的措施，因为他的这种管理理念已经超越了一寺一庙、一门一山的视野。其次，这种管理方式也是具有实际意义的，因为他发现一些寺院或师门，由于无章法可依，闹出一些是是非非，所以他要未雨绸缪，规范发展，以章制宗，按章传承。

1947 年，倓虚在长春传戒时，草拟了一份《天台宗总山章程》，并打算将来把这份章程在青岛主管当局备案，以后统以湛山寺为总山，综理本山各寺庙事宜。其主要内容是：

> 凡在本山各寺庙任住持者，或特派，或公选，不许私人授受，亦不定法嗣。任何法卷，与寺庙无关，所有天台宗法卷，原属宏法系统，非住持之左券，不与庙务及住持逊座相干。

倓虚在 1948 年从长春回湛山寺之后，作一碑文，预备泐于湛山寺，立之为证，使此措施能够公开稳定，避免以后出现纠纷。③

正因为倓虚有着按章治宗的思想，所以提出了丛林寺院“传法不传座”

---

① 倓虚：《影尘回忆录》，《倓虚大师文汇》，第 372 页。

② 倓虚：《影尘回忆录》，《倓虚大师文汇》，第 293–301 页。

③ 倓虚：《影尘回忆录》，《倓虚大师文汇》，第 325 页。

的主张。“传法不传座”是相对于在中国丛林寺院中长期实行的“接法亦接座”住持传承制度而言的。倓虚指出，这种“接法亦接座”制度的弊端是，在老和尚传法的时候，也许不能具有知人之明，对每一个人不能完全了解，往往大法子、二法子，一传四五个，可是一旦到了升座当方丈的时候，这些人可能就会你争我夺，往往笑话百出，有玷宗门。他说，因为从古至今，各丛林就有传法这一事，谁也不好轻易废掉。可是既传法又传座，就会造成种种流弊。为了对此加以杜绝，倓虚就想出“传法不传座”的办法。①所谓“传法不传座”：

> 例如某寺，历代传持某宗法派。先后到该寺来参学者，有诸方禅众，及教下学子等，不下数百人或数千人。寺中主持人，先后就其中对某宗教义有相当研究而又严持戒律、品学兼优者，拣选一人，或多人，一一传与某宗法卷，以期法脉绵延。这些受法的人，或有在某寺久住者，或有散而至于他方者，各随因缘，分灯扬化。这就是所谓“传法不传座”。②

倓虚指出，相反，如果认为“传法必须传座”的话，则会出现如下几种现象：其一，所有受法之人，必定个个都会认为自己是固定法嗣，而对寺务加以干涉；其二，升座时必然会出现争执；其三，受法人可能会先精进而后退堕，对传座事不能担当，难以称职，必将误事。③可见，倓虚提出“传法不传座”的主张，正是想从制度根本上避免这种乱象。

“传法不传座”为什么可行呢？倓虚指出，这是因为，“法”与“座”是两件事，“法”是本宗历代相传的宏法系统，是以个人见识而传的，是属于自利的；“座”是后任继前任，维持寺务的任期，以大众共同的意见特派或公选的，是属于“领众”、利他的。因此，“座”的升迁与退让，一切不受法卷所限制”。④

---

① 倓虚：《影尘回忆录》，《倓虚大师文汇》，第 332 页。

② 参见倓虚：《影尘回忆录》，《倓虚大师文汇》，第 334 页。

③ 参见倓虚：《影尘回忆录》，《倓虚大师文汇》，第 334 页。

④ 参见倓虚：《影尘回忆录》，《倓虚大师文汇》，第 332 页。

显然，倓虚这种制度设计，对于消除中国佛教丛林寺院传承中久已存在的弊端，既具有针对性作用，也有着一定创新探索意义，对于新中国以后的寺院管理制度改革也有着明显的参考价值。

第八节　慈舟：南北讲律行解精

慈舟法师（1877–1958）是民国时期重要的戒律活动家和弘扬者。①

慈舟，湖北随县人，俗姓梁，宣统二年（1910），三十四岁时，征得母亲同意，而与妻子同时出家，法名普海。受戒后，到各地参访听讲，遍师名匠。1913 年，慈舟曾跟月霞法师专究《华严经》和《大乘起信论》。1914 年，慈舟于上海哈同花园华严大学学习，后于汉口九华寺开办华严大学，于杭州灵隐寺开办明教学院。慈舟后应虚云和尚之请，于福建鼓山筹办法界学院（或说是办戒律学院），应圆瑛之请于福州法海寺办法界学院，应倓虚之请赴青岛讲律。倓虚说，慈舟一生中办过四五次法界学院。慈舟对《华严经》和《起信论》深有研究，且有著述。他曾经在北京连续讲三遍《华严经》。②

慈舟的主要戒律学著作有《〈毗尼作持〉要录》《菩萨戒本疏》《劝比丘学比丘戒说》等。其他著作还有《〈大势至菩萨圆通章〉讲义》《〈金刚经〉中道了义疏》等。今人编有《慈舟大师法汇》。

---

①　在中国近现代佛教史上，有三位比较有影响的僧人以“慈舟”名世。另外两位：一者，释式海，俗名蒋永标，浙江人，1870 年生，1932 年圆寂。他“法传临济，教弘天台，行兼禅净，轨持于律”，后人辑其著作为《观日山房集》行世。事可参见于凌波居士的《中国近现代佛教人物志》，宗教文化出版社，1995 年，第 43–45 页。二者，俗名史源，江苏兴化人，生于 1915 年 4 月，2003 年 2 月圆寂，世寿八十九，僧腊七十六，戒腊六十九。1985 年任金山寺方丈，被举为临济宗四十七世，1996 年又兼任宝华山隆昌律寺住持，因而被称赞为“肩挑两座山”。事可见心澄主编的《慈舟法师纪念文集·自传年谱》，中国社会科学出版社，2004 年 11 月。

②　倓虚：《影尘回忆录》，《倓虚大师文汇》，第 311 页。于凌波：《中国近现代佛教人物志》，第 63—64 页。另据印顺《永光集》所言，慈舟受月霞法师启迪，所以“教宗华严”，但行在戒律、净土。虽然慈舟到过鼓山，但因缘不具，没能成立“戒律学院”，鼓山办的是“涌泉佛学院”。慈舟没在佛学院讲过课。

第一，专门持律的法师。

对于慈舟及其所学所行，东初在其名著《中国佛教近代史》中说是“教弘贤首，律持《四分》，行宗净土，南北弘化，德被群生。其领众受持，每日五堂功课，及朝五二时斋供，每日（引者按：‘日’当为‘月’）晦望二日，诵比丘戒，上弦下弦二日诵《菩萨戒本》，绝不稍懈。至于个人修持，依律作持，尤为精进。虽在游方弘化，亦不中辍。”① 倓虚称慈舟为：“一生专研贤首五教，兼代持律讲律，他所到的地方，多提倡持律；他所住持的地方，全注重持律。”② 圆瑛赞其是“持戒精严，律己谨饬”；“谆谆以戒为定慧之初基，勖勉诸生。”③ 由此可见，慈舟之学，其中的戒律学特色是十分突出的，也是备受大家称道的。

关于对慈舟的称呼，传统上大陆学者一般称之为法师，倓虚在其著作中曾经称他为“专门持律的法师”④，又有“延请慈舟、弘一两律师至湛山讲律”之说。⑤ 而在今天台湾岛内一些学者的著作中，有的直接称其为“律师”。

印顺法师说：“持律与持戒不同；持戒是受持学处（戒），清净不犯，是每一出家者的本分。持律是通二部毗尼，精识开遮持犯，熟悉于僧伽的一切作法——羯磨。举喻说，持戒如国民奉公守法；持律如法学者、法官、大法官。持律者，才被称为律师。”⑥ 换言之，一个人是否守法，在很多情况下是自己可以作出明确判断的，这个时候法官的作用似乎并不大。但也有的时候，可能会对一件事情是否违法而产生争议，也可能会对违什么法、达到什么程度、怎么判罚处理等问题产生困惑。这个时候就需要法官出面进行说明裁定，甚至会出现“释宪”的必要。在此意义上，结合慈舟一生严谨戒律、通晓律典之事实，因此称其为“律师”，也是准确的。

---

① 东初：《中国佛教近代史》（下），第 786 页。

② 倓虚：《影尘回忆录》，《倓虚大师文汇》，第 311 页。

③ 圆瑛：《〈慈舟法师开示录〉序》，《圆瑛法师年谱》，第 169 页。

④ 倓虚：《影尘回忆录》，《倓虚大师文汇》，第 310 页。

⑤ 蔡运辰：《倓虚大师传》，《影尘回忆录》，《倓虚大师文汇》，第 395 页。

⑥ 印顺：《华雨集》（三），《戒律学纲要》，第 646 页。

第二，娓娓动听的讲律风格。

慈舟持戒精严，一生重视弘宣戒律，“说法随机，诲人不倦，以身作则，解行无亏，严持律范，皎若冰霜”。[①] 今人虽然无缘能够亲聆慈舟讲律，但仍然可以从其讲律文稿中体会出其点滴风格。

如他在《学佛从受戒始》的讲演中，说戒娓娓动听，一点没有那种高僧常见的掉书袋风格；也不大量引经据典，而是用朴素的语言、生动的比喻，用乡野大众能够听懂的词汇，道出持戒的必要性，告诉听者如何持戒、持什么样的戒等。

倓虚也记其道：“平素悲天悯人心切，每逢在大座讲经，说到一般人放逸犯戒的时候，辄自痛哭流涕！因此感人甚深。”[②]

第三，大众赞叹的持律高名。

慈舟法师持律精严，研律深刻，当时即被认为可与弘一律师齐名，所以在倓虚修起青岛湛山寺之后，为了强化以律修行，请了慈舟和弘一两位专门去讲律。

倓虚就此说道：“请慈老的原因，一则是因他为当代大德，南北都去过，饱参饱学，对各地家风规矩都经验过，来湛山后，可以帮同建立一下丛林的规矩；二则因慈老讲教代持律。出家人如果不明白戒律，是一个大缺点。”慈舟到湛山寺后，对于该寺的规矩方面改正不少，并添了如持午、诵戒、结夏、安居等，并影响深远。[③] 由之也可略见慈舟在当时佛教界中的地位和形象。

可以这样说，慈舟法师能够南北讲律，正是因为他被公认是“精进修持之功，罕有其匹”之故。[④] 倓虚请慈舟和弘一两位去讲律，那正是要让他们现身说法，以为学僧之楷模。所以倓虚说：

> 戒是给后人所立家法的总纲，律条是里面的一些细目。考究起来，非常严格！尤其讲律的人，说到哪里要行到哪里，以身作则；不然说的和行的成两回事，不但不能律己，也不能律人，久而久

---

① 圆瑛：《〈大乘起信论述记〉序》，《圆瑛法师年谱》，第 264 页。

② 倓虚：《影尘回忆录》，《倓虚大师文汇》，第 311 页。

③ 倓虚：《影尘回忆录》，《倓虚大师文汇》，第 312 页。

④ 东初：《中国佛教近代史》（下），第 786 页。

之都马虎下去了。因此把慈老请来，让大家对戒律多加注意。①

倓虚还赞道："慈老德高望重，持戒谨严，做事一丝不苟。所到之处，影响所及，莫不深为所化。"慈舟虽然德高望重，声名远播，但始终严于律己，"向来是不别众食，不单受人供养，一切随众。"② 正如东初所言："弘一、慈舟两大师，是民国以来律宗之第一尊宿。慈舟大师学艺、造诣以及声望，虽不及弘一律师，但其行解精进，感化之广，不在弘一之下，足与弘师称为两大巨擘。实无愧焉！"③

民国时另一重要律师净严（1892–1991），与慈舟之间也有着重要的学缘关系。净严，字通西，河南唐河人。1928 年，在慈舟出任苏州灵岩山寺住持的第二年，净严到灵严山寺出家，正是由慈舟法师为他剃度，而得现沙弥相，并依慈舟研究律藏。同年秋于宁波天童寺圆戒，净严也得以成为中国近现代戒律学界一名重要的律师。

第九节　圆瑛：佛戒儒德化社会

圆瑛（1878–1953），福建古田人，俗姓吴，名宏悟，别号韬光、一吼堂主人、三求堂主人等。圆瑛幼失父母，由叔父抚养长大，十六岁（1893）时参加乡试，并中秀才。十七岁（1894）时，于福州鼓山涌泉寺出家，但第三天，即被其叔父强行带回。十九岁时（1896）患病，病愈后经多次诉请，始得叔父等家人允可重新出家，所以圆瑛又自述其为"十九岁出家"。二十岁时（1897），方得以从鼓山涌泉寺妙莲和尚受具戒。二十一岁（1898）起，外出参学。三十一岁时（1908），圆瑛在涌泉寺开座讲经，并学贤首。至三十六岁，圆瑛始阅永明延寿、莲池袾宏等人的著作，从此开始信净宗为无上法门，并禅净双修。六十岁时，乃专修净土，其自号"三求堂主人"，

① 倓虚：《影尘回忆录》，《倓虚大师文汇》，第 312 页。

② 倓虚：《影尘回忆录》，《倓虚大师文汇》，第 313 页。

③ 东初：《中国佛教近代史》（下），第 786 页。

所谓“三求”，即是求福、求慧、求生净土。①

圆瑛曾自述其学是“少业儒业，冠入空门”②，始修禅宗八载，后研究教理及天台宗。因此，圆瑛学贯台贤，力及禅净，成为近代德高望重的法师，也是民国时期中国著名的佛教活动家、教育家。1953 年，圆瑛被推举为中国佛教协会第一任会长。

圆瑛的著述很多，主要有《〈首楞严〉讲义》《〈大乘起信论〉讲义》等，集有《一吼堂文集》《一吼堂诗集》等二十多种，后人编有《圆瑛法汇》。圆瑛没有专门的戒律学著作，但有着丰富的戒律建设思想，并在其一些文章、书信和《同戒录序》中表达出来，为民国时期的戒律重振和戒律学发展作出了贡献。这些与戒律有关的文章和演讲主要有：同戒录序类的《〈鼓山涌泉禅寺千佛大戒同戒录〉序》《〈苏州西园戒幢律寺同戒录〉序》《〈泉州开元寺同戒录〉序》《〈上海龙华寺弘传千佛大戒同戒同录〉序》等，序文讲戒类的《厦门南普陀寺性愿法师六十寿戒开导》《〈慈舟法师开示录〉序》等。

圆瑛的律学思想和活动主要有如下几个方面。

一、强化以戒为师导向

以戒为师是佛陀的教诲，也是一个合格僧人所应达到的基本要求。对于世纪之交、处于历史转折关头的中国佛教而言，强化以戒为师的导向就显得极为重要。圆瑛强调指出，意欲肩负振兴佛法大任者，戒德深厚乃是必由之路。自古高僧大德，皆是由持戒实修而来。这是因为：

> 惟实乃能虚，虚则无所不包；能容必能化，化则无所不妙。妙则语默动静，瞬目扬眉，头头是道，此高僧之所以成其高也。……诚以欲荷担大法，演唱真宗者，非牢戒足不为功。③

所谓的实修，即是贯彻以戒为基的修行。在几种《同戒录序》、演讲

---

① 《圆瑛集》，第 2 页；《圆瑛法师年谱》，第 2–4 页。

② 圆瑛：《佛法之精神》，《圆瑛大师文汇》，第 173 页。

③ 圆瑛：《〈慈舟法师开示录〉序》，《圆瑛法师年谱》，第 169 页。

和序跋中，圆瑛都会反复强调这一点。如他在《〈鼓山涌泉禅寺千佛大戒同戒录〉序》中说："法身本净，原无持犯之名；如来应机，乃有篇聚之制。根分大小，法益自他，止作兼持，定慧所赖……五时教法，始终注重于戒学"，"倘能人人如高沙弥，亲见本来面目，即得无作妙戒；又何须向人觅戒灯以破烦恼之昏衢，求戒舟而渡生死之苦海耶？"[①]1940 年 10 月，圆瑛为弘一手书《梵网经心地品》印行题跋，其《跋》中说："佛本源，无上戒。诸佛子，应当学。契此心，众戒足。……曷若以法利生，功归实际，宏通戒品，堪畅本怀，维持正法，是真供养。"[②]既以之表达了对弘一的敬意，也表达了自己对戒律的重视。

圆瑛既禅净双修，又能做到禅中有戒，以戒护禅。他强调，佛子必须秉承戒法，严净身心，止作双持，开遮无犯。[③]之所以如此，

> 良由最初一念妄动，迷真起妄，将佛性埋没在五蕴山中，不得显现。必须心中真如，内熏之因；宣扬戒法，外熏之缘。因缘既足，发启信心，厌生死苦，求涅槃乐。持戒修行，功行满足，佛性方得出缠。故《经》云：佛子受佛戒，即入诸佛位。[④]

正是因为戒律具有这种基础和关键的作用，所以圆瑛才十分重视受戒的如法庄严。圆瑛出家受戒之时，当时中国丛林普遍流行的戒期为七日。圆瑛以其亲身经历深深体会到，七日之内，便毕三坛，时间短促，加之由于戒相繁多，受戒实为仓皇而授受。所以他甚至认为自己的受戒只是徒具登坛之名，即使称"得戒比丘"，也心里伤之。他因此强调延长戒期的重要性，决定在机缘成熟之时，一定要改革授受时间，延长戒期。此后，在其住持浙江天童寺期间，即将受戒的十八日之期改为五十三天；在住涌泉寺之时，也仍然按照天童寺授戒的戒期进行，以足日进行传千佛戒。[⑤]

圆瑛一生中多次传戒、说戒，重视对戒律精神的宣传和弘化，尤其重

---

① 圆瑛：《〈鼓山涌泉禅寺千佛大戒同戒录〉序》，《圆瑛大师文汇》，第 100 页。

② 明旸：《圆瑛法师年谱》，第 163 页。

③ 圆瑛：《〈苏州西园戒幢律寺同戒录〉序》，《圆瑛法师年谱》，第 185 页。

④ 明旸：《圆瑛法师年谱》，第 73 页。

⑤ 圆瑛：《〈鼓山涌泉禅寺千佛大戒同戒录〉序》，《圆瑛大师文汇》，第 100 页。

视对大众宣讲《梵网经》等深义。据《年谱》所记，1934年1月，在上海西园寺分院和玉佛寺讲《梵网经》；1935年3月，在上海龙华寺，为新戒弟子讲比丘戒本和菩萨戒本。1930年，圆瑛于天童寺传授千佛大戒，并作有两偈，感叹戒德的光辉。偈中说："太白毗尼胜会开，千僧围绕千华台；坐微尘里法轮转，惹得虚空笑满腮。"以及："一念不生自性戒，清净无染无挂碍；旷大劫来恒如是，戒光普照尘沙劫。"

从中，我们既可以看到偈中浓浓的禅意，也可以看到法师对自己持戒严谨、对戒体成于己胸的一种安乐自在。

二、倡导以佛戒服务社会

圆瑛不仅重视严持戒律对于修行者的重要作用，还倡导要重视佛教戒律对社会产生的积极作用。他既强调出家者要严格秉戒，也重视发挥戒律的社会功能，以戒律来提升和增进社会的道德水平。

圆瑛指出，戒律不唯是僧内之事，且"与世界有莫大之关系"，因为

> 身口意三业之恶不起，自然众善奉行。一人化于家，则成良善家庭；多人化于国，则成良善国家；多国遍于世，则成良善世界。①

圆瑛认为："'戒'之一字，是纠正人心之唯一方法，是挽回劫运之唯一大方针。"② 所以，通过加强戒律建设，提倡善心而行，则可治此世界之污浊。1942年9月，他在华北广播协会作《佛教与世界之关系》的演讲中指出：

> 世界之治乱，全由人心善恶所造成。若求世界和平，定当宣传佛教戒学。戒学能得昌明于世间，则举世人心乱源止息。自可感召天和，而邀幸福，岂非佛教与世界有密切之关系耶？佛教戒法，可以补助世界国家法律之不及。法律但治人民犯罪于已然，既犯法律，加以处分。而佛教戒法，可令人民畏罪不犯，而防非

① 圆瑛：《佛教与世界之关系》，《圆瑛大师文汇》，第208页。

② 圆瑛：《佛教与世界之关系》，《圆瑛法师年谱》，第189页。

止恶，功效甚大。①

20世纪30年代，动物保护思想在欧美社会中广为流行，在中国社会的城市、知识分子中间，也随之兴起一种提倡护生素食的思潮。其中，佛教的慈悲、平等和不杀生思想是其主要思想渊源之一。由于动物保护与佛教戒律中的戒杀有着天然的契合性和精神的一致性，当时许多法师都有关于护生素食的文章或演讲，圆瑛法师对这种社会思潮也极关注。他说：

> 佛制戒律，第一戒杀，凡有命者，不得故杀，应生孝顺心、慈悲心。佛说此言，诚为大孝。佛以孝为戒，信不诬也。吾人无始至今，生生皆有父母，六亲眷属，凡未了生死，未生极乐，难免有堕于畜道者。既无天眼、宿命之通，罔知罔觉；而行宰杀烹食之事，可痛可悲！若是亲属杀而食之，则孝心何在？②

圆瑛指出，这种护生思想不仅是个人生活、品质和人性的表现，也是助化社会的重要手段。他说：

> 世界提倡素食会，本我佛慈悲宗旨，及儒教忠恕之心，深知畜类之义心仁性，不亚于人。鼋能怀物以诊疮，狐解临井而报德，可为明证。故联合同志，提倡素食，藉弭杀机，保全物命。果能由少而多，自近及远，推行全世界，人人戒杀素食，岂仅物类得免杀戮之灾，亦即世界可弭刀兵之劫。其造福于两间者，岂可得而思议哉！③

圆瑛在北京莲池放生会所作的《放生会演说》中，将儒释思想结合起来，对戒杀的思想基础和目的加以阐释，这种思想基础体现出佛儒共同的价值观。他说：

> 至论护生一事，佛儒二教，若合符节。我佛以大慈大悲而为

① 圆瑛：《佛教与世界之关系》，《圆瑛法师年谱》，第189页。

② 圆瑛：《世界提倡素食会十周纪念》，《圆瑛大师文汇》，第139页。

③ 圆瑛：《世界提倡素食会十周纪念》，《圆瑛大师文汇》，第140页。

> 救世之本。大慈者，与一切众生之乐；大悲者，拔一切众生之苦。以一切众生皆有佛性，形骸虽异，知觉本同，莫不贪生爱命，岂肯心甘为食者乎？吾人当学佛之大慈大悲，实行戒杀放生，方是学佛之行。是以学佛者，不仅持律戒杀，尤当竭力放生，方合我佛慈悲宗旨。

圆瑛并广引儒家人物及经典之论，以证明“吾人应当爱物存仁。提倡护生，实与佛儒之宗旨相合”这种共同的价值观。①

更为重要的是，在圆瑛看来，护生并不是佛教的最终目的，而是为了更高的目标——人类的和平。为了免除世界的刀兵之事，在这些方面，佛教戒律和精神都有着重要的意义。由此可见，圆瑛的思想已经远远超越了所谓动物保护主义的思想道德水平。

在圆瑛看来，佛教可以治世，佛教也应该用来治世。尤其在社会动荡不安的时候，若能充分发挥佛教的戒律精神，增加国民道德认知，提升大众道德水平，从而实现社会的和乐友爱，社会自然就会和平昌进。故而佛戒是提升和维护整个社会道德水平的重要手段。

他指出，道德是人格的基本内容，道德为立身根本，“大凡我们托生于天地之间，要具道德、学问、阅历三种资格，方成完全人格。”没有道德，则不能立身。② 增进个人道德的目的，正在于要提升整个社会的道德水平。他说：

> 欲增进国民道德，先宜救正社会心理，欲正社会心理，须假佛教学说。因佛法有导民救世之真理，与社会国家有密切之关系，非余学佛偏倿于佛也。即儒书有云：“西方有大圣人，不治而不乱，不言而自信，不化而自行，荡荡乎民无能名焉。”何以能有如是无为之治化？因佛勤修戒定慧，息灭贪嗔痴，为世间模范，为人民导师，有以致之也。③

---

① 圆瑛：《放生会演说（北平莲池放生会）》，《圆瑛大师文汇》，第 210 页。

② 圆瑛：《佛教与做人（上海静安寺星期讲座）》，《圆瑛大师文汇》，第 212 页。

③ 圆瑛：《谢氏宗祠讲演》，《圆瑛大师文汇》，第 179 页。

那么，怎么才能提高社会的道德水平呢？那即是加强佛教戒律的普及和应用。圆瑛说：

> 此五戒不独出家人当受，世间人个个皆当受之。古来国王宰官受位时，先受菩萨戒法，然后受位，以期止恶防非。世人能持五戒，堪为人道之因，来世不失人身，现世不起三毒。此以戒法之药，治三毒之病，增进国民道德也。①

圆瑛说，如果以佛戒为基，人人守戒，家家如法，社会道德水平得到提升，社会自然就不再有杀伐，人民也就不再受恶行，这即是一个佛化的社会，一个纯善无恶的社会，一个和谐幸福的社会。因此，“我们可以借助佛教的力量，以慈悲之化，深入人心，使民日熏日习，自可日趋于道德，故曰‘政必藉教以相成’”。在这个意义上，爱教即是爱国。他说：

> 和平之义，即佛教平等慈悲之道。人民既趋向于和平，则教藉政而益显；然人民未臻和平程度，则政必藉教以相成。何以故？欲期世界和平，宜培社会道德，欲培社会道德，应尚佛教慈悲。不存人我情见，生佛等观，冤亲一相，乃是和平之根本。②

圆瑛法师关于佛法治世、以佛戒净化社会的思想有着积极的意义，对于在社会上宣传佛教戒律的精神，也有着积极作用。

但是，在一个社会动荡、军阀混战、外敌入侵的社会，向国民谈论不杀、素食、提升道德等思想，虽然很有意义，但却难以产生社会的实际作用。社会不会因为民众信佛而会马上变得和谐安宁，也不会因为简单的几句劝杀护生之佛理，就能使军阀或社会大众全部做到人心向善。

三、会通佛戒儒德净化社会

圆瑛秀才出身，对于儒家学说和思想有着较好的掌握，经常会以儒释会通思想来诠释佛教思想和功能，“每于参究向上一乘之余，辄思即佛宗

---

① 圆瑛：《谢氏宗祠讲演》，《圆瑛大师文汇》，第180页。

② 圆瑛：《和平与慈悲》，《圆瑛大师文汇》，第168页。

以明儒学”。[①]

首先，把五戒和五常加以会通。

在修身的意义上，圆瑛经常把儒释规范放在同一水平上，认为：“佛以慈悲为本，儒以仁义为归。佛儒之为教，虽则不同，而其利生救世之心，未尝有异也。”[②]当然，两者具体功夫路径的区别也是明显的，“研究佛学之与儒学，实则同条共贯。其修养工夫，释氏则在‘返妄归真’，孔氏则在‘克己复礼’；其到家消息，释氏则在‘明心见性’，孔氏则在‘穷理尽性’。”[③]

因此，圆瑛经常会以儒释会通的角度来诠释佛教。他说：“虽不足尽比附之说，顾五常之义，显然五戒之法同科，则佛儒二教，如日月丽天，亘古并曜，固未可辄为轩轾。”[④]在这个意义上，五常即是儒家之戒。他说：“不独佛氏与人说戒，孔子于五常之外，亦尝与人说戒。”如“非礼勿视，非礼勿听，非礼勿言，非礼勿动”即是孔子授人“平常日用之戒”，因为眼、耳、身、口诸根对境时，难免被境所转，故循礼加以戒之。而戒色、戒斗、戒得，则是孔子授人的“终身涉世之戒”，其中亦寓佛教断除贪、嗔、痴之意。如若两者和融，这即是：戒色除痴迷，戒斗除嗔恨，戒得除贪婪。当然，因为佛教能够“摄心”，最终能够挽救人心者，“必以提倡佛教为唯一方法”。[⑤]

其次，以会通实现儒佛互补。

强调以儒德来释佛戒，并强调它们间的互补作用，是圆瑛戒律学思想最重要的特色之一。他在《儒佛教理同归一辙》等讲演中，对此问题也加以进一步说明。[⑥]他进而指出：

> 三学设施，以立三菩提根本。《楞严》所谓“摄心为戒，因戒生定，因定发慧，是则名为三无漏学”。此我佛以戒成定慧之基，

---

① 明旸：《圆瑛法师年谱》，第 234 页。

② 圆瑛：《佛儒经颂序》，《民国佛教期刊文献集成》第 95 卷，第 425 页。

③ 圆瑛：《培风学校讲演（南洋马六甲）》，《圆瑛大师文汇》，第 185 页。

④ 圆瑛：《佛儒经颂序》，《民国佛教期刊文献集成》第 95 卷，第 425 页。

⑤ 圆瑛：《挽救人心之唯一方法》，《圆瑛大师文汇》，第 166–167 页。

⑥ 圆瑛：《儒佛教理同归一辙》，《圆瑛大师文汇》，第 186–189 页。

犹儒教以礼立仁义之准。故五时唱化，先《梵网》于群经；双树潜辉，寄金言于戒法。乃曰：汝等依戒为师；讵非毗尼住世，即为救世明灯，成佛良导也欤！①

虽然儒释会通一直是中国传统佛教思想家们最为重视的思想和方法，但是在20世纪初的中国，重提这个观点仍然有着重要意义。这说明，经过五四运动之后的中国思想界，尽管儒家思想受到了严重冲击，但是仍然受到世人的重视。显然，圆瑛在戒律的精神实质上对儒释两家进行对等定位的理解，并宣扬和坚持两者之间的一致性与互补性，这对于强化戒律的社会作用，有着重要意义。

最后，佛儒并用，以佛为先。

圆瑛指出，因为佛教所说，实与孔子学说若合符节，所以佛教戒法与我国儒家思想不约而同。因此我们应当大力提倡，以使作为中国文化一部分的佛教，能够普及于世界。若如此，则不难化干戈为玉帛，转乱世为和平。②

1935年5月，圆瑛在潮阳县立简易师范学校作《佛教与世道人心关系》的演讲中，即重点说了佛教是救世之本，佛教是要通过心理革命，以根治贪嗔痴三种不善心。如若三毒能除，则人天乘、十善，一切具足。他并指出，五戒之法与儒家相同，佛之教人与孔子学说有相同之处，并因此得到"佛教与世间人心有密切关系，望国家社会提倡"的结论。③

当然，圆瑛这种对儒佛间关系的理解和比附，其动机和结果与汉魏时的格义是完全不同的。汉魏时的比附，是佛教思想家要通过这种比附，方便大众对佛法的理解，以求得儒家文化和社会心理的认同，为佛教谋得生存和发展的空间。而圆瑛此时的以儒释佛，其出发点是要融合和张扬两种价值观的共同功能，以使之能够形成合力，成为服务人生、根治污浊社会的强大力量。其最终目标是要为拯救世人和社会找到一种最具普遍性的方法，以完成其心中的以佛化社会为理想的人生目标，并唤醒社会对佛教的重视，推进佛教的进一步发展。在本质上，这即是一种以佛儒并用、用佛

---

① 圆瑛：《〈泉州开元寺同戒录〉序》，圆瑛：《一吼堂文集》，第46页。

② 圆瑛：《佛教与世界之关系》，《圆瑛法师年谱》，第189页。

③ 明旸：《圆瑛法师年谱》，第115–116页。

统儒的建设手段。

第十节　徐蔚如：流通经典助南山

徐蔚如（1878–1937），浙江海盐人，名文蔚，号藏一，中国近现代著名的佛教居士。

徐蔚如自幼熟读史书，随母礼佛诵经，后依曾任红螺山方丈的宗教兼能、专心净业的普泉和尚受菩萨戒。[①] 辛亥革命后，徐蔚如曾被选任浙江省第一届省议员，并主办《浙江日报》，后于北京任财政部会计司司长。1918年，谛闲与倓虚至北京讲经时，徐蔚如与蒋维乔、江味农等人曾协助记录。也正是在本次讲经中，徐蔚如与蒋维乔等人一同皈依了谛闲法师，徐蔚如法名为显瑞。后徐蔚如与梅光羲等人一同创办北京刻经处，并主持校刊。1921年前后，徐蔚如又于天津创办天津刻经处。从此直到其去世，十余年间，徐蔚如主持京津两地刻经处，共校刻经典近两千卷。在中国近现代佛教人物中，徐蔚如是以刻印和流通佛典而扬名于世的，尤其是他主持刻印的南山宗律学经典，为近现代戒律学复兴起到了重要作用。

徐蔚如对经典的刻印出版工作极为重视，但他并不是一位刻书匠或书商做派，而是一位致力于思想研究和经典普及的严肃佛教学者。每当经典校勘一毕，他必会撷其精华，附跋于卷末，以图有益于阅读者。因此，徐蔚如对于中国近现代佛教的复兴有着重要贡献。也正是因为他刻印了《华严探玄记》《华严搜玄记》和《华严纲要》等华严宗派的重要经典，宣讲华严经义，所以社会才赞称其为“华严大师”。[②] 不过，可能正是因为他对华严学复兴的重大贡献，以“华严大师”之号显名于世，世人对其在中国近现代戒律学史的地位反倒重视不够。事实上，从某种意义上说，徐蔚如是中国近现代佛教戒律学和南山律宗复兴的主要奠基者和推动者。

---

① 《徐蔚如老居士贵遗札——致蒋竹庄老居士》，《民国佛教期刊文献集成·补编》第61册，第60页。

② 于凌波：《中国近现代佛学人物志》，第464–466页。

第一，致力于对戒律学文本的引进和刻印。

民国时期，中国传统律宗兴起的标志，即是以南山律宗历史文献重新引入刻印为其发端的。

清末民初之时，唐代道宣律师的律宗三大部、宋代元照律师的《资持记》等重要戒律学著作被发现存在于日本《续藏经》中，一些社会有识之士立刻认识到它们的价值，并对此十分重视，时徐蔚如居士即是其最重要的代表。徐蔚如于北京和天津组织刻经处，开始有计划地引入、翻刻南山律学诸部经典，并加以流通，从而为中国近现代佛教戒律学的复兴奠定了文本的基础。正是徐蔚如致力于引进和刻印南山律学典籍，才奠定了清末以后的律宗复兴，故他于传统律学的时代发展厥功甚伟。

徐蔚如于天津刻经处首先刻印的南山宗文献为道宣的《四分律删补随机羯磨》。此后陆续还刻印有《四分律删繁补阙行事钞》《四分律行事钞资持记》《四分律删补随机羯磨疏》《四分律羯磨疏济缘记》《四分律比丘尼钞》《四分律含注戒本》等。

第二，刻印文献精益求精。

徐蔚如对刻印文献有着严格的要求。他刻印的每一部文献，都经过仔细校注。虽然个别文献中也会有一定的错讹，在学者中出现一些微词，但整体而言，其刻印的质量相当高，这一点也得到弘一律师的高度评价。

徐蔚如对南山律学基本典籍《随机羯磨》的整理刻印，就诠释了这种严格的精神。虽然《随机羯磨》今存有敦煌本、崇宁藏本、高丽藏本、嘉熙三年宋藏本、元藏本、明藏本、碛砂藏本、清藏本等诸本，但大都是讹舛极多，或有妄改，不堪卒读。徐蔚如历时一年多的时间，披阅诸本、参互考订、精心雠校，使《随机羯磨》焕然一新。新本以高丽藏本为主，参用他本之长，并以道宣《随机羯磨疏》和宋代元照的疏记为旨归，正古本之歧误，便初学之诵习。因此，弘一律师对此本《随机羯磨》高度评价，称赞徐蔚如

弘护律教，功在万世。居士校刊诸书近二千卷，当以此册为最精湛，而扶衰教弊之功亦最伟矣。……若无今新校订本，决定无人能诵习者。……余以夙幸，获读新校订本，欢喜抃跃，叹为

希有。誓愿尽未来际，舍诸身命，竭其心力，广为弘传。更愿后之学者，奉持此册，珍如球璧，讲说流布，传灯不绝。①

显然，这种艰苦细致的校勘工作，如果没有扎实的学术修养，而仅凭一己热情是难以胜任的。事实上，这种校勘工作本身即是一种关于戒律学的学术研究。

第三，引导弘一走上接擘南山律学之路。

弘一出家学律之初，正是徐蔚如居士为其指明了学律的方法、内容和方向。

弘一自出家后能够致力于专门研究戒律，这在很大程度上是受到徐蔚如对他的鼓励，尤其是指出了研律的方向和目标。徐蔚如告诉他："自古至今，出家的法师们，讲经的多，讲律的少；尤其近几百年来，就没有专门研究律的，有也不彻底。你出家后，可以专门研究律，把中国的律宗重振起来。"② 所以，弘一在其后的学律弘律生涯中，一直对徐蔚如感恩不尽，并在不同场合回忆此事。可以这样说，如果说弘一是中国近现代律学的一棵大树，那么这棵大树的成长，得到了徐蔚如居士的帮助及其佛学方法和信念的浇灌。

由此可见，正是徐蔚如刻印南山宗的律学经典，才推动了民国初期戒律学研究的繁荣，使中国几百年来失去南山宗经典支撑的律宗传承，又重新接上了思想的法脉，得到了经典的滋养，并因而揭橥了近现代南山律学的兴起。在中国近现代戒律学复兴的意义上，徐蔚如的地位可以比肩杨文会居士之于中国近现代佛教的复兴。与杨居士一样，徐蔚如也不是思想深刻的佛教义学研究大家，其治学成果也不甚突出，但是他通过刻印和流通经典，鼓励后学，对中国佛教戒律学的复兴作出了重要贡献，"弘律护教，功在万世"。就此一点而言，在近现代戒律学发展史中，是无人能够与之匹敌的。

1937年7月，卢沟桥事变突然发生，平津地区顿时沦陷于日寇铁蹄之下，

---

① 弘一：《〈随机羯磨疏〉跋》，《弘一大师全集》第7册，第423页下。

② 倓虚：《影尘回忆录》，《倓虚大师文汇》，第316页。

无数难民流浪街头。对此，徐蔚如利用自己的社会影响，奔走呼吁，安置抚救，与其他居士一同创设“妇孺临时救济院”，收容难民。后因积劳致疾，于1937年冬天去世，终年六十岁。①

徐蔚如一生的所作所为，可谓是大乘佛教精神的最好体现，诠释了大乘佛教的那种慈悲为怀、济世救人的宗旨。这也正是徐蔚如的学佛目标。

第十一节　能海：编集偈颂钩律玄

能海（1886–1967），四川绵竹人，俗姓龚，名学先，字辑熙。幼年于家乡读私塾，十四岁时入商学徒。由于目睹国家多难，能海随立志从戎。光绪三十一年（1905），能海考入陆军学校速成班，后调云南讲武堂任教官。1914年调北京，因获得机会去日本考察，从而正式接触佛教，并涉猎佛书。1924年，在涪陵天宝寺剃度出家为僧，法名能海，字阔初，从新都宝光寺方丈贯一受具足戒。

能海曾两次入藏地学法，时间长达七年。能海礼康萨仁波切，并深受器重，后得传衣钵，命传承其法。回内地后，能海建立道场，传播藏传佛教格鲁派密法。能海重视对佛教显密戒律的弘扬，在民国时期的佛教报刊上，经常可以看到关于他讲戒的新闻或消息。

能海显密皆通，持戒精严，在国内外享有极高的知名度和威望。20世纪50年代后，能海曾任中国佛教协会副会长及三届全国人大代表，住北京广济寺。1981年，中国佛教协会会长赵朴初曾为其塔题铭：“承文殊教，振锡清凉。显密双弘，遥遵法王。律履冰洁，智刃金刚。作和平使，为释宗光。五顶巍巍，三峨苍苍。閟塔崇岳，德音无疆。”

能海的主要弟子有清定、清海、隆莲等。清定传其密法，后曾于上海主持金刚道场，并受邀驻锡宝华山。又有智敏法师，浙江杭州人，1953年春，能海至上海讲经，随依止听学，并受五部大灌顶。1954年随能海至五台山，同年秋，于清凉桥吉祥律院，由清定剃度，从能海座下第一大和尚受具足戒。

---

① 于凌波：《〈印光法师文钞〉问世的经过》，宗教文化出版社，第468页。

智敏赞叹能海："数十年宏法，一贯主张三学应平等学修，而尤重须依次第。如建高楼，必先平整地层，深植桩基。三学亦复如是，欲求定慧成就，首应净戒也。爰发愿依四分律制，如法传授大戒，并规定五年学戒，十年不离依止。俾造就合格比丘，成立和合僧团，继承如来家业也。"能海在其主持成都近慈寺期间，尤重戒律持守。而且，由于"近慈寺僧衣不同于众，所至之处，稍不如律，即易为人察觉。故近慈寺与其称为密宗，毋宁称为律宗"。[①] 由之也可见能海为实现依律制僧所做的良苦用心。

能海是20世纪上半叶中国重要的佛教人物，其主要贡献有很多方面，但他翻译和注疏的一些显密戒律学文献，则是其主要代表之一。虽然能海有一些著作撰成于20世纪50年代，但因他是20世纪上半叶的著名僧人，所以在此也对其著作一并加以说明。

能海一生著译众多，现在有多种版本行世。据传记中所言，著述约有百种，类型包含著译述疏等，范围横跨显密二教，内容涵盖戒定慧三学。对显教戒律的注疏，是能海戒律学著述的主要部分，其中包括声闻乘与菩萨乘的二部律仪，主要内容有三个方面：一、事师法；二、律仪戒，包括七众共戒、比丘戒、沙弥戒；三、菩萨戒。[②] 而其对密教戒律的宏宣文字，则收入文殊法中。显教戒律学主要著作的篇目有：《四分律藏根本阿含摄颂》《四分律四阿含集颂》《在家律要》《律海十门》《菩萨戒摄颂》《比丘日诵》《菩提宗道菩萨戒集颂》《沙弥戒集颂》；讲录笔记主要有：《佛说大小持戒犍度法讲记》（经文从《四分律》中录出并作眉批，简称为《四分律讲记》）、《大小持戒犍度笔记》，编译的有《律部显明灯调伏藏大海心要广解》等。

第一，《四分律四阿含集颂》。

作为南山律学的根本经典，《四分律》历来受到律家们的重视，但也正是由于其有六十卷之巨大的篇幅，所以对于学律者而言，通读、理解和日常诵读，就是一件十分耗时费力的事情。能海即因之而编成《四分律四阿含集颂》，化繁为简，以利大众诵读、理解、持守。

能海的《四分律四阿含集颂》，将六十卷的《四分律藏》变为摄颂四

---

① 智敏：《海公上师耆年思行实录》，《能海上师永怀录》，上海佛学书局，第43页。

② 赵朴初：《能海法师塔铭》，赵林恩编注：《清凉禅藻集》，宗教文化出版社，2002年，第245页。

册，约相当于原书的五分之一。[①] 全书将根本诸犍度依律藏之文，集成颂文，比丘诵习内容全部在此，文简意全，“不太辛劳而能忆持律藏，有难通处，更观律藏，不难了义”。[②] 本书虽然成书于1955年，但据其自述，其中的“根本阿含诸犍度”，是“从癸巳（按：‘巳’原书误为‘已’）经甲午到乙未集竟”，即从1953年开始撰写，直到1955年才完成。1954年9月，能海在五台山吉祥寺开讲本颂，到次年春正月圆满。能海称此书是继承了其得戒和尚贯一和康萨仁波切诸师之说，以及“在康藏十余年、内地一二十年僧中耳闻目睹之事，志之而成”。[③] 其弟子隆莲也对此赞叹说：

> 师教弟子，多以偈颂，便于记忆。如60卷《四分律藏》巨著，亦集为颂文，使比丘弟子诵习。提要钩玄，取精用闳，以少文摄多义。[④]

当然，尽管能海将名相繁多的律藏撰成朗朗上口的集颂，但因为这种集颂，每一句的内容仍然是十分丰富的。其中有历史、有人物、有典故、有戒相，所以要想完整理解该集颂、并进而通过该集颂来完整把握《四分律藏》的内容，仍然不是一件轻松的事。

第二，《四分律比丘戒本广颂》。

《四分律比丘戒本广颂》亦名《辨识阿含颂》。根据能海跋文，此广颂中的四根本颂是1935年5月作于五台山北山寺，由于“作法颂”未能完成，故将其先行摄入《比丘日诵》中，以方便大众学修。1952年（壬辰）能海从北京回到五台山北山寺，开始续撰“提月”竟至“九十波逸提”，后又在上海道场中完成“灭净七法”，并于上海道场中开讲至1953年2月。[⑤]

《四分律比丘戒本广颂》第一章是“总论”，共五颂：第一颂是“归敬缘起”，第二颂是“制戒十义”，第三颂是“五部四分”，第四颂是“阿含要则”，第五颂是“护持五门”。总论，每一颂都分为“因缘”和“戒相”。

---

① 温金玉：《能海法师戒律思想研究》，《佛学研究》，2003年第1期。

② 能海：《四分律四阿含集颂》，《中华律藏》第44册，第177页。

③ 能海：《四分律四阿含集颂》，《中华律藏》第44册，第177页。

④ 隆莲：《能海法师事迹简介》，《名僧录》，中国文史出版社，1988年11月，第184页。

⑤ 能海：《四分律比丘戒本广颂》（跋），《中华律藏》第44册，第449页。

第二章是“分篇广颂”，即分颂四波罗夷等法。

其后，每颂的结构都分为三部分：一是先说制戒因缘；二是引律文对其戒相进行简单说明，并作已颂，辅以言说戒相；三是“摄修心要”，言明摄修要法。如“作大房第七”，其结构为：

> 因缘：
>
> 佛在拘睒弥，瞿师罗园中，国主优填王，为阐陀亲友，放地土木材，伐尼拘律树，造立大房舍，往来失住所，众人作讥嫌，如来故制戒。
>
> 戒相：
>
> 若比丘，欲作大房，有主为己作。当将余比丘往指授处所。彼比丘应指授处所，无难处，无妨处。若比丘有难处、妨处，作大房，有主为己作，不将余比丘往看指授处所，僧伽婆尸沙。①
>
> 有主早随心，必无妨难地，须僧与处分，余如前条等。
>
> 摄修心要：
>
> 勿贪大希功，多欲务虚欲，依现前势力，作骄慢轻人，
> 随恶性自用，放逸不随顺，造修严佛土，尤当明道意，
> 利他好修行，大众福田增，归功众人身，是名真庄严。②

本书如此布局，结构严整，文字简洁。作者对于颂中难以说明的文字，则加以简单文字作注释。一般而言，“摄修心要”的文字相对较长，有的可达几十句。

第三，《在家律要》。

《在家律要》是能海一部非常重要的戒律学著作，它分为三个相对独立的部分：《事师五十颂广解》《律海心要广解》和《佛说大小持戒犍度法讲记》。本书是能海于 1942 年开始译于近慈寺，后因事息笔。次年，又在绵竹云悟山安居中继续译出一卷。后又因事几次中断，直到 1945 年 5 月

---

① 《四分律》卷第三“初分之三”之“十三僧残法之二”，《大正藏》第 22 册，第 585 页中。

② 能海：《四分律比丘戒本广颂》，《中华律藏》第 44 册，第 219–220 页。

18 日译文草稿方成。①

《事师五十颂》为马鸣菩萨造，近年有几种汉语译本。本论的藏文是由宗喀巴大师对之进行广解而成，名《事师五十颂广解》（复名《充满学者之一切希望道》），能海又将此广解译为汉语。《事师五十颂》篇首是四句“归敬颂”。主体部分为“本颂”，共 202 句。此颂意为要达到最上根本成就，必须要树正知正见；而要得正知正见，必须对无上恩师礼事敬行；要三时礼敬，就要断除不敬之心。这是对佛弟子内心的要求，并通过这种要求，而达于礼敬上师之目标。

第四，《律部显明灯调伏藏大海心要广解》。

《律部显明灯调伏藏大海心要广解》通常又被简称为《律海心要》，共八卷。其中一、二、三、八卷为在家部分，四、五、六、七卷为出家部分。本论由宗喀巴大师造，智慧幢大师广解，能海将之翻译成汉语。

在翻译中，能海对本书作出了许多眉批，以阐发或强化其中的戒律思想，并表达自己的理解。如卷八广释中的“若谁时时善持戒，身容贤妙人称仰，于调伏者亲近住，律仪学处发大心。贤名如日独照空，福德蕴藏无能量，积集成就大觉果，以此律仪胜乐成”一颂，能海的眉批是“比丘护戒之益”。②

当然，并不是能海的每一条批注都是如此简单，也有的批注多达几十字，甚至更长。能海的批注，也不都仅仅是对文中的意义进行说明，有时也对文章的结构进行提示，像眉批中的“作者后序”之类的文字即是如此。③

第五，《佛说大小持戒犍度法讲记》。

《佛说大小持戒犍度法讲记》是能海于 1950 年在近慈寺金刚道场安居圆满之后的讲演，由其弟子隆莲记录。能海选择《四分律藏》之犍度中的段落进行讲解。能海指出，《四分律》是“学戒必知之途径，明依戒修行，次第相应，熟读忆持，当列入比丘日诵之中，为日常必修之常课”。④其后的文字，则是从《四分律藏》中录出，分段加以讲解，作者又加以眉批。

---

① 能海：《律部显明灯调伏藏大海心要广解》卷八，《中华律藏》第 45 册，第 58 页。

② 能海：《律部显明灯调伏藏大海心要广解》卷八，《中华律藏》第 45 册，第 37 页。

③ 能海：《律部显明灯调伏藏大海心要广解》卷八，《中华律藏》第 45 册，第 58 页。

④ 能海：《佛说大小持戒犍度法讲记》，《中华律藏》第 45 册，第 61 页。

总体而言，这种有针对性随处而出的批注，对于读者完整理解律藏的文句内涵，及时正确把握文章的结构，有着重要的提示和强化作用。读起来，正像有一位老师在身边，随时对不明白的问题加以释疑解惑。因此，虽然文字不多，却又很实用。

第十二节　白圣：整顿佛教归传统

白圣（1904–1989），号洁人，湖北应城人，俗名胡必康。少年阶段，白圣因其姐姐与母亲相继去世，而感人生无常，遂于 1921 年剃度出家，同年于安徽九华山祇园寺妙参和尚处受具戒。1925 年以后，白圣先后到扬州高旻寺、杭州灵隐寺、山西五台山、北京广济寺、宁波天童寺、杭州定慧寺等处听经参学。1931 年到 1934 年间，在宝通寺闭关读经。白圣后从慈舟法师修禅，曾亲近圆瑛法师，并随圆瑛到上海，任中国佛教会干事。1937 年夏天，圆瑛为白圣授记，委其继承七塔寺、崇圣寺的法脉，为临济四十一世。在大陆时期，白圣还曾任杭州凤林寺的住持、上海静安寺的监院兼佛学院院长、中国佛教会上海分会的常务理事。

1948 年，白圣到台湾，曾住台北十普寺，努力推动中国佛教会在台湾复会，组织战后台湾的传戒，在台湾恢复结夏制度，致力于重建中国佛教传统，屏除日本佛教的陋习。在台湾，白圣领导“中国佛教会”前后达三十年，也因之深入影响到台湾地区的传戒活动。白圣还与南亚等地的僧人一同创办“世界佛教僧伽会”，推动台湾地区佛教的对外交流。在此意义上，称白圣为我国台湾地区当代佛教的奠基者之一应该不为过。

白圣关于戒律学和僧制方面的主要著作有:《梵网经菩萨戒本讲记》《寺院住持手册》《出家十要》《十普寺常住职司分配暨共住规约》《圆山临济寺护国禅寺共住规约并序》等。《出家十要》是白圣于 1983 年 10 月 31 日在台湾临济戒坛所讲，由悟智法师记录而成，并加表解，计约十六万言。另外，他于 1953 年撰写的《弘法半月记》以及一些《同戒录》等，也都成为台湾回归后记录佛教复兴与发展的重要史料。

一、主导台湾地区佛教制度重建

1947 年 5 月 27 日，当时的中国佛教界在南京召开了中国佛教会战后第一次全国会员代表会议。1949 年后，为了更快促进台湾地区佛教发展回归到祖国大陆的佛教历史传承之中，迁至台湾的会员僧众都在积极推动“中国佛教会”在台湾复会。经过协调，他们在台北善导寺设立“中国佛教会驻台办事处”，东初法师（1908–1977）任主任，南亭法师（1900–1982）任秘书，白圣任干事。在此之后，白圣曾历任“中国佛教会”五届理事长。由于“中国佛教会”的理事、监事名单都是按照各省分配的，所以大陆去台湾的法师在人数上占有优势，对于“中国佛教会”的领导方式和工作内容有着重要的决定权，对于台湾佛教传统的回归和建设，产生了重要影响。

白圣非常重视对光复后的台湾僧伽进行制度建设，要维护僧伽如法如律的制度。他强调：“僧伽制度的范围很广，包括佛教节日的祭祀、僧伽日常生活的衣食住行和行住坐卧的威仪规矩等等。”① 以台南大仙寺传戒为起点，在白圣的领导下，“中国佛教会”即主导着台湾地区佛教的传戒活动。白圣本人也曾多次主持台湾的三坛大戒，因此影响到回归后的台湾地区佛教的传戒方式和精神。② 白圣及其主导下的台湾“中国佛教会”，通过在传戒方式中的影响力，在台湾地区佛教中重新导入了改良后的宝华山传戒方式，并引进结夏安居制度，使在台湾地区曾经很有影响力的、以福建鼓山系为代表的传戒系统慢慢淡出了台湾佛教丛林。③

综其在台湾地区的后半生，白圣以“中国佛教会”为平台，主导台湾地区佛教制度重建，致力于使台湾地区佛教纳入到中国传统佛教的发展路径之中，成绩卓然。

二、重视在台湾地区严格传戒

台湾地区的佛教，不仅有着原来斋教的特色和影响，又经过日本佛教的改造，光复之前僧俗之相已难以区分。东初曾经指出，光复后的台湾佛

---

① 白圣讲、悟智记：《出家十要》，《白圣大师文汇》，第 106 页。

② 阚正宗：《台湾佛教一百年》，第 186 页。

③ 江灿腾：《台湾佛教与现代社会》，第 74 页。

教可以分为三大派：日本派（新派）、鼓山派（旧派）和龙华派（俗派）。[①] 也有人说，龙华派可能即是斋教[②]。简而言之，回归后的台湾佛教界，面临的是一个中国佛教优良传统遭到日本佛教改造、如法活动日益衰弱的状况。正是白圣等人通过严格的人员筛选、如法的戒坛授戒等努力，加之以设计戒坛引赞、以比丘尼指导尼众新戒子等多种努力，[③] 使台湾地区佛教重新回到中国佛教传统上来。白圣曾自称："目睹本省佛教受日人影响而致不免有失风规，甚为痛哉！故不遗余力一再主办传戒。"[④] 白圣规范台湾地区佛教传戒活动，主要通过如下几项措施。

第一，在传戒前，进行严格的资格筛选。

在光复后的第一次大仙寺传戒法会时，白圣即发现当时的求戒者，衣冠不整，无僧威仪，他因此下定决心，加以整顿，并订出七条规矩："限各位新戒，在两日内，决定取舍，否则便要依据规定，予以淘汰。"[⑤]

这七条规定是：

一、必须舍家离俗，具足僧像，方可受比丘戒；

二、出家者不得穿俗装，如无僧服，限三日内做成，否则退受居士戒；

三、无论出家在家，须一律投拜僧宝为师，方许受戒；如有拜在家人为师者，须速改之，否则一律不准受戒；

---

① 东初：《了解台湾佛教的线索》，张曼涛主编：《台湾佛教篇》，第 109 页。

② 斋教，李添春认为："台湾之白衣佛教，又称为斋教，就是在家持斋奉佛之一种团体。不出家、不剃发、不穿僧衣，以白衣身严持佛戒，以持斋而断绝荤肉故称为斋教。"日本学者增田福太郎认为："斋教，一名在家佛教。……严格地持守五戒十善，特别重视杀戒，因此'食菜'，所以有'食菜人'之称。"乃从大陆传入的儒释道三教混和而成。据研究，其中的金幢派可能比正统佛教更早传入台湾。见晔编著、自钥校订：《堂堂僧相，还诸人间——天乙崛起时的台湾佛教》，《香光庄严》第 57 期，1999 年 3 月，第 7–8 页。

③ 见晔编著、自钥校订：《堂堂僧相，还诸人间——天乙崛起时的台湾佛教》，《香光庄严》第 57 期，1999 年 3 月，第 6 页。

④ 祝贺恩师八秩嵩庆礼赞会编：《白公上人光寿录》，台北十普寺，1983 年，第 345 页。转引自见晔编著、自钥校订：《堂堂僧相，还诸人间——天乙崛起时的台湾佛教》，《香光庄严》第 57 期，1999 年 3 月，第 13 页。

⑤ 白圣：《大仙寺开堂记》，转引自见晔编著、自钥校订：《堂堂僧相，还诸人间——天乙崛起时的台湾佛教》，《香光庄严》第 57 期，1999 年 3 月，第 10 页。

四、凡受居士戒者，绝对不准收徒；

五、不准寄戒；一律取消；

六、异道前来受戒者，必须宣誓改邪归正；

七、自戒日起，绝对禁止烟酒、茹荤。[①]

上述问题，仅从所说的事情上看，在大陆佛教中是不会存在的。或者说，尽管大陆佛教僧团也曾经存在着诸如戒律松弛、律禁不严的问题，但可能不会存在如此对佛教威仪、着装等类似问题的错误认识、不知为然或不以为然。正因为如此，白圣作出许多努力，要在台湾地区尽快建立如法纯正的佛教僧团。他说：

从前太虚大师曾著一部《整理僧伽制度论》，他认为我们的僧伽制度太腐化了，必须重新整理，故而著作此论。不过这种新制度，是否能实行，这是一个问题。设坛传戒，也是僧伽制度的其中之一。现在的戒期，由原来的三十二天，延长为五十三天。延长的目的，是要让戒子们在戒期中，多多学习威仪规矩，听戒忏摩，或如早晚上殿、过堂、吃钵饭、穿海青、搭披衣、礼拜等，务使他们都能如法符合于僧伽的制度。[②]

由此可见，光复后的台湾地区佛教，其建设内容是何等复杂，其建设任务何等艰巨，其发展的文化生态又是何等严峻！

第二，提高戒子素质，规范传戒内容。

白圣说，要求欲出家者学会唱念，即是唱念《楞严咒》《大悲十小咒》《忏悔文》《弥陀经》《蒙山》。这是他立的规矩。只有对此五者能够做到理解唱念之后，方可进入戒坛。这也是他把大陆丛林规范引入台湾地区的重要一环。之所以如此，他说，这是因为“在大陆丛林，五堂功课被认为是大众共修的课程，在台湾对五堂功课，也受到同样的重视。何况五堂功课，

---

① 白圣：《大仙寺开堂记》，转引自见晔编著、自钥校订：《堂堂僧相，还诸人间——天乙崛起时的台湾佛教》，《香光庄严》第57期，1999年3月，第11页。

② 白圣讲、悟智记：《出家十要》，《白圣大师文汇》，第106页。

是古德所订，祖师所立，我们能不依之受持吗？”①

为了强化僧众的持戒意识，严格持戒要求，白圣在台湾提倡授增益戒。对此，有人认为这是在搞标新立异。他说，增益戒是符合律典的，《梵网经》中即有增益戒之说，女众于二部僧中受戒也是合乎此规的。即使在增益戒中，他也直言不讳地批评一些老戒子过堂、用斋、走路、合掌等，都不符合戒坛规矩，不合出家人的仪范。

白圣重视讲戒传戒。他讲戒不仅是在戒坛期内进行，更重视受戒前对戒子学戒的指导。他提出了出家者的十个条件：要学习唱念、要受持戒法、要自修精进、要勤研经教、要弘法利生、要住持道场、要维护教团、要爱国利民、要真实参学、要处世有方。②虽说仅此十要，其实是白圣将律典中对出家者的要求进行了简单表达，以方便大众理解、做到。

白圣也重视在戒期内对戒子讲戒，他说：

> 大仙寺，本定七天传戒，几经周旋，才改十六天，因此各戒条文无法讲解。狮头山戒场三十二天，所以各戒条讲解皆比较详细。我常自想，传戒为何？为戒子回寺持戒。但戒何以持？必须先知戒。若对于戒条，丝毫不明白，虽在戒坛前答“能持”，不啻戏台上对白，自欺欺人，直同儿戏。此次传戒，特别注重讲戒，务令大家统同明白，才与“但解法师语”不相违背。③

经过艰苦的努力，戒律的作用和意义也得到僧众的重视，僧人的着装威仪得到认同，很多的斋姑也已经落发而现比丘尼相。如是，台湾地区佛教才慢慢走上如法的道路。

第三，重视对戒律的教学与宣讲。

1955年春，白圣在台北十普寺创建“中国佛教三藏学院”，以“毗尼严净、定慧等持”为院训，体现了其三学并重的思想。从1955年至1962年，

① 白圣讲、悟智记：《出家十要》，《白圣大师文汇》，第100页。

② 白圣讲、悟智记：《出家十要》，《白圣大师文汇》，第99页。

③ 十普寺传戒会编：《护国千佛大戒同戒录》，台北十普寺，1955年，第82页。转引自见晔编著、自钥校订：《堂堂僧相，还诸人间——天乙崛起时的台湾佛教》，《香光庄严》第57期，1999年3月，第16页。

白圣曾于此亲自主讲经律论等八种。其所讲的律学文本有《梵网经菩萨戒本》《比丘戒本》《比丘尼戒本》《沙弥律仪》《在家菩萨戒本》。

台湾回归之后，岛内佛教一方面呈现出某种繁荣表象，但也仍然存在着许多深层的问题。圣严曾在其 1967 年写的《今日的台湾佛教及其面临的问题》一文中进行了分析。他说，光复后的台湾佛教界

> 办出来的佛学院仍未脱离蒙馆私塾的臭味。没有统一的教育计划，没有完善的教育系统，没有可用的教材课本。蒙馆开蒙，尚从《三字经》《千字文》《百家姓》等念起，我们的佛学院，一进门就可能让你听一心二门、三细六粗的《大乘起信论》。一直到研究院，你还得研究《大乘起信论》。

鉴于当时岛内佛学院众多，但大都缺乏优秀的、阶梯性佛学教材，白圣曾请圣严编纂一套从初中一直到研究院的佛教学习教材，但最后未果。[①]这其实反映的还是当时台湾地区佛教僧材缺乏、理念落后、发展路径不明的状况。这也是其后台湾地区佛教改革的主要原因之一。

三、严格持戒与方便持戒相结合

两千多年前的佛制戒律及其精神，在今天社会中虽然有着许多永恒不变的东西，但同时也有不少内容需要加以弥补、改动和方便处理，戒律精神也需要进行调适、重新提炼和时代化表述。单从戒律内容而言，其对治范围和对象必须要根据时代的发展而加以充实。白圣在其《〈佛说梵网经菩萨戒本〉讲记》中即表达了这种观点：

> 戒本大都为佛徒生活行为之硬性规定，既未能如世间法律随时修改，则亦必须如世间法律之有解释的救济与补充；否则，时移世易地不同，戒相间或有其扞格难行之处，乃至部分成为具文，全体不免僵化，而去原来创制之意旨远矣！故讲授时亦曾推原制戒宗旨而作融会贯通、因时因地制宜之解说。凡此虽不足以言创说新义，但亦未尽拘守于陈言。又不知汰削之余，亦能保有其不

① 圣严：《今日的台湾佛教及其面临的问题》，《圣严大师文汇》，第 488 页。

可汰削者否？[①]

白圣虽然对传戒讲戒十分重视，但对需要开缘之事也是极为支持的。如对于沙弥戒的第九戒“持午戒”、第十戒“不捉持生像金银宝物戒”两戒，即要求受戒者必须严格坚持。但如若确实需要或客观条件所制约，他也是支持积极开缘的。诸如身体衰老、疾病等需要的，以及整修庙宇需要和金钱打交道等事。

白圣进而指出，在受持时的戒会上，这两个问题都会被问到，戒子也必须回答这个是否能持的问题。可是，这两个问题又是明明不是简单能够回答的问题，戒子们却在会上照例简单答复“能持”。但往往又是“身上钞票一大堆”，这正是在打妄语，反而多犯了一条戒。所以对此条戒能否持守，白圣主张“可以实答”。[②]但如何实答得更合乎情理，并适合当时的情境，白圣并没有细说。

为什么没有细说，也许是其作文当时的环境不容细说，也许是这个问题本身就很难细说，白圣还没有想清楚。其实，这可能也正是一个不好细说的问题。比如，若受戒者回答：“当持则能持，不当持则方便持。”这种回答看起来是十分完整，但却是不易执行的。因为这又会引发一系列的问题，诸如：什么事、什么时是当持，什么事、什么时是不当持？如何判断当持不当持？谁来判断当持不当持？如此一来，不仅前面的问题没有解决，又白白增加了这些更加不易解决的问题。同时，还会使一些人为自己的破戒找到充分的借口与合法的根据。尽管白圣曾说过“时代的进步，社会的文明，也不是改变僧伽制度的理由”，[③]但是，这句话显然主要是对于僧伽制度的建设精神而言，而不是针对所有的具体内容。

四、推进僧团制度建设

白圣的佛教僧团建设及其治理思想，可见其《寺院住持手册》，此手册本是他在台北市佛支会第二次寺庙住持人员讲习会的讲稿。本讲稿主要

---

① 白圣：《〈佛说梵网经菩萨戒本〉讲记》，《白圣大师文汇》，第 302–303 页。

② 白圣讲、悟智记：《出家十要》，《白圣大师文汇》，第 108 页。

③ 白圣讲、悟智记：《出家十要》，《白圣大师文汇》，第 109 页。

内容有十八项，文字较长，现简列其基本主张如下：

第一，寺院无论大小，都要建立规约，使僧团大众行有所轨，轨有所规。住持更要对此身体力行。所订规约必须“上契清规，下合时宜”。

第二，寺院早晚功课，住持必须亲自领众，共同念诵。

第三，早晚两斋，住持应当与大众同甘共苦，不可别众独食，此即是弘法。

第四，住持必须按规入禅堂、观堂、律堂等处，领众熏修。

第五，必须保证寺院财产为寺庙所有，不能浮滥开支，徇私舞弊。

第六，寺院佛法以及日常管理，住持必须亲自管理，要能做到集思广益。

第七，为常住服务，既能有创新精神，但又不能滥事更张，胡乱改动。

第八，管理工作，分工合作，奖罚分明。

第九，为人表率，时时处处注意对照戒律检点威仪，行住坐卧，示人以范。不能做出恶表率，自害害人。

第十，住持必须和乐僧众，不能乱作须为，搅乱大众。

第十一，寺主对大众应该量才分工，不可使其不劳而获，或任其闭关自修。

第十二，重视教育青年僧尼，或办学院，或送请名师教学。

第十三，做到常住和十方客师平等，不得厚此薄彼。

第十四，依律管理，违犯戒律者以律治之。违反威仪有小过失者，以慈悲为怀，善于开导，唤其自省。

第十五，待人接物诚实宽厚，让人敬爱。即使遇蛮横之徒也要忍持，以德感化。

第十六，宏法利生，通过举办学校等，造福社会。

第十七，寺院筹建，赖信士布施，但不可勉强为之，徒招罪咎。

第十八，积极承担佛教团体之义务。

上述十八条，贯彻其中的精神即是要求寺院生活如律如法，尤其是对住持作出了明确要求。

白圣还主持制定了《十普寺常住职司分配暨共住规约》（1965 年 3 月），其中说：“惟道场虽已粗建，群体尚无守则，兹为安居大众，成就道业起见，特遵先贤遗规，参酌现在需要，订立《共住规约》二十八条。”[①]本规约的最后一条是：“违犯常住上列各条规约，受罚不服者重罚，再不服者不共住。”另外，白圣还制有《圆山临济寺护国禅寺共住规约并序》（1964年2月），共三十条。[②]

圣严对白圣评价道：

> 这几年来，在大家不想负责中佛会的景况下，白圣法师是值得敬佩的，他一肩承担了下来，而且承了一肩又一肩，里里外外，由他一手撑持。虽然有人批评他老把持教会，所有的理监事，几乎全由他新出家的徒众包办；实则，若非如此，掺杂了意见不投之人，不唯不能助他办事，反而跟他捣蛋，故这就不该批评他了。[③]

由此可见，建设台湾地区佛教，以使佛教适应台湾社会的发展，其工作是何等的复杂和艰巨！这里面，既有传统的因素，也有日本佛教影响的原因，同时也是因为众多佛教僧团内部的关系及利益纷争之使然。这一切都必须通过加强丛林戒律建设、完善律仪规范、调适戒律精神、树立远大目标等措施才可能实现。当然，解决这一切问题，实非一人一时能够完成的。

第十三节　济涛：岛内讲戒开新风

济涛（1904–1978），辽宁省锦州人，俗名梁书香，出家后法名仁培、字济涛。济涛少壮从军，于北洋军阀军队中升任营长。他曾参加过多次军阀间的战争。一次，因作战失败，企图自杀，幸遇一僧为他说法，遂深感世事无常，继而出家。1935年，济涛于哈尔滨极乐寺受具足戒，然后至沈阳般若寺、青岛湛山寺，学习天台教观。1948年，至香港，入倓虚创办的东林念佛堂，广阅律藏。由于感到自己虽已受具，但未得戒体，济涛随发心而得净品戒，并立下大志，以弘一律师为榜样而致力于律学研习。因此，

① 白圣：《十普寺常住职司分配暨共住规约》，《白圣大师文汇》，第174–178页。

② 白圣：《圆山临济寺护国禅寺共住规约并序》，《白圣大师文汇》，第179–183页。

③ 圣严：《今日的台湾佛教及其面临的问题》，《圣严大师文汇》，第495页。

济涛既是教宗天台，又致力扶正律宗。在定西法师往生后，济涛接任东林念佛堂住持九年。后继倓虚衣钵，为天台宗第四十五代法嗣。1971 年，至台湾埔里观音山圆通寺。1978 年冬，因滑倒跌断腿骨而逝。[①]

一、济涛的律学著作

济涛学律广博，勤奋不辍，广阅律藏，并能坚持笔撰与札记。

在圆寂之后，台湾南普陀佛学院院长广化法师将济涛所撰文字整理编辑成《济涛律师遗集》行世。广化并作《〈济涛律师遗集〉序》于书前。其后有济涛律师永久纪念会提供的《律师传略》。广化在其所作《济涛律师遗集序》中说："本书内容渊博，以'护教匡时章'居首者，标功也；以《净土章》殿后者，示修归也；亦尤《华严》十大愿王，导归极乐之意也。于其中间，三学五乘，采精取华，兼收并记。"[②]

《济涛律师遗集》全书四十余万言，分为上、下两卷。上卷为《戒学品》共九章，内容分别是：护教匡时章、奉持违犯章、事理忏悔章、四众共学章、声闻戒法章、大乘不共章、律宗史乘章、不杀生戒章、戒学要录章。下卷为《定慧品》，共计七章：三宝章、布施章、忍辱章、禅观章、教纲章、教相章、净土章。

《济涛律师遗集》的内容主要是济涛阅读三藏时的摘记和札记，从书中内容看，他阅读和直接摘录的三藏主要经文有八十余种。所作的摘记和札记，大都写在纸片上，大者尺余，小者盈寸；[③]篇幅大的有几百字，篇幅小的仅几十字。其内容大都是对律藏思想的进一步阐发和摘要，也有的内容是济涛律师结合台湾地区佛教现实而提出，主要是关于如何通过律学建设以推动台湾地区佛教发展的想法。其中既可见济涛忧教弘律之心愿，又可从中发现台湾地区佛教发展的相关历史资料。

---

① 《律师传略》，《济涛律师遗集》，第 1–2 页；阚正宗：《台湾佛教一百年》，第 186 页。

② 广化：《济涛律师遗集序》，《济涛律师遗集》（卷上），第 8 页。

③ 广化：《济涛律师遗集序》，《济涛律师遗集》（卷上），第 2 页。

二、济涛的律学思想

济涛没有长篇的律学文章，其律学观点大都是对三藏典籍尤其是律藏的内容札记、摘录，并由此而作的观点阐发，或者是结合律文对香港、台湾两地的佛教修行状况所作的评论。其主要形态即是对摘录文字的注解、对内容的补充和对观点的发挥。由于他居香港二十年，后又至台湾，所以对两地佛教持律状况十分熟悉，在其行文中常常结合港台地区的僧团持律状况而提出建设性意见，或对某种非法现象依律制进行批评。

第一，加强戒律知识的培养，提高僧众的戒律认识和持守水平。

针对香港、台湾地区的具体情况，济涛说：

> 法师者，受戒成功，港台有五位具戒者，再请五位修行者，十人僧受俱，令受者得无作戒体，名为菩萨比丘。又港台有三位比丘尼自誓受戒成功者，为尼众授戒和尚，再请七位有修行者，名为十比丘尼僧。二部僧如法授尼具戒，令受者获得无作戒体……①

济涛对香港和台湾地区的佛教如法建设十分重视，并对此多有言论，对一些不能如法而作的行为，甚至表达出不安乃至着急的心情。他说："若菩萨比丘不学毗尼行，行依何建立？以是为非，以非为是，颠倒妄为，自不识非。乐畜徒众、为人师者，当深思之。"②

同时，他对两地时常出现的非法传戒现象也十分担忧。他说，从南宋到20世纪70年代，七百余年都是戒律松弛的。要"挽救佛教衰颓、转成正法兴盛，无别方法——建立弘誓愿学律，礼占察忏仪自誓受戒，若能成遂者，名为真实菩萨比丘，堪为人师，授人具足戒"。③但是，要坚持如法的传戒，又需要大量的解行并重、知律研律的人，所以他极为重视对戒律人才的培养，想通过建设专门的律学教育机构来实现这一目标。为了提高台湾地区律学建设水平，他曾有心愿于台湾中部地区建设专门研习南山

---

① 济涛：《建立正法戒德功高》，《济涛律师遗集》（卷上），第333–334页。

② 济涛：《着坏色衣灭贪染》，《济涛律师遗集》（卷上），第341页。

③ 济涛：《建立正法戒德功高》，《济涛律师遗集》（卷上），第333页。

律宗的道场，并定名为“中南律苑”。中南律苑打算召集那些愿意学习戒律的中青年比丘入苑学习，学习时限为五年，以达到止作双持、解行双备、如法授戒的目标。①

济涛在机缘成熟时，即致力于实现其律学建设理想。1971 年，济涛到台湾埔里观音山圆通寺后，即立清规，持戒念佛。1973 年至 1975 年，应屏东县东山寺天机比丘尼之请，济涛即于此结夏安居，宣讲比丘尼戒，被认为是“开台省讲戒之风”。②

第二，严格执行戒律规范，强化僧众学律重在行持的意识。

济涛说，明末之时，虽然律学暗淡，但当时学律者仍然大有人在，只是解行不能双备而已，从而造成“授他具足戒多不如律，令受者不得无作戒体，建立戒行无由”的情况。若如此，受戒不如不受，所以蕅益大师是只受沙弥菩萨戒，而不是比丘戒。③

济涛在摘录了蕅益大师的“真实比丘寥寥无几，不知何日五比丘如法同住，一展吾外护初心。兴言至此，肝肠寸裂”之后，随后即有着大段的议论和发挥。他说：

> 真实比丘者，谓授戒三师七证如法，受戒者无遮难，心境合，获无作戒体。受戒后，学戒起随行，戒净解明，名真实比丘。五人同一寺中住，能办边受，故能令正法住世。戒净解不明，解明戒不净，或受已毁破，皆不名真实比丘，不足僧数。

他还写道：

> 关于五比丘如法同住，能如法授具中，挽救佛教，使正法复兴。余虽有志愿劝人学律等，历十余年，尚未成遂。盖无福德因缘，言虽真诚，而不能取信于众人，徒自伤叹耳！于港九时，以青中年比丘乐学律者少，又阙外缘。④

---

① 济涛：《略述台湾佛教》，《济涛律师遗集》（卷上），第 18 页。

② 阚正宗：《台湾佛教一百年》，第 186 页。

③ 济涛：《真比丘有亦不众多》，《济涛律师遗集》（卷上），第 231 页。

④ 济涛：《学律自誓受戒令正法复兴》，《济涛律师遗集》（卷上），第 7 页。

济涛一方面重视加强建设如律的僧尼生活，另一方面也强调对违法僧尼进行沙汰。他说：

> 世界国家之欲强盛，必于其组织中随时检视有无腐化者，如发现则立刻为之整肃。佛教门中亦尔，但整肃方法稍异。佛教门中有四种非法之徒，当自设法肃清整顿。以众僧作法之力，不能加彼非法之人，以彼非法人不纳受僧法故。所以非法之人自想办法，消除非法之愆，而能成就如法徒众。否则长劫沉沦，苦不可言也。①

显然，济涛认为，这种沙汰行为主要通过两种方式进行：一者是来自僧团的集体力量，包括如法的活动起到的楷模作用；二者是僧众个人的自觉和自省。而济涛更为看重第二种方法。

三、重视坚持传统戒律规范

作为一位律师，在济涛的佛教戒律建设理想中，所表现出的不是一个佛教改革家。相反，他是要坚持传统戒律规范，重视传承古德律学思想，以促进港九和台湾地区佛教的如法如律。

鉴于我国台湾岛经过日本的军事侵略和文化殖民，传统佛教已经被日本式佛教破坏得七零八落，甚至出现了诸如“比丘度尼”“僧尼同住”等非传统、非律非法的现象。济涛经过进一步查阅大藏，以确证这种现象实为非法，而力主加以摒之。但是，无奈的是：“此时长老大德们已剃度一大群比丘尼弟子，且皆僧尼共住久矣！”②

更有甚者，在台湾地区还出现了四众同居的道场，济涛对此明确表示反对。他说：

> 切莫创立四众同居道场，违佛制教故。港九地区有少数天主教徒，尚言中学男女合校，不易用功。若建立四众同住道场，摄护诸根戒难成，易招诽言流语。或发生毁禁不善之行，内外两损。

---

① 济涛：《明僧尼内众应自觉自肃》，《济涛律师遗集》（卷上），第 34 页。

② 广化：《济涛律师遗集序》，《济涛律师遗集》（卷上），第 5 页。

发心捐款造寺者，获纯净功德，无有是处。①

为此济涛还写下几篇与之有关的札记，如：《僧尼同住违经戒（女尼不得与男僧同住）》《僧尼聚谈行非法》《比丘比丘尼莫同住一寺》《寺舍道俗男女杂居违法》以及《比丘入尼寺无事犯堕罪》等。在其写下的长达三十二句的偈子《比丘比丘尼莫同住一寺》中说：

若真修道人，宜遵佛制法，当各居分住，或居寂静处。
依善识良友，净行易成就。若住尼寺舍，诸根戒难护……
若自往无伴，白衣生疑计，诽谤流言音，自他俱不利。②

随着时代的发展，在传统律藏中没有言及的事物或现象，也会在当代僧众修行和僧团建设中不断出现。如何判断这种事物或现象是否符合佛制戒律，既是非常困难的事，也是十分重要的事，既是实践问题，也是学术问题。如济涛提出并主张的"僧尼莫住繁华地"之说，在当代社会中可能就不容易做到，或者说不好把握。因为随着社会的整体进步和都市佛教的发展，在越来越繁荣的工商社会里，如若坚持"僧尼莫住繁华地"，这就既不可能、也不方便现代僧众的生活，何谈深入的弘法利生活动！尤其是对于香港和台湾这样面积狭小、工商业发达、佛教人口较多的地区，道场寺院远离繁华之地应该是不容易的。事实上，道场之清净，也不是一定要在深山老林，或在人迹罕至之处，清净道场即在每一个修行者的心中。心净则佛土净，能够严持戒律，则处处可安道场。当然，"僧尼莫住繁华地"，只是济涛针对当时香港和台湾地区的佛教状况而提出的一种纠正措施而已。

关于济涛的戒律学贡献，广化法师在其《〈济涛律师遗集〉序》中，分为两个方面加以评价，一是"护持法门"，一是"匡正时弊"。此言甚为准确地反映济涛一生的学修宗旨和律学特色。

---

① 济涛：《寺舍道俗男女杂居违法》，《济涛律师遗集》（卷上），第61-62页。

② 济涛：《比丘比丘尼莫同住一寺》，《济涛律师遗集》（卷上），第60页。

第十四节　印顺：律学研究广而深

印顺(1906–2005),浙江海宁人,俗名张鹿芹。六岁入私塾读书,1918年,十三岁时从高等小学毕业，因家贫而失学。早年因学中医，而接触丹经道教、术数类文献，以及《圣经》等书籍。据其《游心法海五十年》《平凡的一生》自述，1925 年，二十岁时因读到《庄子》中冯梦祯的序文“希则庄文郭注，其佛法之先驱耶”一语，而起探索佛法的兴趣，但只能读一些简单的佛学普及本。因没有师友引导，全是自己摸索学习。

1928 年至 1929 年，双亲先后去世，印顺因内心抑郁，随决定出家。几经辗转后，于 1930 年阴历十月十一日在普陀山福泉庵从清念和尚剃落，法名印顺，号盛正。月底，即至天童寺从圆瑛法师受具。翌年阴历二月，印顺到闽南佛学院插班学习，时院长为太虚法师。八月，被代理院长大醒法师派至鼓山涌泉寺佛学院教课，并得见虚云和慈舟两位法师，年底返回厦门。1932 年秋，印顺回到普陀山，在慧济寺阅藏，并研究三论与唯识。1934 年农历正月，至武昌佛学院（世界佛学苑图书馆）学习。此后的一段时间，印顺又至南京等地，拜谒寺院、参访大德，并在奉化雪窦寺相识太虚法师。1936 年秋，三十六岁的印顺完成在普陀山的阅藏，随又游历挂锡多处，先后在武昌、重庆、厦门、杭州等地从事学习、教学与研究，并有著述不断问世。

1947 年，在太虚法师圆寂后，印顺被推举主编《太虚法师全书》，1948 年 5 月，《全书》于奉化雪窦寺编辑完成。1949 年 6 月，印顺至香港，1952 年夏当选为香港佛教联合会会长，被推选为世界佛教友谊会港澳分会会长。1952 年 7 月至台湾，9 月受聘为善导寺法师。1953 年 1 月，任《海潮音》杂志社社长。1956 年阴历三月，任善导寺住持，翌年 9 月辞任。此后的时间，虽然也经常外出讲法、参访等活动，但其主要时间和精力都用于研究和著述。

印顺年轻时追随太虚的佛教改革运动，并发挥其人生佛教思想，从而使其成为当代人间佛教的重要擎柱。印顺作为当代最受重视的佛教学者，在海峡两岸学术界和佛教界有着极高的声誉，并广受重视与尊敬。印顺曾自称自己一生参加的传戒活动，都是抱着随喜的态度去的。[①] 这当然只是法师的一种自谦之辞。

印顺一生治学严谨，博通三藏，学术成果丰富。他不仅对汉传佛教的思想、历史、经典等有着精湛的研究，对原始佛教及南传佛教和日本佛教也都有很深的造诣，尤其是对汉译大藏经典、思想篇章，了然于胸。因此其佛教史研究，能够做到佛法思想叙述简洁准确、历史地理坐标清晰完整，史实考辨言之有据、思想丰富观点新颖。印顺一生著述计四十余种，含专著、文章、讲记等共八百余万言，其中不少著作都已经成为本领域的重要经典。

一、主要律学著作

印顺的著作丰富，体裁多样，研究领域广泛，研究时间跨度长，但从内容大致而言，与戒律学领域直接相关的著述或篇章主要有下面一些。

第一，著作类。

1.《印度之佛教》。撰于四川合江法王学院，1942 年，初版于重庆。该书第四章“圣典之结集”及第六章“学派之分裂”，对原始佛教时期的律藏结集及其分裂等历史问题进行了研究和考辨，纠正了一些因循的误说，填补了某些传统学术研究的空白，提出了自己的创新性见解。

2.《佛法概要》。本书是印顺非常有影响的著作之一。1944 年作于重庆北碚缙云山汉藏教理院，初名《阿含讲要》，共十三讲，讲稿陆续刊发于《海潮音》上。后来，“为了避免一般的——以《阿含经》为小乘的误解，所以改题为《佛法概论》”。本书后经过增补，成 20 章，1949 年 10 月，出版于香港。主要内容为：法与法的创觉者及奉行者、教法、有情——人类为本的佛法、有情与有情的身心、有情的延续与新生、有情流转生死的根本、关于有情转的业力、佛法的心理观、我们的世界、我论因说因、缘起法、三大理性的统一、中道泛论、德行的心素与实施原则、佛法的信徒、在家众的德行、出家众的德行、戒定慧的考察、菩萨众的德行、正觉与解脱。本书中的在家众的德行、出家众的德行、戒定慧的考察、菩萨众的德行、

① 印顺：《平凡的一生》，第 143 页。

正觉与解脱等章节都有着丰富的戒律学研究，也有对戒律从伦理学视角的论述，具有划时代的意义。由于本书通俗易懂，简洁深刻，所以深受读者和信众的喜爱与重视，在海峡两岸有不同的版本出现。其后被译成越南文字，1991 年于河内出版。

3.《教制教典与教学》。本书是印顺不同时期文章的合编，初版于 1962 年。其中与戒律学和僧制相关的文章主要有:《建设在家佛教的方针》，撰于 1943 年;《僧装改革评议》，撰于 1946 年;《泛论中国佛教制度》，撰于 1953 年;《关于素食问题》，撰于 1957 年;《僧衣染色的论究》，撰于 1965 年;《中国佛教前途与要务》撰于 1987 年。

4.《佛法是救世之光》之三十九《受戒难、受戒以后更难》。《佛法是救世之光》是印顺不同时期所写单篇文章的合编，初版于 1963 年。《受戒难、受戒以后更难》作于 1952 年。本书另有《中国佛教各宗之创立》一文，说到了律宗之事。

5.《说一切有部为主的论书与论师之研究》，作于 1964 年至 1967 年。本书在论及说一切有部为主的论书与论师时，也涉及律藏的形成历史及其思想和学术的多种关系。

6.《原始佛教圣典之集成》。本书成于 1969 年，初版于 1971 年，内容对原始佛教经典的形成历史、思想和流变等内容进行考察。德清法师曾赞言：“就导师的《原始佛教圣典之集成》的前半部所做的整理，此书可谓当今研究《律藏》的最佳指南。”① 根据德清法师的研究，《原始佛教圣典之集成》一书对戒律的研究，有着这样几个特色：（一）叙述了“律藏组织的形式”，以鸟瞰《律藏》全体。（二）解释了律藏主体《戒经》的内容，及其与布萨制度的关系。（三）指出了《经分别》是对《戒经》的分别广释，并探讨其意义、内容、集成与异义。（四）强调了《犍度》是有关僧团与个人的所有规章法制，“摩得勒伽”为《犍度》的本母。只有依此，才能清楚明了《犍度》的发展与成立，并对“受戒犍度”进行探讨。(五)探讨比丘尼律的组织。本书及《说一切有部为主的论书与论师之研究》，也受到圣严法师的高度评价，赞称为“都是以现代学术的方法完成的巨著，

---

① 德清：《印顺导师的律学思想·自序》，云龙出版社，2001 年，第 30 页。

也是带动台湾佛教学术研究的里程碑”。①

7.《华雨香云》之《度牒与戒牒》。《华雨香云》是印顺不同时期文章、著作的合编，初版于 1973 年。

8.《初级大乘佛教之起源与开展》之第四章《律制与教内对立之倾向》，1981 年初版。

9.《平凡的一生》（增订本）之《传戒因缘》等。本增订本出版于 1994 年 7 月。

10.《印度佛教思想史》之第二章《圣典结集与部派分化》，成书于 1986 年到 1987 年，初版于 1988 年。

11.《中国佛教琐谈》之《放生》《传戒》《还俗与出家》等，撰于 1989 年。

12.《五戒之原理及其实践・纲目》，撰于 1962 年；《波罗提木叉经集成的研究》，撰于 1968 年，发表于《华冈佛学学报》第 1 卷第 1 期。

第二，同戒录序。

主要有：

1.《〈慈明寺同戒录〉序》，撰于 1968 年。

2.《〈松山寺千佛大戒同戒录〉序》，撰于 1978 年。

第三，序文类。

如：《〈律宗教义及其纪传〉序》，撰于 1961 年。

第四，其他类。

包括讲记、书信等，如：《〈优婆塞戒经〉悬论》《菩萨学处讲要》《答昭慧尼》等。

北京的中华书局于 2010 年以《戒律学论集》为书名，相对集中地选录了印顺关于戒律学方面的著作四十余万言。内容涉及大小乘律学理论、律学发展史、戒律的现代适应及持守、相关问题的探讨与回忆等内容。

这些著作对于强化当代佛教的戒律建设、推动当代戒律学的深入研究、促进对戒律学知识的普及等，都有着积极的意义。

---

① 圣严：《现代台湾佛教的学术研究》，《圣严大师文汇》，第 541 页。

二、律学研究概述

在一般的印象中，印顺严格意义的专门戒律学理论著作并不多，他也不是以律学研究的身份称名于世的。这大概有这样几个原因：

其一，作为现当代一位百科全书式的佛教学者，印顺的佛学研究门类众多、领域宽广、成果丰富、著作等身，致使其中的戒律学研究成果反倒不突出。如果抛开其他，仅考察其戒律学方面的研究，他毫无疑问是一位优秀的戒律学研究者。

其二，更重要的是，印顺确实有许多关于戒律学的撰述，不过并不是单独出版发行。其大量的戒律学研究都是在散见于其丰富的著作中以篇章的形式出现，所以其戒律学研究成果没有得到真正的凸显。如他作的《〈宝积经〉讲记》，即对本经中的戒律思想进行了深刻的阐释，视角独到，观点清新。印顺法师还有一些文章、著作或著作章节，大都是集中探讨教制、戒律等思想的某一方面。还有的一些律学观点或思想散见于其所作的一些著作的序文、同戒录之中，这也客观上增加了我们研究其戒律学思想的困难。

其三，目前关于印顺的研究成果对其戒律学领域的研究涉及不多。这或许囿于篇幅，或许为研究内容所限，或许基于研究者的兴趣和重点，也许更是因为印顺法师的著作内容浩瀚广博，致使许多著作都不可能全面涉及或进行深入地、专题地研究其戒律学思想。如前辈郭朋先生的重要著作《印顺佛学思想研究》，全书十一章内容分别是：生平与著述、对初期大乘的论述、对于“菩萨”的出现与佛陀观的演变的论述、对于弥陀净土与文殊普贤的论述、对于唯识思想的论述、对于“真常唯心论”的论述、对于密教的批判、对于禅宗的论述、中观思想、人间佛教、宗教观、融会儒佛等。不仅从章节上看，本书对于印顺的戒律学思想没有涉及，即使在内容上，本书也没有对印顺的戒律学思想进行相对集中的研究。

目前，除去一些单篇文章之外，对印顺戒律学思想研究最为集中的著作之一，当为德清法师的《印顺导师的律学思想》一书。此外，昭慧法师所写的《佛教伦理学》和《律学今诠》，其中也有着印顺思想的影响。正如昭慧在《印顺导师的律学思想·序》中所说：“近数年来，在伦理学与戒律学的研究方面，笔者业已建立了一套逻辑严密的观念体系，并产生了若干研究成果，这都是受惠于导师的律学研究方法论与戒律思想之启发。"①

圣严法师说，印顺基本上对中国佛教僧制的所有方面都有过深入讨论，如尼众的八敬法、僧装问题、僧衣染色、建设在家佛教等问题，并认为中国佛教未曾照着印度僧制实施，而是向着国家管辖制及禅僧丛林制两个方向发展。印顺不是一位拘泥承袭律制传统形式的人，而是能够深入律藏并由之而深刻关切当代佛教的生存与发展。"可惜他自己没有建立僧团，也未真的依据印度律制的精神原则，设计出一套比较可以适应于现代社会的僧团制度来。单从这一点看印顺长老，倒颇近于只会看病而拙于治病的学者风貌了。他是开了药方及药名，却未告诉我们每一味药的分量及焙制方法"。②

近年关于印顺思想的研究成果十分丰富，甚至形成了所谓"印顺学"的说法。其中也有不少研究成果关注过其戒律学思想。

三、重视南北传律学的比较研究

印顺对戒律学的重要贡献之一，是对原始佛教戒律历史和思想所进行的系统整理与回顾考辨。而且，他还通过对南北传律学文本、历史和人物的比较研究，理清历史，正本清源，纠正误说，提出新解，不仅丰富了中国佛教戒律学理论建设，其研究方法和治学态度也都具有强大的影响力。

作为一位百科全书式的僧人学者，印顺对三藏经典的思想演变、版本源流、南北异同等内容都极为熟悉，在其研究中又能够有效利用南传佛教经典来丰富中国汉传佛教研究，并与中国传统经论、佛教经典版本等进行对比，从宗教学、比较宗教学、历史地理学、文化学等角度加以展开，对一些悬而未决的及存在争议的问题，他都能够通过梳理三藏、南北对比而提出自己的观点。研究结论往往既能发人之先，又能做到言之有据。

印顺的佛学研究，被学者赞为在我国台湾佛教史上是"空前的"；其治学方法和风格，被认为是"略近于"日本殖民时期的我国台湾佛教学者。③

① 昭慧：《印顺导师的律学思想·序》，云龙出版社，2001年，第21页。

② 圣严：《印顺长老的护教思想与现代社会》，《圣严大师文汇》，第539页。

③ 江灿腾：《台湾佛教与现代社会》，第20页。

事实上，正是这种重视文本、言之有据、不轻细节的学风，深化了印顺的佛教研究思想。印顺曾称这种学术方法为“从比较研究而正确理解‘佛法’”。他说，虽然我国过去所译的初期“佛法”三藏，属于众多部派，部帙繁多，但却没有巴利语的三藏。如能译出而作公正的比较研究，那一定有更好的理解。“以过去所译的，与赤铜鍱部律作比较，在组织方面，可以理解律部的成立过程；内容方面，可以发见释尊的‘依法摄僧’、制立僧伽律制的原则与实施。更能从部派分化，理解适应不同地区民情而有所差别。”①他正是用这种细梳历史、精心比对的研究方法，得出许多具有学术价值的研究成果，也解决许多理论和历史问题，更从戒律研究中看到戒律思想及实践演变背后的因素或力量。

印顺关于菩萨在僧中忏悔法的研究即是如此。他通过比较认识到：

> 菩萨在僧中的忏悔，与“佛法”的律制是不同的。如犯波罗夷罪者，按律制是逐出僧团，也不可忏悔的；而现在只需要在十清净比丘前忏悔，就可以出罪了。犯僧残罪的，按律制当从二十清净比丘出罪，但现在有五清净比丘就可以了。

印顺法师所作的这种比较，正是要说明：“这是大乘的宽容精神，其实也是犯重戒的（菩萨）比丘越来越多，清净比丘越来越少，不得不降低标准。如说一切有部的律师们也说，犯波罗夷的一部分，不失僧格了。”②

印顺的佛教戒律学研究，还重视对统计方法的运用。在其著作中，经常会出现图表、数字比对等。如他对诸律本戒律条文先后次第的比较、对佛陀最后教诫内容在不同版本中的变化等这种细节问题，都能够通过文献考据，而在数字图表中有着极具创见的发现。这种比较研究往往对一个词、一个戒条，都能够做到由此及彼、有南有北的深入文本，做到文献考据准确全面，历史叙述广博简洁，思想表达创新可信，往往在不经意间即有着重要的学术发现。

印顺这种重视数字比较的方法或实证的方法，并不是毫无意义的掉书

① 印顺：《南传大藏对中国佛教的重要》，《华雨集》（五），第544–545页。

② 印顺：《华雨集》（二），第208–209页。

袋，他是要从中厘清传说、信仰与历史的界限，以期得到一种符合佛教史事实的结论。而且，印顺更善于从佛教史地、版本、人物等方面入手，经过比较而发现新问题，得出新结论。

四、基于道德视角研究戒律

戒律是人类道德规范在佛教教义及其精神中的一种具体化，或者说是人类道德观念在特定人群中的宗教性存在。

众所周知，印顺并不是一位严格意义上的律师，但他从道德角度对佛教戒律的研究却是非常具有特色的，也有着深厚的哲学意蕴和鲜明的人本主义色彩。印顺指出：

> 神教者以为德行的根源是神的，德行只是人怎么服事神，人怎么体贴神的意思来待人。如离开了神，德行即无从说起。所以在神教中，不但人的德行变成了神的奴役，而迷妄的宗教行为，也被看为道德的，有价值的。释尊的中道行，与神教相反，从人与人——自他的合理行为，深化到内心，扩大到一切有情，无边世界。从人本的立场，使德行从神的意旨中解放出来。《中含·伽弥尼经》说：“梵志（婆罗门）自高，事若干天，若众生命终者，彼能令自在往来善处，生于天上。”这种神教的祈祷，祭师的神权，佛以为，这等于投石水中，站在岸上祈祷，希望大石会浮起来。实则我们前途的苦乐，决定于我们行业的善恶，决不会因天神与祭师的祈祷而有所改变。①

显然，印顺正是要指出，佛教精神是为人生服务的，佛教戒律是为保证人生快乐而制定的。戒律不是约束人的，而是为了人生价值的实现和圆满的。这一点既是戒律的道德基础，也是戒律的归旨。

事实上，依佛法言之，快乐不是道德的标准，道德却是快乐的标准。如法的快乐、正觉的德行、慈悲的人格，这一切的获得才是真正的快乐。正因为如此，人生不是一种循着快乐而行的过程，而是一种循着德行而进

---

① 印顺：《佛法概论》，第 92–93 页。

行的征途，而且只有循道德而行才能达到真正的快乐。这也正是佛教戒律道德观的重要内容。正如印顺所言："佛法是依法见法的德行，真理与德行，并非互不相干。依真理而发起德行，依德行去体见真理，真理与德行的统一，达到理与智、智与行的圆满，即为佛法崇高的目的。"①

印顺法师还把这种德行的核心分为三个要素：第一是道德的意向，第二是道德的努力，第三是道德的纯洁。

所谓"道德的意向"，即是指"中道的德行，出发于善心而表现为合理的、有益自他的行为。又以合理的善行，净化内心，使内心趋向于完善——无漏。所以论到德行，应从内心与事行两方面去分别"。②

所谓"道德的努力"，这是指"德行的实践，由于自我的私欲，环境的压力，知识的不充分，想将之充分实现出来，并不容易，这需要最大努力的。这种推行德行的努力，经中称为精进与不放逸。精进是勤勇的策进，不放逸是惰性的克服。精进是破除前进的阻碍，不放逸是摆脱后面的羁绊"。③换言之，"佛法的正解，也决非离开'信''戒'而可以成就的。法为佛法的根本目的，信解行证，不外乎学佛者倾向于法、体现于法的实践"。④

所谓"道德的纯洁"，即是说，学佛法要有净信和同情的基础，而非盲目的信仰，这样才能得到明确的正见；这样的纯洁心情，才为修学正法的根基，一切德行均是依此发展。"证信是净心与正智的合一：信如镜的明净，智如镜的照物。佛弟子对于佛法的不断的努力，一贯的本于纯洁无疵的净信。这样的信心现前，能使内心的一切归于清净。"印顺对此赞道，这正是佛法的德行对真理的尊重。⑤

基于此，印顺提出了道德实施原则的真义：从平常而到深刻广大。这即是说："德行不但是内心的，是见于事实的。引发人类的德行本能，使他实现出来，才成为善的行为。从全体佛法去理解佛法的德行，以人生的和谐、福乐、清净为理想，为标准。"世界充满着私欲、倒见、欺凌、压

① 印顺：《佛法概论》，第95页。

② 印顺：《佛法概论》，第98页。

③ 印顺：《佛法概论》，第100页。

④ 印顺：《〈佛法概论〉序》，第2页。

⑤ 印顺：《佛法概论》，第100–101页。

迫、侵夺，这即违反人类互依共存的要求。[①] 而且，“佛法决不否定人生，反而肯定人生，以人生的合乐为道德标准，确定行为的价值，使人类努力于止恶行善。至于深化的德行，从无常苦迫的世间观，修戒定慧，倾向于无生解脱，这是另有他的深意”。[②]

因此，印顺指出，学佛求善和快乐，并不是一种远离世间的行为。这是因为：

> 归依佛与僧，是希贤希圣的憧憬，与归依上帝、梵天不同，也与归依神的使者不同。因为归依佛与僧，不是想“因信得救”，只是想从善知识的教导中，增进自己的福德智慧，使自己依人生正道而向上，向解脱。论到法，法是宇宙人生的真理，道德的规律，是佛弟子的理想界，也是能切实体现的境地，为佛弟子究竟的归宿。[③]

这种思想，印顺在不同时期的撰述中也多次重复和强调。如他在初版于 1981 年的《初期大乘佛教之起源与开展》中说，所谓戒，原是受亦得、不受亦得的一种止恶向善的自发力量，受戒不过是强化此力量而已。后代律师忽视了性善的得缘力而熏发，偏重于戒从“受”而得，重于受、重于学处及制度的约束，最终变成了形式化，而忽视了尸罗的性善本质。所以，受戒应着重于激发与增强性善的力量。[④] 同样的意思在《华雨集》（二）中的那篇撰于 1985 年的《方便道之发展趋向》中也得到再次表达。他写道，戒是一种离恶行善的力量，

> 戒与一般的善行是不同的，是“好行善道，不自放逸”，习性所成，不断行善的内在力量。一般人，总不免想行善而缺乏力量。如经父母、师长的教导，宗教的启发，或从自身处事中发觉；内心经一度的感动、激发，引发勇于为善、防护过失的潜力。这

① 印顺：《佛法概论》，第 101 页。

② 印顺：《佛法概论》，第 103 页。

③ 印顺：《佛法概论》，第 105 页。

④ 印顺：《初期大乘佛教之起源与开展》，第 295–296 页。

是通于一般人、异教徒（所以一般人也可得人天福报）的，但佛法却基于这种淑世利群的戒善，而趣向于出世。佛弟子受戒，就是为了得到这一离恶行善的潜力，一般称为“得戒”。①

既然在凡间修行，在凡间求得快乐，那么在家弟子就有着自己必须要坚持和适应的戒律。这种戒律本质上即是心中一种具有能够向善的道德力量。印顺说，虽然在家弟子所受持的五戒，是最一般的、近于世间德行的，但也是最根本的要求。为了实现人类的和乐生存，并将之推及一切有情，这即是“不得杀生”；生存需要衣食住等这些属于“外命”的物资，这些物资的失去会直接间接地影响有情的生存，所以“不得偷盗”；为了保持夫妇和睦，维护人类正常繁衍，所以“不得邪淫”；为了真诚交换意见、表达情感，所以“不得妄语”；酒能荒废事业，戕害身体，迷乱心智，所以禁酒。因此，五戒虽然“还是家庭本位、重于外表的行为，没有净化到自心，而实为人生和乐净的根本德行。出世的德行，只是依此而更为深刻，并非与此原则不同”。② 这样，就把世间和出世间的德行统一起来。

圣严法师对其评价道，印顺不是传统佛教的律师，但他对戒律问题特别注意，讨论得很多。他并引用印顺的观点说：

佛教戒律的特色是“道德的感化和法律的制裁，两者统一起来”。在依戒律生活的僧团里，“大家都有共同的信念，净善的行为，彼此和睦，这就是佛教戒律的特质，而发生伟大的作用——正法住世”。然又以为现在的中国佛教，并没有依律而住的僧团，故他主张：“把这里面的精神原则，用现在的方式去实践。”③

由此可见，这正是印顺对戒律学研究的创新，他也因之丰富了传统戒律学的研究内涵。尤其是他从一般伦理学的角度所作的考察，更是为戒律学研究开辟了一个崭新的领域。或者说，印顺不是第一个进入这个领域的人，但他却是进入其中并取得重要收获和创新发现的为数不多者的重要代表。

---

① 印顺：《华雨集》（二），《印顺法师文汇》，第 42 页。

② 印顺：《佛法概论》，第 106 页。

③ 圣严：《印顺长老的护教思想与现代社会》，《圣严大师文汇》，第 539 页。

五、坚持传统与支持变革相结合的律学态度

印顺并不是把固执于传统的戒律理解作为持律严谨的标准，相反，他却是一个能够将传统观念与现代变革结合起来的法师及研究者。

作为一位出家人，作为一位对佛教历史有着深入研究的人，印顺对戒律的作用及其意义的理解是明确的、准确的和具体的。他指出，正因为戒律的特殊性——或者说因其不易改变性或不可改变性，这才影响到其后戒律学的发展。他说，作为僧团道德轨范和生活准则，毗尼是释尊为适应当时当地的情形而制定的，体现的是“世界中实”。但是初期的结集者，为了护持佛教的统一性，决定为：“若佛所不制，不应妄制；若已制，不得有违。如佛所教，应谨学之。”正因为如此，律制受到了限制，不能随时代、地区不同而作正确的适应，从而失去“世界中实”的意义。这一僧伽制度不为大乘行者所重视，大乘佛法以后“几乎都是‘法’的开展”。①

印顺既主张坚持佛制戒律的精神，又支持戒律的现代变革。他说：“我在修学佛法的过程中，本着一项信念，不断探究，从全体佛法中，抉择出我所要弘扬的法门。”这是因为，“立本于根本佛教之淳朴，宏传中期佛教之行解（梵化之机应慎），摄取后期佛教之确当者，庶足以复兴佛教而畅佛之本怀也欤！”所以，印顺说自己“不是复古的，也决不是创新的，是主张不违反佛法的本质，从适应现实中，振兴纯正的佛法”。他说，初期佛法的时代适应性，是不能充分表达释尊真谛的。大乘佛法的应运而兴，确有他独到的长处。所以，宏通佛法，不应为旧有的方便所拘蔽，应使佛法从新的适应中开展。这即是要着重于旧有的抉发，希望能刺透两边，不偏大小，又通大小。②

印顺说，他并不认为愈古愈真，也不认为愈后愈圆满、愈究竟。印顺的佛教研究观念是一以贯之的。这既是他关于佛法的基本观点，也是他研究戒律学的基本态度。简言之，印顺的戒律观念是严谨而又开放、温和而又坚定的。

---

① 印顺：《绪言》，《印顺法师文汇》，第 4–5 页。

② 印顺：《契理契机之人间佛教》，《印顺法师文汇》，第 315 页。

社会在发展，僧团在变化，戒律如何适应社会，戒律如何匡正僧众，这都是印顺一直思考的问题。早在 1949 年，他即指出："佛法的流行人间，不能没有方便适应，但不能刻舟求剑而停滞于古代的。……所以弘通佛法，不应为旧有的方便所拘蔽，应使佛法从新的适应中开展，这才能使佛光普照这现代的黑暗人间。"① 印顺虽然说自己对于戒律如何适应现实问题，没有特别主张，对于沿袭下来的律仪习惯，也没有什么反对，② 但是他又十分支持对戒律进行现代建设。因为佛所订的制度会因区域而慢慢演变，完全不变是不可能的。如泰国的出家制度，我们就不能说是好不好的问题，"只要懂得这就是变化中的方便就是了"。既然是"诸法无我"，那么一种制度也要考虑到时代、环境因素，否则，讲起制度来就是抽象的，不切实际的。只有如此，对问题的研究才会更加正确一点。③

六、反对形式主义的持戒理念

印顺的戒律学研究重视对律学观念的历史地理时空和社会文化状况加以考察，既重于文本，又能超越文本之外，因此其所言之事，往往不会给人一种在经典中爬行的感觉。

虽然印顺自称既不是改革派也不是保守派，但是印顺理解的戒律，其之所重，并不在于外在的形式，也不在于机械地遵守，因为制度是不一样的。他是把戒律的真正意义理解成一种能够促进道德自我提升的内在力量，是一种能够调节僧团集体生活品质的人性化规约。在此意义上，戒律是属于生活的，而不是死板的教条。他说，不要以为"晚上不吃饭，到厕所里去要换鞋子"是最要紧的，相反，"佛教的戒律是一种集体的生活，修行也就在集体生活中去锻炼。依戒律的观点，佛法并不重于个人去住茅蓬修行"，因为戒律"是道德的感化和法律的制裁，两者统一起来。犯了错误，戒律中有种种处罚的规定，但不止于此，而是在充满道德精神感化之下，有一种法律制裁的限制"。正因为这个原因，在佛的时代，真正出家的一

---

① 印顺：《〈佛法概论〉序》，第 2 页。

② 印顺：《平凡的一生》，第 143 页。

③ 印顺：《研究佛法的立场与方法》，《印顺法师文汇》，第 533–534 页。

个个都了不得，“在这个集体生活里，大家都有共同的信念，净善的行为，彼此和睦，这就是佛教戒律的特质，而发生伟大的作用——正法住世”。①

印顺可能并不认为授戒时的形式、过程是重要的，相反，受戒的真诚、向善的力量和态度，才是决定其是否得戒的重要条件。这与传统上把三师七证等程式化东西看得非常重要、非常关键的观点，也是明显不同的。

印顺在论述银钱戒时说：“原则上，比丘私人不应该持有金钱，而在人事日繁、货币越来越重要的社会中，事实上又非持有不可。”虽然律制的根本意趣，是银钱不得私有、不得乞求，但实际上，银钱经过“净施”可以持有，也可清净乞求。印顺以经典中著名而又重要的跋耆比丘乞求金银为例加以阐释：六斋日时，信众到寺院礼佛听法，比丘把钵装满水放在多人集坐的地方，“指钵水言：此中吉祥！可与衣钵革屣药值”。这是公开乞求。而为众的乞求，是将布施所得金银平均分给比丘们。“这是在东方经济的日渐繁荣，货币流通越来越重要的情况下，适应环境而有的新的作法。”印顺指出，无尽藏制度也起源于毗舍离。西方的上座们，忘记了比丘不得受蓄金银的根本意趣，自己也把从“净施”变为可以受蓄看作如法如律。“对于不太习惯的公开乞求，心里大不满意，这是当时东西方争执的主要问题。”②

正因为看到不同的文化和经济背景，印顺才会不拘泥于律部之文，或作出一种没有现实意义的评判，因为他更关注戒律理论和实践的现实性。他指出，中国僧众没有净人制，由于有部比丘来我国的最多，这影响到中国僧众，所以很少手不捉金银。他并引用蕅益智旭《重治毗尼事义集要》之语：“怀素所集《羯磨》，亦后采取此法。此在末世，诚为易行方便，断宜遵奉矣。”因此，“不得乞求金银，是律无明文规定。规定的是‘不得受取金银’。东方以为，既可以受取，就可以乞求。西方却容许受取，而不许乞求。‘如法如律’，原是不大容易明白的。”③

印顺通过对佛教及其戒律历史文献的梳理，通过对佛教发展及其部派和宗派分立的历史勾勒，非常明白地指出，形式主义的持戒对佛教的生存

① 印顺：《研究佛法的立场与方法》，《印顺法师文汇》，第534–535页。

② 印顺：《论毗舍离七百结集》，《印顺法师文汇》，第238页。

③ 印顺：《论毗舍离七百结集》，《印顺法师文汇》，第237页。

和发展是有害的。印顺的律学思想史研究，其实已经言喻了当代。这种论述和结论，除去其所具有学术意义、恢复历史本来面目的作用之外，也反映了他对形式主义持戒主张的否定。

简言之，印顺关于佛教戒律思想和戒律学的研究，贯彻的是一种能够建设僧团和顺、促进佛教发展、尊重个体价值的道德精神。他并强调，只有如此，社会才能够用佛法来指导生活。印顺之所以能够提出佛法要适应现代社会，要有正常的经济生活、合理的社会生活、德化的政治生活的主张[①]，其背后的逻辑正是他的佛法在世间、戒律为人生的现实主义思想之使然。

① 印顺：《佛法概论》，第 200–206 页。

台湾律学篇第十二

传统的回归与律仪的重建[①]

台湾地区的佛教是从祖国大陆慢慢传入而得以发展起来的，它是中国传统汉传佛教的组成部分。

一般认为，佛教最早传入台湾，是在明代郑成功收复台湾之后而进行的。从阶段上分，台湾地区佛教的发展可以分为三个历史时期：第一阶段是从郑成功收复台湾时期到清朝政府恢复对台湾的管理阶段；第二阶段是日本殖民台湾的五十年间；第三阶段是台湾光复以后的阶段。[②]也有学者对此进一步细分为四个阶段：一者是佛教初传时期（明郑至清代时期）；二者是佛教日本化时期（1895–1945）；三者是中国佛教奠基时期，台湾光复后到20世纪70年代；四者是中国佛教发展时期，20世纪70年代之后，基本与台湾经济起飞相应。[③]

但不论如何，台湾地区佛教的思想发展、僧团建设与丛林生活，都传承着祖国大陆佛教的精神和法脉。它一方面反映了中国佛教的基本特征，另一方面也由于其特殊的地理位置和文化风物，慢慢形成了自己的一些特色。尤其是近代以来，这种特色也体现在其戒律思想理论和传戒行为方式等方面。本处仅主要选取岛内佛教在戒律弘传、授戒持戒和戒律学术研究等几方面的问题加以讨论。时间仅限于近现代阶段。

---

① 本篇主要内容曾发表于《觉群佛学》（宗教文化出版社，2015），此处有所删改。

② 江灿腾：《台湾佛教与现代社会》，第20页。

③ 阚正宗：《台湾佛教一百年》，第209–217页。

第一节　《马关条约》后的岛内佛教

台湾地区佛教的法脉之根在祖国大陆。作为中国佛教的一个组成部分，明清阶段，岛内佛教主要受到福建一带寺院及其佛教文化传统的影响。虽有海峡之隔，两岸僧众仍然来往不断。当时，岛内许多著名的法师以及寺院的创始人物，也大都渡海而来大陆受戒，或者在大陆参学游历。他们有的是台湾岛内人士，有的是大陆人士。岛内佛教也形成了鼓山派和斋教派（包含先天、龙华、金幢三派）等存在形式。在日本殖民台湾时期，台湾佛教的发展和精神传承都受到日本佛教的严重干扰和破坏。

作为中日甲午海战的后果之一，清朝政府和日本政府于 1895 年 4 月签订的《马关条约》，开始了我国台湾被日本军国主义侵占殖民的历史。《马关条约》之后，在日本殖民主义者皇民化政策的改造下，中国台湾地区的佛教发展受到日本佛教的影响，在某种程度上甚至部分地中断了传统中国佛教的思想传承。在此过程之中，岛内的寺院也被强制纳入日本佛教宗派的僧籍之中，并形成了“日本派”佛教，甚至造成了“不论寺院的设备、僧侣的生活方式，及至服装及仪式等，大都受到日本佛教的影响，成为日本式的佛教。如僧人不茹素、可结婚育子、携家带眷营运寺庙”的现象。①

日本佛教的传入，使岛内佛教发展受到了严重的影响，中国佛教的优秀戒律精神品质受到削弱，律仪建设遭到破坏，龙华和金幢派甚至可以婚嫁，致使岛内佛教的精神凋敝，法脉中断。“台湾光复之初，本省的佛教道场，很多住持都是在家人，或已结婚，或系带发修行。”② 白圣对 1953 年的台南大仙寺传戒时的描写是：“在开堂的第一天，所见一般受戒者，除了几位熟识的新戒之外，大都服装不整，毫无僧像威仪。”③ 正如有法师上堂道：

---

① 见晔编著、自钥校订：《堂堂僧相，还诸人间——天乙崛起时的台湾佛教》，《香光庄严》第 57 期，1999 年 3 月，第 9 页。

② 圣严：《今日的台湾佛教及其面临的问题》，《圣严大师文汇》，第 496 页。

③ 白圣：《大仙寺开堂记》，转引自见晔编著、自钥校订：《堂堂僧相，还诸人间——天乙崛起时的台湾佛教》，《香光庄严》第 57 期，1999 年 3 月，第 10 页。

“本省佛教多弊端，僧俗不分最为先。”①

在日本殖民者的刺刀和日本佛教的双重影响下，我国台湾地区佛教的发展和精神，受到日本佛教的严重影响，这样使台湾地区佛教表现出一种非常尴尬的特色，成为一种在日本佛教影响下的中国佛教，或者说成为一种披着中国佛教外衣的日本式佛教。这一切，当然也影响到台湾佛教的健康发展。

众所周知，佛教戒律可分为性戒和制戒两个方面。性戒即是杀盗淫妄之类，它们反映了人类社会最基本的价值观和行为规则；佛教的制戒则是佛教戒律特有的行为规范和律仪，如非婚嫁、酒戒、素食等，但世俗社会并不以之为戒，而只是佛教制之以规范僧众，故而为制戒。正因为如此，属于“制戒”范畴的非婚嫁、酒戒、茹素、落发等规范，才成为佛教戒律区别于社会法律的主要特色——甚至是被社会理解成佛教戒律的基本特色或戒律思想的代表。其执行与否、执行是否完全合乎佛制戒律，并不是像“性戒”一样，会受到或需要借助外在力量及行政权力的保证与制约，而只是凭借僧团内部的力量加以规范，所以它们更能反映出一个僧团持戒的基本情况和持戒精神。简言之，以杀盗淫妄为代表的性戒，其是否执行，不仅僧团会加以裁决，世俗社会也会对此加以制裁和规范。在此意义上，可以说对性戒诸事项的持守情况，并不能够真实地反映僧团的戒律水平和持戒觉悟。相反，由于制戒的执行与否、持守如何，并不违反社会法律，世俗政权偶有的介入与规范，也并不是很及时和直接，在很多时候则是全凭僧团的自我管理和戒律建设，依赖于僧人的自觉持守，所以它才是僧众戒律精神的真实反映。

日本殖民台湾时期，由于其文化殖民政策，岛内佛教的传戒活动虽然并没完全丧失，虽然也有僧众去日本学习，或来大陆求戒，其人数也许不少，但整体而言，传统戒律的影响却是极其不彰的，因此对于规范岛内佛教传戒活动、提升当时戒律学研习水平的影响也都不大。像大岗山超峰寺系统的僧众，当时普遍未落发，或未受大戒。

1929 年 6 月，有个日本人曾发表一篇文章对台湾地区佛教作如是描述：

---

① 见晔编著、自钥校订：《堂堂僧相，还诸人间——天乙崛起时的台湾佛教》，《香光庄严》第 57 期，1999 年 3 月，第 15 页。

> 佛教僧侣的无学，真令人吃惊。他们多是无学无智之徒，孤独的老人、贫困者、怠惰者，这些人把佛寺当做其唯一的慰安所，学会读诵两三卷经文，就可以做个堂堂的僧侣去通用。……僧侣的职务，完全是一种职业。在此间看不出有何等的宗教意义。①

当然，这个日本人观察的情况未必全面和准确，但却也说明了日本殖民时期岛内佛教的破败之象。这也正是当时台湾的佛教改革者林秋梧要对岛内佛教进行改革的实际背景。

林秋梧的佛教改革主要有下列主张：反对迷信与神怪，崇尚理性；僧侣要有广博的学识、崇高的社会理想；反对死守戒律；主张妇女解放，男女平等；僧侣不可当马屁精；主张台湾佛教的统一，等等。② 如果仔细推敲这几项内容，可以发现他的改革思想很有特点。如第三条所谓反对死守戒律的观点，可能受到日本佛教的影响。他可能是把台湾佛教落后破败的原因，在某种程度上与戒律持守建立了联系，背后可能有日本佛教的影子。因为林秋梧曾于 1927 年 4 月至 1930 年 3 月在日本东京驹泽大学专修部，师从日本禅学研究者忽滑谷快天学习。第五条是要求僧侣不可当马屁精，其意不明。也许是反对当时的台湾僧人媚于权势，或寺院加入日本佛教宗派之中这一普遍现象。之所以作这样理解，是有道理的。因为其最后一条即是要求和主张全台湾的佛教统一起来。其言外之意也许即是：台湾佛教不能成为日本佛教的附庸。

尽管有着改革佛教的思潮，但日本佛教对岛内佛教五十年的影响是很明显的。圣严曾举例说明这种影响："李添春氏留学日本驹泽大学，林锦东及曾普信等人，以在家身住持寺院、剃光头、穿僧衣、担任佛教仪式的主持人。"③ 东初在 1950 年也曾就台湾佛教的状况写道："在家与出家也没有显明的界限，出家不需要削发受戒——指一般斋姑而言，甚至龙华派斋堂允许娶妻吃荤"；"台湾的佛教徒缺少一种统一标准生活制度"；"从根本律仪说，台湾许多出家众不能目为比丘僧或比丘尼。他们忽视律仪教

---

① 转引自江灿腾：《台湾佛教与现代社会》，第 31 页。

② 转引自江灿腾：《台湾佛教与现代社会》，第 28 页。

③ 圣严：《现代台湾佛教的学术研究》，《圣严大师文汇》，第 539 页。

育的原因，不能不说是受日本佛教的影响。”①

历史上，台湾佛教“主要是闽粤式佛教，以禅宗为主，但混合净土，也就是俗称的‘禅净双修’，但僧人极少，知识程度也不高，故也没有大规模的僧团活动”。②加之受到特殊地理位置、地域文化和生活方式的影响，历史上岛内佛教本就缺少丰厚的文化积淀和思想传承，也没有形成佛教学术研究中心的基础和条件。僧众对佛教中许多思想性的东西、内在东西领悟不深，如大陆那样的讲戒研律的学术化现象也不存在。尤其是在日本殖民时期，经过日本强力地、有目的地、赤裸裸地改造，岛内佛教思想研究及戒律建设都不能正常开展。南山律宗思想在明清时期对台湾僧团的影响也不明显，僧人也缺少理论的滋养和传统的继承，其戒律学的主要内容和表现仅是传戒，戒律学的研究与传承也就无从谈起。

第二节　清末时期岛内法师的受戒与传戒

由于地理和文化渊源的关系，明清以后台湾地区佛教的所有仪式、规范和丛林制度，都是从大陆尤其是从福建的著名寺院传入，并传承和延续着大陆这些寺院的法脉。历史上，对台湾佛教影响最大的寺院有鼓山涌泉寺、泉州承天寺、厦门南普陀寺、漳州南山寺和怡山长庆寺等。正因长期的历史渊源和法脉传承，所以即使是在日本殖民台湾时期，在日本政治军事的干预和佛教文化的影响下，岛内仍然保持着与大陆的佛教交流，岛内佛教的血脉中仍然流淌着中国佛教的传统。

如台湾禅宗的四大法派——基隆月眉山灵泉寺、五股观音山凌云寺、大湖观音山法云禅寺、高雄大岗山超峰寺，这些寺院法派的开山者或者主要住持都是在大陆受戒。

基隆月眉山灵泉寺的开山者是善智法师和善慧法师。善智法师（1852-1906），俗名胡阿红，基隆人，三十九岁时到鼓山涌泉寺出家并受戒，后

① 东初：《了解台湾佛教的线索》，转引自见晔编著、自钥校订：《堂堂僧相，还诸人间——天乙崛起时的台湾佛教》，《香光庄严》第57期，1999年3月，第9-10页。

② 阚正宗：《台湾佛教一百年》，第209页。

住鼓山三年，光绪二十四年（1898）回台湾，住基隆清宁宫。① 善慧法师（1881–1945），台湾基隆人，光绪二十八年（1902），适鼓山涌泉寺第二十一代住持妙莲于本寺开戒，善智等人即一同赴涌泉寺求戒，善慧依涌泉寺景峰法师为师并受戒。1909 年，善慧传授了据说是台湾佛教史上第一次的在家二众戒。②

五股观音山凌云寺派的主要人物本圆法师（1883–1946），于 1899 年从福建鼓山涌泉寺振光法师受戒，后留在大陆丛林十一年，1911 年返回台湾。③ 凌云禅寺在本圆和尚圆寂后，由其弟子觉净法师主持。

大湖观音山法云禅寺的开山祖师觉力法师（1881–1932），本厦门鼓浪屿人，1899 年礼鼓山涌泉寺万善和尚为师。1918 年，觉力主持台湾法云寺的首次传戒。到 1928 年，共传戒七次。④

高雄大岗山超峰寺派的创始者为义敏和永定师徒二人。义敏（1875–1947），童年时于台南开元寺出家，1896 年至福建鼓山涌泉寺受戒。⑤

一直到清代末期和民国初期，大陆地区的佛教建设成就、思想仪轨都源源不断地传入台湾地区，在一定程度上丰富并影响着岛内佛教的发展，所以台湾丛林中的律仪规范全是与大陆相通、相同、相续、相融，即使在日本殖民时期已经暗淡，但其基因和内涵仍然存在。

在日本殖民时期，台湾寺院也偶有举办传戒活动。这种活动也大都是按大陆佛教的传戒思想进行的。如，1923 年 11 月 11 日，五股观音山凌云寺举办了全台湾规模庞大的四众戒会，台湾其他三大法派的月眉派的善慧法师、法云寺的觉力法师、大岗山的永定法师都参加了法会。本次法会时间为七天，受戒人数达 700 余人。⑥ 传戒和尚由本圆亲自担任，羯磨和尚是大陆鼓山涌泉寺的圣恩法师，大陆圆瑛法师任教授和尚，善慧任导戒师，大岗山的永定为授经师。其他戒师还有南元寺的得圆法师、台湾竹溪寺的

---

① 阚正宗：《台湾佛教一百年》，第 2–3 页。

② 阚正宗：《台湾佛教一百年》，第 247 页。

③ 阚正宗：《台湾佛教一百年》，第 248 页。

④ 阚正宗：《台湾佛教一百年》，第 249–250 页。

⑤ 阚正宗：《台湾佛教一百年》，第 250 页。

⑥ 阚正宗：《台湾佛教一百年》，第 249 页。

捷圆法师。同时，参加戒会的还有日本人铃木雪应、伊东大器等。[①] 另外，1936 年，有妙果法师也曾于圆光寺传大戒。[②]

据江灿腾研究，在整个日本殖民时代，大岗山超峰寺都未举办过传戒活动，这是当时台湾各大法脉中的唯一例外。这种状况直接导致其系统内的出家众普遍都不落发，或未受具戒。[③] 不过，本寺在 1929 年传过一次“在家菩萨戒”。戒会是聘请厦门南普陀寺的会泉法师（1874–1943）来主持的。除此之外，传戒期间还举行了大规模的水陆法会，并讲授大陆丛林的规矩。但这种规矩，不仅受到当时台南佛教界个别人的批评，也受到日本僧人东海宜诚、东海昌道（尼）等人进行的改造。[④]

尽管如此，台湾地区主要的佛教人物、寺院的主要住持或开山者，仍然大都是从大陆分灯，或是从台湾来大陆求戒、求法、参学——尤其是到鼓山涌泉寺等重要寺院受戒。如光绪三十年（1904），妙莲和尚在鼓山涌泉寺传戒，曾有台湾新戒弟子多人至鼓山参加戒会。[⑤] 基隆月眉山灵泉寺善慧法师，由于生活在日本殖民时期，从僧籍上说，善慧属于日本曹洞宗，但其修己持律，却是仍然保持着中国佛教的优良传统。虽然他曾赴日本考察日本佛教制度，但回到岛内后却组织爱国佛教讲习会。他对于那些要到祖国大陆求戒求法的僧侣，都能够随时给予资助。善慧还曾受福州鼓山涌泉寺和怡山长庆禅寺之请，来大陆开坛传戒，“皈依弟子极众”。[⑥] 厦门南普陀寺的住持会泉法师在其退院之后，也曾于 1928 年至台湾讲经。[⑦] 由此可见，此一阶段，两岸僧众间的互相参学、传戒、授戒的活动是一直不断的，台湾佛教的内在主流还是一直保持着中国佛教的基本特质。

---

① 阚正宗：《台湾佛教一百年》，第 30–31 页。

② 江灿腾：《台湾佛教与现代社会》，第 34 页。

③ 江灿腾曾引《人生杂志》（1952 年 2 月）的一篇文章《大仙寺传戒杂记》对此事进行了补注。见《高雄大岗山超峰寺派的源流和发展》，开证主编：《大岗山法脉传承史》，高雄宏法寺印，2000 年 7 月，第 71 页。

④ 江灿腾：《高雄大岗山超峰寺派的源流和发展》，开证主编：《大岗山法脉传承史》，高雄宏法寺印，2000 年 7 月，第 71 页。

⑤ 东初：《中国佛教近代史》（下），第 915 页。

⑥ 东初：《中国佛教近代史》（下），第 915–916 页。

⑦ 默如：《会泉和尚传》，虞愚：《厦门南普陀寺志·列传》，第 118 页。

正如圣严法师对此一阶段台湾佛教的评价："台湾佛教的基础，依旧是属于中国系统的传承，比如基隆月眉山的灵泉寺派、台南开元寺及竹溪寺派、中坜的圆光寺派等的僧侣，都还保持着中国佛教模式，传授中国佛教的戒法。也有若干僧侣，游学大陆的丛林，比如斌宗及其弟子慧岳等人。"在台湾回归后的几年时间里，有一批佛教界人士从大陆到了台湾。他们从事于寺院的经营、佛学的开创、经书杂志的发行以及大藏经的影印等事务，为台湾地区佛教的教育文化及宗教事业，作了相当大的贡献。①

因为中国佛教传统的强大力量，以及台湾地区佛教界对祖国佛教优秀文化的学习和传承，整体而言，尽管台湾文化传统在日本殖民时期遭受到十分复杂的改造，台湾地区佛教也受到日本佛教的强力影响，但作为中国佛教的一部分，台湾岛内佛教的发展仍然基本保持着中国佛教的传统。岛内佛教也并没有完全变成日本佛教——或者说虽然在某些方面有了程度不同的日本化，但中国佛教的优良传统如同种子一样仍然存在，只要等到合适的阳光和水分，自然就会生长出来。在日本殖民时期，两岸佛教界人士的交流，仍然络绎不绝，并得以维护着两岸中华佛教血脉的相通相济。只是由于历史和文化原因，此阶段岛内的佛教学术传统还没有建立起来，不论其宗派研究还是戒律学的义理阐释，都还显得相对薄弱。

第三节　光复后的岛内传戒活动

持戒是佛法久住的基础，戒律不彰则佛法不彰。因此，如法的传戒受戒更是佛法久住的关键。1945年，日本投降后，随着台湾重新回到祖国怀抱，岛内的文化、宗教也就又一次与祖国大陆重新接通上血缘纽带。大陆佛教组织也在台湾得到发展，进一步规范了岛内的僧团生活。面对着被日本佛教破坏的台湾地区佛教，一大批教内有识之士对其混乱现象和百废待举的局面非常着急，致力于将其带到中国佛教发展的优良传统之中。在他们的持续努力下，岛内佛教也因之得到进一步净化，中国大陆佛教中的戒律思

① 圣严：《现代台湾佛教的学术研究》，《圣严大师文汇》，第540页。

想和传统也得以在岛内扎根和深化。

一、僧人队伍得到加强

1945年以后，有一批大陆僧人和居士通过不同途径先后来到台湾，其中有大约数十位著名高僧都是当时中国佛教界的精英，他们法脉丰富，学缘多样，造诣突出，年轻有为，大都具有极高的社会声誉。其中尤以太虚的同学、弟子、学生及其再传弟子占的比率最高。这些出于太虚门下或学系的僧人居士主要有：东初、慈航、印顺、默如、李子宽等，再传者有续明、演培、仁俊，以及星云、圣严等。另外，圆瑛的弟子有白圣及其同学道源；印光的在俗弟子有李炳南；虚云的弟子有蔡念生、后学灵源等人；焦山智光及其弟子南亭，三传者成一等人。[①] 这些僧人的移居，为台湾佛教带来了前所未有的生机，台湾地区佛教的组织建设、法师队伍、僧才培育、义理研究和讲戒授戒也都表现出了新的气象。这些高僧通过讲戒授戒、建设僧团、举办佛学院，以及在岛内主办多种具有深远影响和划时代意义的佛教活动等，将大陆佛教传统和精神在台湾地区佛教中进一步加以强化。种子终于发芽，如法的传戒便被迅速推动起来。

上述诸位僧人居士，对当时台湾地区佛教发展都起到重要作用。其中，在规划岛内佛教发展的方向、在促进如法传戒等方面起到关键作用的，除去白圣法师之外，还有道源法师。

道源（1900–1988），河南商水人，俗姓王，幼读私塾，由婶母抚养成人。后因亲人相继病逝，二十岁时依周口的普静堂隆品和尚剃度出家，法名能信，号中轮。1923年，道源赴湖北汉阳归元寺，依觉清律师受具戒，并研读《华严经》。1927年，入常州法界学院求学。白圣任静安寺监院时，道源曾协助他管理佛学院。道源重视对戒律的研学，在他随慈舟到北京时，不仅代慈舟讲《华严经》，而且提倡持戒念佛，主张解行并重，使学院僧众威仪严整。道源曾从印光学习，笃修净土，并以之为志；又从慈舟于苏州灵岩山寺常年修持佛七，被称为“教研贤首，明教道宗，行步慈舟，修持严谨，精进不懈，八宗并重，一门深入，专心净土”。1949年，道源与

---

① 圣严：《现代台湾佛教的学术研究》，《圣严大师文汇》，第540页。

白圣一起到台湾。1952 年在大仙寺首传大戒时，道源与白圣一起组织法会，并任教授阿阇黎。1956 年，道源被选为台湾地区“中国佛教会”理事长。到 1987 年圆寂时，道源担任三坛大戒和尚、讲戒律，共十五次，另外还任在家菩萨戒师，次数难计。[①] 或说，他担任过 6 次得戒和尚，2 次羯磨和尚，2 次教授和尚，1 次尊证；在家传戒，他担任得戒和尚 2 次。除白圣之外，道源是当时台湾佛教界担任戒坛三师和尚最多的僧人。[②] 正是由于他多次担负台湾传戒时的传戒戒师，所以又被称为“讲戒第一”。[③]

就尼众而言，天乙比丘尼是近现代岛内比丘尼的代表性人物，对岛内比丘尼的制度建设起到重要作用。天乙，俗名洪金珠（1924–1980），因父母经营糕饼店，家境相对富裕。天乙十六岁时以优异成绩考入屏东女子高中。当时屏东女子高中主要录取日本人，每年只收三四位台湾本地人。天乙从屏东女子高中毕业后，入读日本东京昭和大学文科，1947 年返回台湾。1948 年，于屏东东山寺剃度，拜圆融法师为师，法名印仪，字号天乙。当时，东山寺有两大优良传统，第一是实施请执制度，第二是能够积极从事佛教事业，经常举办讲经说法等活动。天乙于 1953 年在大仙寺受三坛大戒。在受戒大会上，天乙因其优秀的表现而受到白圣的注意，并委其为沙弥尼之首。[④] 天乙参与戒场近二十次，担任引赞、闽南语翻译、讲戒、得戒和尚尼、开堂和尚尼等职。天乙对台湾地区佛教及比丘尼的最大贡献是倡导一些重要的观念，诸如女众必须自己教导女众、比丘尼事由比丘尼自决等。[⑤] 天乙一生中亲近过慈航和白圣，并于此后的戒会中担负白圣的语言翻译，将白圣用国语进行的讲戒，翻译成台湾本土信众能够听懂的闽南方言。她也因之成为白圣改造台湾佛教活动的重要助手。天乙也曾在以后的戒会中

---

① 阚正宗：《台湾佛教一百年》，第 227–229 页。于凌波：《中国近现代佛教人物志》，第 241–243 页。

② 于凌波：《中国近现代佛教人物志》，第 243 页。

③ 阚正宗：《台湾佛教一百年》，第 181 页。

④ 见晔编著、自钥校订:《堂堂僧相，还诸人间——天乙崛起时的台湾佛教》,《香光庄严》第 57 期，1999 年 3 月，第 26–38 页。

⑤ 见晔编著、自钥校订:《堂堂僧相，还诸人间——天乙崛起时的台湾佛教》,《香光庄严》第 58 期，1999 年 3 月，第 44 页。

亲讲《四分比丘尼戒》。

二、回归后首次传戒

台湾回归后，岛内首次传授三坛大戒法会活动，是1953年元月（或说为1952年年底开始）在台南县白河镇大仙寺举办的。这事实上已经是回归后的第八个年头了。

本次传戒法会是由智光、白圣、道源等法师大力促成的，法会戒期为两个星期。虽然传戒法会为大仙寺主办，但实为当时的“中国佛教会”所主导。这一方面是因为该寺缺乏传戒经验，二是因为对律藏未有深入探讨，大仙寺力求简单，许多方面不合传戒古规，使得“中国佛教会”不得不出面进行干预，所以最终活动转由“中国佛教会”主导。① 尽管尚有一些不尽如人意之处，但是本次戒会成为奠定战后台湾地区佛教重律遵戒、如法传戒的良好开端。1954年秋，在新竹狮头山元光寺举办了光复后的第二次传授三坛大戒法会，本次法会为期三十二天。此后的十余年间，先后有灵泉寺、元光寺、碧云寺、凌云寺、宝觉寺、东山寺、十普寺、海会寺、超峰寺、大觉寺、临济寺等相继举办传戒。其中的宝觉寺、十普寺、临济寺均已传戒两次。②

第一、二两次传三坛大戒法会活动时，时任“中国佛教会”会长的白圣亲担开堂和尚职务。他对传戒过程进行严格把关，对求戒者进行严格筛选，对那些像日本式佛教的、有妻子的和尚则不准受戒，同时他也不准许寄戒。③所谓寄戒，是指对那些只报名、缴戒费，而不亲自来求戒的人所授的戒。受寄戒的人即是为寄戒者。之所以存在这种现象，最初是有其客观原因的。比如在台湾没有传戒之前，岛内佛教徒受戒，就必须要来大陆，但由于路途遥远、海峡相隔，所以有的即是受寄戒：本人不到场，只是将姓名、戒

---

① 江灿腾曾引《人生杂志》（1952年2月）的一篇文章《大仙寺传戒杂记》的段落对此事进行了补注。见《高雄大岗山超峰寺派的源流和发展》，释开证主编：《大岗山法脉传承史》，高雄宏法寺印，2000年7月，第71页。

② 圣严：《今日的台湾佛教及其面临的问题》，《圣严大师文汇》，第496页。

③ 净心：《得戒和尚序》，《屏东县宝莲禅寺千佛三坛大戒会同戒录》，第4页。

费等寄到大陆某戒场参加受戒。[①]

当然，如上所述，此前台湾僧人并不是没有受戒，也有许多人士到福建一些寺院中受戒。但寄戒形式的出现，一方面说明了台湾当时受戒之难，另一方面也反映了当时社会和僧众的戒律观。正是这些主观和客观的双重原因，造成了在台湾地区佛教僧团中进行如法传戒的艰巨性。

台湾回归后，“中国佛教会”组织对岛内传戒活动的影响日益加深，主导丛林传戒长达三十年。正是通过以白圣为代表的许多僧人的共同努力，为其后的岛内僧尼传戒、持戒，树立了如法传戒的楷模，建立了良好的习惯。[②]“台湾佛教在经历一连串传戒会的洗礼之后，渐从‘日本式’‘斋教式’的佛教形态，蜕变成‘中国大陆式’的佛教——僧侣守素食、不婚嫁等戒律清规”。[③]

对于岛内的传戒活动，印顺曾评价说，

> 台湾佛教，一直夹杂着罗祖下的道门（斋教），受了日本五十年的统治，出家中心的佛教，变得面目全非。光复后，一九五二年，“中国佛教会”发起，首次在大仙寺传授“三坛大戒”，以后每年传戒一次，出家中心的佛教，从此有了转机。这一传戒运动，白圣老法师的功德不小！[④]

不断进行的如法传戒活动及其造成的社会影响，对改变日本殖民时期的皇民化佛教现象、推动岛内佛教复兴和对中国传统佛教回归，都起到了重要作用。在此过程中，岛内佛教在思想和形态上也得到一定程度的净化。这种净化主要表现在两个方面：一者，僧侣生活形态的转变及形象的重新确立，非婚嫁、茹素、剃发、僧装等形象得到巩固，僧俗有别的观念得到认同。二者，台湾僧侣渐渐规范了诵戒、结夏安居等如法的修行生活。[⑤]

---

① 煮云：《悼老友·忆往事》，转引自江灿腾《新视野下的台湾近现代佛教史》，第304页。

② 净心：《得戒和尚序》，《屏东县宝莲禅寺千佛三坛大戒会同戒录》，第4页。

③ 见晔编著、自钥校订：《堂堂僧相，还诸人间——天乙崛起时的台湾佛教》，《香光庄严》第57期，1999年3月，第15页。

④ 印顺：《华雨集》（四），《戒律学论集》，第584页。

⑤ 见晔编著、自钥校订：《堂堂僧相，还诸人间——天乙崛起时的台湾佛教》，《香光庄严》第57期，1999年3月，第15–18页。

岛内佛教的传戒，在1950年代以前是福建鼓山系的传戒方式占主导地位，1950年代以后则是以改良的宝华山方式占主导地位。① 印顺法师指出，台湾的传戒活动，在白圣的指导下，有了新发展，一是“二部受戒”制，二是“增益戒”。本来，从南朝刘宋以后，中国的传戒一向是从大德比丘受，现在举行二部受，可以说是恢复了律部的古制。印顺对授戒过程中的“二部受戒”评价道：

> 台湾举行律制的二部受戒，应该是大好事。不过台湾举行的“三坛大戒”，受戒的男众、女众，一来就住在同一寺院里，与古制不同。既然共住一处，倒不如直接向大德比丘受，也可省些手续。否则，又只有二部受戒的形式，没有二部的实际意义。

所谓“增益戒”，即是重受一次具足戒。印顺说，根据佛制戒律及其内在逻辑，“受了出家的具足戒，再受增益戒是不合律制的。虽然提倡出家的增益戒，女众来受戒的会更多，传戒的法会更盛大，但这只是法会盛大的形式而已”。②

三、传戒频繁造成问题

规范传戒之后，随之而来的问题是传戒的频繁，甚至过滥。如，1955年和1956年，台湾岛内一年之中有三处道场举办三坛大戒；1959年，有两处道场举办三坛大戒。为了规范传戒次数，提高受戒者的素质，于是从1961年开始，“中国佛教会”规定，全台每年只能举办一次三坛大戒，由各个寺庙轮流举办。欲主办的寺庙必须首先向“中国佛教会”提出申请，并须得到岛内的相关管理部门批准。这个规定一直执行了三十年时间。

岛内《联合月刊》第五十四期有一篇黄建兴写的文章，对1985年的传戒过程进行了生动记述。这次传戒本该轮到台北县的土城承天禅寺举办，但该寺庙的设备不足以承办，于是改由承天禅寺分院——高雄县六龟乡宝来村的妙通寺举办。本次传戒报名者约二千七百人，其中包括出家众约

---

① 江灿腾：《台湾佛教与现代社会》，第74页。

② 印顺：《华雨集》（四），《戒律学论集》，第584–585页。

五百人。因此在传戒期间，山上挤得满满的，许多戒子只好睡在临时搭起的帐篷里。即便如此，每天还有二三十辆游览车载满信众上山参拜。从大仙寺传戒以来，三十四年之中，这是传戒人数最多的一次。这主要是因为本次法会由德高望重的广钦老和尚传戒。文章说：

> 前往顶礼广老的信众当中，有的是去忏悔，见了广老就自然泪如雨下；有的是去求加持，将念珠捧到广老面前，让广老念咒加持，增加念佛的信心。也有的信众是去求广老治病，或是请求开示。要治病的人带着开水去求广老念《大悲咒》。而众所周知，大悲水在广老的寺中无一日或缺，唯信徒仍是要求再念一遍才算数。请求开示的信众则往往是一些自己就可回答的问题，只是要广老肯定而已。

显然，从这个意义上说，岛内也许已经形成一种“传戒文化”。这种传戒文化把一种神圣的宗教仪式，改造成一种具有全新特色的民俗活动和节日文化，其乐融融，热热闹闹，佛意盎然。文章还说，岛内佛教唯有在传戒之时，才能打破平时的山头意识和门户之见：“来自各地的佛子，皈依师父不同，出家依止的门派也不同，而主办传戒的寺庙却必须照单全收。”①

据于凌波居士统计，从 1953 年到 1988 年，台湾地区共传戒 36 次。②总体上说，从台湾光复至 20 世纪 90 年代的四十余年间，台湾地区受戒的僧尼数达到万人。③这一切，对于岛内佛教发展是十分重要的。20 世纪 90 年代，随着台湾岛内社会政治结构的改变和经济的发展，岛内管理部门也不再核准台湾佛教举办三坛大戒之事，此事则全部交给佛教界自己决定。因此，自 1991 年开始，岛内佛教界的传戒活动其次数和规模，又和 50 年代一样繁荣起来。④

---

① 黄建兴：《广钦老和尚掀起受戒热潮》，《联合月刊》第五十四期，《广钦法师文汇》，第 242–243 页。

② 于凌波：《中国近现代佛教人物志》，第 243 页。

③ 净心：《得戒和尚序》，《屏东县宝莲禅寺千佛三坛大戒会同戒录》，第 4 页。

④ 净心：《得戒和尚序》，《屏东县宝莲禅寺千佛三坛大戒会同戒录》，第 4 页。

显而易见，频繁的传戒，往往会造成许多负面影响，这一点也受到教内外许多人士直言不讳地批评。有些寺院在传戒时会贪多求大，追求社会轰动效果，致使这些传戒活动有的就慢慢流于形式，形成了被学者称为“排排队、听训话、穿僧衣、背戒条、烧香疤”的负面印象。① 当然，正如印顺所曾言，传戒流于形式，是由来已久的事，到处皆然，是不能把此归咎于哪个人的。②

圣严曾经对台湾五六十年代频繁出现的传戒现象进行了回顾，他一方面高度评价这些传戒活动对台湾佛教发展起到的积极意义，同时也对其中的负面作用进行反思，对其传戒行为和影响进行客观分析。圣严指出，频繁传戒一开始确实有为了成就戒法、弘扬律制、传续僧统的目的，但到后来就变质了。有的大德自己尚不知戒律为何物，竟也热衷于传戒，这主要想藉传戒法会这个因缘，来庄严道场，翻修殿堂或增建宝塔。这当然也不是坏事。关键是，有的为了争取更多戒子，便随意放弃律制规定，到处去拉、去请、去劝，只要你能赏光受戒，不管素质和愿心，都可以授上品的三坛大戒。这就破坏了佛教的形象，造成未信佛者不愿信佛，已信佛者退减敬意。这种传戒繁荣，显然是本末倒置的。③

广钦也曾对台湾地区佛教中存在的一些重视授戒而不重视持戒、重视要求别人持戒而自己做不到的现象提出了批评。他说，有的人在出家后，把社会坏习气带进佛门，不重修持，去读学位；有的出家人去拉拢官员，混入政治场合。他强调说，修持有成就，才能感动人，感动不信佛的人信佛，这才是出家人正当作法，才是度众生。④ 有的人看到受戒的人摆出法师架子，威风凛凛，自己就急着去受戒。现在出家人受戒不是受三坛大戒，是受名利戒，“受戒回来都谈名利，不谈修持”。⑤

从圣严、广钦两位法师的文字中可以看出，他们对回归后貌似繁荣的台湾地区佛教仍然是不满意的。他们对岛内佛教中存在一些非法之事的焦

① 江灿腾：《台湾佛教与现代社会》，第 20 页。

② 印顺：《华雨集》（四），《戒律学论集》，第 584 页。

③ 圣严：《今日的台湾佛教及其面临的问题》，《圣严大师文汇》，第 496–497 页。

④ 章克范：《广钦老和尚访问记》，《广钦法师文汇》，第 224 页。

⑤ 广钦：《开示录》，《广钦大师文汇》，第 27 页。

虑甚至愤怒之情，也都跃然纸上。

第四节　戒律学建设的基础基本形成

在历史上，由于受到特殊地理位置、区域文化和生活方式的影响，台湾地区佛教本就缺少丰厚的文化积淀和思想传承，岛内僧众对佛教中许多思想性的东西、内在的东西往往领悟不深，如大陆一样的讲戒研律的学术化现象也不存在。尤其是在日本殖民时期，经过日本强力地、有目的地、赤裸裸地改造，岛内佛教思想研究及戒律建设都不能正常开展。僧人也缺少戒律学理论的滋养及经典研读传统，其戒律学活动主要仅是传戒，戒律学的研究与传承也就根本无从谈起，更没有出现戒律学的相关研究著作。

台湾的回归，才使岛内佛教戒律学的发展获得了必要的条件。

第一，戒律学建设有了明确目标。

台湾佛教学者张曼涛指出，光复后的台湾佛教建设主要有两个方面："一个是授予中国佛教的出家戒法，二是重视佛教思想与学问……但光复前的台湾佛教，并不重视戒律，所以重新建立传戒模式，可说是复兴中国佛教形式上的最重要的基础。"①前者的主要代表和推动力量即是白圣，后者也许能够以印顺为代表。在此后的一个阶段，影响台湾地区戒律学发展的力量，也正是白圣主持的传戒活动和印顺从事的佛学研究。②

对于岛内佛教界来说，回归之后的重要工作即是不仅要从形式上切断和日本佛教在法脉上的联系，同时更要在观念、义理和修行方式上，回归中国佛教的精神传统。讲戒、传戒、研究戒律学、发展戒律学，这些在日本殖民时期受到影响和弱化甚至根本无从谈起的任务，必须得到重视、培育和发展。

---

① 转引自见晔编著、自钥校订：《堂堂僧相，还诸人间——天乙崛起时的台湾佛教》，《香光庄严》第57期，1999年3月，第12页。

② 江灿腾：《台湾佛教与现代社会》，第20页。

第二，戒律学建设有了稳定的队伍。

历史上，台湾佛教主要是闽粤式的佛教，法门以禅宗为主并混合净土，僧人的文化水平普遍不高，不存在一定数量的义学僧人，更缺少僧团内部的互相砥砺。台湾回归之后，两岸僧众的交流日益频繁，岛内佛教僧侣快速增加。有人说，“1945 年至 1948 年之间海峡两岸僧侣所接触的有限，直到 1949 年大陆僧侣大量的来台，并将‘人间佛教’的理念全面引进台湾”，才使中国传统佛教在台湾地区得到扎根，使佛教的信仰和精神成为台湾人民生活的一部分。[①] 但事实上，这种交流的意义并非仅仅在于僧人数量的多少，其更重要的是使两岸佛教文化、僧人心理的联系得到加固，使佛教精神纽带得到重新建立，使众多经过传统戒律学熏陶的大陆僧人将岛内佛教戒律精神及实践续上传统法脉。这既凝聚了研究队伍，也使岛内戒律学发展有了明确的方向。尤其是其后随着众多佛学院的举办、大学及研究所相关专业硕士和博士研究生的培养，岛内的戒律学研究人才汇集和队伍建设得到快速发展。

第三，规范传戒活动为戒律学建设提供实践支撑。

光复后，在岛内建立戒坛，对于促进台湾地区快速摆脱日本佛教中僧侣世俗化的影响，强化出家众的戒律观，在社会上建立起佛教徒清净修行的形象，起到积极的作用。[②] 台南大仙寺的首传三坛大戒，是大陆地区佛教传统、规制在台湾全面落实的滥觞。[③] 同时，本次传戒也标志着中国佛教在岛内的全面复兴，标志着对日本佛教在台湾佛教中的影响和流毒进行全面清算的开始。

更为重要的是，这种传戒也标志着大陆地区传统佛教的组织形式、戒律精神重新在岛内获得主导地位。从此之后，许多丛林寺院都致力于对中国佛教优良传统的恢复，诸山长老和僧俗大众也都极为重视严护律仪、如法修行，也有寺院重视以弘戒扬律为己任。

---

① 阚正宗：《台湾佛教一百年》，第 210 页。

② 恒清：《菩提道上的善女人》，第 170 页。

③ 阚正宗：《台湾佛教一百年》，第 210 页。

显然，这一切的活动和努力，都促进了岛内佛教戒律学的快速发展。正如印顺在20世纪60年代中期所说："近十年来的中国佛教，似乎越来越重律了。"[①]由之开始，传统佛教典籍在岛内得到不断整理出版，法师学者的研究著作也在不断出现。这些都在汉语佛教界和学术界产生了广泛的影响，有的著作已经成为本领域的经典文献。

① 印顺：《论毗舍离七百结集》，《印顺法师文汇》，第238页。

弘一律师篇第十三

新旧律学的历史转折

清末以后，中国传统戒律学迎来新的复兴。几十年间，出现了几位著名的律师，他们弘扬戒律，精研律学，使传统律宗在历史转折之中得到挺立，也使戒律学研究进入一个新的发展阶段。在这些律师之中，最受社会僧俗称道的即是弘一律师。他致力于强化戒律精神，弘扬南山律宗，其人其学不仅影响到20世纪中国佛教的发展，也在海外一些地区产生重要的影响。此处在拙作《中国律宗通史》相关章节的基础上，进一步展开论述。

第一节　出家学律成果显著

弘一（1880–1942），俗名李叔同，生于天津，一般说法是原籍浙江平湖，有人认为其祖籍也可能为山西。① 据弘一《我在西湖出家的经过》等文所述，1916年11月，弘一为了治疗神经衰弱，根据杂志介绍的断食方法，至杭州虎跑大慈定慧寺（俗称虎跑寺）试验断食，前后二十天左右的时间。1917年下半年，弘一便决心吃素，当年冬天又开始阅读《普贤行愿品》《楞严经》《大乘起信论》等。1918年，农历正月十五日于虎跑寺从了悟和尚受三皈依，取名演音，号弘一；农历七月十三日正式落发。八月底（另处

① 柯文辉：《旷世凡夫——弘一大传》，北京大学出版社，2010年，第2页。本节的年代时间主要参考林子青编著的《弘一法师年谱》，宗教文化出版社，1995年。

说为戊午九月），即至灵隐寺受比丘戒。[①]弘一学以《华严》为境，行以《四分》为导，归以净土为终。弘一博学多宗，学无所执，但一以贯之的是学律、研律与弘律，并以其丰富的思想和高尚的人格，而成为引领中国近现代戒律学复兴与发展的一面旗帜，受到僧俗大众的敬仰。

弘一出家之初，因感到僧界持戒不严而为世人诟病，即对戒律十分重视。受戒后，即研读《梵网合注》、灵峰《毗尼事要集义》和宝华《传戒正范》，披阅周环，悲欣交集，因而发愿学戒。[②]后来，由于感到其受戒时的一切仪式都未能如律，弘一遂决定志于学律、弘律。1918 年冬，读《毗尼珍敬录》及《毗尼关要》，自认为虽悉心研味，但未能贯通。1920 年，弘一归卧钱唐，披寻《四分律》，并博览中国诸师之作。1920 年夏，弘一居新城贝山，得弘教律藏三帙，并求南山《戒疏》《羯磨疏》《行事钞》及《灵芝三记》，便掩关山中，穷研律学。[③]弘一对这段历史非常重视，并在不同场合多次提及。

在学律之初，弘一大师曾倾心于义净翻译的有部律，1920 年 5 月，弘一手写《根本说一切有部戒经》。另外，6 月抄写《佛说梵网经菩萨心地品》，7 月抄写《佛说大乘戒经》和《十善业道经》。

据其《余弘律之因缘》所说，1921 年春，弘一开始阅藏，得见唐代义净三藏翻译的《有部律》及《南海寄归内法传》，深为赞叹，认为较旧律为善。故他在作《四分律比丘戒相表记》的第一、二次草稿中，屡引义净之说，纠正南山。[④]不过，在他转向《四分律》之后，认为这是轻谤古德，遂涂抹之。《四分律比丘戒相表记》经多次删改，方成最后定本。弘一以后虽未再谤毁南山，但仍然是专习《有部律》。两年之中，又编《有部犯相摘记》和《自行钞》各一卷。

后来，徐蔚如居士听说弘一学律是重有部而轻南山，则劝其改学南山。因为我国千余年来，唯秉南山一宗，今欲弘律，宜仍其旧贯，未可更张。

---

① 弘一：《我在西湖出家的经过》，《弘一大师全集》第 8 册，第 17—18 页。

② 弘一：《余弘律之因缘》，《弘一大师全集》第 1 册，第 194 页上。弘一：《〈四分律〉比丘戒相表记自叙》，《弘一大师全集》第 7 册，第 419 页上。

③ 弘一：《〈四分律〉比丘戒相表记自叙》，《弘一大师全集》第 7 册，第 419 页上。

④ 弘一：《余弘律之因缘》，《弘一大师全集》第 1 册，第 194 页上。

由此，弘一才有“兼学”南山之意。尔后此意渐次增进，直至辛未年二月（时为公历1931年3月19日至4月17日。本篇所言的月份，除去特别说明外，均为当年的农历月份），弘一才于佛前发愿，真正弃舍有部，“专学”南山。[⑤]并随力弘扬，以赎过去轻谤之罪。他也因之把这种对南山律学的回归，看成是自己由“新律家”（义净律学）向“旧律家”（南山律学）转变的标志。[⑥]

1933年2月，弘一原本欲往暹罗行脚，因陈嘉庚胞弟陈敬贤居士挽请而逗留于厦门，行脚之事遂罢。1933年，弘一与十余学律同道在泉州开元寺一同研究律学，并亲自讲律，因此被视为“南山律学院”。他为此还写了一副长联：“南山律学，已八百年湮没无传，何幸遗编犹存东土；晋水僧园，有十余众承习不绝，能令正法再住世间。”

弘一著作甚多，出家后的佛教类著述大致可以分为校勘科表类、讲演开示类、序跋题记类、记文节要类、传记年谱类、书信书法类等。其著作当时即受到中国佛教界的重视，许多篇章也在社会上广为流传。它们都成为中国近现代佛教史、律学史上的重要文献。弘一圆寂后，长期追随弘一的性愿法师发起筹印《四分律比丘戒相表记》《南山律在家备览略编》《晚晴山房书简》以及手书佛典等多种文献。[⑦]1946年，由刘绵松居士发起倡印《弘一大师全集》，并请虚云和尚作序。长期以来，弘一的著作以不同形式得到出版、流通、结缘。其最著名的《四分律比丘戒相表记》《南山律在家备览略编》，还被收入民国年间出版的《普慧大藏经》中。20世纪90年代初，福建人民出版社出版了十卷本的《弘一大师全集》，收有弘一大师的著作、钞记、序跋、书画作品及他人纪念文字等。1976年，台湾新文丰出版公司出版《弘一大师法集》凡六册，由蔡念生编辑。内收有《心经大意》《药师经析疑》《华严集联三百》《圆觉本起章》《四分律比丘戒相表记》《南山律在家备览略编》《五戒相经笺要并补释》《地藏菩萨

---

⑤ 弘一：《圈点〈行事钞〉记跋》，《弘一大师全集》第7册，第419页上。

⑥ 弘一：《余弘律之因缘》，《弘一大师合集》第1册，第194页上。

⑦ 郑梦星：《南普陀寺志》。另：性愿，法名古志，性愿为字，福建南安人，幼年依德山禅师披剃，十四岁于南普陀寺受戒，后游学江浙名刹，参学天台，在泉州常设讲座，听众极多。性愿善辞章，工书法，被赞为“闽南僧辈中之翘楚”，曾作南普陀寺八年首座。见觉斌：《性愿法师小传》，虞愚：《厦门南普陀寺志·列传》，《中国佛寺史志汇刊》第二辑，第8册，第129页。

圣德大观》《蕅益大师年谱》《南山律苑文集》《弘一大师讲演集》《弘一大师讲演续录》《晚晴山房书简》《晚晴山房书简写本》《清凉歌集》《格言别录》《弘一大师别集》《护生画集》《弘一大师永怀录》《弘一大师年谱》，以及《律学讲录》三十三篇，等二十余种。

弘一著述的篇章之名，往往都是略编、略释、初编、略讲、略述、大意等，显示一代律宗大师那种远离我慢、坦诚谦虚的为学风格和修行态度。

第二节　律学思想特色

戒律学成立的理由不是为了死守经典、寻章摘句，而是要通过学律研律，以完整准确地领会戒律精神，对律学理论作出传承、发展及其时代化和中国化建设，进而促进僧众的持戒修行和僧团建设。从古至今的律学宗师们，也都是在将戒律时代化和实用化的过程中，而得以展开自己的思想和著述的。

弘一的戒律学思想有着丰富内涵和鲜明特色，这主要表现在其能够继承南山律学宗统、探索解决现实问题方法等方面。

一、立足南山立场

弘一生活于新旧佛教发展交替的历史转折阶段，本身又具有极高的戒律学修养，能够有意识地对戒律学理论与实践进行反思，做到继承、扬弃与发展相结合，既能传承律藏、接续古德，又能顺应时代、开创未来。其主要表现之一即是反对《毗尼日用》及诸种清规，而力主回归南山律学传统。

虽然弘一并不否认《毗尼日用》在历史上起过积极作用，但他还是站在宗依南山、重振律学的立场上，对明清以来流行的带有持咒仪式的毗尼日用规范及其精神颇为不满。他说，宋代以前律家的著作，未有只字言及持咒，“后世律学衰灭，而《毗尼日用》出。时人不察，竟以为是律学之纲维，何异执瓦砾为珠玉也？”这是因为学者皆昧于律学，固守旧见，才造成以讹传讹。此风不息，当然会影响律学的纯正与传承。[1]他强调说：“我

---

① 弘一：《致邓寒香书（三）》，《弘一法师年谱》，第152页。

们应知道，现在所流通之《传戒正范》，非是完美之书，何况更随便增减？所以必须今后恢复古法乃可。”① 当然，这里的“恢复古法”并不是真的要以古法治今病或新瓶装旧药，而是要使律学理论建设能够真正回归和接续正宗的南山律学道路。

弘一还对清规持保留态度，因而并不鼓励阅读诸种清规。这一点也与明末莲池袾宏、蕅益智旭等人的思想一致。弘一认为：“按律宗诸书，浩如烟海，吾人尽心学之，尚苦力有未及。即《百丈原本》今仍存在，亦可不须阅读，况伪本乎？”② 因此，他认为，伪清规一日存在，佛教的振兴也就一日难以完成。

前文有论，南宋以后中国佛教戒律建设甚至整个中国佛教出现问题，乃有着复杂的背景和深刻的原因。禅宗及其清规和明清时的一些毗尼日用的出现，确实加剧了这种现象，但绝对不是造成这种现象的根本和全部原因。因此，即使真的全面废弃了“伪清规”、全面回归了唐宋诸家的律学理论，并以之行事，也不能一劳永逸地解决所有问题。所以，弘一主张，新的佛教不仅不需要“伪清规”，即使真的百丈原本今天也是不需要的。这是因为时代发展了，丛林和社会、僧团和组织，都有了根本的变化。弘一这个观点既是对当时僧团中有人主张恢复《百丈清规》的回应，也反映了其律学思想中的发展性和时代性特色。

值得指出的是，弘一虽然高扬南山律学大旗，但并不固执己宗，对于有部律学仍然是认真对待，其基本态度是坚持弘扬南山、尊重包容有部。正如他在《根本说一切有部毗奈耶犯相摘记》末所言，其所摘录，“悉属有部之说，他部译本，或与是殊。南山诸师撰述，亦多与此歧异。须知，各有所长，未可是丹非素。而南山一派，尤深契此土机宜，慎勿固执有部之说，妄生疑谤也”。③ 也即是说，之所以偏于南山而不扬有部，并不是他们之间有着是非问题，也不是非此即彼的关系，只是中土律学历来重视

① 弘一：《律学要略》，《弘一大师全集》第 1 册，第 197 页上。

② 弘一：《问答十章》，《弘一大师全集》第 1 册，第 252 页下。

③ 弘一：《〈犯相摘记〉题记》，《弘一大师法集》第 3 册，台北新文丰出版股份有限公司，1988 年，第 1396 页。本段文字不见于《弘一大师全集》第 1 册《根本说一切有部毗奈耶犯相摘记》、第 7 册《序跋卷》和第 8 册《杂著卷》文中。

南山之说，深契此土，所以弘扬南山律学，主要是历史的原因，也是符合中国佛教的现实需要。短短几行字，反映了弘一对待古德和他宗的态度，既客观有理，又坚持己宗，反映了其平实博纳的为学心态。

二、直面现实问题

在现实生活中，不论是受戒还是持戒都会遇到一些新问题。对戒律的理解与应用，必须随着时代变化而不断在思想观念和实践活动上作出新的调适。弘一在此方面有着丰富的新思想。

如在传统习惯上，白衣能否持戒问题就曾引起弘一的注意，这既是一个传统的问题，也是一个在不同时期会被不断提出的问题。对此问题的解决历来都是一个是与否、允许或不允许的问题。弘一对此也提出了自己的解决方案。

第一，明确反对白衣持戒。所谓反对白衣持戒，并不是说弘一主张白衣不应该学戒持戒，而是说白衣持戒，由于缺少团体的监督和磨炼，加之每个人的根基、动机和环境有别，这样断续、偶尔地学戒持戒，反倒更容易伤害戒律，也会损害自己的形象，受到他人的诽谤，因此白衣最好不要持戒。他曾婉转、真诚而又坚定地批评一些白衣的名义持戒或形式持戒，并说自己不愿意随顺他人、顾惜情面而敷衍了事，但如果直接指出这个问题又怕引起大家的怀疑。①

第二，可以先挂个虚名受戒。考虑到现实情况，弘一对白衣持戒提出的解决方案是受戒后再学再持，哪怕只是挂个虚名也比不受而学要好。一方面，弘一指出，虽然只是虚名，但受后俾可学律，又可免他人诽谤之虞。但是，另一方面，这里所谓的挂虚名受戒不是目的，而是一种学习方便，受戒不能止于虚名而无实行。受戒与持戒是表现在思想与行为方面的一体两面存在，不能割裂一面而放弃或拒绝其另一面。所以弘一又反对那种挂名而止的现象。他说："可惜现在受戒的人虽多，只是挂个名而已，切切实实能持戒的却很少。"这也正是弘一对当时传戒泛滥、受而不持现象非常痛心的原因。因此，他明确反对那种受而不持、或为了受戒而受戒的行

① 弘一：《律学要略》，《弘一大师全集》第1册，第199页下。

为。“受戒之后，若不持戒，所犯的罪，比不受戒的人要加倍的大，所以我时常劝人不要随便受戒。”简言之，若想受戒，必要持戒，受而不持，不如不受。挂名只是一种方便，不能代替持戒。当然，通过礼《占察忏仪》而得清净轮相，自誓总受菩萨戒，以后可自称为菩萨比丘。①

第三，受戒要量力而行。弘一强调，受戒持戒，都必须要能够切实做到，受戒者最好还是随自己的力量受戒，千万不可敷衍门面，自寻苦恼。他指出：“不说修到菩萨或佛的地位，就是想来生再做人，最低的限度，也要能持五戒。”②社会是复杂的，每个人的根基和智慧也有差别。所以，弘一主张五戒不妨分开相受，也主张受戒不必多日，有效即可，以为方便之举。由此可见，弘一并不是真正反对白衣学戒持戒，只是因为害怕学而不持、受而不行，招致是非，所以劝其最好不要学戒而已。反之，如果能学能持、有受有持，这不是一件十分有意义的事吗？这种解决方案，虽然反映了弘一对当时社会或佛教界存在诸多问题的一种无奈回应，但其本身却不是消极的而是积极的，有着将原则性与灵活性相结合的特征，体现了方便与究竟相统一的温和律学实践理念。弘一认同闽南地区出现的茹素、独身、带发修行的“菜姑”现象，也说明了这个问题。弘一的这种解决方案，虽然没有提供一种理想主义的完美路径，但却是能够直面现实并解决问题的可行方法。

第四，学戒要学而能用。弘一的律学理论建设，重视回应社会现实问题，尤其重视戒律的实用性和对社会的有用性。他在对青年佛教徒讲演中，要求青年人必须注意的四项事即是惜福、习劳、持戒和自尊。其实，不论四项事中的哪一项，最终都建立在对佛教基本价值的遵守和认真持戒的基础之上。既要依戒而行，依学而用，又要实现学而能用，学以致用。他说：

> 戒中最重要的，不用说是杀、盗、淫、妄，此外还有饮酒、食肉，也易惹人讥嫌。至于吃烟，在律中虽无明文，但在我国习惯上，也很容易受人讥嫌的，总以不吃为是。③

---

① 弘一：《律学要略》，《弘一大师全集》第1册，第199页下。

② 弘一：《青年佛徒应注意的四项》，《弘一大师全集》第7册，第379页下。

③ 弘一：《青年佛徒应注意的四项》，《弘一大师全集》第7册，第379页下。

简言之，规则的制定都是为人服务的，也都是应该为人服务的。学戒持戒不是为了空谈，戒律精神要能够贴近现实生活，要能够解决人生实际问题，要能够服务社会大众。这正是人间佛教思想在弘一戒律观念中的反映，也是其戒律学最核心的思想之一。

三、解决知识困惑

每一个时代都会遇到属于这个时代的问题。在个人戒律持守上，这些问题虽然表现为理论或实践层面，但造成问题的原因主要有四个，即个人的知识、立场、观念和客观条件。

就知识而言，经过近两千年的戒律经典解读和戒律学理论建设，所有与戒律有关的典故、人物、思想、戒相、持犯等，经过一代代的注疏、讲记和开示，到了弘一的时代，僧众对其名相、理论的理解及实践，都不会遇到戒律的知识性问题——或者说，如果出现不能持守戒律的人，那不是因为不懂，而是因为不愿——这是立场、观念的问题，或是因为不能——这可能是客观条件的制约。但是，人们总会遇到新问题，这种问题的实质及解决，有时并不属于戒律本身，所以解决这种问题的方法或前提，也可能在三藏经典之外。寻找这类问题的解决方案，既是新戒律学建设的重要目标，也正是律师可能的思想创新之处。

弘一的律学思想特色，即是要使戒律研究做到学以致用，以学助用，主动回应修行中遇到的理论和实践问题，能够有效而准确地解决僧众持戒修行中的知识性困惑——这包括属于戒律的和不属于戒律的两种类型。

如为了帮助大家正确理解“日中”的概念，消除大家对持“非时食戒”的疑问，他于1942年特作《持非时食戒者应注意日中之时》一文以作说明。

非时食戒在出家戒和在家八关斋戒中都存在，简单地说，即是日中以后不可再食，进食必在日中以前。律部中对此也有着清晰陈述。尽管这看起来很简单，但由于各家所说不同，甚至因为地理经度不同，都会造成对“非时”之“时”的理解不同，所以不少人即因之对此产生误会或困惑。弘一说：

> 日中之时，俗称曰正午。常人每月日晷仪置于日光之下，俟日晷仪标影恰至正午，即谓是为日中之时。因即校正钟表，以此

时为十二点钟也。然以此方法常常核对，则发见可怀疑者二事。一者，虽自置极精良正确之钟表，常尽力与日晷仪核对，其正午之时每与日晷仪参差少许，不能符合。二者，各都市城邑之标准时钟，如上海江海关大自鸣钟等，其正午之时，亦每见其或迟或早，茫无一定也。①

更为重要的是，“日中”的定义不仅仅是一个知识性问题，更是一个事关持戒合法性问题。弘一从天文历法的角度对此认真加以澄清。他说，若能了解现代天文学的“中午”之义，过去对此问题的怀疑自然就能够得到冰释。“因钟表每日有固定同一之迟速，决不允许参差，而真太阳日之长短，则参差不齐。故不能以真太阳之视午而校正钟表，恒定是为十二点钟也。”所以他强调：“吾人持非时食戒者，当依真太阳之视午而定日中食时之标准，决不可误据平午而过时也。”②

显然，正确理解戒律精神，有许多功夫并不仅仅在律藏之中。因此弘一经常通过自己渊博的知识、客观的方法，去真正弄清一词一句的含义，以使问题能够有着清晰的答案。这也反映了他一丝不苟的治学态度和严谨准确的持律精神。

弘一对律学理论有着精深的把握，对戒相有着深刻的体悟，同时他还能敏锐发现大众持戒中容易出现的对小小戒理解不清问题。因此他尤其着重在此方面加以指导，以贴近持戒实践，从而使其戒律学思想与研究既有丰富的知识性，又有很强的实用性。

四、践行学律理想

如果说学戒研律艰难，那么持戒而行更难。

弘一不仅重视学律研律，更是身体力行地严谨戒行，践行律学，学行一体。马一浮《挽弘一律师》赞其为“高行头陀重，遗风艺苑思。自知心是佛，常以戒为师”。弘一为人谦虚、温和。他自称出家受戒之时，未能如法，“准

① 弘一：《持非时食戒者应注意日中之时》，《弘一大师全集》第8册，第8页下—第9页上。

② 弘一：《持非时食戒者应注意日中之时》，《弘一大师全集》第8册，第9页上。

以律仪，实未得戒，本不能弘扬比丘戒律。但昔时既虚承受戒之名，其后又随力修学，粗知大意，愿以一隙之明，与诸师互相研习”。①

弘一持戒主张最大的特点是严于律己，宽以待人。“平素持戒的功夫，就是以律己为要”。他常说：“戒律是拿来律己的，不是律人的。有些人不以戒律律己而去律人，这就失去戒律的意义了。”② 倓虚力邀弘一去青岛湛山寺讲律时，他开出的三个条件是：不为人师、不开欢迎会、不登报吹嘘。③ 倓虚称赞他为：“出家后，把在家那套世俗习气完全抛掉，说不干就不干！丝毫也不沾染。对于出家人应行持的，就认真去行持。行持到家，一点不苟且，这才是大丈夫之所为。也是普通人最难能的一件事！”④ 倓虚曾回忆道，弘一在湛山寺讲律，讲的正是“律己”，目的是要“让学律的人先要律己，不要拿戒律去律人，天天只见人家不对，不见自己不对，这是绝对错误的。”⑤

弘一自己持律严谨、解行一致，在一言一行中透着古德的精神。从他一天的活动内容即可看出其严谨的态度：“日间自订有阅读、讲律和朗诵等常课，绝不浪费时间。到了天将薄暮，则持珠念佛，经行散步，入晚即就寝，绝少点灯，颇有古德‘怜蛾不点灯’的遗风。律中规定，穿不过三衣，食不逾午时，他都严守不越，这是所以戒贪奢之妄念。”⑥

弘一始终严格要求自己，做到时时学行一致，日日反省己身。他说：“学律非是容易的事情，我虽然学律近二十年，仅可谓为学律之预备，窥见了少许之门径；再预备数年，乃可着手研究，以后至少须研究二十年，乃可稍有成绩。奈我现在老了，恐不能久住世间，很盼望你们有人能发心专学戒律，继我所未竟之志，则至善矣。”⑦ 由此可见，弘一之所以能够成为近代中国律学大家，成为一代律宗大师，并不是因为他写的文章多，也不

---

① 瑞今：《亲近弘一大师学律和办学的因缘》，《弘一大师全集》第10册，第161页下—162页上。

② 倓虚：《影尘回忆录》，《倓虚大师文汇》，第320页。

③ 倓虚：《影尘回忆录》，《倓虚大师文汇》，第313页。

④ 倓虚：《影尘回忆录》，《倓虚大师文汇》，第315页。

⑤ 倓虚：《影尘回忆录》，《倓虚大师文汇》，第320页。

⑥ 瑞今：《亲近弘一大师学律和办学的因缘》，《弘一大师全集》第10册，第161页下。

⑦ 弘一：《律学要略》，《弘一大师全集》第1册，第197页上。

是因为他的社会名望高，而正是因为他能身体力行地严谨持律，才得世人敬仰，才得如此高名，才能成为宗师。

五、强调戒净一体

弘一对净土法门心有所倾、极为重视，并为之而私淑印光法师。他既自称，“自披剃以来，即至心归依地藏菩萨”，① 又对净律关系有着深刻的研究和体悟：不仅是律宗大师，也属净土龙象，被时人称为“律净尊宿”。②

弘一重视净土等法门在人生及修行中的意义和价值，着意以之劝化众生。如他说：“凡我同仁，常应读《地藏本愿经》，依教奉行，以资净业。倘未能深信因果报应，不在伦常道德上切实注意，则岂仅生西未能，抑亦三涂有分。”③

弘一高度重视净土法门在弘传律教中的重要作用，对《法华经》《弥陀经》等经典有着深入的研究，也曾作过《普劝净宗道侣兼持诵〈地藏经〉》之类的讲演。从整体上说，弘一的律学思想和明末蕅益智旭的律学思想最为接近，蕅益智旭也是弘一最敬重的高僧之一。有学者认为其编撰蕅益智旭的嘉言而成的《寒笳集》，即充满着六经注我的精神。④ 弘一在《〈行事钞资持记〉题首》中记道：“敬录《妙法华经・法师品》三轨文，窃谓弘传律教，亦庆尔也。书冠卷端，以自勖励。”⑤ 事实上，在律学著作的题首手书莲经，勖励自我，绝非偶然。这既表示了弘一大师的慈悲、忍辱、博大之胸怀，也反映了其律学思想的融合性与丰富性。

弘一也强调，戒善乃法门助行资粮。近代以来，净土法门在社会上较为兴盛，但与之同时，有些人对此念佛法门中的戒律作用注意不够，甚至对其有着错误的认识。弘一因此注重在对净土经典的讲演、辅导、经典整理汇编及在与大众的回信中，强调净土法门中的戒律作用，这即是净为学宗、戒为资粮。他曾在演讲中普劝修净业者：“必须深信因果，常检点平时所

---

① 《弘一法师编述地藏菩萨圣德大观》，《民国佛教期刊文献集成・补编》第 65 卷，第 72 页。

② 《律净尊宿弘一法师圆寂》，《民国佛教期刊文献集成・补编》第 66 卷，第 201 页。

③ 弘一：《普劝净宗道侣兼持诵〈地藏经〉》，《弘一大师全集》第 7 册，第 385 页下。

④ 麻天祥：《20 世纪中国佛学问题》（修订版），武汉：武汉大学出版社，第 102 页。

⑤ 弘一：《〈行事钞资持记〉题首》，《弘一大师全集》第 7 册，第 419 页下。

作所为之事。真诚忏悔，努力改过。复进而修持五戒十善等，以为念佛之助行，而作生西之资粮。”①

在此一点上，弘一与印光具有高度的路径一致，一个是从净土立场强调以戒护净，一个是从律学立场强调以戒助行，在本质上都是强调戒净一体，戒净共存，以净为归。严格说来，这种戒净关系思想虽然不是弘一特有的，但却是其律学思想的重要组成部分。

第三节　推动南山律宗建设

弘一认为，律宗能够“统四藏，括两乘”，因此他坚守南山律学的原则和方法，并志在重振南山律学。弘一也以近现代戒律学推动者和中兴者的角色，影响到中国近现代佛教的发展及其社会形象建设。

一、矢志重振南山律学

出家后的弘一，全身心地致力于戒律的弘传和戒律学建设，矢志不渝地致力于律宗的复兴。

第一，创办戒律教育机构。

为了弘扬南山律学，弘一重视对律学知识的普及和律学人才的系统化培养，为此他曾创设戒律教育机构，以实现这个目标。

1933 年阴历五月初三日，适蕅益智旭诞日，弘一于泉州开元寺尊胜院，亲自撰写《南山律苑住众学律发愿文》，共发四宏誓愿：

> 一愿学律弟子等，生生世世，永为善友，互相提携，常不舍离，同学毗尼，同宣大法，绍隆僧种，普利众生。一愿弟子等学律以及弘律之时，身心安宁，无诸魔障，境缘顺遂，资生充足。一愿当来建立南山律院，普集多众，广为宏传，不为名闻，不求利养。一愿发大菩提心，护持佛法，誓尽心力，宣扬七百余年湮没不传

① 弘一：《普劝净宗道侣兼持诵〈地藏经〉》，《弘一大师全集》第 7 册，第 385 页下。

之南山律教，流布世间。[①]

1934 年，弘一在厦门南普陀寺讲律，以《易》之“蒙以养正”之语而取名创建“养正院”。瑞今法师为主任，广洽法师为监学。在创建佛教养正院过程中，弘一亲自草拟章程和书写院额。养正院规矩严肃，院誉日隆，名扬一时。弘一有时入院讲学，“不但重视教理之研究，尤重视戒行之修持，可谓学行兼顾，事理圆融”。[②]

第二，普及宣传律学思想。

弘一重视宣传普及戒律及其戒律学的研习体会，许多寺院讲堂都留下他的弘法圆音。

如，1932 年 11 月，于闽南妙释寺讲《含注戒本》；1933 年 10 月 3 日，为纪念道宣圆寂日，讲《四分律含注戒本》《戒相表记》《删补随机羯磨》等；1934 年元旦，在泉州讲《四分律含注戒本》；1934 年 1 月至 2 月，在厦门妙释寺讲《四分律含注戒本》，2 月至 5 月在厦门万寿岩讲《随机羯磨》；1934 年 3 月，在南普陀寺为僧众讲“大盗戒”；1935 年 11 月于泉州承天寺传戒会讲《律学要略》，其后又往惠安科山寺讲演；1936 年初，于佛教养正院讲《青年佛徒应注意的四项》。1937 年元旦开始在南普陀寺讲《随机羯磨》《羯磨集法缘戒篇》等，又在佛教养正院讲《十善业道经》，并精心编写《四分律删补随机羯磨随讲别录》；11 月，在养正院讲《南闽十年之梦影》，此文刊登在《佛教公论》第九期，后收入《晚晴老人讲演录》之中。1937 年，又至青岛湛山寺讲律数月，1941 年 4 月在晋江檀林乡为学者讲《律钞宗要》等。据《弘一大师全集》第十册所记，弘一曾经驻锡过的寺院有 61 处，处处都留下他弘戒讲律的足迹。

弘一每一次演讲与弘律，都是对南山律学复兴努力的一部分。后人因之集成有《南山律苑随讲别录》《律学要略》等律学文献。当代也有不同版本或选集范围的弘一大师演讲集流通。

他自述其弘律的本愿与志向是“愿得有精进律仪之五比丘出现，能令

① 性常：《亲近弘一大师之回忆》，《弘一大师全集》第 10 册，第 54 页下。

② 瑞今：《亲近弘一大师学律和办学的因缘》，《弘一大师全集》第 10 册，第 162 页下。

正法住于世间，则余之宏律责任即竟”；并鼓励学者“奋力兴起，肩荷南山一宗，广传世间，高树法幢”。所以其讲学“不欲聚集多众，但愿得数人发宏律之愿，肩荷南山之道统，以此办毕生之事业者，余将尽其绵力，誓舍身命而启导之”。① 此可谓夫子自道也！

二、整理南山律学文献

弘一十分重视对南山律学典籍的整理、编撰、订正、校勘与出版等工作，以强化律学复兴的经典及其思想基础，因此常以多种形式和方式对这些文献进行再创造。这种再创造文献的呈现形式主要有：

（一）律学文献的整理

弘一整理校勘过许多佛教文献，其中最负盛名的即是对南山律学文献的整理，包括校注、勘对、科表等，这也是其最有特色的戒律学活动。他精心点校过的有《行事钞》《资持记》《业疏》《行宗记》《羯磨疏》《济缘记》《四分律拾毗尼义钞》《东瀛〈四分律行事钞资持记〉通释》等，几乎包括南山律学全部重要经典。对南山律学著作，弘一往往都是一边整理，一边研习，并在刻本边写下字数不等的校注、札记。为了便于僧众的持守，或对那些易犯的戒相引起警悚，他便对相关文字作出区别标记。如：用红色的“。。。”表示“极易犯”，用红色“。。”表示“颇易犯”，用红色“。”表示“易犯”，用黑色“。”表示“稀犯”，用“、”表示“难犯”，用“□”表示“不能犯”，一一标于戒题下端。② 弘一整理这些典籍是非常辛苦的。虽然 1920 年，即从日本引进古版《行事钞记》，但弘一未及详研，直到 1924 年 4 月，弘一居晚晴山房时，才检天津新版钞记，详阅圈点，抄写科文，改正讹误。整个过程花了三年时间。③1934 年，弘一将敦煌写本与天津刊本对校，并撰《〈四分律随机羯磨〉题记》等。另外，弘一还标点见月读体律师的《一梦漫言》等。

---

① 瑞今：《亲近弘一大师学律和办学的因缘》，《弘一大师全集》第 10 册，第 161 页下 –162 页上。

② 《周叔迦集》，第 136 页。

③ 弘一：《圈点〈行事钞〉记跋》，《弘一大师全集》第 7 册，第 419 页上。

弘一重视对佛教文献的整理出版。对于福建鼓山涌泉寺发现珍贵经版，他称之为“庋藏佛典古版之宝窟”，随之倡印，并制定具体整理、修补、流通等办法。[①] 在整理工作中，他还要求整理者必须要首先发菩提心，要有坚忍不拔的意志。弘一非常重视多方搜求律学典籍，曾多次向日本采购古本佛书。仅在 1934 至 1936 年间，即从日本购得古刻佛典万余卷，其中多为明末清初的刻本。[②]

（二）律学文献的序跋题记

在对律学文献的学习、整理和传播过程中，弘一撰写了许多的题记、序跋、附记和书信等。这一类文章非常多，但文字多少不一，有的序跋寥寥数语，有的则是大段文字；有的是对其所整理的律学文献进行考辨，有的是对文献历史进行梳理，有的是对其思想特色进行概括。

一者题记序言。《〈四分律删繁补阙行事钞〉题记》是其中最重要者之一。《〈四分律删繁补阙行事钞〉题记》除总记外，还有分章封面题记，它们是《行事钞》卷上之二封面题记、《行事钞》卷上之三封面题记、《行事钞》卷中之一封面题记、《行事钞》卷中之二封面题记、《行事钞》卷中之三封面题记、《行事钞》卷下之一封面题记、《行事钞》卷下之二封面题记、《行事钞》卷下之三封面题记、《行事钞》卷下之四封面题记。其他题记或序文主要有：《〈四分律比丘戒相表记〉自叙》《〈行事钞资持记〉题首》《〈四分律行事钞资持记〉题首》《扶桑本〈四分律行事钞资持记〉通释序》《〈四分律删补随机羯磨〉序》《〈四分律含注戒本〉序》《〈行事钞〉随讲别录释题》《扶桑春日版〈梵网经古迹记〉序》《扶桑本〈南海寄归传〉解缆钞序》《扶桑〈普贤行愿赞〉梵本私考序》《扶桑本〈表无表章文集〉序》《扶桑本〈表无表章铨要钞〉序》《校刻〈佛说优婆塞五戒相经笺要〉序》《〈五戒持犯表记〉序》《书三归依五学处题记》《〈华严经读诵研习入门次第〉

---

① 《弘一法师拟定整理流通鼓山古经板事之办法》，《民国佛教期刊文献集成·补编》第 11 卷，第 237 页。

② 弘一《佛学丛刊序》，《弘一大师全集》第 8 册，第 431 页；弘一：《致日本名古屋其中堂书店》（附记），《弘一大师全集》第 8 册，第 325 页上。

序》《〈寒笳集〉序》《〈缁门崇行录〉选辑序》《〈一梦漫言〉序》等。

二者后记、校记及跋。主要有：《〈行事钞资持记〉本考后序》《扶桑本〈四分律资持记〉跋》《盗戒释相概略问答后跋》《〈含注戒本科〉跋》《〈佛说十二头陀经〉经末题记》《〈行事钞资持记〉校后记》《〈随机羯磨疏〉跋》《圈点〈行事钞〉记跋》《〈随机羯磨疏济缘记〉校记》《〈四分律拾毗尼义钞〉校记》《扶桑本〈南海寄归传〉解缆钞跋》《扶桑本〈表无表色章〉跋》《扶桑本〈表无表章报恩吼〉跋》《〈律相感通传〉跋》《扶桑国藏古袈裟图跋》《扶桑国旧藏白氎郁多罗僧图跋》《手书〈佛说八种长养功德经〉跋》《〈一梦漫言〉跋》《〈见月律师年谱〉摭要并跋》《华山见月律师行脚图跋》。

三者大乘戒序跋类。主要有：《〈梵网戒本汇解〉序》《〈梵网经菩萨戒本疏〉跋尾》《〈梵网经菩萨戒本浅释〉记》《〈梵网经古迹记〉宗要跋》《〈地持论〉菩萨戒羯磨义记跋》《书〈佛说梵网经菩萨心地品菩萨戒〉跋尾》《书〈佛说大乘戒经〉跋》《书〈十善业道经〉跋》《阅〈大乘戒经〉〈十善业道经〉自跋》。

这些篇章共有50多种，不仅表达了弘一的律学思想，而且因其有考据、有思想、有校注，所以对于读者完整准确理解相关文献的内容有着重要作用。

（三）律学文献的教学式加工

经典的教学与传播，并不等于对经典的直接诵读，而有着自己的形式和要求。学院式教学与传统的上堂开示的主要区别，即是经典的思想体系必须要转化成具体的教学体系。为此，必须要根据教学要求和对象，对经典进行二次加工。就三藏文献的教学而言，其主要形式之一即是对文献进行简洁、具象化的科判、表记或图解。弘一在这方面也有许多的创新。

一者科判。这即是对传统典籍进行科判或对已有科文进行加工。这些著作主要有：《〈事钞〉略科》《〈事钞〉〈戒业疏〉科别疏》《〈含注戒本〉科》《〈含注戒本疏〉略科》《〈释门归敬仪〉科》《〈含注戒本〉略释》《〈随机羯磨疏〉科》《〈四分律比丘尼钞〉科》等。

二者表记。这是对传统典籍结构和内容进行表记式呈现。这尤以独立成文的《四分律比丘戒相表记》最有影响。其他还有《〈梵网经贤首疏〉

盗戒第六种类轻重门科表》《〈梵网经古迹记〉科表》《〈菩萨戒本〉宗要科表》《菩萨戒受随纲要表》《〈事钞·持犯方轨篇〉表记》《〈梵网〉十重戒诸疏所罪相缓急异同表》等。

三者图解。这是对传统典籍内容或结构进行图解。弘一既对佛教文献有着深刻的把握，又有着极高的美术造诣，所以在律学著作传播、整理、普及中，尤其重视以图解文，从而使复杂的思想或文本结构能够得到生动、形象、准确的呈现。他绘制出的这些内容详尽、或简或繁的科、图、表，有的是弘一大师新作，有的是在前人已经所作的基础上补充、重制，其所有图表绘制均简洁、实用。如《剃法仪式》，弘一通过对经典的撷取，绘制了剃法仪式中的位置图，既做到有用，又是本于经典。在《〈四分律删随机羯磨〉随讲别录》中，则对结戒坛场及大界、衣药受净作了许多图示，清晰明了，既反映了弘一的精心研诵的结果，也给读者以明晰的指导，极具实用价值。其他还有《毗奈耶质疑篇》《僧尼十种受法料简图》（依南山业疏及灵芝记挈录）等。

弘一对传统经典文献进行的教学式加工，虽然看起来很简单，但必须要建立在对戒律学著作的精深理解和完整把握基础之上，因此有着重要的学术创新价值。而且，这些科表类文章对于大众能够正确、完整地掌握相关律学文本的结构、思想等，也都有着积极意义。

四者记文。记文往往是对一种活动的缘起、过程及结果的记录和说明。与戒律相关的记文主要有：《扶桑旧藏鉴真九衣七衣记》《梵行清信女讲习会缘起》《〈十善业道经〉影印绪言》《自恣法略例记》《〈业疏〉科别录记》《为律华法师书律偈并记》《比丘律藏函题记》《为性常法师掩关笔示法则》《慈说》《悲智颂（赠闽南佛学院同学训语）》《持非时食戒者应注意日中之时》《人生之最后》《关于女性异说讨论致竺摩法师书》《福州怡山长庆寺修放生园池记》等 16 种。

五者节要。节要是对文献要点进行摘要节录，以便更为集中地展示文献的精华，能够让学习者提纲挈领地快速认识经典、抓住重点、领会精神。弘一作的这些节要主要有：《答披衣荼毗之问》《南山说戒仪式》《在家众半月诵菩萨戒仪式》《〈梵网经〉纲要》《〈菩萨戒本经〉纲要》《〈璎珞本业经〉纲要》《〈优婆塞戒经〉纲要》《〈五戒相经〉纲要》《〈优婆塞戒经〉述要》。1924年，弘一节录南山三大部和灵芝元照的《行宗记》《济缘记》《资持记》要义而作《毗尼劝持录》。[1]另外还有圆寂前所作的《删定剃头仪式钞本》一卷，校对补释明代智旭的《〈佛说优婆塞五戒相经〉笺要》等。

六者随讲别录。主要有《〈律钞〉宗要随讲别录》《〈含注戒本〉随讲别录》《〈随机羯磨〉别讲录》《在家律要开示》等。弘一往往还会作“别录记”，如《〈律钞〉宗要随讲别录记》《〈行事钞科〉别录记》《〈戒疏科〉别录记》《〈业疏科〉别录记》。这一类的文章往往都是针对某一问题而讲，贴近现实，通俗易懂，所以非常受听众和读者的欢迎。

（四）律学人物的传记年谱

年谱是中国传统文化的重要内容之一，许多僧人的年谱也都成为佛教史传中的重要组成部分。弘一曾编制《南山道宣律祖年谱》《灵芝律师年谱》《蕅益大师年谱》和《见月律师年谱》。这些年谱有着重要的历史意义和学术价值。另外，弘一还点校过见月读体律师的传记《一梦漫言》，并有《宝华山见月律师年谱摭要》等类的文章。

（五）三种重要律学撰述

弘一的戒律学著作主要有《四分律比丘戒相表记》《南山律在家备览略编》《〈行事钞资持记〉扶桑集释》，它们是弘一花费许多精力的重要著作。

第一，《四分律比丘戒相表记》。

《四分律比丘戒相表记》是弘一最重要的著作之一。《四分律》是中国佛教历史中最受重视的律学经典，也是南山宗律学所赖以建立的基本律藏，在中国佛教中历来有着重要的地位。但其篇幅较大，戒相繁杂，记诵非易，所以1921年春，弘一得到《四分律》后，便立即开始编绘《四分律比丘戒相表记》，思撮其要，辄以私意，编录数章，列表志之，便于初学。[2]

---

①　《弘一大师全集》第7册，第3–11页。

②　弘一:《余弘律之因缘》，《弘一大师全集》第1册，第194页上。弘一:《四分律比丘戒相表记·自序》，《弘一大师全集》第7册，第419页上。

当年六月完成第一稿，后又经不断修改完善。1924年，《四分律比丘戒相表记》定稿完成，由穆藕初居士捐七百元现钞，委托中华书局缩本影印。[①]

《四分律比丘戒相表记》的结构是对250条戒中的每一条戒，按其犯缘、罪相、并制、境想、开缘，或犯缘、罪相、并制、开缘，或犯缘、罪相、境想、开缘等内容，逐项列示。[②] 倓虚对此评价道："在弘老的著述中，最主要的要算《四分律比丘戒相表记》。此书将《四分律》文，制为表解，化赜为晰。所加按语，都是古昔大德警语，经六七年工夫始制成。稿子都是亲笔所写。"[③]《四分律比丘戒相表记》在民国时期被多次出版。时至今日，在海峡两岸的丛林寺院中，仍然可以看到本书以不同的版本形式在流通。本表记也成为汉传佛教僧人学习《四分律》比丘戒的重要文献。

第二，《南山律在家备览略编》。

《南山律在家备览略编》是弘一最重要的著作之一，通常简称为《在家备览》，为弘一于1940年在福建永春蓬山闭关时作。至于编撰《在家备览》的原因，弘一在《拟编南山律在家备览致佛学书局书》中说，南山律学和灵芝律学著作近百卷，在家居士皆谓其为比丘所学，故而不敢阅读。而且，"南山律中最有精义、极为重要者，是所述《戒体》及《持犯方轨篇》章，多至十数卷，而大半与五戒、八戒有关系，为在家居士所应学；至《随戒释相》中所述四根本戒，小妄语、饮酒、非时食、杀畜生、高广大床等戒相，为诸居士所应学，则更无待言矣"。其中许多讲的是三归、五戒、八戒之事，以及敬佛、造像、建塔并俗人、士女入寺法、瞻病送终法等事，皆为在家人应学之事。[④]

《在家备览》分为四篇，即宗体篇、持犯篇、忏悔篇、别行篇。第一篇是根据道宣的《行事钞》《随机羯磨》《戒本疏》三大部和灵芝的《资持记》《济缘记》《疏行记》的中心内容，并参考道宣的《四分律拾毗尼义钞》《释门归敬仪》、灵芝的《芝苑遗编》等著作，按篇、门、章、节、项、

---

① 倓虚：《影尘回忆录》，《倓虚大师文汇》，第317页。

② 济群：《弘一大师对律学的贡献》，《法音》，1991年5月。

③ 倓虚：《影尘回忆录》，《倓虚大师文汇》，第317页。

④ 弘一：《拟编〈南山律在家备览〉致佛学书局书》，《民国佛教期刊文献集成》第186期，第55卷，第42–43页。

支所示各类内容分别排列，归纳了史上律家对律宗四科的论述，内容具体、纲目分明、结构清晰。本著作的风格非常类似于道宣律师的《行事钞》，但比《行事钞》更为简洁和紧凑，因此本著作既能作为律宗思想的简明工具书使用，又耐细细品味，可阅、可查、可行、可研，是民国以来中国戒律学的重要著作，也是新出戒律学著作的重要代表。

《在家备览》一直受到汉传佛教界的重视，各个时期、不同版本的《南山律在家备览略编》不仅流行于海峡两岸的丛林寺院，也流行于东南亚等华人社会，许多居士也以之为行为的依据和学习的教材。

第三，《〈行事钞资持记〉扶桑集释》。

唐代道宣的《行事钞》和宋代元照的《〈行事钞〉资持记》在中国都是钞记分开别行，但传到日本后，由日本泉州大鸟山神凤律寺的慈光瑞芳将之合本刊行而成汇本。清末，天津刻经处引入后，另行刊刻《〈行事钞〉资持记》四十二卷，二十册。弘一即依之作《〈行事钞资持记〉扶桑集释》，后由妙因（二埋）律师花年余时间加以整理，于 1951 年末成书，共十卷，计 54 万言。但因其整理和流通较晚，因而没有受到广泛重视。《〈行事钞资持记〉扶桑集释》以与页码对应的方式为《资持记》文中的重要概念、文句进行广征博引地加以注释。所引经律论内典及经史子集三百多种，因此其事实上已经超越了对词语进行简单注解的层次，可谓是一部辅助学习《资持记》的简明小辞典。

三、形成南山律学教育思想

弘一的律学研习是志在弘扬南山律宗，所以他不仅自己研学读诵南山律学著作，同时也重视指导僧众对《四分律》和南山律著作的学习，重视指导大众学习戒律典籍的方法次第，在此基础上形成了具有时代特色的南山律学教育思想体系。

（一）规范《四分律》的学习次第

合理的学习方法和次第，是深入、准确及完整学习戒律文献、掌握戒律精神的重要保障。这也是弘一教育思想的重要内容。

弘一指出，《四分律》是南山律学的根本律典，精通本律也是学习和实践南山律学的基础，因此，学律当以《四分律》为核心内容。弘一的《学〈四分律〉入门次第》即是其最简洁实用的南山律学指导性著作。在本文中，他通过对《四分律》精髓的把握，细致地介绍了学习《四分律》的具体方法和步骤。

第一步，先习止持，后习作持。习止持者，应先熟读戒本。因为是弘扬南山律学，所以应当读诵道宣的《删定戒本》，并参阅道宣的《四分律含注戒本》、佛陀耶舍译的《四分戒本》和怀素集的《四分戒本》。

第二步，阅读《四分律》初分及第四分“调部毗尼”，并参阅明代智旭的《重治毗尼事义集要》前十卷、读体的《毗尼止持会集》、弘赞的《四分戒本如释》。其他可阅读《毗尼珍敬录》《毗尼关要》等。

第三步，阅读《〈四分律含注戒本疏〉行宗记》和《〈四分律行事钞〉资持记》之卷中的“自恣宗要”至“忏六聚法”共五篇。

第四步，略习比丘尼律，阅《四分律》第二分一至九等。

第五步，然后再阅读《四分律》第二分十以下至卷终。①

上述所列的步骤，一方面反映了弘一对律藏的透彻理解，同时也反映了他博纳一切、真诚治学，既有所宗又无门派之见的律学态度和精神。弘一还对莲池袾宏的《缁门崇行录》非常重视，并以之为佛学院学生的教学用书。

在弘一给北平佛学研究社关于研究戒律的一封信中推荐的学律“程序”，也反映了他对中国律家典籍的融会贯通。这种先后次第即是：袾宏的《缁门崇行录》、读体的《一梦漫言》、弘赞的《沙弥律仪要略增注》、道宣的《教诫新学比丘行护律仪》《净心诫观法》《含注戒本》、智旭重治的《毗尼事义集要》、读体的《毗尼止持》、道宣的《随机羯磨》、读体的《毗尼作持续释》。②

（二）明确学习菩萨戒的轻重缓急

由于中国具有悠久的大乘佛教历史传统，所以梵网菩萨戒历来受到僧

---

① 弘一：《学〈四分律〉入门次第》，《弘一大师全集》第1册，第200页上－下。

② 弘一：《致北平佛学研究社诸居士》，《弘一大师全集》第8册，第322页下—323页上。

俗的重视。弘一对菩萨戒极为重视，他于 1931 年 2 月，在五磊寺自誓受菩萨戒，并发心弘律。[①] 同时，为了不使僧俗在学习菩萨戒的过程中出现偏差，弘一对大众如何学习和持守菩萨戒也进行了精心可行的指导。

第一，重视整理菩萨戒文献。他整理过的菩萨戒经典主要有《〈梵网经菩萨戒本〉浅释》《〈梵网经〉十重戒诸疏所判罪相缓急异同表》《〈梵网经贤首疏〉盗戒等六种类轻重门科表》《梵网戒本宗要科表》《〈梵网经古迹记〉科表》《菩萨戒受随纲要表》《〈菩萨璎珞经〉自誓受菩萨五重戒法》等。

第二，重视指导对菩萨戒思想的学习。在对菩萨戒经典和思想的传播教育中，弘一非常重视让学习者能够完整正确地领悟戒律精神，让大众能够更好地理解菩萨戒思想，因此他对几种主要的菩萨戒经典（尤其是《梵网菩萨戒本》）都进行了不同形式的文本提示和简要指导。如，他依据古科而成《〈梵网经古迹记〉科表》《菩萨戒本宗要科表》《梵网经贤首疏盗戒第六种类轻重门科表》等，以方便学习者正确把握《梵网经》的逻辑结构；依据《贤首疏》而作《〈梵网经菩萨戒〉浅释》等，以帮助学习者方便理解《梵网经》中菩萨戒的名相思想和古来各家关于菩萨戒判罚的轻重异同。

第三，重视规范菩萨戒文献的学习次第。为了能让读者更好地领会使用古德关于《梵网经》的研习成果，弘一在《〈梵网经〉十重戒诸疏所判罪相缓急异同表》中，对研习内容及文献使用作了详细说明：习旧疏者，依隋智者大师《梵网戒义疏》为主，唐明旷《〈戒疏〉删补》和明代藕益的《〈梵网经心地品〉合注》作为补充材料，明莲池的《〈戒疏〉发隐》等可缓阅。元晓《私记》及《持记要犯》，甚有精义，可并详研。藕益而后诸家之作，像弘赞的《〈梵网经菩萨戒〉略疏》、寂光的《〈梵网经〉直解》、清德玉《〈梵网经〉顺朱》、书玉《〈梵网经菩萨戒〉初津》等，以弘赞、书玉之作较胜，亦宜缓阅。[②]

这样的指导方法，一方面反映了弘一对菩萨戒真义的领悟，同时也反

---

① 弘一：《圈点〈行事钞〉记跋》，《弘一大师全集》第 7 册，第 419 页上。

② 弘一：《〈梵网经〉十重戒诸疏所判罪相缓急异同表》，《弘一大师全集》第 1 册，第 219 页。

映了他对初学律者的殷切期望，并致力于使初学者，尤其是社会大众少走弯路，直入经律之海。

（三）重视戒律文献的实践性创新

学习是为了实践，实践也是一种更好的学习。弘一不仅重视对南山律学文本进行整理与传播，更重视对学习成果加以应用。这既保证了能够学以致用、实用，又保证了应用能够如法如律，做到行有所本、学有所用。

除去对戒律的持守之外，弘一还重视根据南山律学精神，创新制定寺院生活规范或仪式，以实践律学理论成果，实证律学教育方法。

弘一整理设计的《受十善戒法》之法即是如此。他指出，受十善戒法的方法在南山三大部中均不载，道宣仅在其晚年所撰的《归敬仪》中略明。但弘传南山律学，当然需要以南山律学的精神加以补充和创制，于是他便针对时需，“依《归敬仪》文，酌定受法”，“其受相文，依灵峰《选佛谱十善文》录写，可暂以承用”。他强调：“南山律谓意三者，大乘初念即犯，成宗次念乃犯。次念者，所谓重缘思觉，即是后念还追前事也。今初心受持者，宜先依成宗，次念之例行之。”①

其他如《剃发仪式》《为傍生说三归依发菩萨心略仪》《受八关斋法》等，弘一都设计出简洁、庄重的仪式。这种依律创新，不仅是学以致用，也能促进教学相长、学行互助。

（四）采用多种形式的辅助学习手段

弘一以其艺术之高名，书法艺术作品受到社会推崇，因此这些作品也在其弘律生涯中起到卓有特色的增益作用。

弘一经常以赠送书法作品、抄送经文嘉言等方式，对求学者进行鼓励，或为求教者普及、阐释戒律内涵。这一些文字不仅是珍贵的书法艺术，也是弘一对戒律精神的体悟与学习宣示。

弘一还注重通过回复书信，就一些观点对求教者进行具体指导、帮助或纠正。每个人的根器不同，社会背景和阅历不同，弘一都能因之而进行

---

① 弘一：《受十善戒法》，《弘一大师全集》第 1 册，第 258 页上。

针对性指导，既做到佛法戒律如实相教，又能使求教者如愿得益。如他的《致缪涤源》中，说："戒法不能遥授，乞仁者于佛前自誓受为宜。应先受不邪淫、不饮酒二戒。其余缓受。盗戒极微细难持，（常人不知），应格外郑重。出家之事，且看将来因缘如何，不可固执。"①

弘一还能够根据内外之众的不同，有针对性地回复他们提出的问题，于点滴之处弘扬戒律精神，阐明律学名相，指导大众学习修行。

第四节　弘一的律学地位

弘一出家后不懈地学律、研律、弘律，在他的言传身教和高尚人格的感召下，民国时期的律学得到快速发展，他也因之成为中国近现代佛教戒律学的一座灯塔。其致力于对戒律的弘传、对律宗的建设，真诚践行了他于 1931 年在《学南山律誓愿文》中的弘愿："尽未来际，誓舍身命，拥护弘扬南山律宗。愿以今生，尽此形寿，悉心竭诚，熟读穷研南山《钞》《疏》及灵芝《记》。精进不退，誓求贯通，编述《表记》，流传后代。"②

第一，凝聚了近现代戒律学复兴的律师队伍。

弘一是近现代中国佛教戒律学的一面旗帜。作为律宗复兴的核心力量和引领者，弘一以其个人魅力产生着强大的社会影响。在其 1933 年为南山律苑撰写的《南山律苑住众学律发愿文》时，即有学律者性常宗敏、照融文治、传净了识、传正心灿、广演本妙、寂声谁真（瑞今）、寂明瑞曦、寂德瑞澄、腾观妙慧、寂护瑞卫、广信平愿等十一人。在弘一大师身边，也经常聚集着众多的学律者和研律者。当弘一于 1937 年受邀拟至福建永春桃园殿讲律时，甚至因为当时随其学律的人员太多，造成寺中难以接待，不得已而中止之事。③问学于弘一的僧人，更是遍布海内外，著名者有广洽法师和瑞今法师。广洽曾任新加坡龙山寺住持，瑞今曾任菲律宾大乘信愿寺住持和

① 弘一：《致缪涤源》，《弘一大师全集》第 8 册，第 234 页下。此文与《觉有情半月刊》第四卷第十五、十六号第二版所刊文字，略有几处不同。

② 弘一：《学南山律誓愿文》，《弘一大师全集》第 1 册，第 260 页下。

③ 弘一：《佛教之简易修持法》，《弘一大师全集》第 7 册，第 377 页上。

世界佛教僧伽协会副会长。①

第二，奠定近现代戒律学复兴的思想基础。

弘一是近现代中兴戒律学的一位思想家和活动家。出家后，他致力于研究戒律思想、弘扬戒律精神、整理律学著作、接续律宗传统，在所有方面都取得了丰硕的成就，完成了经典的时代化阐释，为现代戒律学的复兴奠定了坚实的思想基础。其人格魅力和社会影响，也提高了人们对僧团持律状况的关注，从而推动了近现代中国佛教戒律学的思想发展，使民国时期的戒律学研习成为一种有影响的学术思潮。

第三，完成了传统戒律学的学术总结。

弘一是近现代戒律学发展的一座丰碑。从其所处的时代、律学活动事迹及其成绩而言，他对中国佛教的繁荣、对律宗的复兴都有着杰出的贡献，因此被同时代人称为是“慧性天生，善根宿植，为佛门之龙象，作末法之津梁”。②弘一站在时代的转折点上，背负着沉重的历史，面对着新时代的霞光。在弘一圆寂后不久，中国历史进入到一个崭新的发展阶段，中国佛教也在新时代进行着重新的定位。直至今天，整个中国佛教的发展和戒律学的建设，都有着弘一的思想烙印。

事实上，尽管我们可以从不同角度对弘一进行不同的称赞，但可以这样说：作为一位真正的戒律学大师，弘一的出现，标志着旧时代律学的终结和新时代律学的开始。所以，弘一是传统意义上的最后一位律师，也是站在新旧时代交汇口的第一位律师。

---

① 《弘一法师年谱》，第 209 页。

② 圆瑛：《傅耕莘居士影印弘一法师书药师经跋》，圆瑛：《一吼堂文集》，第 86 页。

结　语

新戒律学建设是一个世界性的学术文化工程

在佛教中国化的整个进程中，中国佛教戒律学发展主要有着四种力量在推动：其一，佛教理论自身发展的内部逻辑，表现为思想、观念和行为的自我更新；其二，不同时代僧团发展的现实需要，以及对时代发展造成问题在思想和实践方面的创新性解决方案；其三，佛教戒律和仪轨精神对中国传统文化和社会主流价值观的不断调适及其知识性建构；其四，来自世俗政治、经济和文化等多元力量的影响。[①] 虽然中国近现代的佛教复兴，百余年间，大师辈出，成果辉煌，影响深远，但是，建设新佛教运动并没有停止，佛学研究也仍然需要有新的学术动力，佛教发展也仍然会遇到新的问题。

今天，更高程度的全球化、工业化及其所造就的具有西方话语特色的后现代性，已经成为一种强大的学术解析力量，使当代佛学研究面临着更新的环境和更高的要求。戒律学建设也因之面临着新的挑战：如何在世界性的学术文化舞台上建设当代中国佛教戒律学?

一、近现代戒律学建设的得失

如果说在传统上，佛教的发展是不依国主，法事难成，那么在现代社会，则是社会不兴，佛教衰落；法制不彰，佛教不荣。所以，中国近现代所谓的佛教复兴，只不过是从其几百年来一直沉降的趋势和轨迹上转变了方向，初步表现了向上发展的苗头而已。同时，这也标志着新戒律学的复兴时代虽然没有到来，但却有可能会即将到来。如果硬要为这个时间找出

① 王建光：《中国律宗通史》，凤凰出版社，第 7–8 页。

某种节点的话，我们可以将1840年作为其在低谷平台期的一个标志，将清末民初时期作为一个发展趋势改变的标志。当然，在此前的一些区域和时间，这种变革已经初露端倪。近现代以来，卓有成效的戒律学中兴或复兴运动，一直持续到20世纪中叶，才算告一段落。

（一）戒律学中兴的表现

清末民国时期的佛教发展，可谓轰轰烈烈：各宗各门，互竞其锋，各流各派，异彩频现。在此社会文化的激荡发展之中，传统的戒律学也展示了一定的风采，表现了一定程度的繁荣态势。这主要表现在：

一是戒律学建设得到寺院丛林和社会大众的普遍关心。佛教思想家和社会知识分子由于对佛教生存状况和佛教社会形象的关心，最终都会将其视线落到戒律的建设和戒律学的发展这一根本问题上。这就为戒律学的繁荣奠定了良好的社会基础。

二是戒律学建设与僧才培育之间有着良好的互动。许多教内人士都有着各具特色的僧伽教育思想，在其中占有重要地位的即是戒律教育。同时，更有不少律师或高僧，还致力于佛学教育机构或律学院的建设。在杨文会之后的几十年中，虽然有的律学院得以建成并且运行良好，也有的中途停止，也有的仅有设想而未最终开办，但是这种加强戒律教育的努力，对于教内僧众良好持律风尚的形成，起到了积极作用。

三是戒律学建设成果较为丰富。首先是律师的形象得以重新挺立，不少的僧人矢志学律或弘律，出现了以弘一为代表的律师或律学研究者，形成了具有一定规模的律师队伍或研律者；其次是出现了一些重要的戒律学著作，对南山律学的著作和思想也进行了卓有成效的弘扬；再者是强化戒律的努力和戒律学的建设都取得了一定的成效，产生了积极的实践作用和社会影响。

四是佛教文化的对外交流促进了佛教戒律学的发展。尤其是不少僧人赴日本、东南亚、欧美等地的学习、弘法，使他们开阔了研究视野、更新了律学知识、拓展了研究文本、转换了学术方法，这一切都促进了戒律学建设的现代性进程。

简言之，清末民国时期的中国佛教戒律学的理论建设与丛林僧团的戒律活动，既继承了中国佛教戒律学的优良传统，同时又对时代的变迁和文化环境的变化进行了一定的回应，并取得显著的思想成果。这一切都推动了传统佛教戒律思想和戒律学建设的现代转型，不仅使中国佛教在新的时代展示出新的文化影响力，同时也为其后中国佛教文化的现代建设，为中国当代佛教戒律学的发展，提供了一定的方法论参考。

（二）中兴背后存在的问题

戒律建设有着自己的特色，戒律学发展也有着自己的困难。虽然近代以来戒律学有所中兴，但有些问题并没有得到彻底解决。比如：

一是戒律学理论建设成就的实践化还有待加强。戒律学的繁荣与丛林寺院的如法管理和僧人的持戒精严，两者之间并不能完全等同。戒律学的理论建设可以促进僧团的戒律持守，僧团的戒律持守也能丰富新时代的戒律学理论建设。但是，精致、丰富的戒律学理论，并不必然意味着僧团活动一定会如法如律。这种理与行、体与用的关系，本就是一个难以统一的东西，是一对原因复杂的“戒律学悖论”。尤其在一个动荡的社会里，知律与持律、律学与律行之间，并不是一个必然的、自然的统一体。在很多人那里，学与用、知与行，仍然存在“两张皮”的现象。戒律学建设成就，在多大程度上促进和维护了中国佛教僧团在这一历史阶段的发展，仍然是一个需要进一步加以讨论的问题，并且也仍然是一个难以具体说清的问题。

二是戒律学建设的理论创新仍然不足。虽然伴随着戒律学的复兴，出现了数量可观的戒律学论文、讲演、序跋和专著甚至译著等，但是戒律学的研究和思想建构，还远远没有达到先贤的高度。传统上律宗思想的核心——法、体、行、相四科问题，在一些律家那里并没有涉及，或是了无新义，或是祖述先贤。大多数文章只是在介绍、普及戒律学和律宗的基本知识，对其思想并无拓展或深化。在理论创新和思想体系上，此时的戒律学著作不用说与唐宋诸律家的著作难以相比，甚至与明清之际出现的那些律学著作也大都不能相提并论。即使是卓卓然的弘一大师，其主要著作也都是宣讲、普及、整理、注疏，至于严格的关于律宗体系建设、思想内涵探讨的文章，仍然是不多的。当然这是多方面原因造成的。

三是戒律学建设的目标仍然是要回到传统律宗。近现代戒律学思想家关于佛教戒律建设的着力点，往往仍然是要恢复传统的四分律学和南山律宗。这种思维模式也反映在一些人对清规的态度中——不论是要废除“伪”清规，还是要回到“真正的”《百丈清规》，其思维方式和学术方法仍然是传统的，而不是现代的；是路径依赖的，而不是路径创新的。① 因此，虽然他们都致力于推动律学精神在传统与现代之间的继承与调适，并为之做出了艰苦的努力，但是这些努力仍然没有获得理想的、显著的成就。造成这种现象的主要原因之一，即是其律学理论和思想建设没有突出其针对性、时代性和创新性；其学术建设方向是回到传统，而不是面向未来；其学术视野是区域性的范围，而没有世界性的眼光。

二、确立“中国佛学”的世界范式

如果说，近现代的佛学复兴形成了中国佛教学术的学科特色，有了与欧美宗教学研究进行对话的学术平台，那么当代佛学研究应该重在确立“中国佛学”的世界性范式，并在此基础上丰富“世界佛学”的中国化内涵，推动中国佛学的国际化进程。

戒律学建设从来都不是一个抽象的纯粹学术探讨，而是具有强烈的实践性特色。戒律学建设也是一个内容广泛的文化工程，戒律学的世界性范式建构，依赖于中国佛教的世界性存在形式。

文化都是在被传播、转换和创造中发展的。中国佛教现代性的重要标志之一，即是其佛学研究的国际性。它包括佛学研究者、研究过程、研究方法和内容、依据的文本和成果展示等要素的国际化。因此，探索中国佛教国际化参与的渠道和方式，以使中国在国际佛学研究中居于领先地位，

① 人们对待清规的观点，通常有三种：第一种观点是把当时丛林寺院出现所有问题的原因，都归结为对清规的使用；认为清规不除，如法的丛林寺院则不能建立。第二种观点认为，不是清规不好，而是因为从元代之后执行的是经过篡改的“伪清规”，只要把“伪清规”清除掉，回到真正的《百丈清规》，一切问题都将迎刃而解。第三种观点则认为，即使回到真正的《百丈清规》，也是于事无补，也不能解决所有的问题，因为时代发生了变化。事实上，不论人们对清规持什么观点和态度，都不应该否认清规在历史上对于维护丛林寺院有序存在的作用和价值，僧团出现问题也是由多种内外原因造成的。不是因为有了清规，佛教才出现问题，而是因为佛教面临着新的问题，才需要不断出现新的清规。如若不然，所谓的回到古清规，无异于刻舟求剑。而且，清规的出现，其本身即是戒律中国化和时代化的产物，反映了不同时代佛教需要解决的问题及其解决方法。

创新中国佛学研究的话语方式等，这对当代中国佛学研究而言，都是十分重要的多重挑战。

在一个多元文化不断交流融合的时代，学术公器的理念已经深入人心。与一百年前相比，中国佛教的学术土壤更为深厚，佛学的思想内涵更为丰富，研究者的视野也更为开阔、心态也更加自信，中外佛学研究交流也更为深入。正因为如此，佛学研究才有着更加多样化的内容和方式，有着更为丰富的文本和多元的文化背景，有着越来越国际化的佛学研究主体。今天，中国佛学的研究群体，不仅包括海峡两岸的教内外人士，也包括海外华人及世界其他国家或地区不同背景和身份的学者。

在这些研究者中，由于其文化传承不同，往往都会循依不同的路径、使用不同语言的藏经，通过各种宗教文化间的比较而开展其佛学研究，并以不同的语言为载体发表其成果。我们必须拓展当代佛学的研究领域，掌握并引领佛学研究的学术方向。其中重要的是，要在工业化时代继续强化和深化以汉传佛教为立足点的研究，加强与不同体系佛教的比较，了解并研究百余年来欧美社会中的佛教发展及其学术成就，推动国际佛学研究者对中文藏经和中国近代以来研究成果的深度使用等。①

如果说，清末民国时期的佛学研究者们对西方学术方法的解析有点不适应，当时还只是重在学习的话，那么当代中国佛学研究应该通过多语种的国际性佛学研究成果展示，在国际化学术平台上强化中国佛学的角色形象和学术影响，使中国佛学及其研究具有引领性、主导性和国际性，实现从学术方法和学术成果引进到输出、从学习到创新的学术向度转变。

由于多种复杂的原因，在近代以来欧洲学术视野中，对中国佛教与日本佛教和南亚佛教的认识有着明显的不同。这可能是因为欧洲文化没有在日本和南亚地区遭遇到强大的文化抵抗和学术力量的竞争，所以对它们的敌意也相对较弱，对其研究也相对深入。中国文化由于有着悠久的历史、丰富的内容，从而也就有着强大的文化抵抗力和国际竞争力，国家意识和民族意识也就更为强烈。这一方面容易引起一些人的文化敌意，另一方面

① 王建光：《促进文本的多样性，强化参与的国际性——当代中国佛教研究文本国际性参与略论》，南京：《江苏佛教》，2011 年第 1 期。

也增加了他们全面客观深入认识中国文化的难度。所以，即使到今天，中国佛学研究要走向世界，还面临着多种多样的困难。

文化都是在竞争中得以展示出自己潜在的力量。一方面，中国当代佛学仍然面临着西方学术研究的竞争，仍然面临着强势的西方文化（比如英语佛教、日语佛教及其佛教学术成果）的解读和挑战；另一方面，今天的学术研究有着比先辈们更好的社会文化背景，有着对世界更全面深入的了解，因而在与西方文化交流和竞争中，能够做到更好地消化、吸收域外学术思想，以创新和发展中国的佛教学术及其国际学术形象。

有鉴于此，在当代中国佛学的研究成果传播、大藏经典多语种翻译、国际学术交流等活动中，要协调、凝聚海峡两岸及海外华人佛学研究的学术资源，搭建国际话语平台，增强学术话语力量，办好若干种当代中国佛学研究的多语种、高品质的国际性学术刊物，以推动新时代“中国佛学”的发展。通过对学术力量和成果的汇聚，推动“中国佛学”走向世界的学术舞台，并最终形成具有世界性影响的“中国佛学”，为“世界佛学”增添中国化的学术力量。也正是在这个过程中，得以实现中国佛教戒律学的现代化和世界化。换言之，没有现代佛教，就没有现代戒律学；没有世界的“中国佛教”，就没有中国的“世界佛教”，也就没有具有现代影响力的现代佛教戒律学。

三、增强当代佛学的社会功能

近代以来，随着传统东亚（包括东南亚等）地区的朝贡体系被世界贸易大潮和殖民主义力量冲垮，中国社会新文化思潮和知识阶层得以形成，并促进了中国学术方法的革命。这主要表现在：格物致知的思想被“科学”思想代替，经世致用的思想被经济和产业的思想代替，重农轻商的思想被富国强兵的思想代替，伦理式的天下观被更具主体性的国家观代替。尽管因为时代的制约和文字、翻译等方面的限制，中国近现代不少佛学研究者对西学思想历史和学术方法的理解既不准确，也不全面，但是随着社会发展和西学传播，中国佛学研究也随之完成了从“五印”向“五大洲”的心理和空间转换，完成了从内外之学向世界学术的思想超越，完成了从中国文化系统内部的三教关系认识视角向世界范围内的多元宗教认识视角的转变，初步形成了世界佛学的研究视野和学术体系。

近现代之际，学者进行的新佛教建设，正是要志在使传统佛教更加贴近现实生活，贴近人生。如谭嗣同新佛教理想、弘一的戒律学建设、太虚的人生佛教建设运动等努力，都是与当时的社会文化思潮相适应，并有着以服务社会为宗旨的学术冲动或价值导向。清末民国以来的佛学研究，展示了全新的文化力量和一定的现代学术特色，推动着中国佛学研究的发展进程，初步完成了中国佛学研究的现代性方法转换。显然，这一切对当代佛学研究与发展，仍然有着重要的参考价值。

中国近现代佛教复兴和发展的历史表明，佛学研究的繁荣必须要立足于对现实社会的关注，注重于对先进文化的学习和对学术研究的强化。

服务社会人生，正是释迦之学的精神实质，这不仅是佛学的力量之源，也是佛法长住的根本所在。不论是曾经的“新佛教”或者将来可能出现的不同形式或理论表述的“新新佛教”，都必须立足于对现实人生关怀的基础之上。当代社会的工业化发展和世界性竞争，使人们面临着更大、更多和更新型的精神与生活压力，人们也因之需要更多种、更多样的精神关怀。所以，不论是在诸如都市佛教与乡村佛教、文本佛教与田野佛教等内容的建设与研究过程中，都必须关注工业化时代人们的精神需求，要能够为社会提供心理建设方案。在此意义上，如果说 20 世纪前后有着佛教向城市化发展的运动，那么将来也一定会出现佛教功能化、应用化和内心化的发展趋势。

现代性是一种学术的动力。中国佛学的现代性建设不是仅仅通过文本建设就能够完成的，也不是仅仅依赖通过引入西化的概念方法就能建立的，而是要通过深刻的研究成果，使文本力量现实化，以服务社会、净化人心，并在此过程中，促进中国佛学的现代化和国际化，实现佛教的功能化。

任何不能回应社会现实的学术，都是没有生命力的。事实上，中国佛学的现代性建构，不是要把佛教的精神文本化、复杂化，或进行思想表现的西方化，而是要继续拓展研究领域，探索服务现代社会的方法和途径，通过服务社会、扎根人心而体现出其中的现代性品质，彰显其中的现代性内涵。[①] 简言之，佛学现代性程度的标志正是它满足现代社会需求的程度。或者说，中国佛学能否做到立足本位的国际化，正在于它的当代有用性和服务性的实现程度。

四、建设"现代律学"，解决"戒律学悖论"

戒律学的复兴与否，受制于多种因素的制约。诸如社会的稳定、民族的振兴、文化的繁荣、道德的提升、经济的发展等等，这些外在的力量作用都是十分重要的。戒律学的重建不仅仅在于要重视对戒律条文的学习、阐释和持守，更要在对戒律精神坚持的同时，丰富其时代内涵、强化其现实功能、开拓其前瞻视野。这即是要建设一种能够体现时代精神和特点的"现代律学"。[②]

吕澂（1896–1989）曾对20世纪上半叶中国佛教的状况进行了批评，说大部分僧团都是戒律废弛、毫无生气，并认为这是和律学不明密切相关的。因为从清代以后，很少有人能够切实地请求律学，戒律几全成为具文，不能起到组织集体、指导行为的作用。皮之不存，毛将焉附！所以依据戒律构成的僧团自然也就徒存形式，终至于萎靡不振。因此，吕澂强调，律学研究必须要从各种问题中发现比较重要的问题，并能联系现实的生活和实际，然后再加以发挥，不然重整戒律的努力仍然会流于形式，遇事仍会模糊。他并举出了三个问题：第一，戒律的根本典籍如何再重新确定；第二，如何看待和运用戒律的灵活性原则；第三，如何理解大小乘戒律的统一性问题。[③] 简言之，这即是在新的历史时期，如何正确理解和实现戒律的时代性、

---

① 关于现代性佛教，笔者曾指出三个方面的问题：一者，在现代性的舞台上，中国佛教的现代性首先应当表现出更多的国际性。二者，中国佛教应当解决汉语"中国佛学"如何走向国际的问题。三者，在工业文明的作用下，要重视研究中国佛教主体角色的现代性定位问题。参见王建光：《中国佛教的"现代性"及其当代走向》，南京：《南京农业大学学报》（社会科学版），2010年第1期。

② 比如在当代，对于一些文化或区域中存在的、在性别认同方面具有多元价值观的社会群体，如果有人要信佛、皈依或出家，能不能接纳？如果接纳，需要授什么戒品？从戒律的角度而言，应该采取什么态度？戒律文本中并没有此类问题具体对治方案。而且，将来可能还会出现一些更新的问题或现象，其中有一些在中国没有，不代表在世界其他地方不会遇到。对此类问题的态度及其所作的思想和方法的回应，不仅是关于戒律学建设的抽象理论问题，事实上也关系到佛教全球化存在及其发展的现实问题。

③ 吕澂：《律学重光的先决问题》，《吕澂集》，第123页。

灵活性和整体性的问题。

吕澂写于1953年的《律学重光的先决问题》短文，在新的历史起点上，对过去百余年的戒律学建设进行了回望和反思，不仅从更广阔的角度探讨了僧制和戒律问题，也提出了建设“现代律学”的思想。在吕澂看来，如果要整顿僧制而重新阐明律学，就应该首先从文本上将遵行已久的《四分律戒本》和《羯磨》刊定正确，然后从部执关系上了解它的真意，最后结合《瑜伽菩萨戒》求得实践的最高原则。这样，“一定可以建立起健全、通彻，而又能使僧团适时新生的现代律学”。①

20世纪中叶以后，中国大陆佛教的发展，是与社会主义社会和建设相适应的，因此也就有了更高远的目标。正是在民族复兴和社会全面发展中，在崭新的社会文化土壤中，在充满活力的社会生活中，戒律学与佛教本身一样，才有了真正繁荣的基础，才有了发展的机遇。其中，以虚云、巨赞和陈垣、赵朴初等为代表的教内外人士，对新时代佛教戒律学的建设，对解决“戒律学悖论”，作出了卓有成效的探索，取得了丰硕的成果。通过他们的努力，律学建设及其思想表现有了新的特色，展示了与社会主义变革和文化建设相适应的先进性内涵。

巨赞法师曾以20世纪50年代北京市寺庙间的互助合作运动来阐释《大集经》中关于僧物的思想。巨赞说：“经文告诉我们，公共财物如果私自费用或者假公济私，都有很大的罪过，所以要像爱护自己的眼珠一样去爱护公共财物是做人的基本条件之一。”② 这种对佛教戒律精神或戒律条文进行具有时代特色的精神解读，是20世纪50年代中国佛教戒律精神变革的重要方向，也是其变革的重要动力。

相反，如果失去对戒律精神价值的追求，忽视对时代转型相适应的理论建设，那么戒律就只剩下僵死的条文，持守也就难以为继了。所谓的戒律学建设，也就因之成为一种文字上的功夫，只剩下“在家人不可读律”

---

① 吕澂：《律学重光的先决问题》，《吕澂集》，第131页。

② 巨赞：《爱护公共财物》，《巨赞文集》（下），第1128页。《大方等大集经》卷四十四：“若有四方常住僧物，或现前僧物，笃信檀越重心施物，或华或果或树或园，饮食资生床褥敷具，疾病汤药一切所须，私自费用或持出外，乞与知识亲里白衣，此罪重于阿鼻地狱所受果报。”《大正藏》第13册，第292页下。

的反复呢喃，只剩下对清规的慷慨控诉，遂使戒律学成为一种纯粹的学术研究。这种意义上的中兴，虽然不一定是昙花一现，但会缺少足够的生命力。如果不能解决现实问题，不能回应大众的关切，那么所谓的“戒律学”，最终只会成为一种在狭小圈子之中存在的学术化石。

事实上，只有不断推进与社会主义社会相适应的现代戒律学——“新新戒律学”的内涵建设，不断推进戒律的中国化、时代化建设，才是当代“戒律学悖论”最有效的解决方案，也才是戒律学之树常青的重要保障。

明代中期以来戒律学大事简表①

明世宗嘉靖二十年	1541	古心如馨出生
明神宗万历八年	1580	三昧寂光出生
明万历四十一年	1613	古心如馨奉诏至五台山传戒
明万历四十三年	1615	如馨圆寂
明崇祯五年	1632	读体出家
明崇祯七年	1634	德基出生
明崇祯十二年	1639	寂光应请入宝华山
明弘光元年、清顺治二年	1645	三昧寂光圆寂；宜洁书玉出生
清顺治八年	1651	蕅益智旭重治《毗尼事义集要》成
清顺治十四年	1657	元贤圆寂，著有《律学发轫》三卷
清康熙四年	1665	见月读体《毗尼作持续释》刊行
清康熙五年	1666	书玉二十二岁，依自谦和尚出家
清康熙十八年	1679	读体七十八岁，圆寂
清康熙二十五年	1686	福聚出生
清康熙三十九年	1700	德基圆寂
清康熙五十二年	1713	书玉受赐《龙藏》
清康熙五十九年	1721	福聚依静生和尚出家
清雍正十二年	1734	福聚奉旨入京主法源寺； 福聚奏请宝华山三代律师著作入藏
清乾隆二年	1737	奏准寂光《〈梵网〉直解》、读体《毗尼止持会集》《毗尼作持续释》

① 诸如丛林传戒、和尚升座等寺院内部事务，此处不录。

		和德基的《毗尼关要》入藏
清乾隆三年	1738	十二月十五日，大藏经竣工
清乾隆四年	1739	六月，奉旨颁发藏经
清乾隆五年	1740	五月，江宁织造韩四格专送龙藏一部至宝华山
清乾隆三十年	1765	福聚圆寂
清同治元年	1862	辅仁出生
清同治五年	1866	道阶出生
清光绪三年	1877	慈舟出生
清光绪六年	1880	李叔同出生
清光绪十八年	1892	净严出生
清光绪三十年	1904	济涛出生
清光绪三十四年	1908	震华出生
清宣统二年	1910	慈舟出家，同年具戒
民国元年	1912	中华佛教总会成立；民国临时政府取消僧官司制度，佛教自行处理教务
民国二年	1913	北京临时政府颁布《寺院管理暂时条例》
民国四年	1915	太虚作《整理僧伽制度论》；内务部制定《管理寺庙条例》
民国五年	1916	太虚作《佛教人乘正法论》
民国七年	1918	李叔同于杭州虎跑寺出家，当年于灵隐寺受具，是为弘一法师
民国九年	1920	弘一四十一岁，掩室阅律藏及道宣撰疏；从日本引进古版南山灵芝三大部，八十余册
民国十年	1921	弘一四十二岁，一心治律；北洋政府颁布《修正管理寺庙条例》
民国十三年	1924	弘一作《毗尼劝持录》，

		《四分律比丘戒相表记》出版；宏渡作《无表色唯识义与南山律宗所谈戒体》
民国十四年	1925	日本僧人水野梅晓联络中国佛教界，召开东亚佛教联合会，道阶率团参加；王佛愿作《今世宏扬佛法应以律宗为当机论》；太虚在日本作《僧格之养成》演讲；辅仁邀请潘宗鼎纂修《古林寺志》
民国十五年	1926	欧阳竟无作《今日此方应用律》演讲
民国十六年	1927	太虚作《僧制今论》；浙江省政府禁止未成年人出家，已出家不到二十岁者还俗
民国十七年	1928	南京国民政府内政部门拟《寺庙管理条例》二十一条，次年以《监督寺庙条例》十三条，颁布实施；净严从慈舟出家，同年受戒
民国十八年	1929	弘一五十岁，是年“弃舍有部，转学南山”，立志弘扬律宗，由“新律家”变为“旧律家”；辅仁圆寂
民国十九年	1930	弘一在白湖讲《五戒相经笺要》；太虚作《建僧大纲》；芝峰发表《本律学以整理今日佛教之制度》
民国二十年	1931	弘一发愿于佛像前，志弘南山；弘一于五磊寺，自誓受菩萨戒；颁布《蒙古喇嘛寺庙监督条例》；虚云于鼓山涌泉寺建戒律学院；梁石言在《江南九华佛学院院刊》上发表《中国律宗整理之我见》；芝峰在《现代僧伽》上发表

		《整顿今日中国的僧伽须自律仪院建设始》和《律学之精神》等文章
民国二十一年	1932	道阶圆寂
民国二十二年	1933	弘一编《南山道宣律祖年谱》；中国佛教会规定传戒期时间为53天；弘一大师组织“南山律苑”；弘一在妙释寺讲《四分律含注戒本》；弘一讲《四分律含注戒本》《戒相表记》《删补随机羯磨》；默发表《唐道宣律师像及略传》
民国二十三年	1934	弘一大师在南普陀寺讲律；太虚作《论传戒》《〈梵网经〉与〈千钵经〉抉隐》；中国佛教会整理僧制，制定传戒规程；苇舫作《中国戒律宏传概论》
民国二十四年	1935	慈舟法师应倓虚之请，赴青岛湛山寺讲律；济涛受具戒；明性发表《瑜伽菩萨戒与梵网菩萨戒比较之研究》
民国二十五年	1936	弘一倡导的佛教养正院开学；弘一讲《律学要略》；持松作《〈菩提正道菩萨戒论〉后序》；瑞今发表《唐代四分律学之三大争潮》；慈舟、倓虚、范成等发起影印出版《南山宗统》《律宗灯谱》；颁布《新订寺庙登记规则十四条》，废止原《寺庙登记条例》；民训部修订《佛教会章程草案十七条》；南京栖霞寺建律学苑

民国二十六年	1937	弘一应倓虚之请，赴青岛湛山寺讲律
民国二十七年	1938	李圆净汇编《〈梵网经菩萨戒本〉汇解》由佛学书局出版，持松作序
民国二十八年	1939	太虚于成都文殊院讲《瑜伽菩萨戒本》；胜忍发表《瑜伽菩萨戒之大纲及心得》
民国二十九年	1940	弘一作《南山律在家备览要略》；心道讲《理教与佛法融合之点及三五戒之意》
民国三十一年	1942	弘一圆寂；能海完成《在家律要》；等慈发表《答评关于整理戒法的几个问题》
民国三十二年	1943	虚云于广东南华寺设戒律学院；震华发表《清代律宗略论》《会音律寺传五戒宏净土序》；惟成发表《戒有生善灭恶之功能》；寄东发表《净宗毗尼论》；阐提发表《尊敬珍重波罗提木叉》；安归发表《戒律为今世当务之急》；澄远发表《道宣律师在律学上的地位》；周湛然发表《辽金元三朝戒律承传源流》
民国三十四年	1945	内政和社会部门设中国佛教整理委员会
民国三十五年	1946	宝华山开律学院
民国三十六年	1947	颁布《中国佛教会传戒规则》十四条；太虚在宁波延庆寺作《菩萨学处讲要》；太虚圆寂；震华圆寂

1949 慈舟于福州讲《梵网经》和《四分律》
1950 二埋作《净土与律宗的关系》
1951 周叔迦作《敦煌写本菩萨律仪二十颂跋》；《四分律行事钞资持记扶桑集释》整理完成
1952 台湾大仙寺传戒，标志着战后中国台湾地区佛教对中国汉传佛教传统的回归
1953 能海讲《四分律比丘戒本广颂》；大明于《弘化月刊》发表《南山律宗祖承》；吕澂作《律学重光的先决问题》；大明发表《南山律宗祖承》
1955 能海完成《四分律四阿含集颂》；虚云作《戒期开示》
1958 慈舟圆寂
1967 能海圆寂
1978 济涛圆寂
1991 净严圆寂；福建人民出版社出版《弘一大师全集》十册

主要引用文献

法师著述文集

〔唐〕道宣：《行事钞》，《大正藏》第40册，台北：财团法人佛陀教育基金会出版部，1992。

〔宋〕元照：《资持记》，《大正藏》第40册。

〔明〕法藏：《弘戒法仪》，《卍续藏》第106册，台北：新文丰出版股份有限公司，1994。

〔明〕元贤：《律学发轫》，《卍续藏》第106册。

〔明〕智旭：《梵网经合注》，《卍续藏》第60册。

《律要后集》，《卍续藏》第106册。

《在家律要广集》，《卍续藏》第106册。

〔明〕寂光：《〈梵网经〉直解》，《卍续藏》第61册。

〔明〕弘赞：《〈梵网经菩萨戒〉略疏》，《卍续藏》第60册。

〔清〕读体：《毗尼止持会集》，《卍续藏》第61册。

《毗尼作持续释》，《卍续藏》第65册。

《传戒正范》，《卍续藏》第107册。

〔清〕书玉：《〈梵网经菩萨戒〉初津》，《卍续藏》第95册。

《毗尼日用切要香乳记》，《卍续藏》第106册。

《沙弥律仪要略述义》，《卍续藏》第106册。

《羯磨仪式》，《卍续藏》第107册。

〔清〕守一重编：《宗教律诸家演派》，《卍续藏》第150册。

圆瑛：《一吼堂文集》，上海：圆明讲堂，1988。

编辑委员会编：《弘一大师全集》，福州：福建人民出版社，1991。

广化：《济涛律师遗集》，台中：智者文教基金会，1995。
黄夏年主编：《太虚集》，北京：中国社会科学出版社，1995。
《印顺集》，北京：中国社会科学出版社，1995。
《巨赞集》，北京：中国社会科学出版社，1995。
《圆瑛集》，北京：中国社会科学出版社，1995。
圣严：《律制的生活》，台北：东初出版社，1995。
吴志云主编：《巨赞文集》上下卷，南京：江苏古籍出版社，2000。
印顺：《佛法概论》，上海：上海古籍出版社，2001。
《戒律学论集》，北京：中华书局，2010。
《戒律学纲要》，北京：中华书局，2010。
《平凡的一生》，北京：中华书局，2011。
印顺编：《太虚大师全书》，北京：宗教文化出版社，2005。
张育英校注：《印光法师文钞》，北京：宗教文化出版社，2005。
余晋、农汉才点校：《虚云老和尚法汇》，合肥：黄山书社，2006。
刘静娴、余晋点校：《杨仁山居士文集》，合肥：黄山书社，2006。
杨毓华主编：《持松大师选集》，北京：华夏出版社，2009。
净慧主编：《虚云和尚全集》9卷，郑州：中州古籍出版社，2009。
沈潜、唐文权编：《宗仰上人集》，武汉：华中师范大学出版社，2011。
梁建楼整理：《法舫文集》六卷，北京：金城出版社，2011。
王志远主编：《倓虚大师文汇》，北京：华夏出版社，2012。
《圆瑛大师文汇》，北京：华夏出版社，2012。
《印顺大师文汇》，北京：华夏出版社，2012。
《印光大师文汇》，北京：华夏出版社，2012。
《虚云大师文汇》，北京：华夏出版社，2012。
《太虚大师文汇》，北京：华夏出版社，2012。
《广钦大师文汇》，北京：华夏出版社，2012。
《白圣大师文汇》，北京：华夏出版社，2012。
《圣严大师文汇》，北京：华夏出版社，2012。

昙钵：《〈四分比丘尼戒本〉注解序》，蓝吉富主编：《大藏经补编》第 8 册，台北：华宇出版社，1986。

佛莹：《〈四分比丘尼戒本〉注解》，蓝吉富主编：《大藏经补编》第 8 册。

传印主编：《中华律藏》第 44、45 册，北京：国家图书馆出版社，2009。

法尊译：《〈菩萨戒品〉释》，蓝吉富主编：《大藏经补编》第 8 册。

东初：《中国佛教近代史》（上下册），台北："中华佛教文化馆"印行，1974。

真禅：《九华山弘法讲经记》（附录），上海：上海玉佛寺法物流通处。

智敏：《能海上师永怀录》，上海：上海佛学书局。

詹天灵：《古林寺仁老和尚集》，南京古林寺内部资料。

《清波老和尚纪念集》，南京古林寺内部资料。

居士学者佛教著述文集

刘晴波主编：《杨度集》，长沙：湖南人民出版社，1985。

汤薌铭：《〈瑜伽师地论戒品〉纂释》，蓝吉富主编：《大藏经补编》第 8 册。

《菩提正道菩萨戒论》，蓝吉富主编：《大藏经补编》第 8 册。

江灿腾：《台湾佛教与现代社会》，台北：东大图书公司，1992。

《新视野下的台湾近现代佛教史》，北京：中国社会科学出版社，2006。

黄夏年主编：《章太炎集·杨度集》，北京：中国社会科学出版社，1995。

《欧阳竟无集》，北京：中国社会科学出版社，1995。

《梁启超集》，北京：中国社会科学出版社，1995。

《陈垣集》，北京：中国社会科学出版社，1995。

阚正宗：《台湾佛教一百年》，台北：东大图书公司，1999。

王建光：《中国律宗思想研究》，成都：巴蜀书社，2004。

《新译〈梵网经〉》，台北：三民书局，2005。

《中国律宗通史》，南京：凤凰出版社，2008。

[美]霍姆斯·维慈：《中国佛教的复兴》，王雷泉、包胜勇、林倩等译，上海：上海古籍出版社，2006。

王志远主编：

《杨仁山大师文汇》，北京：华夏出版社，2012。

《欧阳渐大德文汇》，北京：华夏出版社，2012。

《周叔迦大德文汇》，北京：华夏出版社，2012。

《赵朴初大德文汇》，北京：华夏出版社，2012。

汇编丛书

黄夏年主编：

《民国佛教期刊文献集成》，全国图书馆文献缩微复制中心，2008。

《民国佛教期刊文献集成·补编》，北京：中国书店，2008。

《民国佛教文献汇编（报纸）》，北京：中国书店，2008。

张曼涛主编：

《台湾佛教篇》，台北：大乘文化出版社，1979。

《律宗概述及其成立与发展》，台北：大乘文化出版社，1979。

《律宗思想论集》，台北：大乘文化出版社，1979。

僧传年谱寺志

〔清〕源谅：《律宗灯谱》，蓝吉富主编：《大藏经补编》第22册。

〔清〕广济：《〈律宗灯谱〉缘起》，《大藏经补编》第22册。

喻谦：《新续高僧传》，蓝吉富主编：《大藏经补编》第27册。

辅仁：《律门祖庭汇志》（四种合本），南京：南京出版社，2011。

杜洁祥主编：《七塔寺志》，《中国佛寺志汇刊》第一辑，第15册，台北：明文书局，1980。

《武林大昭庆律寺志》，《中国佛寺史志汇刊》第一辑，第16册。

《武林灵隐寺志》，《中国佛寺史志汇刊》第一辑，第23册。

《宝华山志》，《中国佛寺志汇刊》第一辑，第41册。

《潭柘山岫云寺志》，《中国佛寺志汇刊》第一辑，第44册。

《鼎湖山志》，《中国佛寺史志汇刊》第一辑，第47册。

《清凉山志》，《中国佛寺史志汇刊》第二辑，第29册。

白化文、张智主编：《法源寺志稿·潭柘山岫云寺志》，《中国佛寺志丛刊》第三册，扬州：广陵书社，2006。

陈垣：《释氏疑年录》，北京，中华书局，1964。

震华：《兴化佛教通志》，台北：新文丰出版公司，1986。

林子青编著：《弘一法师年谱》，北京：宗教文化出版社，1995。

于凌波：《中国近现代佛教人物志》，北京：宗教文化出版社，1995。

恒清：《菩提道上的善女人》，台北：东大图书公司，1995。

明旸主编：《圆瑛法师年谱》，北京：宗教文化出版社，1996。

净心：《屏东县宝莲禅寺千佛三坛大戒会同戒录》，屏东：屏东县宝莲禅寺，2000。

开证主编：《大岗山法脉传承史》，高雄：高雄宏法寺印，2000。

见月：《一梦漫言》，南京，金陵刻经处，2002。

印顺：《太虚大师年谱》，北京：中华书局，2011。

学者其他著作

游有维：《上海近代佛教简史》，上海：华东师范大学出版社，1988。

〔清〕谭嗣同：《仁学》，沈阳：辽宁人民出版社，1994。

郭湛波：《近五十年中国思想史》，济南：山东人民出版社，1997。

[法]爱弥尔·涂尔干：《宗教生活的基本形式》，渠东、汲喆译，上海：上海人民出版社。

梁启超：《清代学术概论》，夏晓红点校，北京：中国人民大学出版社，2004。

笔记小说

陆鉴三选注：《西湖笔丛》，杭州：浙江人民出版社，1981。

汪曾祺：《汪曾祺短篇小说选》，北京：北京出版社，1982。

〔明〕张岱：《陶庵梦忆·西湖梦寻》合本，上海：上海古籍出版社，1982。

〔明〕田艺蘅：《留青日札》，上海：上海古籍出版社，1985。

彰军编：《周作人作品精选》，桂林：广西师范大学出版社，1994。

钟叔河编订：《周作人散文全集》，桂林：广西师范大学出版社，2009。

后 记

本书的基础是2010年国家社科基金项目“中国近现代佛教律学研究”（10BZJ009）的成果，定稿于2014年10月。本次出版时，又删改增补了一些内容。

几年来，笔者对中国近现代佛教戒律学这一领域又有了一些新的观点和思路，但由于时间和精力的关系，并没有将其融入于本书之中。

本书能够顺利出版，是因为幸得苏州西园戒幢律寺普仁大和尚的不弃浅陋、慈悲资助，并拨冗慷慨赐序；是因为得到苏州西园戒幢律寺善择法师的热心指导、真诚帮助，以及苏州西园戒幢律寺诸位法师专家的关心。在这里，我只能用“谢谢”两个最平常的字来表达我不能忘怀的感恩之心。

虽然作者按照出版要求尽可能地进行了一些修改和完善，但本书内容涉及人物较多，研究时间跨度较长，缺点错误定当难免，敬请各位读者、法师、居士和专家多多指导。虽然本书的写作和出版得到诸多法师、专家和同行的帮助，但所有错误的责任均由本人承担。

在这里，也对宗教文化出版社表示感谢，也一如既往地感谢家人对我研究工作的长期支持与奉献。

王建光

壬寅年孟春

于南京紫金山南麓听风斋